Warum bleiben manche Paare erfolgreich zusammen und andere trennen sich auf schmerzliche Weise? Der gängigen Antwort, daß die einen sich zu einer Gemeinsamkeit hin entwickeln, während die anderen eben einfach nicht zusammenpassen, stellen die beiden Autoren ihr zyklisches Paarmodell entgegen. Jede Liebesbeziehung, gleich welcher Konstellation, durchläuft eine ständig wiederkehrende Dreier-Phase: Am Anfang stehen Leidenschaft und Romantik, es folgen Konflikte und Enttäuschungen, die schließlich in Kompromisse und Harmonie münden, aus denen dann wieder die Euphorie der Anfangsphase entstehen kann. Wie Paare es schaffen, die jeder Phase eigenen Herausforderungen und Aufgaben zu meistern und sich an einem Tiefpunkt nicht zu trennen, zeigen die differenziert wiedergegebenen Fallstudien aus der therapeutischen Arbeit mit Paaren und Familien.

»Eine profunde, anspruchsvolle Lektüre, klar, wertschätzend und wegweisend geschrieben.« (ekz-Informationsdienst)

Barry Dym ist Psychologe und Familientherapeut mit eigener Praxis und seit 1983 Gastdozent an der Harvard Medical School.
Michael L. Glenn ist Psychiater und ebenfalls Familientherapeut. Neben seiner therapeutischen Arbeit ist er freier Autor und Herausgeber zahlreicher Bücher im Bereich Psychologie.

Barry Dym, Michael L. Glenn

Liebe, Lust und Langeweile

Die Zyklen intimer Paarbeziehungen

Aus dem Amerikanischen von
Brigitte Stein

Deutscher Taschenbuch Verlag

Ungekürzte Ausgabe
August 1997
1997 Deutscher Taschenbuch Verlag GmbH & Co. KG,
München
© 1993 Barry Dym, Michael L. Glenn
Titel der amerikanischen Originalausgabe:
Couples
1993 Harper Collins, New York
© der deutschsprachigen Ausgabe:
1994 Georg Thieme Verlag, Stuttgart
ISBN 3-89373-257-8
Umschlagkonzept: Balk & Brumshagen
Umschlagfoto: © Walter Hodges/TONY STONE
Herstellung: Hartmut Czauderna, Gräfelfing
Gesetzt aus der 10/12˙ Garamond
Satz: IBV Satz- und Datentechnik, Berlin
Druck und Bindung: C. H. Beck'sche Buchdruckerei,
Nördlingen
Gedruckt auf säurefreiem, chlorfrei gebleichtem Papier
Printed in Germany · ISBN 3-423-35132-2

Inhalt

Unseren Frauen Fran Jacobs
und Susan Jhirad gewidmet

Zu diesem Buch

Vor noch nicht allzu langer Zeit wurde uns in einer einfachen Geschichte überliefert, daß ein Paar in dem Augenblick entsteht, da sich ein Mann und eine Frau ineinander verlieben. Danach heiraten sie, dieser Parabel zufolge, und gründen eine Familie. Die Frau kümmert sich um Haushalt und Kinder; der Mann ernährt sie durch seine Arbeit in der unbarmherzigen Welt. Beide opfern ihre individuellen Ziele dem übergeordneten Wohl der Familie. Ihre leidenschaftliche Liebe verwandelt sich allmählich in Zuneigung und Partnerschaft. Der Mann ist das anerkannte Familienoberhaupt, der sich an Gesetz und Brauchtum hält, während die Frau in den meisten häuslichen Angelegenheiten das Sagen hat.

Nicht jedes Paar entsprach diesem Schema. Wie sie sich trafen und zusammenfanden variierte von Paar zu Paar und von Kultur zu Kultur. Aber jedes Paar, was immer es tat, mußte sich mit dieser Geschichte, dieser »kulturellen Narration« auseinandersetzen.[1] Manche machten sie sich mit relativer Leichtigkeit zu eigen; manche verbogen und verrenkten sich, um ihr zu entsprechen; andere lehnten sich dagegen auf, aber selbst ihre Auflehnung bewies die ungebrochene Lebenskraft dieser Geschichte; jeder Einzelne konnte sie denn auch als Autorität gegen einen Partner ins Feld führen, der seiner ihm zugedachten Rolle nicht gerecht wurde. Das gleiche gilt heute, wenn auch in bezug auf eine andere kulturelle Narration.

Das Paar von heute wandelt sich schnell, und diese Veränderungen sind durch eine Vielzahl von Faktoren bedingt. Die Lebensräume und die Lebensweisen verschieben sich ebenso wie die Situation auf dem Arbeitsmarkt. Männer und Frauen haben unterschiedliche Vorstellungen darüber, wie die Dinge zwischen den Geschlechtern geregelt werden sollen, oder über den Charakter der Familie; sie

---

1 Unter kultureller Narration versteht man die Summe der Leitbilder und Botschaften, wie sich Menschen verhalten sollten und dies faktisch tun. Der Begriff wird ab Seite 43 ff. eingehend erörtert. Es ist ein mit dem *Zeitgeist* vergleichbarer Begriff.

üben unterschiedliche Macht aufeinander aus. Und so, wie sich die Paare verändern, wird auch die kulturelle Narration über sie eine andere.

Die von Paaren ausgehende Faszination treibt die heutigen Medien um und beschäftigt die Phantasie der Öffentlichkeit. Das Liebespaar ist die Ikone unserer Zeit, ein zentraler Topos von Filmen, Fernsehen, Büchern und Musik. Die meisten Menschen wenden ungeheure Energien auf, um den idealen Partner zu finden. Und dennoch ist das Paar eine isolierte und fragile Formation, eingeklemmt zwischen großen Erwartungen und schwindender Unterstützung. Es soll das Heilmittel für alles sein, was uns plagt. Aber das Paar bricht fast so leicht auseinander, wie es zusammenfindet: die Hälfte aller Ehen enden in Scheidung; die anfängliche Liebe verkommt oft zu häuslicher Langeweile. Heutige Paare müssen sich im Schatten ihres drohenden Zerfalls entwickeln.

Diese Entwicklung verläuft weder linear noch gleichförmig; es hat immer viele verschiedene Arten von Paaren gegeben: einfach »zusammenlebende« Paare, schwule und lesbische Paare, kinderlose Paare, gemischtrassige Paare, geschiedene Paare, Paare mit extremem Altersunterschied, und so weiter. Der Lebensweg realer Paare weicht stark voneinander ab: nur wenige passieren jeden vorhersagbaren Meilenstein in gerader Linie, von der ersten Verliebtheit über die Geburt von Kindern bis zum leeren Nest und schließlich zum gemeinsamen Ruhestand.

Da Paare verschiedenster Art ständig in die herrschende Kultur integriert werden, können abweichende Versionen des Leitbildes, »wie Paare sein sollten«, zu jedem Zeitpunkt nebeneinander existieren. Aber *bestimmte* Spielarten dominieren jeweils das Bild. Ihnen gegenüber sammelt sich soziale Vielfalt an, oft in unerwarteter Weise (etwa durch den Einfluß von Immigrantenfamilien).

Das heutige Paar ist ein Produkt der letzten Jahrhunderte. Zunächst lösten sich die Kernfamilien aus den Großfamilien und Lebensgemeinschaften, die sie gleichzeitig unterstützt und eingeengt hatten. Dann wurde das Paar innerhalb der Familie autonomer und nahm im Leben der Partner immer größere Bedeutung an. Dieser (Aussiebungs)Prozeß hält bis in unsere Zeit an. Seit Ende des

19. Jahrhunderts wird der Einzelne als die Grundeinheit in der Gesellschaft angesehen: der Held, von dem die Mythologie erfüllt ist, der sich auf Sinnsuche begibt und um sein Überleben kämpft; der Entfremdete, der in einem unwirtlichen, teilnahmslosen Großstadtdschungel auf sich gestellt ist; die Frau, die ihre Geschichte selbst bestimmt; der Immigrant, die Unternehmerin, der Künstler, die Sportlerin.

Obwohl sich die meisten Menschen inzwischen einig sind, daß sowohl Frauen als auch Männer das Recht haben, ihre Selbstentfaltung zu betreiben, wird zunehmend hervorgehoben, daß dies nicht auf Kosten anderer geschehen sollte. In den letzten Jahrzehnten ist die Faszination, die das Individuum auf die Gesellschaft ausübt, zunehmend als eine narzißtische, »männliche« Sichtweise angeprangert worden. Die Egozentrik der achtziger Jahre hat sich erschöpft. Das Paar wird als Instrument gesehen, aus dem sich Identität bildet. Es ist, als sei der historische Pendelschlag weg von Familie und Gemeinschaft in seiner Verneinung des universellen Bedürfnisses nach Verbundenheit zu weit gegangen. Die erneute Konzentration auf Paare stellt eine ausgleichende Reaktion dazu dar.

An einem Sommerabend 1988 saßen wir auf Barry Dyms Terrasse und sannen über die erstaunlichen Wendungen des Beziehungsdramas, besonders unseres eigenen, im Laufe der Jahre nach. Wir hatten beide Jeremiaden wie Laschs *Culture of Narcissism*[2] und Bellah et al.s *Habits of the Heart*[3] gelesen, Bücher, in denen auf den zunehmenden gesellschaftlichen und moralischen Bankrott heutiger Paare hingewiesen wird, die sich nur noch der Verfolgung individueller statt kollektiver Ziele widmen. Aber wir merkten, daß uns weit stärker die Frage beschäftigte, was es Paaren wie uns ermöglicht, in so chaotischen Zeiten zu *überleben*. Wenn die Hälfte aller Eheschließungen in Scheidung endet (wie unsere ersten Ehen), wie macht es dann die andere Hälfte?

Offensichtlich benötigt ein Paar eine Menge Durchhaltevermö-

2 Christopher Lasch, *The Culture of Narcissism: American Life in an Age of Diminishing Expectations* (New York: W. W. Norton, 1978) (deutsch vergriffen).
3 Robert N. Bellah, Richard Madsen, William Sullivan, Ann Swidler und Steven Tipton, *Habits of the Heart* (Berkeley: University of California Press, 1985).

gen, Glück und Entschlossenheit, um in einer oft wenig hilfreichen Welt zu überleben. Durch unsere Berufe als Therapeuten sind wir immer wieder berührt von den Hoffnungen, die Menschen auf ihre Paarbeziehungen richten; und wir wissen aus persönlicher Erfahrung, welche Anstrengungen es ein Paar kostet, durchzuhalten, welches Engagement nötig ist, damit eine Beziehung auch nur einen bescheidenen Teil ihrer anfänglichen Verheißungen erfüllt. Und trotzdem, überlegten wir, ist über dieses Ringen nicht viel geschrieben worden.

Die Entwicklungsstadien der Kindheit sind weitgehend erforscht.[4] Und in den letzten Jahrzehnten wurde diese entwicklungsbezogene Sensibilität auch auf Erwachsene ausgedehnt, unter anderem in Büchern wie *The Seasons of a Man's Life*[5] und *Passages*[6], die vielen Menschen geholfen haben, individuelle Entwicklungskrisen als wesentliche Etappen ihres Lebensweges aufzufassen. Eine solche Sichtweise der Lebensspanne läßt unsere Schwierigkeiten »normaler« erscheinen und weckt damit Hoffnung, über sie hinauswachsen zu können.

Intime Paarbeziehungen durchlaufen ebenso schmerzhafte und verwirrende Perioden; wir benötigen deshalb ein vergleichbares Schema, um ihre komplexe Entwicklung zu verstehen. Doch der Großteil der Sprache, mit der Paarentwicklungen beschrieben werden, stammt aus Schriften über Einzelne oder Familien. Um Paaren gerecht zu werden, benötigen wir eine neue Sprache, neue Konzeptionen und neue Metaphern. Mit dieser Erkenntnis vor Augen entschlossen wir uns, ein Buch über die Entwicklung von Paarbeziehungen zu schreiben.

Wir waren beide voneinander unabhängig zu dem Schluß gekommen, daß Paare unterscheidbare Stadien durchlaufen, und daß diese Stadien, mehr noch als die einzelne Persönlichkeit, die Identität, den *Charakter* von Paaren prägen.

4 Der Prototyp dieses Buches war für unsere eigene Generation *Kindheit und Gesellschaft* von Erik Erikson (Stuttgart: Klett-Cotta, 1992[11]).

5 Daniel Levinson, *The Seasons of a Man's Life* (New York: Knopf, 1978).

6 Gail Sheehy, *Mitte des Lebens – Bewältigung vorhersehbarer Krisen* (München: Knaur, 1992).

Wir hatten den Eindruck, daß Menschen – Psychotherapeuten eingeschlossen – oft in kränkelnden Zweierbeziehungen stecken, darüber theoretisieren bzw. diese zu reparieren versuchen, ohne eine klare Vorstellung davon, wie diese funktionieren, oder zu verstehen, wie sie sich entwickelt haben. Es ist, als versuche man, das Herz oder die Lunge zu behandeln, ohne etwas über deren normale Funktionsweise zu wissen. Paare besitzen heute nur eine höchst lückenhafte Landkarte des Territoriums, durch die das Leben sie führt. Sie tappen durch eine psychologische und moralische Wildnis. Selbsthilfebücher und Psychotherapeuten versuchen zwar, ihnen zu helfen, aber oft ohne Erfolg. Erstere sind häufig oberflächlich, während letztere die Menschen, mit denen sie es zu tun haben, in »Patienten« verwandeln. Wir wollen uns mit normalen Paaren auseinandersetzen, nicht mit krankhaften Entwicklungen, wollen ein lebendiges Erklärungsmodell schaffen und gleichzeitig einen Wegweiser für Paare in unserer Zeit.

Dabei konzentrierten wir uns auf eine ins Auge springende Beobachtung: Viele Menschen scheinen von ihren Beziehungen enttäuscht zu sein. Worin liegen die Gründe für diese Enttäuschungen? Psychotherapeuten suchen die Wurzeln der Enttäuschung in ungelösten Kindheitskonflikten; Philosophen und Psychologen orten ihren Ursprung in unseren Fixierungen auf bestimmte Ziele und materiellen Komfort. Aber je mehr wir darüber nachdachten, desto mehr drängte sich uns eine einfachere Antwort auf: Beziehungen sind enttäuschend, weil sie ihre anfänglichen Verheißungen nicht zu erfüllen scheinen.

Unsere Kultur erwartet so viel von Paarbeziehungen – Romantik und Leidenschaft, Partnerschaft, Freundschaft und Fürsorge –, daß Enttäuschungen unausbleiblich sind. Die anfängliche Verheißung einer Beziehung erscheint danach bestenfalls wie eine jugendliche Illusion – schlimmstenfalls wie ein grausamer Betrug. Die unausgesprochenen Verträge, die Menschen miteinander abschließen, die Abmachungen, die sie eingehen und die eher auf Hoffnungen als auf früheren Erfahrungen beruhen, werden zu Makulatur. Partner brechen ihre Versprechungen, Individuen brechen mit ihren eigenen guten Vorsätzen. Ehepartner sagen sich immer wieder »das ist nicht der Mensch, den ich zu heiraten glaubte« oder »ich dachte wirklich, daß er anders sei als alle übrigen, aber…« und »wenn ich damals gewußt hätte, was ich heute weiß, dann hätte ich sie nie geheiratet«. Diese Feststellungen sind nicht bloß saure Trauben oder die unberechtigten Klagen enttäuschter Individuen. Sie spiegeln wider, daß Versprechen gebrochen werden.

Im Verlauf der Diskussion wurde uns klar, daß die Enttäuschung der Betroffenen mehr als ein rein intellektuelles Problem für uns war. Es war eine intensiv empfundene Enttäuschung, die uns auch persönlich betraf. Es hat Zeiten gegeben, als unsere eigenen ersten Ehen in die Brüche gingen, in denen wir nicht nur uns selbst und unsere Partnerinnen, sondern auch die Existenzberechtigung der Ehe – ja sogar von Paarbeziehungen – als gesellschaftliche Institution in Frage stellten. Und ebenso wie andere beschuldigten wir uns selbst, kreisten zwanghaft um unser »Versagen« und stellten uns vor, daß andere viel besser mit Beziehungen umgehen können als wir.

Um dieses Gefühl von Enttäuschung und Kränkung verstehen zu lernen, fing Barry an, Paare systematisch über ihre anfänglichen Versprechungen zu befragen. Was war es, was sie einander anfangs gelobt hatten, welchen *Vertrag* hatten sie stillschweigend abgeschlossen? Und wie wirkte sich dieser Vertrag auf die Entspannung bzw. Versöhnung aus, die ihrem Gefühl des Betrogenseins folgte? Und weiter, wie schafften es Paare, über ihr Stadium der Empörung *hinauszugelangen?* Wie wirkte sich die Überwindung ihrer Enttäuschung darauf aus, wie sie später von sich selbst dachten – sowohl als Individuen wie auch als ein Paar? Aus diesen Fragen entwickelte sich unser Modell eines sich wiederholenden Drei-Stadien-Zyklus. Es war eine überraschend einfache Vorstellung, aber je mehr wir sie hin- und herwendeten und an unserer Erfahrung überprüften desto besser schien sie zu passen.

Unser Grundgedanke war, daß Paarbeziehungen anfangs drei unterscheidbare Stadien durchlaufen: Expansion und Verheißung; Kontraktion und Enttäuschung; Entspannung und Konsolidierung. Im anfänglichen Überschwang von Beziehungen äußert sich unser Wunsch nach Romantik, unsere Sehnsucht, die Mauern unserer Isolierung und Entfremdung zu durchbrechen und mit einem anderen Menschen in Beziehung zu treten, und unser Verlangen, mehr als bedeutungslose Monaden auf diesem »kleinen« Planeten zu sein.

In einem späteren Stadium der Beziehung nehmen wir uns zurück und verkriechen uns wieder in unserem Schneckenhaus. Diese Kontraktion zeugt von unserem Pessimismus, unserem Zynismus, unserer Neigung, uns selbst als Opfer anzusehen, und unserem Mangel an Weitblick und dauerhafter Disziplin. In diesem Stadium glauben wir, daß Männer und Frauen nicht natürliche Verbündete sind, sondern einander von Natur aus bekämpfen, und sind überzeugt, töricht gewesen zu sein, als wir an romantische Liebe glaubten.

Wenn wir diese zwei gegensätzlichen Strömungen miteinander vereinen, wenn wir unseren Pessimismus mit Vernunft und Kompromißbereitschaft niederringen, dann treten wir in ein Stadium der Verarbeitung ein, eine Zeit der Ruhe und sichtlichen Stabilität. Aber neue Herausforderungen wie die Geburt eines Kindes, der Verlust des eigenen Arbeitsplatzes oder jenes des Partners zwingen uns in Richtung auf Selbstentfaltung und Wachstum und gefährden damit oft diese stabilen Phasen. Kein Paar kann für immer in einem Stadium der Entspannung verharren; den Partnern werden immer wieder neue Anpassungsleistungen abverlangt. Der Charakter einer Paarbeziehung ist somit ständiger Veränderung unterworfen.

Dieses Modell lieferte uns einen überraschend einfachen Schlüssel, mit dem wir an das unübersichtliche Gelände von Paarbeziehungen herangehen konnten. Barry stellte dieses Modell auf einem Seminar über Paartherapie vor, das 1988/89 am Family Institute von Cambridge stattfand. Die Reaktionen der Teilnehmer an diesem Seminar halfen uns, die Stärken und Schwächen dieses Konzeptes zu überprüfen.

Mehrere Teilnehmer wehrten sich prinzipiell gegen die Vorstellung eines wie auch immer gearteten Entwicklungsschemas, weil sie meinten, daß alle derartigen Modelle zwangsläufig urteilend und normativ seien. Eine lesbische Frau war besorgt, daß diese Theorie zwangsläufig an die Geschlechterproblematik aus der Sicht heterosexueller Paare gebunden und daher auf schwule und lesbische Paare nicht anwendbar sei. Kinderlose Paare fragten, ob wir meinten, daß sie »versäumt« hätten, irgendein »normales« Entwicklungsstadium zu durchlaufen. Leute in Zweierbeziehungen ohne Trauschein waren unsicher, ob auch sie gemeint seien.

Andere wollten wissen, ob unser Schema rein chronologisch zu verstehen sei oder ob sich dahinter hierarchische Vorstellungen irgendwelcher Art verbergen – etwa, daß Paare zunehmend reifer werden, während sie diese Stadien durchlaufen, oder daß ein Paar um so besser dran ist, je mehr Stadien bzw. Zyklen es passiert. Phasenorientierte Modelle schließen häufig eine große Anzahl von Menschen aus der Norm aus, weil die Stadien eine Leiter bilden. Wer die Spitze erreicht hat, ist irgendwie reifer, erfolgreicher und normaler als andere.[7]

Wir machten uns an die Überarbeitung unseres Modells, wobei wir versuchten, diese Fallstricke zu vermeiden, und waren bereit, unsere eigenen Voreingenommenheiten zu hinterfragen. Wir sind beide geschiedene und zum zweiten Mal verheiratete heterosexuelle Männer mittleren Alters, von Beruf Psychotherapeuten mit vorwiegend Mittelschichtpraxen. Wenn wir über Paare und Paarbeziehungen sprechen, können wir nicht behaupten, alle denkbaren Zweierbeziehungen zu erforschen oder einzubeziehen. Das Schwergewicht haben wir auf Menschen gelegt, die einander für kürzere oder längere Wegstrecken mit mehr oder weniger großer Verliebtheit sich als Lebenspartner gewählt haben. Am häufigsten trifft dies auf die heterosexuelle Mann-Frau-Beziehung zu, ein Paar, das sich gewöhnlich, aber nicht immer, auf Ehe und Kinder hin orientiert.

Wir sind beide weder Experten in bezug auf schwule oder lesbische Zweierbeziehungen noch auf afro-amerikanische, hispanische oder asiatische Paare, obwohl wir viele persönlich kennen und be-

7 Carol Gilligan (*Die andere Stimme – über männliche und weibliche Moral*, München: Piper, 1984, kritierte zum Beispiel Lawrence Kohlberg [Gesammelte Schriften bei Suhrkamp]), weil dessen Theorie moralischer Entwicklung den für Männer typischen Verlauf stärker hervorhebt und gewichtet als die frauenspezifische Entwicklung. Aufgrund dieser Betonung männlicher Tendenzen, Entscheidungen unabhängig vom sozialen Kontext zu treffen, scheinen nur wenige Frauen – aber viele Männer – die Stufe moralischer Reife zu erreichen.

handelt haben. Aus diesem Grund überlassen wir die vollständige Erörterung der speziellen Probleme, denen sich Paare wie die genannten konfrontiert sehen, Verfassern, die eine genauere Kenntnis haben. Wir laden Menschen aus anderen Kulturkreisen ein, sich bei der Lektüre dieses Buches zu überlegen, inwieweit sich ihre Erfahrungen mit den in diesem Buch beschriebenen decken.

Trotz dieser Einschränkung glauben wir jedoch, daß Paarbeziehungen dynamischen und evolutiven Mustern folgen, die für ein sehr breites soziologisches Spektrum gelten. Obwohl zwischen den einzelnen Paaren spezifische Unterschiede bestehen, und obwohl das Spektrum von Paaren sehr groß ist und Faktoren wie Nation, Rasse und Klasse in bestimmten Lebensabschnitten eines bestimmten Paares durchaus ins Gewicht fallen können, sind wir der Ansicht, daß unsere Beobachtungen die Grundfragen beschreiben, mit denen sich die meisten Paare auseinandersetzen müssen. Wir hoffen, daß alle Paare unsere Erkenntnisse nützlich finden werden.

Wir setzten uns auch mit der Frage auseinander, wie wir geschlechtsspezifische Probleme beschreiben sollten. Für uns ist das Geschlecht keine biologisch bestimmte Kategorie. Wir sind der Auffassung, daß es sich bei einem Großteil dessen, was die Gesellschaft als männlich und weiblich ansieht, um gesellschaftliche Konstrukte handelt.

Allmählich entwickelten sich unsere Vorstellungen über die Vielfalt von Formen und Verläufen heutiger Paarbeziehungen. Und auch unsere Auffassung darüber, wie der Charakter eines Paares schon zu Beginn der Beziehung in Grundzügen geformt und dann zugeschliffen und überarbeitet wird, nahm Gestalt an. Nach und nach gewann das Schema an Schlüssigkeit.

Dies ist keine durchwegs erfreuliche Lektüre. Wir haben uns nicht bemüht, den Gefühlen von Angst und Betrug ihre Spitze zu nehmen, und wir schildern schwierige Zeiten als unvermeidliche und wesentliche Aspekte von Wachstumsprozessen. Wir haben wenig darüber zu sagen, wie gestörte Beziehungen wieder heil werden können, aber wir beschreiben, wie andere »normale« Paare solche Schwierigkeiten überwunden haben. Wir haben nicht den Wunsch, den Einzelnen der Verantwortung für sein eigenes Dilemma zu entheben. Bloß weil Krisen unvermeidlich sind, bedeutet das ja nicht, daß wir ihren Ablauf, ihre Dauer nicht beeinflussen können. Schließlich geht es uns nicht darum, Formeln oder moralische Rezepte anzubieten, mit deren Hilfe alle Paare »um jeden Preis« zusammenbleiben können. Vielmehr wollen wir den exemplarischen Verlauf von Zweierbeziehungen beleuchten, damit die Partner fundiertere Entscheidungen in bezug aufeinander treffen können.

Wenn wir das Leben heutiger Paare erforschen, ist uns bewußt, daß wir uns auf ein weites, unerschlossenes Terrain vorwagen. Wir haben versucht, ein differenziertes Bild des Paares zu zeichnen und den Mut der Partner, ihr Drama und ihr Gefühl von Triumph und Heroismus zu würdigen: ein Bild, das den Betroffenen gerecht wird. Unser Ansatz ist deskriptiv und spekulativ – es handelt sich weder um einen Forschungsbericht noch um den Versuch der Vollständigkeit noch um ein Handbuch zur Selbsthilfe.

Liebe, Lust und Langeweile spiegelt unsere persönlichen und beruflichen Erfahrungen, denn wir sind selbst Teilnehmer an dem Prozeß, den wir beschreiben. Das Schicksal von Paarbeziehungen betrifft uns persönlich und unmittelbar, und wir betrachten uns als ihre unerschrockenen, wenn auch nachdenklichen Fürsprecher. Trotz dieses Standpunkts haben wir uns bemüht, gute Beobachter zu sein. Wir sind neugierig gegenüber dem Schicksal von Paaren in diesen sich so schnell wandelnden Zeiten geblieben. Aus unserer Sicht ist das Paar eine zwar unvollkommene, aber faszinierende Lösung für das Dilemma von Bindungen in der entfremdeten Gesellschaft von heute, eine Lösung, die unsere volle Aufmerksamkeit verdient. Wir hoffen, daß die Leserin und der Leser diese Erkundung für das Verständnis ihrer eigenen vergangenen und gegenwärtigen Beziehungen nützlich finden werden.

Ein völlig normales Paar

Beginnen wir mit einer Geschichte...

Jonathan und Marie lernten sich auf einem *blind date* kennen, das eine Freundin eingefädelt hatte. Sie meinte, die beiden würden fabelhaft zusammenpassen: beide waren fleißige, intelligente und attraktive Menschen mit tragfähigen Wertvorstellungen. Beide hatten eine gute Beziehung »verdient«. Marie war 25, Jonathan 27. Sie studierte seit drei Jahren Medizin, er arbeitete sechzig Stunden in der Woche in einer Anwaltskanzlei der Innenstadt.

Sie fühlten sich sofort zueinander hingezogen. Ihm gefiel ihr Lächeln und ihr Humor; ihr gefielen seine Augen und wie er beim Sprechen die Schultern hochzog. Sie konnten nicht aufhören zu reden. Sie verbrachten diesen ersten Abend in einem Restaurant, einem italienischen Bistro, und gingen anschließend noch bis zwei Uhr früh spazieren.

Jonathan rief sie am nächsten Tag an, und sie gingen an diesem Abend wieder aus. Am folgenden Abend meldete er sich erneut, und sie redeten drei Stunden lang; am folgenden Wochenende waren sie bereits unzertrennlich. Es war schwierig für sie, das alles unterzubringen – da sie beide so beschäftigt waren –, aber es gelang ihnen immer, einander zu sehen. Sie telefonierten miteinander, erübrigten eine halbe Stunde für einen Kaffee, machten Spaziergänge. Beide fühlten sich in der Gesellschaft des anderen wohl. Und beide verspürten eine sexuelle Energie, die sie weiter erkunden wollten. Sie empfanden sie als sanft und liebevoll, nicht »elektrisierend«, aber befriedigend. Sie konnten so gut miteinander reden, daß es ihnen leichtfiel, auch körperlich miteinander warm zu werden.

Jonathan war groß und schlank, ein humorvoller Großstädter. Sein Vater, dynamisch und impulsiv, betrieb einen Engroshandel mit Haushaltsgeräten; seine Mutter war teils zu Hause, teils übte sie ehrenamtliche Tätigkeiten aus. Jonathan war der einzige Sohn; seine um fünf Jahre jüngere Schwester Diane studierte.

Marie war ebenfalls hochgewachsen: dunkelhaarig, lebhaft und sehr extravertiert. Sie entstammte einer italienischen Familie. Ihr Vater arbeitete auf dem Bau; ihre Mutter war bei Marie und deren vier jüngeren Geschwistern zu Hause geblieben. Marie hatte in der Schule stets geglänzt, aber sie war auch bei ihren Mitschülern beliebt, sportlich und in Vereinen aktiv. Sie hatte bei der Abiturfeier die Abschiedsrede gehalten, und ihre Mitschüler sagten ihr den größten Erfolg im Leben voraus. Ihre Eltern hatten ihr zugeredet, ein Stipendium für eine nahegelegene Universität anzunehmen – was sie tat –, und sie freuten sich, als sie sich später entschloß, Medizin zu studieren.

Anfangs hatte Marie gezögert, sich so auf Jonathan einzulassen – oder überhaupt auf jemand in diesem Abschnitt ihres Lebens. Ihre letzte Beziehung, die erst drei Monate zuvor geendet hatte, war schrecklich gewesen. Mark war knauserig, verschlossen und arrogant gewesen; und Marie haßte die Vorstellung, hilflos einem Mann nachzulaufen. Sie wußte, daß sie nicht viel Zeit grübelnd verbringen wollte; das war nicht ihre Art. Aber trotzdem war sie überrascht zu merken, wie leicht sie in die Beziehung zu Jonathan hineinglitt.

Sie mochte seinen trockenen Humor. Sie fand ihn sexy. Fast von Anfang an ertappte sie sich bei Tagträumen über ihn. Sein Enthusiasmus war ansteckend, und es gefiel ihr, wie sehr er sich für ihre Arbeit interessierte und wie sehr er sie begehrte. Deshalb schob sie ihre Vorbehalte in bezug auf Männer und Beziehungen beiseite und gab seinem Werben nach.

Jonathan seinerseits war Feuer und Flamme. Er hatte sich schon seit langem inbrünstig eine echte Beziehung gewünscht. Sicherlich, er würde diesmal kontaktfreudiger sein müssen, entgegenkommender als zuvor: aber bei Marie fiel es ihm leicht. Jonathan hatte das Gefühl, sein Problem mit Frauen habe in seiner zu großen Zurückhaltung bestanden. In seinem Beruf als Anwalt konnte er sich behaupten, aber nicht in Beziehungen. Marie lockte ihn aus seiner Reserve heraus. Sie war die Art von Frau, die er sich immer gewünscht hatte: sinnlich, tüchtig und gescheit – eine unabhängige Partnerin, die für ihn da sein würde, wenn er sie brauchte, ohne ihn je hinunterzuziehen. Er fand, sie beide hätten Ähnlichkeit mit anderen legendären Paaren: Paul Newman und Joanne Woodward, Marie und Pierre Curie.

Anfangs schien Jonathans Idealbild tatsächlich gut auf sie beide zu passen. Sie öffneten sich füreinander – mit langen Geständnissen, Geschichten über frühere Kränkungen und Triumphe (von denen sie manche noch keinem Menschen anvertraut hatten), Schilderungen ihrer Träume – und staunten, wie ähnlich sie einander waren. Beide mochten die Stones, Fellini-Filme, Mozart, Erdnußbutter und lange Fahrradtouren. Und beide haßten sie dicke Romane, Operetten, Bananen und Charlton Heston. Sie wußten sogar ihre Unterschiede zu schätzen: Jonathans stoische Ruhe in brenzligen Situationen gab Marie das Gefühl von Sicherheit, und ihr überschäumendes Temperament bewirkte, daß er sich lebendiger fühlte.

Sie fanden, daß sie »ideal zusammenpaßten«. Beide fühlten sich in Gesellschaft des anderen »besser« – tiefer gekannt, liebenswürdiger als Person, imstande, gütiger und großzügiger zu sein, und einfach »so, wie ich wirklich bin«. Es machte ihnen nicht einmal etwas aus, dem anderen gegenüber verletzbar zu sein. Bald begannen sie, über die Zukunft zu reden. Gestärkt durch die Wertschätzung des anderen hatten beide das Gefühl, ein Stück gewachsen zu sein und weiter über sich hinauszuwachsen.

Nach einigen Monaten begannen sie jedoch zu streiten – gewöhnlich, wenn Marie den Eindruck hatte, daß Jonathan sich zurückziehe. Einmal sagte er ein Rendezvous ab, weil er arbeiten mußte; sie wurde wütend auf ihn und wollte darüber sprechen, aber er sagte, er könne jetzt einfach nicht reden. Ein anderes Mal wollte sie einen Film sehen, und er lehnte mit der Begründung ab, er sei zu müde, um auszugehen. Sie erwiderte, sie müsse das Recht haben, manchmal Vorschläge zu machen und dürfe von ihm erwarten, daß er darauf eingehe, und an diesem Abend habe sie das *dringende* Bedürfnis, auszugehen und den Film zu sehen – worauf er sehr still wurde. Marie spürte, daß er sich über sie ärgerte, aber sie konnte nicht verstehen, warum; und Jonathan spürte, daß sie ihn beherrschen wollte, aber er verstand ebensowenig, warum. Sie begannen, darüber zu streiten, wer von ihnen denn nun das Sagen habe.

Mehrere Monate lang sahen sie ihre Streitigkeiten als Ausrutscher an, als Mißgeschicke aufgrund von Unterschieden in ihrer Persönlichkeit oder von Unterschieden zwischen Männern und Frauen. Ihre Kräche dauerten nicht lang; sie waren nicht annähernd so schlimm wie die erbitterten Zerwürfnisse, die sie in früheren Beziehungen gehabt hatten; und die Versöhnungen machten Spaß. Deshalb tauchten sie sogar ihre Streitigkeiten in ein rosiges Licht – nichts, worüber man sich Sorgen machen müßte. Beide hatten sich gegenüber früher gebessert. Da sie immer wieder die Kurve kriegten, waren sie mit sich zufrieden und blieben hoffnungsvoll.

Eines Tages geriet jedoch ein Streit außer Kontrolle. Sie waren in einem Café und unterhielten sich, und Marie merkte plötzlich, daß ihr Jonathan nicht zuhörte. »Wo *bist* du eigentlich?«, fauchte sie ihn an, nachdem sie ihren Satz mittendrin abgebrochen hatte. »Äh, ich habe *zugehört*«, behauptete er. »Nein, hast du nicht«, beharrte sie, und sie fragte ihn, warum nicht. Er wurde wütend und begann, sich zu rechtfertigen. »Aber ich *habe* zugehört!«, rief er. »Und wenn schon, was soll's? Ich brauche doch nicht an *deinen Lippen zu hängen*, oder?«

»Du brauchst mir *überhaupt nicht* zuzuhören!«, rief sie. »Du brauchst auch nicht mit mir *auszugehen*. Bleib allein und mach, was du willst!« Und sie griff sich ihre Tasche und rauschte erhobenen Hauptes aus dem Café. In den nächsten 24 Stunden nahm sie den Hörer nicht ab.

Jonathan war schwer mitgenommen. Er machte sich Vorwürfe und rief immer wieder an, um sich zu entschuldigen. Schließlich ging Marie ans Telefon und hörte ihn an, aber sie erwiderte, sie könne seine Entschuldigung nicht annehmen, weil sie in ihren Ohren nicht so klinge, als ob er voll dahinterstehe. Jonathan zuckte zurück und verkroch sich in sein Schneckenhaus. Er meinte, Marie habe sich »nicht mehr im Griff«. Warum, fragte er sich, sind selbst die gebildetsten Frauen so irrational? Er begann, daran zu denken, mit anderen Frauen auszugehen. Marie blieb ebenfalls auf Distanz. Jonathan wies für sie plötzlich große Ähnlichkeit mit Mark und anderen Männern auf, die sie gekannt hatte.

In dieser Woche schien sich ihre ganze Welt zu verwandeln – nicht sehr, aber genügend, so daß alles anders war. Als er sie schließlich anrief (das tat er, um sich nochmals zu entschuldigen), empfand er einen Zwiespalt. Warum mußte immer *er* anrufen? Warum nicht sie? Er fühlte sich gedemütigt. Und Marie fand, daß er furchtbar lang gebraucht habe, um zu erkennen, wie beleidigend er sich verhalten hatte. Sie vermißte ihn zwar entsetzlich, aber sie konnte immer noch nicht seinen gereizten Ton vergessen. Nach einem langen Spaziergang versöhnten sie sich; aber fortan empfand Marie Jonathans Stoizismus manchmal als Verschlossenheit, ja Bestrafung; und seine Offenheit und Intimität erschienen ihr gelegentlich irreführend, ja ausbeutend – speziell, wenn sie nur zu Sex führten.

Jonathan fing an, Maries Übersprudeln manchmal als etwas laut zu empfinden – oder sogar als aufdringlich. Er machte sich Sorgen, daß ihr ständiges Reden über alte Kränkungen von einem bodenlosen, durch nichts zu füllenden Abgrund zeuge. Auch schien sie seine Aufmerksamkeit öfter als vorher zu *fordern*. Obwohl sie ein paar Monate später zusammenzogen, stritten sie öfter als zuvor; und diese einst so harmlosen Streitigkeiten schienen ihre Beziehung jetzt zutreffender zu charakterisieren als ihre Gefühle von Zuneigung und Aufgeschlossenheit.

Mit ihrem ersten Streit begannen ein paar verwirrende Jahre, in denen sich glückliche Zeiten mit schlechten abwechselten. Es gab wunderbare Tage, an denen sie gemeinsam studierten, lange Spaziergänge machten, sich nachmittags liebten und abends ins Kino und zu anderen kulturellen Veranstaltungen gingen. Aber es gab auch weitere Kräche. Manchmal empfanden sie den anderen als »zu« nahe. Manchmal war Jonathan besorgt darüber, daß er sich zu anderen Frauen hingezogen fühlte, speziell zu einer Sekretärin im Büro.

Beide fragten sich, ob sie die Beziehung beenden oder fortsetzen sollten. Außerstande, sich zu entscheiden, schwankten sie. Aus Loyalität und Furcht behielten sie ihre Schwierigkeiten größtenteils für sich. Eines Tages geriet jedoch ein Streit über das wechselseitige Engagement außer Kontrolle. Sie schrien sich an, bezichtigten einander und platzten mit all ihren Befürchtungen heraus: »Ich glaube nicht, daß du mich wirklich liebst!«, rief Jonathan. »Du willst bloß, daß ich nach deiner Pfeife tanze.« »Ich glaube auch nicht, daß du mich liebst«, antwortete Marie, »sonst hättest du den Wunsch, mehr mit mir zusammenzusein.« Sich allein fühlend, kehrte Marie auf ein paar Tage zu ihren Eltern zurück.

Jonathan vermißte sie und war verzweifelt, bis sie endlich zurückkehrte. Er sagte ihr, er könne ohne sie nicht leben, wolle nie wieder von ihr getrennt sein und wünsche sich, daß sie heirateten. Um sie zu überzeugen, schlug er vor, gemeinsame Freunde um Hilfe zu bitten, und so vertrauten sie sich ihrer Freundin an, die sie miteinander bekanntgemacht hatte.

Sie diente ihnen als Sicherheitsnetz. In ihrer Gegenwart äußerten sie ihre bisher unausgesprochenen Kränkungen und ihre Wut, aber auch ihre Sehnsucht nach einander und ihre Hoffnungen, daß die Beziehung gerettet werden könne. Nach einem stürmischen Abend kehrten sie in ihre Wohnung zurück, liebten sich leidenschaftlicher als je zuvor und schworen sich, zusammenzubleiben. Bald danach heirateten sie. Jonathan war damals 30; Marie 28.

Der Ehestand erfüllte sie mit neuer Hoffnung und Erregung. Beide stürzten sich mit frischer Energie in ihre Karrieren, und die gemeinsam verbrachte Zeit erschien ihnen als etwas Besonderes und Köstliches. Jonathan stieg in seiner Anwaltskanzlei auf. Marie trat eine Assistentenstelle in einer Kinderklinik an. Sie beschlossen, mit dem Nachwuchs noch zu warten. Aber ihre getrennten Laufbahnen beanspruchten sie immer mehr, und die Distanz zwischen ihnen nahm zu.

Sie meinten jetzt, nur noch wenige Illusionen in bezug auf einander zu haben; sie würden alle Konflikte bewältigen können, die auftreten mochten. Sie schöpften Kraft aus der Unterstützung ihrer Freunde, ihrem eigenen gemeinsamen Wunsch nach Kindern und dem Gefühl, daß am Ende des Tunnels Licht zu sehen sei. Zwar machten sie sich gelegentlich immer noch Vorwürfe, aber sie merkten auch, daß sie im Lauf der Zeit ein Grundvertrauen zueinander aufgebaut hatten und bessere Freunde geworden waren. Als Maries Vater einen Herzinfarkt erlitt, besuchte Jonathan ihn täglich im Krankenhaus. Und als Jonathans Schwester mit ihrer kleinen Firma scheiterte, lud Marie sie auf ein paar Tage ein. Das Einbezogensein in die Familie des anderen brachte sie einander näher.

Nach ihrer Assistentenzeit begann Marie, an einer städtischen Ambulanz zu arbeiten. Jonathan war noch eingespannter als früher. Beide waren von ihrer Arbeit völlig in Anspruch genommen, sie fingen an, Geheimnisse voreinander zu haben, und die Gräben zwischen ihnen wurden tiefer: seine Welt, ihre Welt. Wenn sie zusammen waren, gingen sie einander manchmal gegen den Strich. Sie fand, er klinge wie ein typischer Anwalt: kalt und logisch. Er fand, sie klinge »gefühlsduselig« und sentimental, während sie ihm gegenüber hart und dominant sei. Zur selben Zeit begann Marie, mit ihrem Klinikchef Probleme zu bekommen. Sie tat sich mit zwei anderen Ärztinnen zusammen, und alle drei fingen an, sich mit Frauenfragen in der Medizin auseinanderzusetzen.

Genau zu dieser Zeit schnitt Jonathan erneut die Frage von Kindern an. Marie war ambivalent: sie kam in ihrer Karriere voran und wollte sie nicht unterbrechen; sie fand, ein Kind zu haben, sei eine Belastung, auch für ihn und für ihre Eltern. Aber im tiefsten Inneren wünschte auch sie sich ein Kind. Als sie dreißig wurde, gab sie nach und wurde bald darauf schwanger. Sie bekamen ein Mädchen, Lisa. Jonathan war außer sich vor Freude. Ihre Probleme schienen sich in Luft aufzulösen...

Dann brach das Kartenhaus zusammen. Marie entdeckte, daß Jonathan mit einer Kollegin in seinem Büro eine Affäre gehabt hatte. Wütender, als sie je im Leben gewesen war, und sich restlos betrogen fühlend, erklärte sie ihm, ihre Ehe sei zu Ende. Sie wollte, daß er innerhalb einer Woche ausziehe.

Diesmal schritten beide Familien ein. Jonathans Eltern ergriffen Maries Partei und stellten ihn scharf zur Rede: »Die Familie ist das Wichtigste«, sagten sie. Was ihm eingefallen sei? Auch seine Schwester empfahl ihm, sich auf die Reihe zu kriegen. Maries Eltern drängten sie, Jonathan die Chance zu geben, seine Probleme einzugestehen und sich um Hilfe zu bemühen.

Überraschenderweise schienen nun beide weich zu werden. Jonathan öffnete sich und bekannte unter Tränen, daß er sich verloren und alleingelassen gefühlt habe. Auch beruflich war es für ihn nicht gut gelaufen. Er übernahm die volle Schuld für das Problem und bat Marie, zu bleiben. Mehrere Wochen lang gingen sie gemeinsam zu einem Eheberater, und danach blieb Jonathan allein bei ihm in Therapie. Probleme, die sie unter den Teppich gekehrt hatten, kamen jetzt ans Licht. Sie beschlossen, die Ehe fortzusetzen.

Marie merkte, daß sie ihren Groll nicht ganz loslassen konnte. Sie wurde sexuell fast völlig unzugänglich, und obwohl sie einander versprachen, sich diesmal mehr um einander zu bemühen, stürzten sie sich erneut in ihre Berufe.

Ein Kind zu haben, brachte sie einander näher und ließ sie begreifen, daß sie ein Teil von etwas Größerem und Dauerhafterem waren als ihre wacklige Zweierbeziehung. Es kamen wieder gute Zeiten, gemischt mit den schlechten; Distanz und Nähe wechselten auf unerklärliche Weise; ihre alten Streitigkeiten lebten wieder auf, schienen aber ihre Beziehung nicht länger vollständig zu kennzeichnen.

In ihrer Fürsorge für Lisa wurden sie an ihre ursprünglichen Träume erinnert und nahmen erneut jene Züge beim anderen wahr, die sie früher so bewundert hatten. Langsam ging es mit der Beziehung aufwärts. Sie dachten daran, sich ein Haus zu kaufen, und phantasierten über die Neueinrichtung von Räumen. Jetzt, wo sie mehr miteinander sprachen, entdeckten sie neue Möglichkeiten der Großzügigkeit und gegenseitigen Unterstützung. So kündigte Jonathan zum Beispiel an, er werde seine Arbeitszeiten so ändern, daß er sich an zwei Nachmittagen in der Woche um das Baby kümmern könne, und Marie gab ihre Absicht bekannt, eine zwar weniger begehrenswerte, aber besser bezahlte Klinikstelle anzunehmen, die mit kürzeren Arbeitszeiten verbunden war, so daß auch sie mehr zu Hause sein konnte.

Die Krise ging vorüber. Jonathan hatte die Affäre ein paar Wochen vor Lisas Geburt aufgegeben, aber Marie blieb mißtrauisch. Mehrere Monate lang beobachtete sie ihn genau; schließlich kam sie zu der Überzeugung, daß es ihm wirklich leid tue, ihr Vertrauen gebrochen zu haben, und sie verzieh ihm.

In den folgenden paar Jahren oszillierte ihre Beziehung weiterhin in Zyklen, die ihnen willkürlich und unbeherrschbar erschienen. Einschneidende Ereignisse rüttelten sie durch. Manche, wie die Geburt ihres zweiten und dritten Kindes, brachten das Beste in ihnen zum Vorschein; sie wandten sich erneut herzlich und hoffnungsvoll einander zu. Zu anderen Zeiten herrschte Hader vor, ihr »alter Streit« schien zu dominieren, und sie wurden zunehmend verbittert. Immer wieder stritten sie sich über Fragen des inneren Engagements und der Nähe. Dies trat speziell nach unvorhergesehenen Ereignissen ein, etwa als Jonathan seine Stellung verlor und eine neue suchen mußte, oder als ihr zweites Kind erkrankte und sie sich gegenseitig die Schuld daran gaben.

Bis vor wenigen Jahren war es Jonathan und Marie schwergefallen, ihr gemeinsames Leben in den Griff zu kriegen. Die Dinge änderten sich ständig für sie, und keine ihrer Lösungen schien von Dauer zu sein. Sooft sie auch glaubten, ihre Beziehung in die richtige Form gebracht zu haben, löste irgendein unerwartetes Ereignis eine weitere Phase des Grollens und Sich-mißverstanden-Fühlens aus. Dann rückten sie wieder voneinander ab, gingen sich aus dem Weg und schmorten in ihren wütenden Phantasien, bis sie es durch einen Rückgriff auf ihre elementarsten Problemlösungsstrategien schließlich schafften, ihre Verstimmung hinter sich zu lassen, einen neuen Modus vivendi zu finden und wieder von vorn anzufangen. Jeder Neubeginn erfüllte sie mit Hoffnung; jede Krise machte sie wieder traurig und verstimmt.

Sie hatten Freunde, die sich scheiden ließen, wenn sie ihre Konflikte nicht lösen konnten, doch sie selbst blieben beisammen. Dennoch geben sie zu, gelegentlich so unzufrieden gewesen zu sein, daß sie sich die Frage stellten, was geschehen wäre, wenn sie sich anders verhalten hätten. Jonathan fragt sich, was geschehen wäre, wenn »ich mich früher auf die Hinterbeine gestellt« hätte. Marie fragt sich, was geschehen wäre, wenn »ich mein Leben selbst in die Hand genommen hätte, statt mich damals zu binden«. Beide haben sich gefragt, ob der andere wirklich der oder die »Richtige« für sie sei.

Vor sechs Jahren, als Jonathan 39 und Marie 37 war, schlitterten sie in eine anhaltende Periode des Leidens und der Enttäuschung, deren schließliche Überwindung vor zwei Jahren ihr Leben tiefgreifend veränderte. Während dieser Periode kamen sie einer Scheidung näher als je zuvor in ihrem Leben. Um sie zu überwinden, mußten sie sich schließlich eingestehen, daß ihre Beziehung weniger war, als sie ursprünglich gehofft hatten, daß sie weder ihre alten Wunden je wirklich ganz geheilt, noch den Verlust ihrer alten Hoffnungen voll akzeptiert hatten. Und dennoch hat die Verwandlung, bewirkt durch die gemeinsame Erfahrung, diese schwierige Zeit gemeistert zu haben, ihrer Beziehung ein neues Gefühl von Optimismus und Sinn verliehen.[8]

Jetzt haben sie ein entspannteres Verhältnis zueinander und zu sich selbst gefunden. Sie glauben, zusammen älter zu werden bedeute, manche Erwartungen aufgeben und manche Grenzen akzeptieren zu müssen, um glücklich zu sein. Heute wissen sie ihre Zusammengehörigkeit, ihre Liebe und ihre Familie zutiefst zu schätzen; und tatsächlich haben sie viele Wertvorstellungen miteinander gemein und sind in ein Netzwerk hilfreicher Freunde und Angehöriger eingebunden. Marie und Jonathan haben sich zwar im Lauf der Zeit verändert, aber sie erinnern sich immer noch an die Hoffnungen und Träume, die sie vor Jahren gemeinsam hegten; sie empfinden immer noch die Liebe und das Vertrauen, aus denen ihre Beziehung anfangs schöpfte. Ihre Beziehung hat überdauert, und sie hat der Zeit gut standgehalten.

---

8 Auf diese Erfahrung wird in dem Kapitel »Wie sich Paare verändern« näher eingegangen.

Paare in unserer Zeit

Paarbeziehungen entwickeln sich nicht in einer geraden Linie, so, wie eine Eichel zu einem Baum heranwächst. Ebensowenig entwickeln sie sich unabhängig von anderen Mitgliedern ihrer Gesellschaft. Paare stehen unter dem tiefreichenden Einfluß ihres gesellschaftlichen und historischen Umfelds. Im Laufe der Jahre weben die Partner ihre Paarbeziehung aus verschiedenen Fäden ihres eigenen Lebens, aus Strähnen ihrer Familiengeschichte und dem Garn der Überzeugungen und Erwartungen diverser Gruppen, denen sie angehören. Sie tun dies stets mit Bezug auf die herrschende kulturelle Narration, den riesigen Gobelin, der die Summe der Botschaften einer Gesellschaft, wie sich ihre Mitglieder verhalten sollten, repräsentiert. Auf jedem Schritt des Weges reagiert das Paar auf den einen oder anderen Faktor, wiedersetzt sich ihm oder akzeptiert ihn, tut einen Schritt zur Seite oder schreitet voran. Die Partner treffen Entscheidungen, gehen Risiken ein, nähern sich einander oder entfernen sich, bleiben beisammen oder gehen auseinander.

Jonathan und Marie sind ein mit Glück gesegnetes Paar, ein privilegiertes Gespann, das mit den Vorteilen von Bildung, Position und Geld durchs Leben kutschiert. Keiner von beiden ist übermäßig »neurotisch« oder »gestört«. Sie scheinen einander meistens zu mögen und zu respektieren, und sie arbeiten hart daran, ihre Probleme zu meistern. Doch so begabt und erfolgreich sie auch sein mögen, sie machen die gleichen schmerzhaften Zyklen durch wie jedes andere Paar. Wir haben gerade deshalb sie als Beispiel gewählt, *weil sie das Idealbild des in der Liebe und Ehe erfolgreichen Paares repräsentieren.*

Trotz ihrer Vorteile ist ihr Leben ebensosehr von schmerzlichen Konflikten und Krisen gekennzeichnet wie von Zufriedenheit und Erfolg. Ihre »Normalität« besteht in der Art und Weise, wie sie zwischen Problemen und Möglichkeiten, zwischen guten und schlechten Zeiten hin- und herpendeln. Wie alle übrigen Paare oszillieren auch sie zwischen optimistischer Aufgeschlossenheit und defensiver Abschottung. Im Spannungsfeld der Konflikte ihres Lebens – dem Bedürfnis nach dauerhafter Freundschaft sowie leidenschaftlicher Liebe, dem Wunsch, einerseits im Beruf Erfolg zu haben, aber andererseits auch ihre Kinder sorgfältig aufzuziehen – ist ihre Beziehung selten stabil. Sooft sie einen Konflikt lösen, zerbröckelt die Lösung früher oder später, und sie müssen wieder von vorn beginnen. Was für Jonathan und Marie gilt, trifft heute für die meisten Paare zu: statt ein geordnetes, stabiles Leben zu haben, taumeln sie fortwährend von einem Zyklus des Konflikts und der Lösung zum nächsten.

Dieses Kapitel erforscht, wie sich die jüngsten gesellschaftlichen Veränderungen auf die Paarentwicklung in unserer Zeit ausgewirkt haben, und stellt dann unser Konzept des Drei-Phasen-Zyklus der Paarentwicklung vor.

Zyklen von Konflikt und Lösung

Der Charakter von Zweierbeziehungen ist geprägt durch regelmäßig wiederkehrende Zyklen von Konflikt und Lösung. Konflikte sind keine Entgleisungen, die ignoriert oder auf einfache Weise korrigiert werden können; sie liegen in der Natur von Zweierbeziehungen. Konflikte sind auf echte Dilemmas zurückzuführen, die sich Paare bewußtmachen und lösen müssen. In Beziehungen treten Konflikte oft in Form einer Entscheidung zwischen Alternativen auf: Vorteil des Individuums oder der Gemeinschaft; Frauenrechte oder männliche Privilegien; der Erziehungsstil des einen Partners gegen den des anderen.

Die meisten heutigen Paarbeziehungen entsprechen diesem Grundmuster. Ebenso wie bei Marie und Jonathan ist die Zeit der jungen Liebe eine Zeit der Expansion, der Aufbruchstimmung. Die Paare messen ihren Erfolg bzw. Mißerfolg an dem immensen Potential, das sie innerlich verspüren, und sie vergleichen den Verlauf ihrer Beziehung mit ihren Erwartungen. Ihrem anfänglichen Optimismus steht gewöhnlich ihre Erfahrung von allem entgegen, was

Beziehungen aus dem Lot bringen kann, der »Absturz« aus schwindelnder Höhe, die Kränkung, die durch Verletzbarkeit entsteht, das Wissen, daß anfängliche Versprechungen gebrochen werden können.

Die Paare mühen sich um eine Perspektive, die die positiven wie auch die negativen Seiten einzuschließen vermag und die ihnen hilft, auf ihrem Weg voranzukommen. Aber die Perspektiven, die sie erreichen, und die Lösungen, zu denen sie gelangen, stellen immer nur Teilerfolge dar: sie lösen zwar genug, um weiterzukommen, aber sie schaffen Konflikte selten ganz aus der Welt. Die Grundkonflikte bleiben bestehen und werden zur Quelle neuer Gegensätze.

Praktisch jedes Paar durchläuft die gleichen Zyklen wie Marie und Jonathan. Wir alle beginnen mit Gefühlen wachsender Euphorie und Aufbruchstimmung, mit überlebensgroß erscheinenden Glücksverheißungen. Und früher oder später straucheln wir alle. Wir beginnen zu streiten, unser Zusammenleben erscheint uns als »weniger«, als uns ursprünglich dünkte, und es beginnt eine Zeit der Kontraktion, des Sich-Zurückziehens. In diesem Stadium, das auf jede Zeit der Expansion folgt, sind beide Partner enttäuscht, verletzt und fühlen sich mißverstanden. Wenn wir es zu diesem Zeitpunkt schaffen, zusammenzubleiben, miteinander zu verhandeln, Kompromisse zu schließen und Regelungen zu finden, dann werden wir einen neuen Ausgangspunkt erreichen, ein Stadium der Entspannung, das geeignet ist, einen Teil unserer ursprünglichen Hoffnungen und unseres Optimismus wiederzubeleben.

Doch sobald wir das Gefühl haben, einen Konflikt in bezug auf Sex, Geld oder Kinder gelöst zu haben, zerfällt unsere Lösung wieder oder ein anderes Problem taucht auf. Der heutige Mangel an Klarheit über die Rolle von Männern und Frauen eröffnet zwar Wachstumschancen, aber er erhöht auch die Gefahr von Konflikten. Die Partner müssen alles aushandeln, von der Handhabung der Kinderbetreuung bis hin zum richtigen Zeitpunkt für Sex – und wer die Initiative dazu ergreifen sollte. Die Paare müssen sich ihren eigenen Weg durch das Chaos ihrer neu errungenen Freiheit bahnen. In Zeiten schnellen gesellschaftlichen Wandels schwanken die Menschen hin und her zwischen Altem und Neuem, zwischen Hoff-

nung und Furcht, zwischen einem Gefühl von Offenheit und dem
Bedürfnis, sich auf alte bzw. geschützte Plätze zurückzuziehen.

Paare werden frustriert sein, wenn sie erwarten, ihre Konflikte
ein für alle Mal zu lösen. Aber wenn sie lernen, ihre Zyklen von
Konflikt und Lösung zu erkennen und sich ihnen anzupassen, dann
werden sie vielleicht die schwierigen Zeiten überstehen, werden zusammen wachsen und gedeihen. An späterer Stelle werden wir
nacheinander auf alle drei Stadien eingehen und untersuchen, wie
der Charakter einer Paarbeziehung von dem fortgesetzten Durchlaufen dieser Zyklen geprägt wird. Zunächst möchten wir aber den
gesellschaftlichen Hintergrund vorstellen, der zu dieser Form der
Paarentwicklung geführt hat.

Die aktuelle Bedeutung von Paarbeziehungen

Jede Kultur begünstigt bestimmte Formen, wie Paare Beziehungen
knüpfen und entwickeln können. Vor vierzig Jahren wurde zum
Beispiel von Männern erwartet, den Unterhalt zu verdienen und
nur minimal zum häuslichen Familienleben beizutragen, während
Frauen die Aufgabe hatten, zu Hause zu bleiben, sich um die Kinder
zu kümmern und den Haushalt zu versorgen. Aber die Spielregeln,
Leitbilder und Erwartungen, von denen die Beziehungen unserer
Eltern geprägt waren, passen nicht mehr auf heutige Paare. Sie passen weder auf Frauen mit Abitur und Hochschulstudium, die Karriere machen möchten und darauf eingestellt sind, außer Haus zu
arbeiten, noch auf Männer, die sich stärker für Aufgaben im Haushalt und bei der Kinderbetreuung engagieren wollen, noch auf die
vielen Menschen zwischen zwanzig und dreißig, denen die Zu-
schreibung gesellschaftlicher Rollen nach dem Geschlecht als archa-
isch erscheint.

Wir leben in einem Zeitalter des raschen Wandels und damit ein-
hergehenden Problemdrucks; und dies gilt auch für die Beziehungen zwischen Frauen und Männern. Alte Leitbilder existieren neben neuen. Von vielen traditionellen Zwängen befreit, sind wir so-

wohl verwirrter als auch befangener geworden. Wilde Pendelschläge zwischen Erwartungen und Enttäuschungen kennzeichnen heute das Leben vieler Paare.

Männer und Frauen haben sich zwar immer zueinander hingezogen gefühlt, aber in vielen Ländern der westlichen Welt trägt die Suche nach dem richtigen Partner heute Züge von Überspanntheit, ja Verzweiflung. Die »Beziehungskiste« ist zu einer Welt für sich geworden – sie ist nicht länger ein kurzes Vorspiel zum Familienleben. Das Paar hat das Individuum als die kulturelle Ikone unserer Zeit ersetzt.

Die Medien sind erfüllt von Bildern romantischer Liebe. Das Liebespaar ist Gegenstand endloser öffentlicher Faszination und Anteilnahme. Die meisten jungen Menschen gehen davon aus, daß sie sich eines Tages von ihren Eltern trennen und an einen anderen Menschen binden werden, und daß sie *nicht* bloß um der Kinder willen verheiratet bleiben wollen. Der Verlauf der Paarbildung unterstützt diese separatistische Ideologie: viele Paare leben jahrelang zusammen, bevor sie heiraten oder Kinder bekommen; manche fragen sich, *ob* sie überhaupt Kinder in die Welt setzen sollen oder nicht; viele Erwachsene verbringen Jahre zwischen ihrer Scheidung und Wiederverheiratung, in denen sie neue Beziehungen ins Auge fassen und pflegen. Andere verbringen Jahre zu zweit, nachdem ihre Kinder das Haus verlassen haben – und stellen sich Jahre davor schon auf das leere Nest ein.

Eine Zweierbeziehung soll durch und durch romantisch sein, aber diesen Erwartungen wird sie nur selten gerecht. In unserer Verwirrung suchen wir begierig nach Antworten außerhalb von uns selbst.

Die Paarbeziehung ist nie zuvor mit so ungeheuren Erwartungen befrachtet worden, sie wird als ein Allheilmittel für alle Übel angesehen. Wenn wir einsam sind, wird das Paar die Leere ausfüllen. Wenn wir uns machtlos fühlen, wird es uns stützen. Wenn wir eine Freundin, einen Liebhaber, eine Vertraute und eine Familie benötigen, dann sollen wir all dies in unserer Zweierbeziehung finden.

Diese Beziehungen sind uns so wichtig, und wir sind durch Ablehnung und Verlassenwerden so verwundbar, daß wir viele unserer größten Risiken und Freuden im Leben durch die Zugehörigkeit zu einer Paarbeziehung erleben. Das wäre alles akzeptabel, wenn uns jemand sagen könnte, wie wir uns zu verhalten haben. Heutige Paare aber müssen ohne verläßliche Vorbilder oder Anleitung durch diese stürmische See navigieren. In einer so unsicheren Atmosphäre mag einem die Trennung ebenso als Strafe für eigenes Versagen – wie auch als endliche Erlösung für Erlittenes erscheinen. Romantische Anfänge und bittere Scheidungen sind Auftakt und Finale der Hälfte aller Ehen in Amerika, jeder dritten Ehe in Deutschland, und alle neuen Paare müssen sich heute der Zukunft in dem Bewußtsein stellen, daß der vor ihnen liegende Weg verschlungen und unsicher ist.

Eine ungewisse Zeit für Paare

Nachdem die Paarbildung stark an Intensität und Bedeutung gewonnen hat, steht das Paar im Mittelpunkt vieler großer Dramen unserer Gesellschaft. Seit der Zeit der Troubadoure sind romantische Liebe und Ehe als gegensätzliche, ja feindliche Elemente angesehen worden.[9] Liebe gilt als heißblütig, emotional mitreißend und außerhalb der gesellschaftlichen Normen stehend; die Ehe als lauwarm und domestiziert, eine Partnerschaft, die dazu dient, den Alltag zu bewältigen, Kinder in die Welt zu setzen und gesellschaftliche Werte weiterzugeben.[10] Nunmehr wird von beidem erwartet, in Harmonie zu koexistieren. Die Partner sollen imstande sein, von einem Augenblick zum anderen von Rasenmähen und Windelwech-

9 Siehe die Erörterung romantischer Liebe in Annette Lawsons *Adultery: An Analysis of Love and Betryal* (New York: Basic Books, 1988). Siehe auch Joseph Bediers *Tristan and Isolde* (Frankfurt a. M.: Insel-Verlag, 1983); Denis de Rougemonts *Love in the Western World* (Princeton: Princeton University Press, 1983 [1939]); und George Dubys *Ritter, Frau und Priester. Die Ehe im Frankreich des 11. und 12. Jahrhunderts* (Frankfurt a. M.: Suhrkamp, 1985). Man vergleiche auch die Erörterung in Ethel Spector Persons *Lust auf Liebe. Die Wiederentdeckung des romantischen Gefühls* (Reinbek: Rowohlt 1990).

10 Siehe de Rougemont, a. a.O.; siehe auch Robert C. Solomon, *About Love* (New York: Simon and Schuster, 1988).

seln zu leidenschaftlichem Sex überzugehen; von langen Stunden bei der Arbeit zu entspannten Augenblicken in der Sonne.

Prinzipiell sollten beide Partner abwechselnd für Romantik und die Erledigung des Alltagskrams zuständig sein; aber in der Realität verfestigen sich diese Rollen häufig, mit der Folge, daß beide Partner nur noch ein halbes Selbst repräsentieren. Skeptiker haben schon lange davor gewarnt, daß die Verquickung von romantischer Liebe und Ehe einen Grad an Wirklichkeitsfremdheit und Instabilität bewirkt habe, der die Existenz der Familie als solche gefährde.[11] Heute löst das Bestreben, Liebe und Ehe gleichzeitig am Leben zu erhalten, in vielen langfristigen Beziehungen unvermeidliche Spannungen aus.

Die heterosexuellen Beziehungen von heute sind außerdem zu Kampfplätzen des Ringens der Frauen um Gleichberechtigung geworden, mit der Folge, daß das Konfliktpotential um sie herum angestiegen ist. Diese Auseinandersetzung findet in einer Million Haushalten täglich auf tausend verschiedene Weisen statt. Männer und Frauen streiten darüber, wer sich um die Kinder kümmert, wer die Alltagspflichten erledigt, das Geld verdient, Entscheidungen trifft, ja sogar, wie sie miteinander schlafen sollten. Die Partner versuchen, ihre Positionen zu stärken, indem sie sich auf die Klugheit von Freundinnen, Lehrern, Fernseh-Gurus und Therapeutinnen berufen. Je stärker sich die Positionen der Partner polarisieren, desto höher schlagen die emotionalen Wellen; jede Verhaltensweise, jeder Kuß, jede Weigerung, Geschirr zu spülen, nimmt eine große Bedeutung an.

Weitreichende Veränderungen in unserer Wirtschaft, in der Familie und in unserer Einstellung zu den Geschlechterrollen haben die häusliche Welt des Paares großen Umwälzungen und Verschiebungen unterworfen. Eine Folge davon ist, daß sowohl Frauen als auch Männer dazu neigen, die Macht zu überschätzen, über die das jeweils *andere* Geschlecht heute in den intimen Beziehungen verfügt. Beide fühlen sich in dem Krieg zwischen den Geschlechtern als Opfer. Übereinstimmung besteht darüber, daß die Frauen mehr ge-

11 Siehe Denis de Rougemont, a.a.O.

winnen (aber nicht schnell genug), während die Männer an Boden verlieren. Manche behaupten, daß jeder Verlust männlicher Macht über Frauen langfristig begrüßenswert sei, da er den Männern helfen könne, sich auf den Wert von Intimität und Kooperation zu besinnen. Andere sind bestürzt über den Verlust jedes vorhersagbaren Verhaltensmusters.

Es ist heute schwierig, ein Mann zu sein, und schwierig, eine Frau zu sein. Männer haben das Gefühl, ein Rückzugsgefecht auszutragen: sie fühlen sich angegriffen, obwohl sie vielem, was die Frauen sagen, zustimmen. Frauen sind ständig voll Mißtrauen – und zwar zu Recht –, daß sie mißbraucht und ausgenutzt, hereingelegt und herablassend behandelt werden könnten, selbst wenn sie gern mit einem Mann zusammen sind.

Aus den genannten Gründen hat sich die seelische Landschaft des Paares in eine Wildnis verwandelt. Und dennoch begegnen wir dort einander und bauen Beziehungen auf. Alte Vorstellungen davon, was Frauen und Männer sein sollten, lauern am Wege und verfolgen uns auf Schritt und Tritt. Gleichzeitig entstehen auf allen Seiten neue Einstellungen und neue Ideale. Die konkurrierende Vermischung alter, neuer und noch neuerer Leitbilder macht heute den Lebensweg jedes Paares problematisch.

Nehmen wir ein Paar, das entschlossen ist, seine Gleichberechtigung zu wahren. Beide arbeiten und teilen sich ihr Einkommen ebenso wie ihre Alltagspflichten. Das scheint zu funktionieren, aber nach einer Weile werden vielleicht beide unruhig oder vermissen etwas – sie könnte sich zum Beispiel als zu dominant erweisen; und er ist vielleicht nicht beschützend genug.

Ein anderes Paar hält sich stärker an die Traditionen. Der Mann kommt von der Arbeit nach Hause und erwartet von seiner Frau, daß sie das Abendessen gemacht und die Kinder versorgt hat. Die Frau akzeptiert, auch wenn sie selbst berufstätig ist, die Auffassung, daß ihr Heim *ihr* Zuständigkeitsbereich ist. Und trotz einer so eindeutigen Arbeitsteilung können sie dennoch erbittert über Geld, die Disziplinierung ihrer Kinder und die Spielregeln streiten, nach denen ihr häusliches, soziales und sexuelles Leben verläuft. So wünscht sich der Mann möglicherweise, daß seine Frau etwas weniger unabhängig wäre; und sie hätte es vielleicht gern, daß er sich mehr an die Tugenden des respektvollen Umgangs hielte, die in ihrer Familie hochgehalten wurden.

Viele Frauen gehen am Ende außer Haus einem Beruf nach *und* tragen die Hauptlast der Kindererziehung und Hausarbeit; gleichzeitig sind ihnen die eigenen Ressentiments und die Wut, die dies bei ihnen auslöst, nicht geheuer. Viele Männer, die in ihrem Beruf hart arbeiten und sich um die Kinder kümmern, wenn sie zu Hause sind, verübeln es ihren Frauen, daß sie sie behandeln, als täten sie nicht genug; dabei schämen sie sich dafür, ihren Frauen den kleinsten Gefallen zu mißgönnen.

Jede Zweierbeziehung stellt uns vor erhebliche Probleme: es ist kein ausgleichender Dritter vorhanden, dessen Stimme bei Differenzen entscheiden könnte; und der Entschluß, wegzugehen (oder auch nur die Erwägung eines solchen Schrittes), ist lebensbedrohlich für das Gespann. Das Ringen um Konsens kann lange dauern und erbittert sein; oft gelangen dabei Druckmittel wie Liebesentzug oder Herumkommandieren zum Einsatz. Die Unfähigkeit, eine Lösung zu finden, kann die ganze Beziehung gefährden. Der Machtkampf zwischen den zwei Partnern, der sich ja vor dem Hintergrund eines »Krieges zwischen den Geschlechtern« abspielt, ist zu einem zentralen Motiv im Leben heutiger Paare geworden.[12]

Inmitten dieser Auseinandersetzungen um Liebe und Macht müssen die Paare auch ihre Haushalte versorgen, die sie vor all die Probleme eines kleinen bis mittleren Betriebs stellen. Halten wir uns einmal vor Augen, wie wir unser Leben führen: Wir müssen uns um die Kinder kümmern – die Schulen, Betreuung untertags, Babysitter; müssen unsere Häuser bzw. Wohnungen in Schuß halten; unsere Berufe ausfüllen; uns an dem komplexen Geflecht unseres Gemeinwesens beteiligen. Viele von uns sind in solche Sachzwänge eingespannt, daß ihnen wenig Raum für Veränderungen bleibt. Wir kommen gut über die Runden, solange alles nach Plan verläuft, aber sobald ein Wasserrohr bricht oder ein Kind krank

---

12 Man bedenke die Unzahl von Filmen zu diesem Thema, von *Kramer gegen Kramer* bis zum *Rosenkrieg*.

wird, streiten wir darüber, wer zu Hause bleiben soll, und unsere sorgfältig ausbalancierten Systeme sind vom Zusammenbruch bedroht.

Trotz all dieser Schwierigkeiten hat nichts die Leidenschaftlichkeit gedämpft, mit der wir uns um Beziehungen bemühen. Zwar ist die Scheidungsrate zum Beispiel in den USA auf 50 Prozent gestiegen, doch der Prozentsatz an Wiederverheiratungen hat damit Schritt gehalten.[13] Niemand beschwert sich über »Beziehungen« an sich – bloß über diejenige, in der man gerade selbst drinsteckt. In Krisenzeiten glauben wir leicht, daß um die nächste Ecke eine bessere Beziehung zu finden sei. Die Schwemme an Selbsthilfebüchern, Kassetten und Fernsehsendungen facht diese Hoffnung an, weil uns suggeriert wird, daß wir durch eine Kombination von harter Arbeit und diesmal den richtigen Lösungen jede Schwierigkeit und sogar Verzweiflung überwinden können.

Unser Engagement für das Innenleben von Beziehungen hat in dem Maße zugenommen, wie unser Engagement für die größere Gemeinschaft zurückging. Wir fühlen uns machtlos, die Weltereignisse zu beeinflussen, die auf dem Bildschirm an uns vorüberziehen wie »Nintendo-Spiele«. Wir übersiedeln von einer Gemeinde in die andere und leben oft weit von unserer Familie entfernt. Wir scheinen nach authentischer Bindung und Unterstützung zu dürsten. Die Gesellschaft verordnet uns das Paar als eine Lösung für derartige Gefühle von Entfremdung und Einsamkeit. So konzentrieren wir all unsere Sehnsucht nach Zugehörigkeit auf eine kleine Beziehung zu einer einzigen anderen Person.

Geschichtlich betrachtet mag das zeitgenössische Paar als eine evolutionäre Lösung für ein riesiges Dilemma erscheinen. Was wir brauchen, ist eine soziale Gruppe, die die Funktionen erfüllt, welche einst von Kernfamilie, Großfamilie und Gemeinde abgedeckt

13 Es gibt demographische Analysen des Lebens von Paaren von Oliver Bjorksten und Thomads J. Stewart in »*Contemporary Trends in American Marriage*«, S. 3–59, in Carol C. Nadelson und Derek C. Polonsky, Hsg., *Marriage and Divorce: a Contemporary Perspective* (New York: Guilford, 1984). Siehe auch Philip Blumstein und Pepper Schwartz, *American Couples: Money, Work, Sex* (New York: William Morrow, 1983).

wurden. Diese muß mobil sein und sich ebenso rasch bilden wie auflösen können. Sie muß die Wunden der Kindheit kompensieren und die Einsamkeit der Gegenwart lindern können. Sie muß uns Stabilität und Kontinuität, Nahrung, ein Dach über dem Kopf und Kinderbetreuung (falls Kinder vorhanden sind) bieten. Freunde und Nachbarn stehen nicht immer zur Verfügung. All diese Aufgaben soll heute die Paarbeziehung erfüllen.

Verhandeln und andere Wege der Konfliktlösung

Fragen von Macht und Herrschaft spielen in heutigen Paarbeziehungen eine immer zentralere Rolle. Fast jedes Paar, das in Therapie kommt, klagt über seine fortgesetzten und ungelösten Machtkämpfe, Kämpfe, die jeden Bereich ihres Lebens – Finanzen ebenso wie Sex und Haushalt – tangieren. Triviale Fragen wie welchen Film man sich anschauen oder in welcher Farbe man die Handtücher fürs Bad kaufen sollte, können zu Riesenkrächen entarten. Weder Männer noch Frauen finden Geschmack an dem Gedanken getrennter Domänen – seiner und ihrer –, mit der Folge, daß keiner der beiden Partner mehr die Chance hat, seine eigene Vision bzw. seinen Stil zu verwirklichen, ohne früher oder später Widerspruch zu ernten. In dieser streitsüchtigen Atmosphäre wird aus einfachen Rückmeldungen »Kritik!«, und bloße Meinungsverschiedenheiten können zu einer Quelle anhaltender Konflikte werden.

Konflikte sind schwierig zu lösen. Jeder der beiden Partner bezieht sich auf einen anderen Verhaltenskodex und hofft, sich damit durchzusetzen. »So hat man in meiner Familie die Kinder diszipliniert«, sagt der eine; und der andere gibt zurück: »Es scheint ja nicht so toll gefruchtet zu haben, soviel ich sehe. Warum schauen wir uns nicht wenigstens dieses Buch über Kinderentwicklung zusammen an?« Wir zitieren Regeln aus unserer Kindheit oder aus Büchern herbei, in dem Versuch, die Ergebnisse eigenen Nachdenkens mit den Ratschlägen zu verbinden, die wir von anderen erhalten haben. Aber gewöhnlich wird durch die Berufung auf andere Verhaltensregeln oder die Empfehlung neuer Problemlösungsmethoden bloß Öl ins Feuer gegossen. Der andere erblickt darin einen weiteren Versuch unsererseits, die Oberhand zu gewinnen.

Die wichtigste aufgeklärte Methode zur Lösung von Konflikten ist das Verhandeln. Dies gilt inzwischen für Paare genauso wie für Diplomaten oder Wirtschaftsführer. Um erfolgreich zu verhandeln, müssen beide Beteiligten davon ausgehen, daß der andere einen legitimen Standpunkt hat, daß ein Kompromiß möglich ist, und daß es nicht das Ziel sein kann, sich durchzusetzen, wenn dies zu große Widerstände hervorruft. Vielmehr geht es darum, beide Beteiligten zufriedenzustellen, ohne daß einer der beiden zu stark nachgeben muß. Zuletzt sollen sich beide als Gewinner fühlen – »winwin« lautet die englische Zauberformel –, und dies ist inzwischen sowohl zu einer ethischen Forderung wie auch zu einer Frage geschickter Verfahrensweisen geworden.

Aber durch Verhandeln – so wertvoll diese Fertigkeit auch sein mag – kann man nicht jedes Problem lösen. Es ist kein Ersatz für die vielzitierte »gleiche Wellenlänge«. Und es wird dabei oft übersehen, wie tief wir seelisch an unseren Standpunkten hängen. Die Wahrheit ist, daß wir unsere Art und Weise, an Dinge heranzugehen, tief verinnerlicht haben und deshalb nicht davon abrücken wollen. Wir empfinden es als Verrat an uns selbst, auf Freiheiten zu verzichten, die wir uns vor Jahren erkämpft haben, oder Überzeugungen in bezug auf Kindererziehung aufzugeben, von denen wir – und unsere Eltern und deren Eltern vor ihnen – stets durchdrungen waren. Verhandeln zu *müssen*, statt uns in der Behaglichkeit einer ehrlich geteilten Überzeugung entspannen zu können, zermürbt uns. Es verschlingt mehr von unserer knappen Zeit, und es verstößt gegen ein Ideal von Ehe, das viele von uns im tiefsten Inneren hegen, ein Ideal, das gleiche Vorlieben und Wertvorstellungen höher einschätzt als die Fähigkeit, Dinge auszuhandeln.

Es erscheint uns einfach *falsch*, über alles verhandeln zu müssen. Wie ein Mann erklärte: »Ich möchte nicht verhandeln müssen, ob die Sonne aufgehen wird und ob ich die Erde unter den Füßen haben werde. Ich möchte einen Grundkonsens zwischen uns voraussetzen können.«

Manche Partner versuchen, Konflikte zu lösen, indem sie sich die Kontrolle darüber verschaffen, wie das gemeinsam verdiente Geld ausgegeben wird. Ein Paar kann darüber diskutieren, ob ein neues Sofa gekauft werden soll, ob man nach Disneyland oder zum Wandern fährt oder wann die Kreditkartenschuld abbezahlt werden soll. Wenn aber ein Partner die finanzielle Kontrolle für sich allein beansprucht, kann alles Reden vergeblich sein.

Historisch gesehen hatten Männer die Finanzen des Paares und alle damit verbundenen Entscheidungen früher unter ihrer alleinigen Kontrolle – sofern die Frau kein eigenes Vermögen besaß. Sie arbeiteten, während die Frauen zu Hause blieben.[14] In unserer Zeit sind zwar viele Frauen berufstätig, aber die Erwerbsfähigkeit der Männer ist in der Regel nach wie vor größer. Dies verstärkt ihren Anspruch, die finanziellen Entscheidungen zu treffen. Die Herrschaft über die Finanzen ist ein Mittel, dessen sich Männer bedienen, um Frauen ihren Willen aufzuzwingen. So sind in der Vergangenheit viele Frauen zum Beispiel dadurch in Unmündigkeit gehalten worden, daß sie lediglich ein »Haushaltsgeld« erhielten.

Heutzutage ändert sich diese Ungerechtigkeit. Jetzt, da Frauen in Rekordzahlen auf den Arbeitsmarkt drängen, bringen sie ein beachtliches Einkommen nach Hause. In vielen Familien sind Frauen die einzigen Gehaltsempfänger. Und obwohl Frauen für vergleichbare Arbeit häufig weniger erhalten als Männer, sind sie doch in vielen Partnerschaften die Hauptverdiener. In manchen Partnerschaften erledigen Frauen alle finanziellen Aufgaben: sie schreiben die Schecks und bezahlen die Rechnungen. Diese Veränderungen haben den Konflikt angeheizt. Heute hat keiner der

14 Lesern, die sich für die Geschichte des amerikanischen (bzw. westlichen) Paares und der Familie interessieren, empfehlen wir John Demos, »Myths and Realities in the History of American Family Life«, in Henry Grunebaum und Jacob Christ, Hsg., *Contemporary Marriage: Structure Dynamics, and Therapy* (Boston: Little, Brown, 1976), S. 9–32. Siehe auch Demos, *Past, Present and Personal: the Family and the Life Course in American History* (New York: Oxford University Press, 1986); Ellen Rothman, *Hands and Hearts: A History of Courtship in America* (New York: Basic Books, 1984); und Edward Shorter, *The Making of the Modern Family* (New York: Basic Books, 1975).

beiden Partner automatisch das Sagen, und jedes finanzielle Problem kann zu einem weiteren Konfliktstoff werden.

Die Situation kann sich jedoch noch chaotischer und verfahrener darstellen. In Barry Dyms gegenwärtiger Praxis verdient etwa ein Drittel der Frauen mehr als ihre Männer. Jeder dieser Männer fühlt sich bedroht. Natürlich sind sie zu »aufgeklärt« – und brauchen das Geld zu dringend –, um ihren Frauen nahezulegen, beruflich zurückzustecken, aber sie fühlen sich dadurch als Mann herabgesetzt und geben zu, sich mit kleinen Tricks an ihren Frauen »zu rächen« und ihre Männlichkeit geltend zu machen.

Diese Frauen sind stolz darauf, Erfolg zu haben. Aber sie tragen auch einen Groll mit sich herum. Sie fühlen sich in der Welt draußen ungeschützt und zu Hause nicht gewürdigt. Obwohl sie mehr Geld verdienen, übernehmen sie trotzdem den größten Teil der Kindererziehung und der Hausarbeit und fühlen sich dadurch ausgebeutet. Sie wünschen sich, auch umsorgt zu werden. Sie behaupten, ihre Männer wollten alles haben: Mutter und Gattin und Ernährerin. Aber ihre Männer werfen ihnen vor, *sie* wollten alles: gleiche Macht, das Recht auf Erfolg und die Erlaubnis, auf die Männer wütend zu sein, die das »zulassen«.

Andere Konflikte drehen sich um Intimität, eine Sphäre, die seit langem als das ureigenste Gebiet der Frauen angesehen wird. Barbara Ehrenreich und andere haben dargestellt, daß sich in unserer Kultur eine »Verweiblichung der Erotik« vollzogen hat.[15] Im Lauf der letzten zwei oder drei Jahrzehnte sind die Gefühle und Erfahrungen von Frauen bestimmend für unseren Liebesbegriff geworden. Um unseren Vorstellungen zu entsprechen, muß Liebe jetzt Gespräch und Selbstenthüllung einschließen – wenn nicht in den Mittelpunkt stellen. In den Anfangsphasen der Beziehung mag dies als Richtschnur funktionieren; aber im Lauf der Zeit kann der weibliche Aufruf zu Gespräch und Gefühlen für ihren Gefährten zu einem roten Tuch werden. »Ich möchte mit dir reden«, sagt sie; und

---

15 Siehe Barbara Ehrenreich, Elizabeth Hess und Gloria Jacobs, *Remaking Love: the Feminization of Sex* (Garden City, N. Y.: Anchor/Doubleday, 1986). Siehe auch Annette Lawson, a. a.O., und Francesca Cancian, *Love in America: Gender and Self-Development* (Cambridge: Cambridge University Press, 1987).

er antwortet: »Muß das sein, jetzt gleich?« Sie fühlt sich im Stich gelassen und insistiert: »Wir *müssen* miteinander reden«, sagt sie und fühlt sich degradiert, weil sie ihn überreden muß. Er fühlt sich vereinnahmt. »Das einzige, was du *immer* tun willst, ist reden. Laß mich in Ruhe!« Falls sie ihn wirklich in Ruhe läßt, ist er natürlich gekränkt und fühlt sich im Stich gelassen (aber das tut sie selten, da Frauen die Hüterinnen unserer Intimsphäre sind). Falls sie es nicht tut, fühlt er sich noch mehr in die Enge getrieben. Dieser Reigen von Verfolgung und Distanzierung macht unsere Suche nach Intimität oft eher frustrierend als befriedigend.[16]

Ein weiterer Aspekt der »Verweiblichung der Erotik« ist, daß die heutigen Frauen mehr Mitbestimmung in der sexuellen Arena beanspruchen. Frauen haben das Recht, die Initiative zu ergreifen; sie haben das Recht, nein zu sagen; sie haben ein Recht, zu sagen, was sie wollen und was sie nicht wollen. In manchen Kreisen ist die Konzentration auf die den ganzen Körper umfassende Sinnlichkeit der Frauen an die Stelle älterer Formen von eher auf den Mann zugeschnittener Sexualität getreten, die größeres Gewicht auf genitalen Sex und rasche Erreichung des Höhepunkts legten.

Aber wenn die sexuellen Begegnungen heute auch gegenseitiger sein mögen, so sind sie doch auch befangener. Wir rühmen uns zwar zu glauben, daß Sex etwas Natürliches sei, einfach ein schlichter und freundlicher Ausdruck von Zuneigung, Lust und Verlangen; aber dabei fürchten wir oft, es nicht richtig zu machen.

Die Intimsphäre zwingt uns, miteinander zu verhandeln, über peinliche Dinge zu sprechen und die Wünsche unseres Partners und – was oft noch schwieriger ist – unsere eigenen sexuellen Wünsche und Vorlieben kennenzulernen. Frauen sind in der Regel zur Liebe bereit, nachdem eine intime Atmosphäre geschaffen wurde, während Männer dagegenhalten, daß der Sexualakt als solcher sie in diese Stimmung versetze. Das kann zum Streit darüber führen, was

16 Es gibt viele neue Bücher – wie Harriet Lerners *Zärtliches Tempo* (Fischer 1993[2]); Lilian Rubins *Intimate Strangers: Men and Women Together* (New York: Harper and Row, 1983); und Deborah Tannens *Du kannst mich einfach nicht verstehen* (Hamburg: Kabel-Verlag, 1992) –, die Erklärungen für die Schwierigkeiten intimer Beziehungen zwischen Männern und Frauen anbieten.

zuerst kommt, wobei *sie* sich begrapscht und überrumpelt fühlt, während *er* den Eindruck hat, sie wolle ihn beherrschen und entziehe sich ihm. In guten Zeiten sind sie bereit, Kompromisse zu schließen oder abzuwechseln; in schlechten Zeiten vermengen sich die sexuellen Differenzen mit anderen Machtfragen.

»Er schleicht immer um mich rum; ich fühle mich eingesperrt«, sagt sie. Er antwortet: »Sie weiß, wie wichtig Sex für mich ist, aber sie lädt nie dazu ein; ich glaube nicht, daß sie mich wirklich liebt.« Beim Sex ist es immer noch so, daß die Männer in der Regel den Frauen nachstellen, während beim Gespräch meist die Frauen den Männern zusetzen. Die etwas theoretische »Befreiung« der Frauen, die sie zu Verfolgerinnen von Männern machte, hat bei den Betroffenen eine Lawine komplexer Gefühle freigesetzt: Männer fühlen sich abwechselnd zum Objekt gemacht, an der Nase herumgeführt, verfolgt, ignoriert... aber häufig immer noch dominant.

All dies verunsichert uns noch mehr. Während wir uns in neue Gefilde des Mann- und Frauseins vorwagen, lassen wir die Sicherheit alter Definitionen hinter uns und öffnen uns für Kritik. Nur selten kennen wir unsere Schwelle, den Punkt, an dem wir uns zu weit von der Vorstellungswelt unserer Kindheit in bezug auf die Geschlechter entfernt haben. Ebensowenig wissen wir, wann wir die Grenzen unseres Partners überschreiten. Wenn wir gerade das Gefühl haben, großzügig zu sein, werden wir als herablassend bezeichnet. Wenn wir gerade meinen, auf die Bedürfnisse unseres Partners einzugehen, wirft man uns vor, wir wollten ihn oder sie beherrschen. Und wenn wir uns zurücknehmen, um den Bedürfnissen unseres Partners den Vorrang einzuräumen, bekommen wir zu hören, wir seien passiv und unerreichbar.

Alle fragen sich, ob sie genügend männlich oder weiblich seien. Diese Unsicherheit macht es uns schwer, unserem Partner bei den Veränderungen, die wir von ihm erwarten, Hilfestellung zu geben. Wenn wir das Gefühl verlieren, zusammen auf einem Abenteuerurlaub zu sein, dann kann es passieren, daß wir uns herumgeschubst oder schikaniert fühlen: unser Partner drängt uns zu weit und zu schnell und beurteilt uns als mangelhaft, weil wir uns zu langsam, zu ungeschickt – oder zu stark verändern. Auch wenn die Paarbeziehung den Wandel stützt, tun die Freunde und Verwandten dies vielleicht nicht. »Hältst du es nicht für falsch, daß Claudia so kurz nach der Entbindung wieder zu arbeiten beginnt?«, fragt Mama. Ihre Fragen können auch die unzertrennlichsten Paare auseinanderbringen.

Es ist noch kein neues Beziehungsmodell entstanden, das die alten ersetzt, und daher leben viele Paare in einem Niemandsland, hin- und hergerissen zwischen traditionellen Rollen und Erwartungen und denjenigen, die sie selbst erfinden oder aus den Medien übernehmen. In stabilen Zeiten können wir in ausgeschliffenen Bahnen durchs Leben gleiten, ohne viel über das Wie oder Warum nachzudenken. In Zeiten des Umbruchs stellen wir mehr Fragen. So erfrischend es auch ist, sein Leben nach eigenem Gutdünken zu gestalten – oft gibt es uns doch das Gefühl, uns auf schwankenderem Boden zu bewegen, als wenn man nach den Erkenntnissen und Regeln früherer Generationen lebt.

Bis wir eine neue Tradition geschaffen haben, die auf der Gleichberechtigung der Geschlechter beruht, und zu einer neuen Übereinkunft darüber gelangt sind, was naturgegeben ist und was von uns gestaltet werden muß, werden wir auch weiterhin in unseren Beziehungen verunsichert und befangen sein.

Widersprüche

In Zeiten des Umbruchs verschärfen sich die Widersprüche. Dieser Prozeß kennzeichnet das Leben heutiger Paare und macht beide Partner angespannt und reizbar. Wir können auf drei Grundkonflikte hinweisen, mit denen heutige Paare zurechtkommen müssen.

1. *Die Diskrepanz zwischen großen Erwartungen und begrenzten Möglichkeiten*

Unserer »kulturellen Narration« zufolge ist das Liebespaar die Lösung für alle Probleme. Wir wünschen uns mehr von unseren Partnern, aber selbst sind wir immer weniger imstande, zu geben. Unsere Partner müssen leidenschaftliche Liebhaber sowie loyale Vertrauenspersonen sein, bereit, intensiv präsent zu sein, wenn wir es wünschen, aber uns allein zu lassen, wenn wir »privaten Freiraum« brauchen. Wir erhoffen uns Romantik in unseren ruhigen Momenten, aber wünschen uns einen robusten Partner, der uns bei der Aufgabe hilft, Kinder großzuziehen, einen Haushalt in Schuß zu halten und Termine zu koordinieren. Diese Aktivitäten kommen sich gegenseitig in die Quere, und unsere Erwartungen passen nicht zusammen.

Die Paarbeziehung soll ein sicherer Hafen in einer frostigen, feindseligen, unvorhersagbaren Welt sein. In der Vergangenheit hatten Frauen die Aufgabe, die familiären Beziehungen zu pflegen, aber jetzt, da oft zwei Einkommen nötig sind, um zurechtzukommen, sind bei mehr und mehr Paaren beide Partner berufstätig. Viele Paare, auch kinderlose, kehren jeden Tag abgespannt und erschöpft nach Hause zurück. Niemand steht an der Tür, der sie in den Arm nimmt und aufrichtet.

Gleichzeitig sind die Paare heute isolierter denn je von dem sozialen Netz, das ihnen früher Rückhalt bot, wie Großfamilien und größere Gemeinschaften. Wir alle haben zwar Freunde, aber wenige von uns leben in der Nähe ihrer Angehörigen. Wer ist jederzeit bereit, sich ohne lange zu fragen um die Kinder zu kümmern, wenn wir in einer Klemme sind? Wer unterstützt uns in schwierigen Zeiten und weiß uns einen klugen Rat? Die meisten Paare leiden unter einem Mangel an Zeit, emotionaler Energie und Geduld. »Ich möchte bloß eine Minute für mich haben!« ist zu unserer modernen Litanei geworden. Die Gesellschaft unseres Partners kostet uns oft mehr Kraft, als daß sie uns aufbaut. Wahrscheinlich tun wir heute mehr füreinander, aber wir erwarten so viel, daß wir trotzdem oft enttäuscht sind.

2. *Die Diskrepanz zwischen dem einzelnen und dem Paar*
Wir bewundern immer jene selbstlosen Menschen, die die Bedürfnisse und das Wohl anderer an die erste Stelle setzen, denn in einem Zeitalter wie dem unseren haben die Vergnügungen, die Entwicklung und Erfüllung des Einzelnen oft Vorrang. Das heutige Be-

dachtsein auf die eigene Person – die »Ego-Generation« – verschärft das Spannungsverhältnis zwischen unserer Loyalität gegenüber der Beziehung und unserer Loyalität gegenüber uns selbst.

In Zweierbeziehungen ist dieses Spannungsverhältnis oft polarisiert: Frauen repräsentieren in der Regel den Pol Beziehung, Verbundenheit und wechselseitige Abhängigkeit; Männer den Gegenpol Individualismus und Unabhängigkeit. Wo eine solche Polarisierung vorhanden ist, hat sie Überspitzungen, Verwerfungen und dramatische Konfrontationen zur Folge, etwa nach dem Muster, daß sich Frauen im Stich gelassen und Männer dominiert fühlen. Dies ist wahrscheinlich das häufigste Dilemma, mit dem es Paartherapeuten heute zu tun bekommen, und kann als der archetypische Konflikt des modernen Paares angesehen werden.

Aber es besteht eine wachsende Tendenz, diese einfache Unterscheidung nach Geschlechtern aufzubrechen. Frauen legen auch auf ihre eigene Entwicklung Wert, es ist ihnen wichtig, unabhängige und geachtete Partnerinnen zu sein, die imstande sind, ihre eigenen Ziele außerhalb der Beziehung zu verfolgen. Es stellt sich dann die Frage: welcher der beiden Partner fühlt sich denn nun für die Beziehung verantwortlich?

In anderen historischen Epochen konzentrierte sich die romantische Liebe auf den Partner.[17] »Was kann ich tun, um dich zu erobern?« war eine brennende Frage. Heutzutage halten wir nach Partnern Ausschau, die das Beste in uns zutage fördern. »Was kannst du für *mich* tun?« fragen wir. Der ideale Partner ist heute eine Kreuzung zwischen einem Psychotherapeuten und einem guten Elter. Auch das Entgegenkommen, hören wir, funktioniert am besten unter Bedingungen der Selbstverwirklichung: nur, wenn wir mit uns selbst zufrieden sind, werden wir gut zu unserem Partner sein.[18] Sind wir aber mit uns unzufrieden und erfüllt unser Partner

17 Siehe Ellen K. Rothman, a.a.O.

18 Lesern, die sich für systemische Familientherapie interessieren, könnten folgende Bücher als brauchbare Einführung in die Grundgedanken dieses Ansatzes dienen: *Grundlagen der Familientherapie* von Lynn Hoffman (Inko-Press, 1988[2]); *Familie und Familientherapie* von Salvador Minuchin (Freiburg: Lambertus, 1992[a]); *Lösungen* von Paul Watzlawick, John Weakland und Richard Fisch (New York: W. W. Norton, 1974); *The Aesthetics of Change* von Bradford P. Keeney (Bern:

nicht unsere Bedürfnisse, dann hat es mit unserem Engagement für die Beziehung bald ein Ende. Wir und unser Partner werden dann zwei Inseln in einer rauhen See.

3. *Der Konflikt zwischen Zusammenbleiben und Auseinandergehen, Ehe und Scheidung*

Viele Beziehungen dauern nur kurze Zeit. Wir trennen uns von unseren Partnern – oder sie trennen sich von uns – und setzen unseren Weg fort. Selbst längere Beziehungen verbrauchen sich oft nach etwa einem Jahr: sie erscheinen uns einfach nicht mehr richtig; unerfreuliche Streitigkeiten machen uns sauer; unser Engagement schwindet. Selbst jene Beziehungen, die zur Ehe führen, haben Schwierigkeiten, zu überdauern. Und dennoch lassen wir uns immer wieder auf neue Verbindungen ein, heiraten ein weiteres Mal und hoffen stets aufs neue, den richtigen Partner zu finden – oder zumindest eine realistischere Haltung zu ihm einzunehmen.

Unsere Enttäuschung und Desillusionierung scheint weniger den Zweierbeziehungen oder der Ehe als solcher zu gelten als uns selbst bzw. unserem gegenwärtigen Partner. Auch wenn sich die Schwierigkeiten in einer Beziehung häufen, halten wir oft daran fest, weil wir so viel in sie »investiert« haben; aber schließlich fragen wir uns, ob es sinnvoll ist, noch mehr in eine so aussichtslose Geschichte hineinzustecken.

Die meisten von uns sind weniger bereit als früher, eine steril gewordene Beziehung zu akzeptieren. Je leichter Trennung und Scheidung wurden, desto anspruchsvoller wurde unser Traum vom guten Partner. Wir träumen immer wieder davon, daß er uns vor der Einsamkeit bewahren, als Individuum erlösen und helfen wird, die Probleme zu vermeiden, an denen unsere letzte Beziehung zugrunde ging.

Wir sind uns nur zu deutlich bewußt, daß Trennung und Scheidung möglich sind. Dieses Bewußtsein kann unser eigenes Engage-

Hans Huber, 1992[5]); *The Family Interpreted* von Deborah Anna Luepnitz (New York: Basic Books, 1988); *Family Therapy: Full-Length Case Studies*, hsg. von Peggy Papp (New York: Gardner Press, 1977); *The Family's Construction of Reality* von David Reiss (Cambridge: Harvard University Press, 1981).

ment schwächen: die Beziehung wird zum Unternehmen mit beschränkter Haftung, die Skepsis ist von vornherein mit eingebaut. Wir reagieren auf diese Skepsis, indem wir nervös eine sicherere Distanz wahren, dem anderen einen Teil von uns vorenthalten und unsere romantische Intensität zu dämpfen versuchen. Mit unseren Anstrengungen, einen Bruch zu vermeiden, deformieren wir oft gerade die Beziehungen, die wir zu erhalten suchen.

Stadien der Paarentwicklung

Ohne Richtlinien und ohne einen Wegweiser, der ihnen zu verstehen hilft, was geschieht, geben die Partner oft sich selbst oder einander die Schuld an ihren Schwierigkeiten. Dieses Buch beabsichtigt, eine solche Navigationshilfe zu bieten, die es Paaren erleichtern kann, die schlechten Zeiten durchzustehen und weniger mißtrauisch zu sein, wenn die Dinge gut laufen.

Damit ein Paar beisammenbleibt, müssen die Partner die in ihrer Beziehung auftauchenden Probleme lösen. Kein Paar tut dies, indem es in einer geraden Linie vorwärtsgeht; vielmehr durchlaufen alle eine endlose Spirale von Drei-Phasen-Zyklen. Diese drei Stadien sind Expansion und Verheißung, Kontraktion und Verrat und Entspannung bzw. Konsolidierung.

Paare durchleben zunächst Zeiten großer Hoffnungen und beglückender Erfahrungen, dann Zeiten der Disharmonie und Enttäuschung – vielleicht gingen die positiven Erfahrungen nicht tief genug, vielleicht dauerten sie nicht genügend lang – schließlich finden sie eine Mitte zwischen den zwei gegensätzlichen Zuständen. Jeder Zyklus spiegelt ihre Anstrengungen wider, einen Konflikt zu erkennen und beizulegen: die Freiheit und Verheißung der anfänglichen Beziehung versus die vernichtende Niederlage, die regelmäßig darauf folgt; der Wert individueller Entwicklung versus die kollektiven Bedürfnisse von Paaren und Familien.

Zunächst kommen zwei Menschen einander genügend nahe, um eine dauerhafte Beziehung zu bilden. Dies ist die Aufgabe der ersten

Expansionsphase. In Einklang mit der heutigen »kulturellen Narration« sollte der Anfang einer Zweierbeziehung von einer Woge der Romantik, der gegenseitigen Erforschung und sexuellen Anziehung getragen sein. Aber nicht jedes Paar und nicht jeder Partner verliebt sich. Statt dessen beginnen Paare üblicherweise mit einer wechselseitigen Erfahrung von Aufgeschlossenheit und Verheißung, die romantische Liebe einschließen kann, die aber vielleicht auch von einer herzlichen und respektvollen Freundschaft ausgeht.

In diesem Stadium fühlen sich die Betroffenen irgendwie größer, witziger und charmanter; stärker und gleichzeitig verletzbarer – kurz, ihrem idealen Selbst näher als je zuvor oder danach. Die Entwicklungswege von Männern und Frauen konvergieren für einen Augenblick, so daß sich die Männer Zeit nehmen, zu reden und zu verstehen, während die Frauen unabhängiger erscheinen. Die Wertschätzung des Partners spornt den anderen an, seine Fähigkeiten zu steigern. Anfangs fehlen den Beziehungen die restriktiven Verhaltensmuster, die sich im Lauf der Zeit herauskristallisieren. Sie lassen vielmehr große Spielräume und ermutigen sowohl zur Exploration als auch zu Experimenten.

Das expansive Stadium ist eine der wenigen Zeiten, in der wir unsere ganze Lebensgeschichte einem anderen Menschen anvertrauen, der zu unserem Zeugen wird und sie weiterzugestalten hilft. Die zwei individuellen Erzählungen werden dann zu einer Paargeschichte verwoben, die ein eigenes Leben, eine eigene Identität annimmt. Die Betroffenen sagen von sich »so packen wir die Dinge an« und »so sind wir einfach«. Auf diese Weise wird die individuelle Identität unauflöslich mit dem Charakter des Paares verwoben.

Aber Paare müssen auch einen Weg finden, um die Befürchtungen und Unsicherheiten, die Unzulänglichkeiten, ja selbst die Grausamkeiten einzubeziehen, die ihr Leben mitbestimmen. Diese Seiten in die Beziehung einzubringen, ist die Aufgabe des Stadiums der Kontraktion und des Verrats.

Dieses zweite Stadium beginnt, wenn sich ein Partner auf vertraute und eingeschliffene Verhaltensweisen zurückzieht. Dieser Rückzug kann neutraler, nicht aggressiver Art sein; aber der Zurückbleibende fühlt sich zwangsläufig im Stich gelassen und verraten. Wenn sie – es ist fast immer die Frau, die länger verbunden bleibt – protestiert, kann es sein, daß er sich von ihr beherrscht fühlt und sich weiter zurückzieht; sie kann dann sowohl angstvoll als auch wütend reagieren und flehentlich bitten, daß die Person, die sie kennengelernt hatte, wieder zum Vorschein kommen möge. Als Reaktion darauf kann er sich noch fester verschanzen, und schon ist ein Teufelskreis im Gang.

Dieser verhängnisvolle Kreislauf macht die zwei Partner zu Karikaturen. Das große Potential der expansiven Phase, in der Männer und Frauen »männliche« wie »weibliche« Attribute miteinander gemein hatten, verkommt zu gräßlichen Klischees. Beide Partner haben den Eindruck, in einer Falle zu sitzen, sie fühlen sich reduziert und betrogen – nicht nur vom anderen, sondern auch von sich selbst. Mehr als alles andere wünschen die Betroffenen, die Person zu bleiben, die sie im expansiven Stadium waren, die Person, die zu werden sie sich jahrelang erträumt und vorbereitet hatten. Jetzt sind sie ungeheuer enttäuscht über ihr eigenes Versagen. Sie geben sowohl sich selbst als auch dem anderen die Schuld. So wie die expansive Phase uns unserem Ich-Ideal näherbringt, so konfrontiert uns die Phase der Kontraktion mit unseren schlimmsten Ängsten und unserem schwärzesten Selbstbild.

Während dieses Stadiums entstehen und verfestigen sich charakteristische, wiederkehrende Konfliktmuster. Sie scheinen die ganze Beziehung zu definieren. Die Auseinandersetzungen sind so belastend, daß das Paar dazu neigt, eine äußere Instanz wie ein Kind oder einen Elter oder vielleicht Alkohol oder übermäßige Arbeit in die Beziehung einzubringen, um den Konflikt abzupuffern. Verhaltensmuster wie »Triangulation« (Erweiterung zum Dreieck), »Komplementarität« und viele andere werden zu integralen Bestandteilen der gemeinsamen Augenblicke des Paares.[19] Diese Muster wiederholen sich während des ganzen Lebens eines Paares; sie werden so vertraut und charakteristisch wie die impliziten Verheißungen der Expansion.

19 Erich Fromm, *Die Kunst des Liebens* dürfte das erste einer langen Reihe von Büchern sein, in denen diese These vertreten wird, die in therapeutischen Kreisen inzwischen ebenso gängig ist wie in Zeitschriften wie *Cosmopolitan*.

Damit das Paar weiterkommen kann, muß es einen Ausstieg aus dem Stadium der Kontraktion finden, ohne dessen Lektionen völlig zu ignorieren. Es muß die ersten beiden Stadien zumindest teilweise miteinander in Einklang bringen. Dies ist die Aufgabe des dritten Stadiums, des Stadiums der Entspannung/Konsolidierung.

Dies ist ein Stadium des Kompromisses, des Aushandelns, der Angleichung und Integration. Die Partner ringen darum, wieder zur Vernunft zu kommen und die Dinge in den richtigen Relationen zu sehen, die Komplexität anzuerkennen und schwierige Situationen mit Kompetenz und Reife zu bewältigen. Im Gegensatz zu der intensiven, engen Konzentration aufeinander, die die ersten zwei Stadien kennzeichnete, öffnet sich das Paar jetzt stärker gegenüber seinen Angehörigen und dem sozialen Umfeld. Ein Kind zu bekommen, kann zum Beispiel als Brücke gemeinsamen Engagements dienen, um lange strapazierte Beziehungen zu Eltern zu reparieren; es kann zu einem Übergangsritus in eine dauerhaftere Erwachsenheit werden.

Der anfängliche Wunsch nach Verschmelzung im expansiven Stadium weicht in der Phase der Kontraktion zähen, erbitterten Auseinandersetzungen. Paradoxerweise können die Vorwürfe und Zurückweisungen die Dinge im Lauf der Zeit in die richtige Perspektive rücken. So kann eine in der Hitze des Gefechts geäußerte Bemerkung wie »ich bin ganz anders als du« die Erkenntnis echter Verschiedenheit dämmern lassen: »Wir sind tatsächlich verschieden.« Mit dieser Erkenntnis stellt sich zunächst Entfremdung ein, dann zumindest Duldung und möglicherweise Akzeptanz, gefolgt von einer Woge der Erleichterung. Für einen Augenblick scheint der Kampf ausgestanden. Was einem beim Partner gemein vorgekommen war, erscheint jetzt tolerierbar. Entlastung stellt sich ein, oft gefolgt von erneutem Optimismus. An diesem Punkt tritt das Paar häufig in ein weiteres expansives Stadium ein; aber genauso schnell kann es wieder in die Kontraktion zurückgeworfen werden, wobei sich beide Partner enttäuscht fühlen, als sei die ganze Erfahrung eine Illusion oder ein Betrug gewesen.

Dieser Augenblick erweiterter Perspektive stellt einen »Vorstoß« in die Konsolidierung dar (der Begriff des Vorstoßes wird im Kapitel »Wie sich Paare verändern« näher beleuchtet werden). Die Häufung dieser Augenblicke der Erkenntnis, dieser Vorstöße von der Kontraktion in die Entspannung hilft dem Paar, eine Schwelle zu überschreiten und ein neues Etappenziel zu erreichen. Sobald die Vorstöße in die Entspannung die Oberhand über die Kontraktion gewinnen – die uns nun als eine so griesgrämige, beschränkte Sichtweise erscheint –, schreitet das Paar zum nächsten Stadium voran.

Die Paare versuchen zwar, an ihrer neuen Perspektive und dem darauf folgenden Optimismus und der Aufgeschlossenheit festzuhalten, aber das mißlingt ihnen unweigerlich. Die Aufeinanderfolge von Expansion, Kontraktion und Entspannung muß man sich als spiralförmigen zeitlichen Ablauf bzw. als aneinandergereihte Kaskaden vorstellen. Im Unterschied zum Charakter der einzelnen Partner wird der Charakter des Paares stärker durch die Gesamtzyklen geformt als durch ein einzelnes Stadium. (Auf dieses Konzept des Paarcharakters werden wir noch näher eingehen.) Die Zyklen können durch einen breiten Fächer von Krisen und Ereignissen beschleunigt werden.

Anfangs bleiben die Verheißung des expansiven Stadiums und die Furcht vor der Kontraktionsphase relativ getrennt voneinander, aber mit jeder Umdrehung des Zyklus werden sie stärker integriert. Jeder Umlauf bringt neue Informationen in die Lebenswelt des Paares. Nach jahrelangem Zusammenleben können beispielsweise bei einem Partner furchtbare und charakteristische Wutausbrüche auftreten, die schließlich zur Kenntnis genommen und in das Zusammenleben integriert werden. Lang verdrängt gewesene Erinnerungen an Kindheitstraumen können nach einer sexuell besonders schwierigen Zeit an die Oberfläche kommen; und auch dies wird allmählich in die gemeinsame Identität des Paares eingefügt werden. Dasselbe gilt für viele positive Merkmale sowie für Fähigkeiten, die erst im Umgang mit gefährlichen oder tragischen Situationen zutage treten.

Bei Paaren, die viele Umdrehungen des Zyklus überleben, erweitert sich das Stadium der Entspannung in der Regel inhaltlich und verlängert sich zeitlich. Die Paare verbringen mehr und mehr

Zeit darin, und dessen Qualitäten von Toleranz und Entgegenkommen bestimmen zunehmend ihren Charakter.

Der Charakter von Paaren wird ebenso stark durch den Rhythmus der Zyklen geprägt wie vom Inhalt ihrer Stadien. In dieser Hinsicht bestehen große Unterschiede zwischen den Partnerschaften. Manche Paare machen zum Beispiel wilde Achterbahnfahrten durch: zuerst ist alles toll, dann ist alles schrecklich; dann folgt ein kurzer Augenblick der Versöhnung, nach dem alles besser (oder schlechter) denn je zuvor ist. Bei anderen folgen die Stadien unmerklicher aufeinander, und ihre Zyklen verlaufen relativ glatt. Manche Paare bewegen sich sehr langsam aus einem Stadium in das nächste; andere scheinen ständig Zyklen zu durchlaufen.

Jedes Paar hat einen Heimathafen, einen Normalzustand, in dem es sich meist befindet. Dieses gewohnte Stadium repräsentiert sowohl seine öffentliche Persona (wie andere sie sehen) als auch sein im Laufe der Zeit entwickeltes Selbstbild, aber, wie angedeutet, nicht seinen vollständigen Charakter. Paare, die sich überwiegend in der Kontraktion aufhalten, betrachten sich zum Beispiel als konfliktreich und problembehaftet, obwohl auch sie Augenblicke der Expansion und der Entspannung kennen. Sobald sich ein Paar ein Stadium als Heimstatt erkoren hat, werden seine Zyklen in der Regel dort beginnen und enden. Das Paar in der Kontraktion mag durch den einen oder anderen Kompromiß einen Ausstieg daraus finden und sich vorübergehend in der Entspannung aufhalten, was als so erfreulich erlebt wird, daß alte romantische Gefühle wiedererwachen, die an die Expansion erinnern, aber bei der ersten geringfügigen Enttäuschung fallen sie wieder auf die ihnen vertraute Grundlage in der Phase der Kontraktion zurück.

Nach den ersten paar Zyklen gleichen die Stadien im Repertoire jedes Paares eher unterschiedlichen Existenzweisen. Das Paar kann in sie eintreten, sie als vertraut erkennen und sich wieder daraus entfernen. In diesem Sinn werden die Stadien zu einer relativ konstanten, autonomen Realität in der Beziehung.

Die charakteristischen Beziehungsmuster eines Paares stammen gewöhnlich aus ihrem ersten Durchgang durch den Zyklus. Zum Beispiel entwickeln wir unsere charakteristischen Formen des Liebens und Geliebtwerdens, des zugewandten und zärtlichen Verhaltens, bei unserer ersten Erfahrung in der Expansion. Spätere expansive Momente bringen gewöhnlich die Erinnerung an diese Muster und deren Nachgeschmack zurück. Umgekehrt treten die Auseinandersetzungen, die wir in unserem ersten Zyklus hatten, gewöhnlich unsere ganze Beziehung hindurch immer wieder auf. Sie werden zu unserem charakteristischen Streit. Kein neuer Krach erscheint uns völlig neu, sondern stellt eher eine Variante des alten dar. Später, bei unserem ersten Durchgang durch die Entspannungsphase, entwickeln wir unsere charakteristischen Formen der Problemlösung – unsere ganz bestimmte Art und Weise, miteinander zu sprechen, zu verhandeln, einander zu tolerieren und zu akzeptieren.

Wendepunkte und Wandlungen

Irgendwann landen fast alle Paare in einer äußerst beklemmenden und ausweglos erscheinenden Sackgasse. Was auch immer sie tun, sie können nicht entrinnen; es gibt keine Gesprächsfelder mehr zu erschließen, keine Strategien mehr zu erproben, keine Verhaltensweisen mehr einzuschränken. Die Situation erscheint hoffnungslos festgefahren. Viele Paare trennen sich an diesem Punkt. Viele andere bleiben zusammen, wenn auch vielleicht nur aufgrund von Trägheit oder um der Kinder oder der Idee der Ehe willen. Die meisten Paare halten einfach irgendwie durch und gehen reduziert, aber im wesentlichen unverändert aus ihrer Prüfung hervor.

Aber manche Paare werden durch diese furchterregenden Krisen gewandelt. Statt einfach durchzuhalten, gelingt es den Partnern, ihre Bezichtigungen und ihre Bitterkeit aufzugeben und dabei in der Beziehung zu bleiben. Sie erkennen, daß sie ihren Willen nicht durchsetzen können, weder durch Forderungen noch durch Manipulation, ja nicht einmal durch Verhandeln. Verzweifelt und erschöpft geben sie schließlich ihre Versuche auf, ihren Partner zu verändern und auch sich selbst umzukrempeln. Das Einstellen dieses Kampfes hat eine paradoxe Wirkung. Einen Augenblick lang können die Partner einander auf neue, erfrischende und undefinierte Weise erleben.

Diese Erfahrung ist so dramatisch, daß sie oft eine spirituelle Dimension annimmt. Die Partner fühlen sich individuell aufgewertet – besser verstanden und akzeptiert, so wie sie sind, aufs neue vereint. Sie fühlen sich, als seien sie aufgewacht, als erblickten sie eine neue Wahrheit. Jenseits des Konflikts – und ihrer eigenen, selbstsüchtigen Version dessen, was richtig ist – können sie eine tiefere Bedeutung ihrer Beziehung spüren. Dieses Erwachen wird zu einer großen Wasserscheide in der Geschichte ihrer Beziehung, die eine Zeit der Erkenntnis von einer Zeit der Unwissenheit trennt. Die Partner können jetzt emotional zueinander zurückkehren und die Einsicht und innere Kraft miteinander teilen, die sie inzwischen gewonnen haben.

Nicht jedes Paar macht diese belastende Zeit der Metamorphose durch. Und diese Erfahrung kann man auch nicht absichtlich herbeiführen; sie muß sich aus den Schmerzen des gelebten Lebens ergeben. Dennoch scheint uns, daß jene Paare, die die mühsame Strecke des Tages wohlbehalten überstehen, etwas Erstaunliches geleistet haben. Menschen, die die Fähigkeit besitzen, niederschmetternde Enttäuschungen zu verkraften, wiederholte Prüfungen ihrer Beziehung durchzustehen und sich durch ihre Bindung aneinander immer noch bereichert zu fühlen, haben etwas Heldenhaftes.

Wir sind tiefbewegt und beeindruckt von der Energie und dem Mut von Paaren, die ihre eigene Auflösung verweigern und sich statt dessen bemühen, Antworten auf die Frage zu finden, welche Erfüllung sie in ihrer Beziehung erfahren können.

Kulturelle Narration im Wandel

Die Entwicklung jedes Paares wird von den Motiven der Gesellschaft beeinflußt, in der es lebt. An jedem Punkt ihres gemeinsamen Lebens müssen sich die Partner mit den Erwartungen auseinandersetzen, die ihre Kultur an richtiges Verhalten hat.

Paare beurteilen sich nach den von ihrer Kultur vorgegebenen Maßstäben. Diese Maßstäbe werden als zeitgenössische Parabeln in Filmen und im Fernsehen, in der Literatur und der Populärpsychologie ebenso artikuliert wie in erzählten Geschichten und in Beispielen, die uns Eltern, Lehrer, Freunde und Verwandte geben. All diese Darstellungen bilden zusammen die sogenannte kulturelle Narration, die die Paare mit den gängigen Erkenntnissen über die richtige und falsche Art, an Beziehungen heranzugehen, versorgt: ob, wann und wen man heiraten soll; welcher der Partner in finanziellen Dingen bzw. bei sexuellen Begegnungen die Führung übernehmen sollte; wer für Freunde und Angehörige zuständig ist; wie die Partner Streitigkeiten beilegen sollten; und so weiter.[20]

Paare setzen sich auf vielerlei Weise mit der kulturellen Narration auseinander. Manche folgen sklavisch diesem Leitbild; andere nur lose; manche lehnen sich dagegen auf und trotzen ihm; manche versuchen, sich zu ändern, um ihm zu entsprechen. Wieder andere versuchen, alles gleichzeitig zu tun. Manche haben Erfolg bei ihren Be-

---

20 Die kulturelle Narration ist ein mit dem *Zeitgeist* vergleichbarer Begriff. Wir haben den Begriff der Narration gewählt, weil die sozialen, wirtschaftlichen und kulturellen Faktoren, die das Lebensgefühl einer Epoche ausmachen, in Geschichten komprimiert sind und sich darin ausdrücken. Durch Bilder und Geschichten werden diese umfassenden Einflüsse den Einzelnen vermittelt. Da wir ein Konzept suchten, das die Kluft zwischen den großen gesellschaftlichen Kräften und dem individuellen Bewußtsein überbrückt, wählten wir den Begriff »kulturelle Narration«.

Mehr Denker, als wir anführen können, haben die Vorstellung einer kulturellen Narration mitgeprägt, von Hegel und Nietzsche in der philosophischen Tradition bis zu F. O. Matthiesson, Randolph Bourne und Van Wyck Brooks in der Tradition der amerikanischen Literatur. Barry Dym hat das Konzept des »Erfindens« der Geschichte (im Sinn von Historie) in einer unveröffentlichten Dissertation dargestellt, *The Chaos of a New Freedom* (Harvard University, 1972).

mühungen und fühlen sich bei dem Grad ihrer Übereinstimmung (bzw. Nichtübereinstimmung) mit der kulturellen Narration wohl. Andere tragen ihre Konformität wie schlecht sitzende Kleider. Wieder andere scheitern völlig und werden von dem Konflikt, wie alle anderen sein zu sollen, zerrissen. In jedem Fall weben alle Paare bei ihrer Auseinandersetzung mit der kulturellen Narration deren Motive in den Gobelin ihrer eigenen Beziehungen ein.

Nehmen wir Stephan und Klara, ein jungverheiratetes Paar. Beide sind beruflich und privat mit vollem Einsatz bei der Sache, und sie sorgen dafür, daß sie dreimal wöchentlich Zeit für ihr Aerobic-Training haben. Beide besitzen ein Auto, führen ein getrenntes Bankkonto und haben ihre eigenen Kreditkarten. Sie schätzen klare Verhältnisse. Noch haben sie keine Kinder, aber bald werden sie sich um eines und dann ein zweites bemühen. Die Woche über sind sie in ihren getrennten Welten beschäftigt, und ihr allabendlicher Kontakt besteht aus Anekdoten über ihren Tag, gegenseitigen Besuchen in ihren Zimmern und dem Aushandeln von Wochenendunternehmungen, Haushaltspflichten (die sie sich gleichmäßig teilen) und Zukunftsplänen.

Stephan und Klara haben sich schon bei ihrer ersten Begegnung ineinander verliebt. Jetzt, drei Jahre später, ist die Flamme etwas heruntergebrannt, und sie fühlen und benehmen sich eher wie gute Partner. Zwar können sie die romantischen Gefühle durch eine Wochenendfahrt wiederbeleben, aber sie machen sich Sorgen, daß sie sich verändert haben. Sie lesen populäre Psychologiebücher und diskutieren sogar darüber, um herauszufinden, was sie tun sollen. Ihre Freunde haben ihnen versichert, daß dies nun einmal die normale Entwicklung nach der Heirat sei, und deshalb akzeptieren sie die subtilen Veränderungen in ihrer Beziehung in dem Bewußtsein, einander tief und innig zugetan zu sein.

Klara und Stephan entsprechen weitgehend der heutigen kulturellen Narration. Sie überprüfen jeden ihrer Schritte an den Leitbildern, von denen sie sich umgeben sehen. Die Annäherung an die gesellschaftliche Norm gelingt ihnen so gut, daß sie nicht übermäßig viel Energie aufwenden müssen, sich um ihre Konformität Sorgen zu machen bzw. diese zu verbessern, aber ihre wachsamen Bemühungen, »up to date« zu sein, haben dennoch eine gewisse Reizbarkeit zur Folge.

Claudia und Dietmar sind ein hart arbeitendes Paar Ende zwanzig mit drei kleinen Kindern. Dietmar, Elektriker, ist während ihrer sieben gemeinsamen Jahre mehrmals arbeitslos gewesen, und in diesen Zeiten hat er alles in seiner Kraft Stehende getan, um die Familie zu erhalten. Claudia arbeitet zeitweise im benachbarten Supermarkt, aber hauptsächlich bleibt sie zu Hause und kümmert sich um die Kinder. Wenn ihre im gleichen Viertel lebenden Angehörigen nicht gewesen wären, hätten sie nach ihrer Überzeugung die schwierigen Zeiten nicht durchgestanden; und sie sind zutiefst dankbar für die erhaltene Hilfe.

Claudia und Dietmar sind stolz auf ihre Familie und stolz auf ihre Kinder, und sie bekennen sich selbstbewußt zu den traditionellen Familienwerten. Ihre besten Freunde sind ihre Verwandten – Geschwister, Schwägerinnen und Schwager, Cousins und Cousinen – und Leute, mit denen sie zusammen aufwuchsen und in die Schule gingen.

Auch Claudia und Dietmar stehen in Einklang mit der kulturellen Narration. Sie erkennen sich in den meisten Familienserien im Fernsehen und in Filmen wieder und sehen in der sie umgebenden Kultur viele Menschen wie sie selbst dargestellt. Sie lachen darüber, daß sie schon in der Schule ein Pärchen waren, und haben das Gefühl, auch jetzt als Paar gut über die Runden zu kommen. Tatsächlich führen Claudia und Dietmar ein Leben, das in ihrem familiären und sozialen Umfeld weitgehend dem anderer Menschen gleicht. Sie verschwenden nicht viel Zeit darauf, sich über ihre »Beziehung« Sorgen zu machen. TV-Seifenopern und populäre Filme genügen ihnen vollauf, und Schlager drücken oft die Gefühle aus, die sie füreinander empfinden, aber auch die Gefühle, die sie in den geheimen Winkeln ihres Herzens hegen. Sie stehen all den Veränderungen, die sie in der Gesellschaft wahrnehmen, etwas argwöhnisch gegenüber und haben kein großes Vertrauen zu Leuten, die anders sind als sie selbst. Aber sie blicken optimistisch in die Zukunft und haben grenzenloses Vertrauen zu ihrer Fähigkeit, ihr Leben zu meistern.

Karin und Gustav sind anders. Sie verdient den Großteil des gemeinsamen Einkommens und ist eine Frau von Welt, während er ein häuslicher Mensch ist, der viel liest, klassische Musik hört und gern kocht. Gustav ist oft arbeitslos, was in Ordnung war, als die Kinder noch klein waren, weil er sie versorgen konnte, aber damals hielten beide das für eine vorübergehende Lösung. Karins Eltern fragen sich häufig, wie sie mit diesem Arrangement zurechtkommt, und ihre Freundinnen sprechen sich offen dagegen aus. Selbst wenn Karin zufrieden ist, behaupten sie, sie werde ausgebeutet. Wenn man sie in Ruhe gelassen hätte, dann wären Karin und Gustav vielleicht gut mit ihrer Situation zu Rande gekommen, aber das war nicht der Fall. Wie sie oft sagen, sind sie nicht »Herr und Frau Durchschnitt«.

Das hat drei dramatische Auswirkungen auf sie. Erstens streiten sie, obwohl sie Außenseitern versichern, ihr Arrangement zu mögen, häufig über Gustavs »Untätigkeit«, manchmal bis zu dem Punkt, wo Karin mit Scheidung droht. Zweitens haben die inneren und äußeren Zweifel, die durch ihre Rollenumkehr geweckt wurden, schließlich auch andere, ältere Gefühle persönlichen Versagens verstärkt; und eine Zeitlang machten sie auch Schwierigkeiten in ihrer sexuellen Beziehung durch. Drittens haben sie sich als Reaktion auf das Urteil anderer ziemlich stark isoliert – was sie in ihrer Liebe und in ihren Konflikten einander näherbringt, sie aber auch der Zuwendung von Angehörigen und Freunden beraubt.

Susan und Judith sind ein lesbisches Paar, »geoutet« innerhalb des sicheren Geheges der Lesbenszene, aber noch nicht »geoutet« bei der Arbeit und gegenüber Susans Familie. Sie hatten keinen der rituellen Meilensteine wie Hochzeiten und Familientreffen, die dazu beitragen, eine Beziehung zu formalisieren und zu festigen. Sie haben gegen die kulturelle Stigmatisierung und ihre eigenen verinnerlichten Versionen davon angekämpft. Diese Notwendigkeit zu kämpfen ist explizit, anhaltend und produktiv gewesen. Mit Hilfe von Freundinnen und Therapeutinnen haben beide es geschafft, ihr Anderssein zu akzeptieren und zu verstehen, daß ihre Beziehung nicht so »verschieden« ist, wie andere glauben mögen. Wie Judith manchmal scherzt: »Wir sind ziemlich gute Kandidatinnen für den Yuppie-Himmel mit unseren zwei guten Jobs, zwei Autos, zwei

Bankkonten und Urlauben in der Karibik.« Aus Gründen, die nicht wirklich klären wollen, sind sie erleichtert darüber, wie »normal« sie doch sind.

Hannelore und Johann sind älter. Sie haben eine Menge Zeit und Energie in ihre Ehe investiert, und sie sind in den harten ebenso wie in den guten Zeiten beisammen geblieben. Ihre Kinder sind jetzt erwachsen, sie leben über das Land verstreut und kommen nur zu Familienereignissen wie Weihnachten, zu Geburtstagen oder Jubiläen nach Hause.

Sie haben Freunde, die ihnen gleichen. Sie machen sich Sorgen, wenn ihre Freunde Probleme haben, und sie freuen sich, wenn es ihnen gelingt, »die Dinge auf die Reihe zu bringen«. Beide haben den Eindruck, daß sich das Land weit von den Wertvorstellungen ihrer eigenen Erziehung entfernt hat. Sie erkennen sich oder ihre Erfahrung in den Abendsendungen nicht wieder, die sie im Fernsehen anschauen. Wenn sie die neuesten Werbespots für Parfüm, Bier oder Jeans sehen, schütteln sie den Kopf und erinnern sich nostalgisch an die Schlager und Geschichten ihrer eigenen Ära. Sie bleiben loyal gegenüber den Werten ihrer Jugend: Treue, Loyalität, Ehe, harte Arbeit. In ihren Augen hat sich die Jugend von heute einfach von allem losgesagt, was eine Familie zusammenhalten könnte.

Jedes dieser Paare hat eine unmittelbare, persönliche Beziehung zur kulturellen Narration. Sie sind nicht einfach von breiten soziologischen »Trends« beeinflußt. Sie interagieren direkt mit den herrschenden Vorstellungen über Männer, Frauen und Paare, manchmal bewußt, manchmal unbewußt. Der Kampf gegen deren Maßstäbe bzw. das angestrengte Bemühen, ihnen gerecht zu werden, bestimmen ihr Leben. Die kulturelle Narration ist eine dritte Präsenz in der Beziehung, sie wiegelt einen Partner gegen den anderen auf, sie lobt und kritisiert, sie schlichtet Konflikte und bricht sie vom Zaun.

Die Beziehung eines Paares zur kulturellen Narration ist wahrscheinlich zu Beginn am stärksten, wenn die Partner sowohl einander als auch die Beziehung taxieren, um zu entscheiden, ob sie das Richtige sind. Aber sie setzt sich während ihres ganzen gemeinsamen Lebens fort und erhebt ihre Stimme an kritischen Wegmarken

agen und zu Valentin (»Liebt sie mich?«, »Warum sind
romantischer?«, »Warum hat er kein Geschenk für
ooft Veränderungen eintreten, kommt die kulturelle
ins Spiel. Wenn eine Frau, die in erster Linie Hausfrau
und Mutter war, an einen Arbeitsplatz außerhalb des Hauses zu-
rückkehrt, fragt sich das Paar, »ist das richtig?« Wenn Paare Anpassungen vornehmen müssen aufgrund von Krankheit oder Verlust
des Arbeitsplatzes, Affären, Pensionierung oder Ortswechseln,
dann erneuern sie ihre Beziehung zu der kulturellen Narration. An
jedem Scheideweg fragen sie sich »sollten wir die Dinge auf *diese*
Weise handhaben?«, und sie denken an die Geschichten, die sie gehört haben, und die Vorsätze, die sie faßten.

Astrid und Henry

Astrid und Henry lernten sich eines späten Nachmittags beim Einkaufen von Lebensmitteln in einem Supermarkt kennen. Als Astrid
ihren Wagen mit ihrem vierjährigen Sohn Simon im Kindersitz
rasch durch einen der Gänge schob, rumpelte sie geradewegs mit
Henry zusammen. Er betrat den Gang gedankenverloren aus dem
Korridor zur Rechten, einen roten Einkaufskorb aus Plastik in der
einen Hand und einen Stoß Bücher in der anderen. Astrids Wagen
stieß Henry um, und seine Bücher flogen in alle Richtungen. Simon
begann zu lachen, aber Astrids erster Impuls war, ärgerlich zu werden.

»He, warum passen Sie nicht auf, wo Sie hingehen?«, rief sie mit
hämmerndem Herz. »Jemand hätte verletzt werden können!«
Henry blickte mit verblüffter Miene zu ihr auf. »Vielleicht«, sagte
er, seine Hose abstaubend. »Aber mir ist nichts passiert.«

»Mein Sohn hätte verletzt werden können«, beharrte sie.

Henry stand auf und näherte sich Astrids Wagen. Er guckte Simon an, der in dem Wagen kicherte, und grinste dann. »Ich glaube,
er ist auch in Ordnung. Tut mir wirklich leid. Wahrscheinlich habe
ich an etwas anderes gedacht und nicht aufgepaßt.« Er schob seine

Brille die Nase hoch und begann, die Bücher vom Boden aufzusammeln.

Als sie Simon kichern sah, mußte Astrid selbst lächeln. Sie beugte sich nieder und half Henry, die Bücher aufzuheben. »Sind Sie wirklich okay?«, fragte sie.

»Mhm, ja«, antwortete er.

»Ich bin wahrscheinlich ziemlich schnell gegangen?«, fragte sie.

»Na, ich weiß nicht«, sagte er. »Aber Sie hatten eine ziemliche Wucht mit dem Wagen.«

Sie unterhielten sich weiter. Er war entzückt von ihrem Gesicht, von ihrer komischen Art, aus dem Mundwinkel zu sprechen; ihm gefiel auch das Funkeln in ihren Augen. Er erzählte ihr, daß er Biologielehrer sei. Sie sagte, sie lebe mit ihrem Sohn allein und arbeite gegenwärtig nicht, sondern mache einen Lehrgang in Fotografie. Er erschien ihr so unbeschwert, so locker und freundlich, daß sie ihn schließlich zu einem improvisierten Abendessen einlud. »Vielleicht ist es Schicksal«, sagte sie lachend. »Wir sollten uns die Chance nicht entgehen lassen.« Er stimmte ihr zu, und die beiden verbrachten einen wunderbaren Abend »bloß mit Gesprächen«.

Um die Wahrheit zu sagen, war es für Henry Liebe auf den ersten Blick. Astrid, so voller Energie und Enthusiasmus, so gewinnend, bewirkte, daß er sich lebendig fühlte. Astrid fand Henry ihrerseits sympathisch; für sie war er eher ein »wirklich netter Mann« als sonst etwas, aber er gab ihr ein Gefühl von Ruhe und Sicherheit. Sie war an ein flotteres Leben gewöhnt, als er sich – nach ihrem Eindruck – wünschen würde, und sie hatte keinen Bedarf an einer Beziehung: sie war zu sehr davon in Anspruch genommen, wieder auf die Füße zu kommen, für Simon zu sorgen, ihren Fotografiekurs zu bestehen und ihren Unterhalt endlich selbst zu bestreiten, jetzt, da ihre Eltern die Summe begrenzt hatten, die sie ihr schicken konnten. Dennoch hatte sie ein gutes Gefühl sich selbst gegenüber, wenn sie mit ihm zusammen war; auf seine Initiative und ohne, daß sie allzuviel darüber nachdachte, fingen sie an, einander häufiger zu sehen.

Astrid stammte aus einer strengen, traditionellen Familie im Norden des Landes. Ihr Vater war Versicherungsagent, ihre Mutter Grundschullehrerin. Sie hatte eine ältere Schwester und einen jüngeren Bruder, denen sie aber beiden vorwarf, ihren Eltern »zu eng verbunden« zu bleiben. Sie selbst hatte so weit wie möglich von ihnen fortziehen wollen. In den letzten paar Jahren hatte sie finanziell abhängig von ihren Eltern bleiben müssen, was sie unerhört erbitterte, da sie deren moralisierende und kritische Zudringlichkeit nicht ausstehen konnte. Das einzige Familienmitglied, das sie bewunderte, war ihre Tante Laura, eine unabhängige, freisinnige Frau, die nie geheiratet hatte. Tante Laura lebte auch im Norden, wo sie in der Universitätsbibliothek arbeitete und ihr Leben mit aufregenden Freunden, schöpferischen Hobbies und faszinierenden Reisen ausfüllte.

Henry entstammte einer religiösen Familie aus dem tiefen Süden. Im Alter von sieben Jahren hatte er seinen Vater plötzlich durch einen Unfall verloren. Seine Mutter hatte immer wieder Gelegenheitsjobs angenommen, um ihn und seinen älteren Bruder zu unterhalten: als Kellnerin, Kassiererin, Registraturangestellte bei Gericht. Sie war eine attraktive, intelligente Frau, die nie wieder heiratete. Abwechselnd klammernd und distanziert, hatte sie seit dem Tod von Henrys Vater mehrere Anfälle von Depressionen durchgemacht. Ihr Ehrgeiz schien sich in erster Linie auf Henrys Bruder, einen jungen Börsenmakler, zu richten; aber sie hatte Henry stets angehalten, mehr zu lesen, fleißig zu lernen und in die Kirche zu gehen.

Henry war ein verträumter Junge gewesen. In die Kirche war er zwar nicht gegangen, aber er hatte viel gelesen, und er hielt sich gern im Freien auf, betrieb Sport und liebte die Natur. Er war ein guter Schüler gewesen und hatte schließlich ein Stipendium an die Universität bekommen. Ihm gefiel die Gegend im Norden, er blieb nach dem Studium dort und unterrichtete in einer Kleinstadt. Nach vier Jahren war er allgemein geschätzt, ein erfolgreicher Lehrer und bei den Kindern besonders beliebt.

Auch Astrid hatte an derselben Universität studiert. In ihrem ersten Studienjahr hatte sie sich in einen der Assistenten verliebt, Georg, den Lehrer ihrer Kunstklasse. Sie hatten eine stürmische Beziehung, bei der Drogen und viel Alkohol im Spiel waren, und Astrid war schwanger geworden. Sie und Georg fanden eine Wohnung außerhalb des Campus und zogen zusammen, und sie brach ihr Studium ab und bekam das Kind. Aber als Simon erst zwei Monate alt war, verließ Georg sie mit der Begründung, daß sie »nicht mehr dieselbe« sei. Er behauptete, sie liebe das Baby mehr als ihn, und er verübelte ihr, daß sie sexuell »desinteressiert« sei. Außerdem, meinte er, sei er zu jung, um Vater zu sein. Astrid war wütend, daß sie verlassen worden war. Sie beantragte Sozialhilfe, lieh sich Geld von ihren Eltern und begann zu planen, wie sie wieder auf die Füße kommen könnte.

Astrids und Henrys Beziehung kam schnell in Fahrt. Es schien bei ihnen von Anfang an zu funken, und mit der Zeit sprach Astrid zunehmend auf Henrys arglosen Humor und Charme an. Sie war beeindruckt, wie gut er mit Simon umgehen konnte und wie sehr Simon ihn mochte. Sie glaubte, daß jeder Junge eine Vaterfigur in seinem Leben braucht; und wenn Henry dies für Simon sein sollte, dann machten ihn sein Mangel an Machismo und seine Bereitschaft, im Haushalt zu helfen, zu einem besseren männlichen Vorbild als die meisten anderen. Henry gefiel es seinerseits, eine »fertige Familie« zu haben. Er liebte Kinder, und er beschäftigte sich sehr gern mit Simon. Was am wichtigsten war, er fühlte sich leidenschaftlich zu Astrid hingezogen und war entschlossen, mit ihr zusammenzuleben.

Eines Tages machte ihr Henry einen Heiratsantrag, und Astrid nahm an. Sie bezog keine Sozialhilfe mehr, sondern arbeitete nachmittags als Sprechstundenhilfe in der Praxis eines orthopädischen Chirurgen. Gleichzeitig belegte sie Vorlesungen, um ihr Studium abzuschließen, und volontierte ein paar Stunden wöchentlich als Fotografin bei einer örtlichen Wochenzeitung. Simon ging in eine Kinderkrippe und später in einen Kindergarten. Das häusliche Leben wurde zum Alltag für sie. Sie teilten sich die Pflichten und genossen entspannte Stunden miteinander. Manchmal, besonders an Wochenendabenden, nachdem sie ein paar Gläser getrunken hatten, kam es jedoch zwischen Astrid und Henry zum Streit.

Bei ihren Krächen ging es oft um Sex, den Henry mehr zu wollen schien als sie. Aber manchmal warf er ihr auch vor, flatterhaft zu sein, kein geregeltes Leben führen zu wollen und zu viele Dinge gleichzeitig zu versuchen. Wenn er andeutete, daß dies schlecht für Simon sei – und damit in die gleiche Kerbe schlug wie die Kritik, die sie bereits von ihren Eltern zu diesem Thema kannte –, dann reagierte sie lauthals und dramatisch. Sie schrie und stampfte mit den Füßen oder warf mit Dingen um sich. Henry versuchte, emotional über all dem zu stehen; aber wenn ihm die Sache zu nahe ging, zog er sich zurück, schlief auf der Couch und bedauerte sich selbst. Wenn es sich um einen wirklich ernsten Streit handelte, konnte es ein oder zwei Tage dauern, bis sie sich versöhnten. Dann gingen sie frostig im Haus herum, ohne miteinander zu reden, und tauschten Botschaften nur durch Simon aus.

Als sie beinahe ein Jahr verheiratet waren, lag die Frage, ob sie miteinander ein Kind haben sollten, in der Luft, ja sie hing über ihnen wie ein Nebel. Henry meinte, es wäre gut für Simon, einen Bruder oder eine Schwester zu haben. Und er erblickte darin ein Zeichen von Astrids Liebe zu ihm, wenn sie ein Kind mit ihm zeugte. Aber Astrid sah in einem weiteren Kind nur eine Belastung: es würde ihr dann *nie* gelingen, beruflich Fuß zu fassen. Sie würde immer mit Windeln und Wäschewaschen beschäftigt sein, genau wie ihre Mutter.

Henry, Astrid und die kulturelle Narration

Astrid und Henry stehen nicht völlig im Einklang mit der kulturellen Narration. Als Individuen lehnen sie sich dagegen auf. Astrid hat ein uneheliches Kind, und sie bewertet ihre Karriere eher noch höher als die Mutterschaft. Sie ist impulsiv und manchmal schroff und legt nicht immer die sanften, unterstützenden Eigenschaften an den Tag, die traditionellerweise an Frauen geschätzt werden. Henry ist manchmal weicher als sie, er weint schneller, ist eher zur Versöhnung bereit und seinem Wesen nach häuslicher. Obwohl beruflich abgesichert, ist er im Grunde weniger ehrgeizig als Astrid. Manche Leute würden Astrid vielleicht vorwerfen, »unweiblich« zu sein, obwohl sie durchaus den gegenwärtigen Trends für Frauen entspricht; andere könnten finden, daß Henry »nicht männlich genug« sei, obwohl er eine feste Anstellung hat und Sport, Sex und Kanufahren liebt.

Astrid und Henry begannen ihre Beziehung, indem sie sich heftig ineinander verliebten. Das war so, »wie es sein sollte«, obwohl die Saat der Unzufriedenheit schon damals gesät war: Astrid hatte von Anfang an Bedenken, sich zu sehr von einem Mann abhängig zu machen. Henry mißtraute dominierenden Frauen, aber er warb ernsthaft um Astrid, und das genoß sie trotz ihrer Bedenken. Ihr Sexualleben war romantisch, leidenschaftlich und gegenseitig; sie waren entzückt, wie es sie »vervollständigte«.

Sie freuten sich auch darüber, wie sie einander ergänzten: Henry empfand sie als den glühenden Kern, die »Energiequelle meines Lebens«. Er war der »Felsen«, von dem aus sie ihre Karriere als Fotografin starten konnte. Da er eine feste Anstellung hatte, paßte seine Unterstützung ihrer erratischeren künstlerischen Laufbahn gut in das traditionelle Bild von Mann-Frau-Beziehungen. So sehr sie sich als Individuen auch unangepaßt fühlen mochten, ihre Paarbeziehung blieb innerhalb des Rahmens der kulturellen Narration, und Astrid und Henry empfanden dies als beruhigend: es gestattete ihnen, ihren Kuchen gleichzeitig zu haben und zu essen.

Sie waren stolz darauf, anders zu sein, sie mit ihrem Ehrgeiz und er mit seiner offenbar unkomplizierten Häuslichkeit, beide geprägt von der zeitgenössischen feministischen Ideologie. Ein paar Jahre lang ließen sich Konformität und Abweichung gut miteinander vereinbaren, aber dies begann sich zu ändern, als Henry Astrid drängte, ein zweites Kind zu bekommen. Neben der Sorge, daß Henry sein eigenes Kind gegenüber ihrem Sohn bevorzugen könnte, befürchtete Astrid, ein neuer Sprößling werde ihr Studium und ihre begonnene Karriere behindern. Henry warf ihr vor, nur an sich zu denken; er argumentierte, daß es Simon guttäte, ein Geschwister zu haben, und daß ein gemeinsames Kind ihre Ehe vertiefen würde.

Je mehr Henry für Kind und Familie eintrat und sie bedrängte, desto entschiedener beharrte Astrid darauf, ihr Studium abzuschließen und sich ihrer eigenen Karriere zu widmen. Er hatte das Gefühl, daß sie sich aus der Beziehung zurückziehe. Die Ansprüche der beiden Individuen kollidierten demnach mit jenen des Paares. Als Henry verwirrt und deprimiert wurde und ihr seine Unterstützung entzog, bekam Astrid Angst und reagierte wütend. Sie nannte ihn inkonsequent und einen Schwächling. Er bezeichnete sie als Egoistin und als ein Biest. Ohne es zuzugeben, glaubten sie die Beschuldigungen des anderen und fragten sich, ob ihre Ehe Bestand haben könne.

Astrid sinnierte verdrossen, daß frau nicht gleichzeitig einen Mann und eine Karriere haben könne; sie empfand es als töricht, ihm vertraut zu haben. Henry hatte gesagt, er sei gern bereit, den Löwenanteil der Fürsorge für das zweite Kind zu übernehmen, aber Astrid war gewitzt genug, das keinem Mann zu glauben. Außerdem fiel es ihr im tiefsten Inneren schwer, die Vorstellung aufzugeben, daß sie diejenige sein sollte, die sich um das Baby kümmerte. Astrid sagte dies zwar niemals direkt, denn es widersprach ihren Überzeugungen, aber es wurde aus ihrem Verhalten deutlich.

Henry erinnerte sich schmerzhaft an seine Überzeugung, daß Frauen nie an ihn glauben würden, ebensowenig wie seine Mutter, und daß sie immer versuchen würden, sein Leben zu beherrschen. Schon früh in ihrer Beziehung drohte somit das Schreckgespenst der Scheidung. Sie wußten nicht mehr ein und aus. Sie hatten sich von ihren Familien isoliert, und die meisten ihrer Freunde wußten mit ihren Problemen nicht besser umzugehen als sie. Auf ihre eigene Findigkeit zurückgeworfen, mußten sie sich eingestehen, daß sie keine Ahnung hatten, wie sie diese neue Art von Beziehung am Laufen erhalten konnten.

Nach zweijährigem Studium machte Astrid ihren Abschluß. Sie arbeitete zwar immer noch stundenweise in der Arztpraxis, fing aber jetzt an, Lehrgänge in Kunst und Fotografie zu machen und mehr Zeit für ihre freiberufliche Tätigkeit als Fotografin aufzuwenden. Es war schwierig, aber sie hatte das Gefühl, allmählich bei der örtlichen Presse Fuß zu fassen, und ihr Selbstvertrauen nahm zu. Dann teilte ihr der Orthopäde unerwartet mit, daß er seinen Büroumfang ausweiten wolle, sie würde entweder mehr Zeit investieren müssen oder ihre Stelle verlieren. Das stürzte sie in einen Konflikt.

Sie wollte Fotografin sein, nicht ganztags als Sprechstundenhilfe arbeiten. Henry war beruflich abgesichert; deshalb kündigte sie.

In den nächsten paar Monaten fiel es ihr jedoch schwer, die Art von Fotografie zu machen, die ihr vorschwebte, und es war schwierig, Abnehmer für ihre Arbeiten zu finden. Sie hatte das Gefühl, nicht vorwärts zu kommen, und begann, an ihrem Talent zu zweifeln. Niedergeschlagen, wütend und sich als Versagerin empfindend, gab sie Henrys Drängen nach und erklärte sich mit einem weiteren Kind einverstanden. Sie wurde schnell schwanger. Er war euphorisch. Die beiden begannen, Pläne zu schmieden... und dann erlitt sie eine Fehlgeburt. Die ganze Erfahrung erschien ihr als Fehler und Mißgeschick, und sie kehrte ihren Zorn gegen Henry. Die beiden gerieten auf die Spirale abwärts in die Kontraktion. (Auf diesen Abschnitt ihres Lebens wird in späteren Kapiteln eingegangen werden.)

Mehrere Jahre später, nachdem ihre Beziehung diese und andere Krisen überlebt hatte, wurde Astrid erneut schwanger und konnte diesmal ihr Kind austragen. Ebenso wie Jonathan und Marie sollte dieses Paar im Lauf ihres Zusammenlebens jedoch mehrere schwierige Perioden durchmachen. Sie mußten sich mit Henrys beginnendem Diabetes auseinandersetzen; und mehrere Jahre später, nachdem Astrid das Kind bekommen hatte, das sich Henry immer wünschte, mußte Astrid den Tod ihrer Tante verkraften, die ihr Vorbild und ihre Inspiration gewesen war.

Im Leben von Astrid und Henry spiegeln sich die Motive ihrer Generation: die zunehmende Autonomie des Paares; der Einfluß der Frauenbewegung; der Schatten drohender Scheidung; die Vorwürfe von Egoismus; die Schwierigkeit dauerhafter Beziehungen. Aber sie betrachteten sich während schwieriger Perioden oftmals als abnorme Versager. Die kulturelle Narration erkennt zwar die Unvermeidlichkeit von Konflikten an, aber sie läßt wenig Raum für anhaltende Zwietracht und unlösbare Dilemmas.

De facto gehen Astrid und Henry gleichzeitig mehrere verschiedene Wege, wobei jeder Weg einen Widerspruch enthält. Astrids Ehrgeiz steht in Einklang mit zeitgenössischen Idealen der Geschlechtergleichheit, aber um diesen Weg zu gehen, muß sie auf die

Verbundenheit verzichten, die sowohl eine traditionelle als auch eine zeitgenössische weibliche Wertvorstellung bildet. Henrys Fürsorglichkeit und Häuslichkeit passen in das Bild des »neuen Mannes«, aber sie gefährden sein Bewußtsein traditioneller Männlichkeit. Diese Widersprüche machen es schwierig für beide, sich selbst zu akzeptieren, und am Ende pendeln sie zwischen verschiedenen Einstellungen zur kulturellen Narration wie Anpassung und Widerstand, Selbstbejahung und Selbstverdammung hin und her.

Astrid und Henry haben eine fragile Beziehung zur kulturellen Narration. Wenn sie voneinander enttäuscht sind, wie das im Stadium der Kontraktion und des Verrats der Fall ist, dann empfinden sie sich als unfähig, deren Anforderungen zu erfüllen. Ihre Reaktion besteht entweder darin, ihren Widerstand zu verstärken oder über ihre Unfähigkeit zur Anpassung in Verzweiflung zu versinken. Im Stadium der Expansion und Verheißung attestieren sie sich eine größere Übereinstimmung mit ihrer eigenen Version einer modernen kulturellen Narration. Astrids Versagen als traditionelle Frau wird dann beispielsweise zu einem integralen Bestandteil ihres Bemühens umgedeutet, eine neue Art von Frau zu werden. Henrys Häuslichkeit wird als mutig bezeichnet. Gemeinsam glauben sie daran, daß sie ein neues Beziehungsmodell erschaffen. Wenn sie schließlich ein Stadium der Entspannung erreichen, können sie problemloser mit den Widersprüchen und der Komplexität ihrer Beziehung leben.

Wenn Astrid und Henry zu weit von der kulturellen Narration abweichen, dann überfordern sie ihre Fähigkeit zur Selbstbejahung. Dann werden sie unsicher und fühlen sich aus dem Lot. Eine solche Störung des Gleichgewichts beschleunigt manchmal den Übergang von einem Stadium zum anderen: wenn sie zu expansiv sind, ziehen sie sich zurück; wenn sie sich zu sehr voneinander abgekapselt haben und den Verlust ihrer Beziehung befürchten, dann suchen sie die Annäherung. Astrids nächste Schwangerschaft stürzte sie zum Beispiel beide in eine Depression – sie, weil sie das Ende ihrer Unabhängigkeit befürchtete, ihn, weil er sich wegen dieser Entwicklung der Dinge beschuldigt und kritisiert fühlte.

Die Geburt des Kindes katapultierte sie jedoch zurück in die Expansion. Die Kleine war fabelhaft, und sie brachte sie einander nahe und gab ihnen ein stärkeres Gefühl, eine Familie zu sein. Und das schien auch Simon gutzutun. Astrid erinnerte sich zärtlich an einen der Hauptgründe, weshalb sie sich von Anfang an zu Henry hingezogen gefühlt hatte: daß er ein so guter Vater zu sein schien. Dieser fast vergessene Zug trat jetzt in den Vordergrund. Es war wie ein neuer Anfang. Wenn Astrid Henry mit den zwei Kindern auf dem Boden herumkugeln sah, dann erinnerte sie das an ihre erste Begegnung im Supermarkt.

Die Abweichung von der kulturellen Narration kann somit Entwicklungsschritte des Paares beschleunigen, und Entwicklungsschritte können dem Paar helfen, ihre Übereinstimmung mit der kulturellen Narration neu zu interpretieren. Die Beziehung zwischen Paaren und der kulturellen Narration ist dynamisch und ändert sich laufend.

Was ist die kulturelle Narration?

Die kulturelle Narration ist die Summe der Botschaften einer Gesellschaft darüber, wie die Menschen ihre Angelegenheiten handhaben sollten. In unserer Zeit beginnt die kulturelle Narration über Paare mit einer sehr einfachen Geschichte. Ein Paar besteht aus einem Mann und einer Frau, die sich kennenlernen, ineinander verlieben und für den Rest ihres Lebens zusammenbleiben. Sie lösen alle ihre Probleme, halten ihre Liebe lebendig, leben unabhängig von ihren Herkunftsfamilien, fördern gegenseitig ihre persönliche Entwicklung, ziehen gesunde und glückliche Kinder groß und bewähren sich als Partner und Freunde. Es ist selten, daß Paare diesem Drehbuch bis aufs letzte I-Tüpfelchen entsprechen, aber für die meisten im westlichen Kulturkreis lebenden Menschen bleibt die Vorstellung des lebenslang miteinander verbundenen Paares ein faszinierendes Ideal.

Die kulturelle Narration versieht Paare mit den gängigen Erkenntnissen über die richtige und falsche Art des Beginns, wie und wann sie zusammenleben sollten oder nicht, wann sie (als Heterosexuelle) heiraten sollten, wie sie mit Streitigkeiten umgehen sollten, wer die Führung in Fragen der täglichen Lebenspraxis übernehmen sollte, wie sie mit Freunden und Angehörigen umgehen sollten und wie sie Konflikte zu betrachten haben. Sie enthält ein facettenreiches Bild der bevorzugten Riten, Routen und Routinen, die Paare befolgen sollten, und dient als ein Maßstab, an dem sie sowohl ihre Erfahrungen als auch die ihrer Freunde messen können.

Die kulturelle Narration verankert somit universelle Motive wie Liebe und Heroismus, Sex, Werbung, Ehe und Geschlecht in den speziellen Leitbildern einer bestimmten Gesellschaft. Sie rückt auch archetypische Charaktere in den jeweiligen kulturellen Brennpunkt. So kann der Held auf der Suche nach seinem Schicksal heute als ein Unternehmer geschildert werden, der mit einer Idee anfängt, sie mit ein paar engen Freunden in einem Kellerlabor entwickelt und auf dieser Grundlage ein bedeutendes Software-Unternehmen aufbaut. Und als Heldin kommt eine »berufstätige Frau« in Frage, die sich über alle Widerstände hinweg Respekt und Unabhängigkeit erkämpft.

Die kulturelle Narration ist mehr als bloß »eine Perspektive«. Sie ist das faktische Instrumentarium, durch das eine Kultur ihren Mitgliedern, speziell der Jugend, ihre Maßstäbe nahebringt, sie fördert und durchsetzt. All jene, die weitgehend mit dieser Geschichte übereinstimmen, fühlen sich in der Gesellschaft und vielleicht auch in ihrer eigenen Haut wohler. Wer der Schablone nicht entspricht, muß kämpfen. Und er wird bestraft: innerlich durch Mißbehagen und Scham und äußerlich durch die Repräsentanten der Gesellschaft – Arbeitgeber, Eltern, die Freundesgruppe et cetera.

In historischen Übergangsperioden spiegelt die kulturelle Narration gewöhnlich beide Seiten wichtiger Fragen. Filme wie *Mit den Waffen einer Frau* transportieren Bilder von Karrierefrauen, deren Recht auf persönlichen Ehrgeiz anerkannt wird, nicht zuletzt, weil diese Frauen sexy und attraktiv sind und sich Männern hingeben. Filme wie *Zeit der Zärtlichkeit* bekräftigen dagegen die konventionelle Erkenntnis, daß sich Frauen hauptsächlich um Beziehungen kümmern sollten.

Jonathan, Marie und die kulturelle Narration

Obwohl Paare ein komplexes Verhältnis zur kulturellen Narration haben, besteht dieses Verhältnis im allgemeinen aus mehreren grundlegenden Reaktionen. Im folgenden umreißen wir einige davon anhand unseres ersten Paares, Jonathan und Marie.

Auflehnung

Wie die meisten Paare ihrer Generation, glaubten Jonathan und Marie, daß ihr Leben anders verlaufen werde als das ihrer Eltern – das heißt, anders als die kulturelle Narration der Generation ihrer Eltern. Marie hatte nicht vor, zu Hause zu bleiben und »bloß« Kinder großzuziehen. Ihre Mutter hatte ihr eine ehrgeizigere, ambivalentere Botschaft vermittelt: »Sei wie ich, aber besser.« »Besser« bedeutete: Sei unabhängiger, damit du eigene Ziele erreichen kannst. Marie verinnerlichte diese Botschaft, aber –, da sie sich für eine emanzipierte Frau hielt –, verdrängte sie deren ersten Teil viele Jahre lang. Als sie heiratete, wurde sie von ihrer Mutter, die sich jetzt eine Tochter-Gefährtin wünschte, die ihrem Leben Sinn verlieh, beschworen, zu Hause zu bleiben und Kinder zu bekommen.

Marie fühlte sich durch die Kehrtwendung ihrer Mutter verraten und fing an, ihr mit Verachtung und Trotz zu begegnen. Da Marie während dieser Zeit als Assistenzärztin im Krankenhaus arbeitete, fiel es ihr leicht, sich mit ganzer Kraft auf ihren Beruf zu werfen. Jonathan unterstützte ihre Entscheidung, weil sein Bild von der Ehe eine unabhängige, berufstätige Frau einschloß, mit der er sich die Aufgaben des Haushalts und der Kindererziehung teilen konnte. Er wollte auf keinen Fall so distanziert und autokratisch werden wie sein Vater, der seine Erziehung fast ausschließlich seiner Mutter überlassen hatte. Jonathan wußte, daß seine Eltern es gern gesehen hätten, wenn er jemand wie seine Schulfreundin geheiratet hätte, ein durchaus kluges Mädchen, die seine Karriere unterstützt und seine Kinder großgezogen hätte, aber durch seine Entscheidung für Marie hatte er diese Spekulation zunichte gemacht.

Konformität

Um Konformität kann man sich eifrig, nachdrücklich, gelassen oder ironisch-distanziert bemühen. Jonathan und Marie glichen sich der zeitgenössischen kulturellen Narration mit einer gewissen Selbstironie an. Sie machten untereinander und mit Freunden Witze darüber, daß sie zwei Karrieren, zwei Autos, zwei Kinder, einen Hund, eine Katze und ein Haus am Stadtrand hatten. Sie kleideten sich modisch, gingen in die »richtigen« Filme, lasen die richtigen Bücher und kümmerten sich wenig um Religion – außer, als es für den Bildungsweg ihrer Kinder wichtig wurde. Speziell Jonathan empfand dies als eine traurige Ironie. Als Kind war er »anders« gewesen, zu klug und an Politik interessiert, um zu den Leuten seiner Heimatstadt zu passen, in der Schule ein Einzelgänger, der bei Liedermachern, Beatniks und politischen Radikalen Zuflucht suchte. Durch allerhand innere Klimmzüge war es ihm gelungen, seine Furcht vor dem Ausgeschlossensein zu etwas umzudeuten, worauf er stolz sein konnte. Später hatten er und Marie sich als Teil des kulturellen Ferments der sechziger Jahre gefühlt. Jetzt mußten sie sich ernüchtert eingestehen, nicht anders zu sein als alle anderen und, noch schlimmer, wenig Energie zu haben, um dagegen anzukämpfen.

Anpassung

Sowohl allein lebende Menschen als auch Paare beurteilen sich gemessen an der kulturellen Narration als unzulänglich. Die Folge ist, daß diese Menschen viel Zeit und Energie darauf verwenden, ihre Mängel entweder zu bedauern oder zu versuchen, sie auf verschiedenste Weise zu kompensieren – sei es, indem sie die »Supermutter« spielen, ganztags arbeiten und gleichzeitig fast ohne fremde Hilfe Kinder und Haushalt managen, sei es, indem sie »genügend« oft und leidenschaftlich sexuell aktiv sind, sei es als »Macho«, der fabelhafte berufliche Leistungen erbringt, dazu täglich um fünf Uhr früh joggt, Nachbarskinder beim Fußball oder Tennis trainiert, am Wochenende Häuser renoviert und behauptet, sexuell unersättlich zu sein. Die Einzelnen bemühen sich ständig, schlanker, klüger und stärker zu werden. Paare streben in Einklang mit den Geboten der

Gesellschaft unentwegt danach, sexuell aktiver und kommunikativer zu werden, einander näherzukommen und gleichzeitig unabhängiger zu sein. Wenn sich der eine Partner um Anpassung an die kulturelle Narration bemüht, der andere aber Widerstand leistet, dann kann das Verhältnis zu den gesellschaftlichen Erwartungen zur dauernden Reibungsfläche werden.

Jonathan und Marie waren enttäuscht, daß ihre Beziehung nicht romantischer und ihr Sexualleben nicht leidenschaftlicher war. Es stimmte zwar, daß sie gute Freunde und Partner waren, aber beide fühlten sich durch den Mangel an Leidenschaft betrogen. Er stellte das Bedürfnis nach Sex in den Vordergrund, sie sehnte sich nach Romantik.

Sie glaubten auch an eine Vermischung der Rollen. Nach der Geburt ihres ersten Kindes trat Marie einen zweimonatigen Mutterschaftsurlaub an, während sich Jonathan nur zwei Wochen freinahm – trotzdem ein mutiger Schritt angesichts der Dinosaurier, die seine Anwaltskanzlei führten. Nach sechs Monaten teilten sie sich jedoch die Betreuung des Kindes zu gleichen Teilen. Dies erschien ihnen richtig, aber nicht unbedingt gut. Tatsächlich hegten beide tiefsitzende altmodische Vorstellungen über Kinder; in gewissem Sinn wünschten sich beide, daß Marie zu Hause bleiben und Jonathan »für ihren Unterhalt aufkommen« könnte, und daß sie sich am Ende des Tages als ein Paar begrüßen könnten, genauso, wie es ihre Eltern in ihren besten Augenblicken getan hatten. Ihre Anpassung an die kulturelle Narration blockierte ihre Tendenz, diesen tiefersitzenden Vorstellungen zu folgen.

Nach mehreren kleinen Streitereien, bei denen Marie durchblicken ließ, daß sie von Jonathan als Mutter bewundert werden wollte (genauso wie ihre Mutter von ihrem Vater bewundert worden war), bekannten sie sich schließlich scherzhaft zu ihren »reaktionären Tendenzen«, wie sie es nannten. Dann beschlossen sie, den Zorn ihrer Freunde zu riskieren. Nach ihrem zweiten Kind unterbrach Marie ihre Berufstätigkeit für neun Monate. Jonathan arbeitete härter, um mehr Geld zu verdienen, und sie versuchten, mit weniger auszukommen. Diese Monate zählten zu den besten ihres gemeinsamen Lebens. Freilich hatte Marie bis dahin bereits über zehn Jahre gearbeitet und war inzwischen beruflich voll etabliert und weniger beeindruckt von Erfolg. Sie war auch weit genug davon entfernt, die Aufopferung ihrer Mutter zu verübeln, und konnte deshalb ihrem eigenen Wunsch nach Familie nachgeben.

Es gibt viele andere Erfahrungen mit der kulturellen Narration. Zum Beispiel reagiert fast jedes Paar aus einer Subkultur mit Ressentiments auf das vorherrschende Bild glücklicher, wohlhabender Paare. Manchen Unterschichtpaaren geht es gegen den Strich, solche im Wohlstand lebenden Paare im Fernsehen zu sehen. Schwule und lesbische Paare sehen sich in der kulturellen Narration selten gespiegelt, geschweige denn positiv dargestellt. Aber Ressentiments beschränken sich nicht auf Minderheiten. Jedes Paar, das sich um Vollkommenheit bemüht hat und gescheitert ist, hegt einigen Groll gegenüber anderen, die es offenbar geschafft haben, dem Ideal besser zu entsprechen. Die meisten Paare *beneiden* zumindest andere, die in ihren Augen den kulturellen Klischees besser entsprechen als sie. Doch wie bereits angedeutet, weisen die meisten Paare eine charakteristische Mischung all dieser Reaktionen auf.

Unterschiedliche kulturelle Narrationen

Zu jedem Zeitpunkt enthält die kulturelle Narration mindestens drei Elemente: Neufassungen archetypischer Bilder; Bilder, die für eine bestimmte Kultur bzw. ein Land typisch sind; und Bilder, die eine bestimmte historische Epoche kennzeichnen.

Die kulturelle Narration enthält eine Mischung koexistierender Geschichten. Man kann sie mit einem aus vielen Fäden bestehenden Gewebe vergleichen. Jede Generation wächst mit ihrer eigenen vorherrschenden kulturellen Narration auf und gibt ihre Geschichte an die nächste Generation weiter, die ihrerseits Geschichten an die folgenden Generationen übermittelt. Aus diesem Grund sind in jedem Menschen mehrere Generationen der kulturellen Narration präsent und ständig bereit, ihn oder sie zu beeinflussen.

Die kulturelle Narration entwickelt sich ständig weiter. Veränderungen in der Gesellschaft, Verschiebungen in den kulturellen Einstellungen, wirtschaftlichen Bedingungen und nationalen Grenzen: all dies wirkt auf sie ein. Sie entsteht aus historischen Überlieferungen, enthält Überreste aus der Vergangenheit und bildet dennoch in jeder Generation ihre unverwechselbare Identität heraus.

Das vorherrschende Bild der Paarbeziehung hat sich zum Beispiel im Laufe unseres Lebens von Jahrzehnt zu Jahrzehnt gewandelt. Die fünfziger Jahre propagierten in erster Linie die monogame, dem Geschlechterrollenklischee entsprechende Ehe. Sex sollte bis zur Heirat aufgeschoben werden. Die Frauen sollten nicht berufstätig sein. Die Filme gingen gut aus, mit Liebe und Heirat, während die auf Abwege geratenen Ehemänner zu ihren Frauen zurückkehrten und Missetäter bestraft wurden. Zusammengehörigkeit war das Ideal.

Die Generation der Achtundsechziger – zumindest deren artikulationsfähiges, avantgardistisches Element – hinterfragte sämtliche überkommenen Konventionen: die Kleinfamilie, Monogamie, rassistische Einstellungen und überlieferte Institutionen. Beziehungen wurden plötzlich wieder als ein Aspekt der Gesellschaft gesehen. Nach den Bürgerrechts- und Antikriegsbewegungen strebten die Frauen ihre »Emanzipation« an. Sie wurden ermutigt, außerhäuslich berufstätig zu sein, vorehelicher Sex wurde gestattet, ja vielfach dazu ermuntert, wenn die Partner einander liebten. In den siebziger Jahren rissen die Frauen einen Großteil der kulturellen Agenda an sich. Die Männer wurden aufgefordert, sich mit Fragen der Kinderbetreuung und der häuslichen Gleichberechtigung auseinanderzusetzen. Vorehelicher Sex wurde zum Vorrecht von jedermann und jederfrau und ein selbstverständlicher Bestandteil des Liebeslebens. In den achtziger Jahren verlagerte sich die Aufmerksamkeit auf Ideale des Eigeninteresses und der Selbstverwirklichung und zog sich von der optimistischen Auffassung über die menschliche Natur zurück, welche die sechziger Jahre geprägt hatte. Die geschärfte öffentliche Wahrnehmung von häuslicher Gewalt, Inzest, Drogen- und Alkoholmißbrauch sowie anderer, im eigenen Heim begangener Verbrechen machte die Menschen, insbesondere Frauen, vorsichtiger. Und in den Achtzigern etablierten sich die Frauen, wie die

Suffragetten des 19. Jahrhunderts, als die moralischen Schiedsrichterinnen von Paarbeziehungen. In die Defensive gedrängt, neigten Männer dazu, sich aus diesem Wettstreit um moralische Überlegenheit auszuklinken oder sich zur Wehr zu setzen. Das Bild der fünfziger Jahre von der Paarbeziehung, das bis zum heutigen Tag in unseren erinnerten Hoffnungen präsent ist, lebt somit Seite an Seite mit den neuen Versionen der Geschichte vom Kampf der Geschlechter weiter.

Die Medien neigen dazu, die kulturelle Erfahrung zu homogenisieren, aber multikulturelle Einflüsse und Klassenkräfte machen sie vielfältig. So treten schwule und lesbische Gruppierungen mit ihrem Beharren auf der Gültigkeit ihrer eigenen Lebensstile zunehmend an die Öffentlichkeit. Der ständige Zustrom neuer, anderer Menschen durch Immigration hat ein wachsendes Bewußtsein nationaler, kultureller und schichtspezifischer Differenzierung gefördert. Jede ethnische oder rassische Gruppe weist ihre eigenen speziellen kulturellen Narrationen in bezug auf Familienleben, Ehe, Geschlechterrollen und den Platz der Kinder auf. Paare, deren Partner unterschiedlichen gesellschaftlichen Gruppen entstammen, müssen sich mit dem Konflikt zwischen der dominanten kulturellen Narration der Gesellschaft und ihrer eigenen auseinandersetzen, die sich wiederum von ihrer persönlichen Erfahrung unterscheidet. Die »zweite Generation« von Immigrantenfamilien tendiert zu größerer Assimilation; sie ist hin- und hergerissen zwischen ihrer Loyalität gegenüber der Narration ihrer Familie und ihrem Wunsch, sich stärker der Narration der vorherrschenden Kultur anzunähern. Außerdem wäre es keine große Übertreibung zu sagen, daß Frauen und Männer in unserer Gesellschaft verschiedenen »Kulturen« angehören – jedenfalls bekennen sie sich zu eher unterschiedlichen Deutungen der vorherrschenden kulturellen Narration.

Die kulturellen Narrationen von Untergruppen vermitteln zwischen den Paaren und der jeweils vorherrschenden Narration. Schwule und Lesben kreieren zum Beispiel ihre eigenen kulturellen Narrationen über Beziehungen, Sexualität, Treue, Geschlechtsidentität und Attraktivität. Angehörige von Minderheitengruppen müssen die Mehrheitskultur kennen, um darin überleben zu können. Sie können sie beschreiben, nachahmen und feststellen, inwieweit sie sich von ihrer eigenen unterscheidet. Dieses Wissen drückt sich beispielsweise in Witzen oder Songs aus und mindert die Scham und Verwirrung, den Geboten der kulturellen Narration nicht zu genügen. Da fast alle Paare gewissen rassischen, ethnischen, regionalen oder einfach örtlichen Untergruppen angehören, ist es fair zu sagen, daß jeder von uns die kulturelle Narration durch subkulturelle Filter erlebt.

Ein Geflecht von Narrationen

Wir alle verweben unsere individuellen Erfahrungen zu Geschichten oder Erzählungen, die den Ereignissen unseres Lebens Gestalt geben. Durch wiederholtes Erzählen unserer Geschichte lernen wir uns selbst kennen und formen unsere Identität. In diesem Buch bezeichnen wir diese Geschichte-als-Identität als die individuelle Narration. Sämtliche Geschichten, die wir über uns erzählen, sind natürlich in die kulturelle Narration eingebunden, die unser Erleben von uns selbst und anderen formt und beeinflußt.

Die Mitglieder jedes Paares verweben ihre Erfahrungen miteinander zu einer gemeinsamen Geschichte. Dies braucht kein bewußter Vorgang zu sein; es geschieht einfach. Im Lauf der Zeit bauen sie ein gemeinsames Repertoire auf, das ihnen gestattet zu sagen: »Wir sind so, aber nicht so.« Oder: »Wir sind gesetzt und ruhig, keine Gesellschaftslöwen.« Ebenso wie im Falle der individuellen Narrationen verändert sich diese Paarnarration mit jeder neuen Erfahrung. Sie ist sowohl fortlaufend als auch anpassungsfähig und gibt den Paaren ein ständiges Identitätsgefühl.[21]

21 Zu den einflußreichsten feministischen Schriften zählen Nancy Chodorows *Das Erbe der Mütter. Psychoanalyse und Soziologie der Mütterlichkeit* (München: Frauenoffensive, 1985); Dorothy Dinnersteins *The Mermaid and the Minotaur: Sexual Arrangements and Human Malaise* (New York: Harper and Row, 1976); Carol Gilligans *Die andere Stimme – über männliche und weibliche Moral* (München: Piper, 1984); und Jean Baker Millers *Toward a New Psychology of Women* (Boston: Beacon Press, 1976). Siehe auch: *Making a Difference: Psychology and the*

Zwischen individueller, kultureller und Paarnarration findet ein kontinuierliches und dynamisches Wechselspiel statt. Halten wir uns vor Augen, wie Beziehungen beginnen. Wir neigen dazu, Menschen zu wählen, die die positiven Fäden unserer individuellen Narration stärken und mit denen es uns am ehesten gelingen kann, eine ideale Beziehung, wie wir sie aus der kulturellen Narration auswählen, zu erschaffen. Aber diese anfängliche Situation bleibt nicht in ihrer ursprünglichen Form erhalten. Eines Tages benehmen wir uns so schlecht, daß unser Partner das »bessere« Bild von uns, das wir in unserer individuellen Narration gewählt haben, nicht mehr bestätigen kann. Dies bedroht und verärgert uns, deshalb machen wir dem Partner Vorwürfe und werten ihn ab. Das Paradies geht verloren. Aber wir brauchen immer noch eine Geschichte, die dieser Vertreibung aus dem Paradies Sinn verleiht. Wir werden eine in dem Angebot finden, das uns die kulturelle Narration macht. So kommen wir vielleicht zu dem Schluß, daß diese Krise eine Wachstumschance repräsentiert, daß eine solche Herausforderung unseren Horizont erweitern wird. Oder, falls wir stärker von der traditionellen kulturellen Narration aus der Zeit unserer Eltern beeinflußt sind, dann räumen wir vielleicht ein, daß solche Schwierigkeiten auftreten, und trösten uns mit dem Gedanken, daß wir uns schließlich an sie »anpassen« werden.

Jede größere Veränderung – sowohl bei den Partnern als auch in der Beziehung – veranlaßt uns, auf die kulturelle Narration zurückzugreifen. So kann zum Beispiel die Geburt eines Kindes, ein bedeutender beruflicher Aufstieg oder die Rückkehr der Frau in einen außerhäusigen Beruf eine »Identitätskrise« hervorrufen. Wenn eine Frau außer Haus arbeiten geht, dann fragt sich ihr Partner vielleicht, ob dies bedeute, daß er nicht Manns genug sei, die ganze Familie zu

---

Construction of Gender von Rachel Hare-Mustin und Jeanne Marecek, Hsg. (New Haven: Yale University Press, 1990); *The Family Interpreted: Feminist Theory in Clinical Practice* von Deborah Anna Luepnitz (New York: Basic Books, 1988); *Unsichtbare Schlingen. Die Bedeutung der Geschlechterrollen in der Familientherapie* von Marianne Walters, Betty Carter, Peggy Papp und Olga Silverstein (Stuttgart: Klett-Cotta, 1991); und *Women's Growth in Connection: Writings from the Stone Center* von Judith V. Jordan, Alexandra G. Kaplan, Jean Baker Miller, Irene P. Stiver und Janet L. Surrey (New York: Guilford Press, 1991).

ernähren. Gleichzeitig kann er zutiefst dankbar für das benötigte Einkommen sein. Wenn der Arbeitsplatz eines Mannes einen Ortswechsel erfordert, der seine Frau von ihren Angehörigen, Freunden und (vielleicht) ihrem Job wegreißen würde, dann kann es sein, daß sie dies übelnimmt: aber wird sie sich dann auch dafür kritisieren, ihrem Mann keine gute Frau zu sein?

Jede Bedrohung der individuellen Narration eines Partners wirkt sich auch auf das Paar aus. So zieht sich der Mann, der sich durch die Berufstätigkeit seiner Frau bedroht fühlt, vielleicht in sein Schneckenhaus zurück und meidet Sex, oder aber er besteht auf mehr Sex, um seinen Verlust an Würde zu kompensieren. Im ersten Fall kann sich die Frau ungeliebt oder unattraktiv fühlen, was ihre Überzeugung verstärkt, daß Berufstätigkeit eine Frau weniger begehrenswert macht. Im zweiten Fall kann sie sich bedrängt und unterjocht fühlen. Beide Situationen können das Paar veranlassen, seine Beziehung in Frage zu stellen. Dieses Anzweifeln wird sich vor dem Hintergrund der kulturellen Narration abspielen, und das Paar wird im Rahmen dieser »Erzählung« Lösungen suchen. Die meisten Paare in dieser Situation werden nicht den Zusammenhang zwischen ihrem sexuellen bzw. berufsbedingten Dilemma und der Bedrohung ihrer individuellen Narrationen herstellen, sondern sie werden ihre Beziehung in Zweifel ziehen. Ist sie so stark, wie sie dachten? Ist der Funke für immer erloschen? Haben sie die richtige Wahl getroffen? Sind sie, an der kulturellen Narration gemessen, unzulänglich?

Die Beziehung zwischen Paaren und der kulturellen Narration bleibt dynamisch, weil die Partner auf verschiedene Aspekte des Lebens eingestellt sind. Männer und Frauen gehen unterschiedlich an die Dinge heran, und sie können verschiedene Aspekte »derselben« Erfahrung hervorheben. Die Interpretationen von Frauen sind durch ihre Erfahrung als Frauen gefiltert – und auch durch die wuchernde feministische Literatur, welche die spezifischen weiblichen Arten, die Welt zu sehen und darüber zu denken, erhellt hat.[22] Männer neigen zu größerer Isolierung in ihrem Denken; sie versuchen,

22 Siehe *Das andere Denken. Persönlichkeit, Moral und Intellekt der Frau* von Mary Field Belenky, Blythe McVicker Clinchy, Nancy Rule Goldberger und Jill Mattuch Tarule (Frankfurt a. M.: Campus, 1991²).

die Dinge allein auf die Reihe zu bringen. Ihre Deutung der kulturellen Narration ist oft unartikuliert und defensiv: sie haben das Gefühl, ihre Macht in der Beziehung zu verlieren oder sie verloren zu haben.

Beide Partner können sich jederzeit auf die kulturelle Narration berufen, um ihre Position zu stärken. Dies kann darin bestehen, daß man den Partner an eine gesellschaftliche Konvention erinnert – daß man einander die Tür öffnet, nicht in der Öffentlichkeit den Äußerungen des Partners widerspricht. Es kann eine sanfte Zurechtweisung für ein unangebrachtes Verhalten oder Wort sein: »Kau nicht mit offenem Mund.« »Klaus, wir können einfach nicht im Haus meiner Eltern miteinander schlafen, bevor wir verheiratet sind.« Oder es kann ein Mittel sein, um dem anderen sein unangemessenes Verhalten bewußtzumachen: »Es gehört sich nicht, jemand anzuschreien, den man liebt. Tu das noch einmal, und ich gehe!« Die kulturelle Narration kann in einem Streit als »Argument« herbeizitiert werden, und um dem Partner zu zeigen, daß er unrecht hat: »Jeder Mensch weiß, daß glücklich verheiratete Frauen gar nicht *auf die Idee kommen*, auf einer Party mit alleinstehenden Männern zu flirten.«

Manchmal kann die Einbeziehung der kulturellen Narration auch Öl in ein schwelendes Feuer gießen. Was folgt, gleicht eher einer Gerichtsdebatte (zum Beispiel, wer an einem Tag, an dem beide erst spät nach Hause kommen, das Abendessen machen sollte) als einer Diskussion zwischen Partnern. Aber ein Paar kann innerhalb des Rahmens der kulturellen Narration auch Streitigkeiten beilegen. Falls beide Partner deren Konventionen akzeptieren, kann sie ihrem Verhalten als Richtschnur dienen. Die kulturelle Narration geht zum Beispiel davon aus, daß es für uneinige Paare ratsam sei, Kompromisse zu schließen – ein Standpunkt, der vielen Paaren hilft, in das Stadium der Entspannung einzutreten.

Das aktive Wechselspiel zwischen den Paaren und der kulturellen Narration geht in jedem der drei Stadien weiter. An der kulturellen Narration messen Paare ihre Hochstimmung in der Expansion, ihr Elend in der Kontraktion und ihre Fähigkeit zur Problemlösung in der Entspannungsphase. Und sie beziehen sich erneut auf die Thesen der kulturellen Narration, wenn sie in einen weiteren Zyklus eintreten: »Obacht, wir rutschen schon wieder voll in das Schlamassel«, sagen sie sich vielleicht, wenn sie sich des Abgleitens in die Kontraktion bewußt werden. Oder: »Ich stehe keine weitere Runde dieser Streiterei durch. Die hat mich schon voriges Mal beinahe umgebracht. Ich steige aus.«

Kurz und gut, die kulturelle Narration strukturiert die *soziale* Welt, in der Paare leben. Schauen wir uns jetzt an, wie beide Partner ihre eigene innere, *psychische* Welt in Vorbereitung auf ihre erste Begegnung strukturiert haben, lang bevor diese je stattfand.

Den Boden bereiten

Viele mächtige Einflüsse wirken auf jeden Einzelnen ein und bereiten den Boden für die Begegnung der Partner.

Manche Einflüsse, wie der biologische Trieb, die Art zu erhalten, sind universell und in unseren Genen »fest verdrahtet«. Andere, wie das Bedürfnis nach Verbundenheit und Intimität, scheinen in der Erfahrung aller Primaten verwurzelt zu sein. Wir haben im vorigen Kapitel bereits darüber gesprochen, wie die kulturelle Narration die Art und Weise prägt, wie wir umeinander werben und miteinander umgehen.

Andere Faktoren, die die Partner in dieser speziellen Zeit zueinander hinziehen könnten, spiegeln deren eigene individuelle Erfahrungen und ihren Charakter. Bevor sich die Partner zum ersten Mal zu Gesicht bekommen, haben beide einen unverwechselbaren Stil und eine ebenso einzigartige Persönlichkeit entwickelt. Und sie haben komplexe Erwartungen in bezug auf das, was in einer Beziehung geschehen wird bzw. geschehen sollte. Diese *rein persönlichen* Elemente beinhalten innere Bilder, die wir unser ganzes Leben lang mit uns herumtragen.

Innere Bilder

Wir filtern Informationen über unsere Beziehungen durch innere Bilder oder Schablonen.[23] Diese wirken wie eine transparente Folie, sie lassen manche Informationen herein, blocken andere ab und ver-

---

23 Dieses Kapitel stützt sich weitgehend auf die Objektbeziehungstheorie. Die Anleihen sind allgemeiner Art; wir folgen keiner bestimmten Schule und keinem einzelnen Theoretiker, sondern haben natürlich viel von den folgenden gelernt: D. W. Winnicott (siehe *Vom Spiel zur Kreativität* [Stuttgart: Klett-Cotta, 1993⁷]); W. R. D. Fairbairn (siehe *An Object Relations Theory of Personality* [New York: Basic Books, 1954]); Harry Guntrip *Psychoanalytic Theory, Therapy and the Self* [New York: Basic Books, 1971]); Karen Horney (siehe *Analytische Technik* [Frankfurt a. M.: Fischer, 1990]); Otto Kernberg (siehe *Objektbeziehungen und Praxis der Psychoanalyse* [Stuttgart: Klett-Cotta, 1992⁵]).

zerren alles in bestimmter Weise. Stellen wir uns zum Beispiel zwei Frauen vor, die den gleichen Mann anschauen. Die eine empfindet seine unverblümte Sprechweise als selbstbewußt und bezieht daraus ein Gefühl der Sicherheit; die andere empfindet sie als aggressiv und fühlt sich bedroht. Zusammengenommen bilden diese Schablonen eine Art Raster, der die Informationen, die wir täglich erhalten, gestaltet und organisiert.

Diese Schablonen repräsentieren unsere allgemeinen Vorannahmen, die Summe der Erkenntnisse, die ein bestimmter Mensch in bezug auf das Leben für wahr hält: gute Taten werden irgendwann Früchte tragen; der Mensch muß heiraten, um Erfüllung zu finden; eine Frau muß schöne Beine haben, um sexy zu sein; wenn man sich nur genügend anstrengt, dann wird man Erfolg haben; die Menschen sind in der Regel zuverlässig und uneigennützig (oder das Gegenteil). Diese Klischeevorstellungen sind keine objektiven Fakten, aber wir *empfinden* sie als objektiv. Sie beschreiben die Realität, wie wir selbst sie sehen: wie die Dinge sind und wie sie sein sollten; wer wir zu sein glauben und wer wir sein wollen; wie uns andere nach unserer Meinung sehen und wie wir von ihnen gesehen werden wollen. Und die innere Wirklichkeit jedes Menschen unterscheidet sich von der jedes anderen.

Die Schablonen, die Paare am unmittelbarsten betreffen, sind verinnerlichte Bilder von Beziehungen: man kann einem Mann vertrauen, der nett zu Kindern ist; Frauen, die lächeln, sind gute Gefährtinnen; Menschen, die die Selbstbeherrschung verlieren, sind gefährlich; es ist keine Liebe, wenn man nicht alles zusammen macht. Die Erfahrungen mit unseren Müttern, Vätern, Geschwistern und anderen hinterlassen starke Eindrücke, quasi Gravuren auf einer inneren Wand unserer Psyche, und diese werden zu den Maßstäben, an denen wir alle anderen Beziehungen messen. Diese

Wir schließen uns nicht allen Auffassungen der Objektbeziehungstheoretiker an; insbesondere distanzieren wir uns von der pathologischen Betonung von Konzepten wie »Identifizierungen« und »Introjekten«. Faktisch stehen wir der kognitiven Psychologie Piagets näher – speziell seiner Vorstellung, daß Kinder Schablonen bzw. »Schemata« von der Außenwelt »internalisieren«, einschließlich Schemata neuer Situationen, auf die sie sich »eingestellt« haben (siehe Jean Piaget, *Der Aufbau der Wirklichkeit beim Kinde* [Stuttgart: Klett-Cotta, 1974]).

Schablonen bilden unsere geistigen Grundstrukturen. Wir werden sie unser ganzes Leben lang ummodeln und überarbeiten, und sie werden ständig beeinflussen, wie wir uns in der Welt fühlen und dort handeln.

Durch wiederholte Erfahrung lernt ein Junge zum Beispiel, daß er seiner Mutter vertrauen kann, wenn ihm etwas Sorgen macht. In späteren Lebensstadien wird er wahrscheinlich fortfahren, sich mit seinen Geheimnissen Frauen anzuvertrauen. Ein anderer Junge macht eine andere Erfahrung: wenn er seiner Mutter erzählt, was ihn bedrückt, hört sie ihm nur kurz zu und wechselt dann das Thema. Er fühlt sich schließlich verraten und unzulänglich, und im späteren Leben wird er vielleicht zögern, mit seiner Frau über seine Gefühle zu sprechen.

Wiederholte Traumen wie körperliche Mißhandlung oder sexueller Mißbrauch hinterlassen tiefgreifende, selbstzerstörerische Eindrücke. Selbst einzelne traumatische Vorfälle können unauslöschliche innere Bilder hinterlassen (und die Notwendigkeit, sich gegen deren Wiederkehr zu wappnen). So sind viele weibliche Inzestüberlebende außerstande zu glauben, daß ihre Ehemänner, so sanft und verläßlich sie auch sein mögen, *keine* Vergewaltiger sind oder dazu werden könnten.

Diese Schablonen sind so stark, daß sie oft noch lange weiterbestehen, nachdem sie durch neuere Ereignisse widerlegt wurden. Eine üblicherweise selbstbewußte Frau verlor zum Beispiel gleichzeitig ihren Arbeitsplatz und ihre Mutter und bedurfte anschließend größerer Aufmerksamkeit und Zuwendung. Ihr Mann, der in der Überzeugung aufgewachsen war, daß Männer Frauen niemals »wirklich« zufriedenstellen können, vermochte ihre Tränen und Bitten nur als Forderungen zu erleben. Nichts, nicht einmal die Beobachtungen anderer, konnte ihn überzeugen, daß sie wirklich seine Liebe brauchte.

Diese Schablonen werden auch durch andere wichtige Beziehungen geformt – unsere erste Liebe, verehrte Lehrerinnen und Lehrer, gute Freundinnen, selbst einen Geschäftspartner. Die Intensität, mit der zum Beispiel zehnjährige »beste Freunde« einander in Anspruch nehmen, bildet ein Modell, das oft die Sehnsüchte, Erwartungen und Befürchtungen gegenüber späteren Freundschaften, Ehepartnern und beruflichen Beziehungen beeinflußt.

Obwohl wir uns diese inneren Leitbilder gewöhnlich nicht bewußt machen, sind nur wenige an so dunklen, unzugänglichen Orten verborgen, daß sie nicht mit etwas Nachdenken hervorgelockt werden können. Man frage zum Beispiel eine Frau, wie Männer auf Kritik, Lob oder Zärtlichkeit reagieren, und sie wird es einem sagen. Vielleicht zögert sie und sagt, das hänge davon ab, *welcher* Mann, aber dann wird sie ihre innere Überzeugung zu dieser Frage äußern. Fragen Sie einen Mann, was geschehen würde, wenn er und eine Frau miteinander eine Aufgabe zu lösen hätten – ein Puzzle-Spiel, die Bezahlung der monatlichen Rechnungen, das Erledigen von Einkäufen – und auch er wird mit seinen mehr oder weniger fertigen Klischeevorstellungen an die Situation herangehen. Die meisten von uns können ganze Szenen mit potentiellen Partnern durchspielen, lang bevor diese Szenen je stattfinden. Unsere inneren Bilder sind wie Drehbücher mit offenem Ausgang: sie bilden eine Grundlage, auf der wir in fast jeder Situation, in die wir geraten, improvisieren können.

Unbewußt projizieren wir diese Bilder auf die Außenwelt wie Filmbilder auf eine Leinwand.[24] Dann sehen wir sie überall und reagieren auf sie, als ob sie tatsächlich »da draußen« existierten. Wir erleben unsere Projektionen als Wahrnehmungen. Unsere mentalen Schablonen bilden den Rahmen für alle unsere Beziehungen und stellen sie in einen Kontext.

Natürlich verhält sich kein Partner genau wie ein Klischeebild; dies kann ein Problem darstellen. Wir versuchen, dieses Problem zu lösen, indem wir unsere Partner *veranlassen*, genauer dem Klischee

---

24 Hier machen wir erneut Anleihen bei den Objektbeziehungstheoretikern, speziell bezüglich des Konzepts der projektiven Identifizierung. Lesern, die sich näher für diese Gedanken interessieren, empfehlen wir Henry V. Dicks *Marital Tensions: Clinical Studies Toward a Psychological Theory of Interaction* (London: Routledge and Kegan Paul, 1967). Das beste zeitgenössische Werk ist wahrscheinlich Thomas H. Ogdens *Projective Identification: Therapeutic Technique* (New York: Jason Aronson, 1982). Eine ausgezeichnete populärwissenschaftliche Darstellung projektiver Identifizierung enthält Maggie Scarfs *Autonomie und Nähe* (München: Heyne, 1988).

zu entsprechen, das wir auf sie projizieren. Nochmals, dieser Vorgang ist überwiegend unbewußt, und er kommt uns nur kurz zu Bewußtsein, wenn uns die mangelnde Übereinstimmung zwischen Klischee und Partner zu der Erkenntnis aufrüttelt, was vor sich geht. Wenn ich zum Beispiel die Vorstellung einer abweisenden Person auf dich projiziere und mich dann so verhalte, als ob du mich tatsächlich abweisen würdest, dann wirst du dich vielleicht von mir zurückziehen, mich kritisieren oder auf andere Art abweisend behandeln. Je genauer deine Handlungen meine Projektionen spiegeln, desto mehr werden meine Überzeugungen darüber, wer du bist, bestätigt. Nehmen wir an, daß du mich in einem früheren Stadium unserer Beziehung mehr akzeptiert hast. Obwohl ich gern an dieser »akzeptierenden« Person festhalten möchte, erkenne ich diese allmählich als »Maske«, als Fassade, hinter der sich dein wahres, abweisendes Selbst verbirgt.

Dies ist jedoch kein statischer Zustand, und unsere inneren Bilder können sich verändern. Wenn du fortfährst, dich in einer Weise zu benehmen, die nicht zu meinen Bildern von dir paßt, dann werden sich – wenn ich mich nicht starr jeder Erfahrung verschließe – meine Bilder verändern müssen. Nicht nur werde ich mein Bild von dir revidieren, sondern auch die mächtigen mentalen Schablonen, die meine Vorstellungen von Beziehungen im allgemeinen prägen, können sich wandeln.

Die Entstehung, Projektion und Reflexion von Schablonen sind normale und natürliche Vorgänge. Die Projektion ist charakteristisch für jegliche menschliche Interaktion. Unsere Partner tragen oft eine Menge dazu bei, unsere Klischeebilder zu aktivieren, und die Projektion dieser Bilder entsteht im Zusammenspiel. Ich kann Bilder auf dich projizieren und dich veranlassen, dich in bestimmter Weise zu verhalten, aber deine Handlungen haben auch die Tendenz, bestimmte ausgewählte Projektionen bei mir zu mobilisieren. Gleichzeitig geschieht dasselbe bei mir, mit deinen Projektionen von Bildern auf mich, die mein Verhalten auslösen, und so weiter. Im Lauf der Zeit nehmen diese wechselseitigen Vorgänge bestimmte Muster an, so daß manche unserer Bilder zentraler für die Beziehung werden, während andere an die Peripherie rücken.

Das ist es, was Paare so komplex macht. Innere Schablonen vermitteln stets das Verhältnis jedes Partners zum anderen. Selbst wenn sie glauben, sich auf derselben Bühne zu befinden, agieren die Partner oft ihre eigenen separaten Dramen aus, die sich in verschiedener Weise überlappen. Dies ist ein Grund, warum sie so häufig darüber streiten, wessen »Wirklichkeit« die richtige ist, weshalb sie gekränkt sind, wenn der andere ihr Bild von der Wirklichkeit nicht bestätigt, und sich erleichtert fühlen, wenn sie zu einer gemeinsamen Sichtweise gelangen.

Viele Menschen (und die meisten Psychotherapeuten) bezeichnen solche Auseinandersetzungen als Machtkampf, und es sind tatsächlich Kämpfe: aber sie entstehen, weil beide Partner die »Wirklichkeit« unterschiedlich wahrnehmen.

Wir filtern die Rückmeldungen unseres Partners ständig durch unsere Schablonen. Dabei kann uns manches von dem, was er uns sagt, so tief berühren, daß es tatsächlich die Schablonen verändert. Weil wir uns selbst ebenfalls durch unsere eigenen Schablonen kennen, können diese Veränderungen auch unser Bewußtsein von uns selbst verwandeln. Genau dies geschieht durch neue Ereignisse und neue Beziehungen. Eine liebevolle Beziehung kann somit dazu beitragen, einem unsicheren Menschen mehr Sicherheit zu verleihen; eine beständige, ehrliche Beziehung kann die Verletzungen einer traumatisierenden Kindheit heilen.

Beziehungen sind weniger eine Begegnung »objektiver« Realitäten als ein Aufeinandertreffen der schichtenförmigen Ablagerungen von Bildern und Wahrnehmungen. Unsere Identität, von der wir uns ein Gefühl von Stabilität erhoffen, hängt von dem Zusammenhang unserer Schablonen ab. Obwohl wir sie um keinen Preis grundlegend verändern oder von anderen in Frage stellen lassen wollen, können wir sie dennoch unter dem Einfluß massiver neuer Erfahrungen modifizieren.

Ein paar Beispiele zur Verdeutlichung dieser Feststellungen. Helen hatte einen außerordentlich zuverlässigen und unterstützenden Vater. Sie glaubt, daß alle Männer, die ihr gefallen, ebenfalls zuverlässig und unterstützend seien (zumindest im Grunde), und sie wird deren Verhalten, selbst wenn es dieser Vorstellung widerspricht, mit ihrer Überzeugung erklären. Während der expansiven Phase einer Beziehung braucht sie sich nicht zu erklären, wie gut ihr die Dinge erscheinen. Wenn ihre Beziehungen schließlich in die Kontraktion schlittern, fühlt sie sich jedoch grausam betrogen, und sie macht ihrem Partner bittere Vorwürfe, so weit hinter dem Menschen zurückzubleiben, der er versprochen hatte zu sein und als den er sich ausgegeben hatte.

Wolfs Vater war unzugänglich und verschlossen; seine Mutter mischte sich allzusehr in sein Leben ein. Wolf wählt immer zugewandte, emotional bedürftige Frauen. In der Expansionsphase überschütten sie ihn mit Zuneigung und Anerkennung, und dies scheint die Kränkung zu lindern, die die Abwesenheit seines Vaters bewirkte; später scheinen dieselben Frauen jedoch von Wolf immer mehr zu fordern, als er bereit ist, ihnen zu geben. Dann beklagt er sich, daß sie genauso seien wie seine Mutter.

Maria ist in einer sie ständig abwertenden, traumatisierenden Familie aufgewachsen. Obwohl sie sich bemüht, über ihre Kindheitserfahrungen hinwegzukommen, glaubt ein Teil von ihr immer noch, daß sie die schlechte Behandlung verdiene, weil sie im tiefsten Inneren schlecht ist. Sie nimmt versuchsweise Beziehungen zu sanften, etwas oberflächlichen Männern auf, in der Hoffnung, daß sie die Abgründe ihrer Schlechtigkeit nicht merken werden. Aber die Männer scheinen immer eine aggressive, abwertende Seite zu haben, deren Auftauchen sie niemals überrascht. Ihre Kritik beweist, was sie schon immer gewußt hatte. Während der Expansion hält sie den Atem an und genießt die guten Gefühle, mißtraut ihnen aber. Sobald die Kontraktion einsetzt, hat sie das Gefühl, sie sei unvermeidlich, ja überfällig gewesen.

Romantische Mythen besagen, daß jeder von uns ein Idealbild von der Traumfrau oder dem Traummann in sich trägt und daß wir unser Leben lang nach jemandem suchen, der ihm entspricht. Sich mit irgend jemand anderem zufriedenzugeben, sei ein Kompromiß. Nach konventioneller Auffassung tragen wir alle eine begrenzte Zahl von Idealbildern mit uns herum, die allesamt von unseren Eltern abgeleitet sind. Somit sind wir vom Schicksal zu einem Drehbuch verdammt, das von unseren ungelösten Konflikten mit ihnen geprägt ist. Ob wir in einer solchen Beziehung steckenbleiben oder zwanghaft *viele* solche Beziehungen eingehen – nach dieser Auffassung werden wir uns zwangsläufig mit jemandem genau wie unsere Mutter oder unser Vater zusammentun. Mit anderen Worten, wir wählen unseren Partner unbewußt als ein Vehikel zur Erlösung. (Ich suche mir eine Frau wie meine böse Mutter, während ich eine gereinigte Version meines Vaters ausagiere.[25] Du suchst dir einen Mann wie deinen dich vergötternden Vater, während du eine robustere Version deiner Mutter ausagierst.) Es ist, als trügen wir ein »Paar-Drehbuch« in uns und bräuchten nur den Partner zu finden, der bereit ist, die komplementäre Rolle zu spielen.

Tatsächlich bringen wir nicht bloß eines, sondern *viele* Bilder in das spätere Leben mit – Bilder von Beziehungen zu Verwandten, Freunden, Lehrern, Lehrerinnen; Bilder von Beziehungen, die wir von außen beobachtet haben; Bilderkombinationen. So verinnerlichen wir vielleicht Teile unserer Beziehung zu beiden Eltern. Man stelle sich zum Beispiel vor, daß jedesmal, wenn wir einem Elter nahekamen, der andere dazwischentrat und ihn oder sie in Beschlag nahm, so daß wir uns im Stich gelassen fühlten. Im späteren Leben kann es sein, daß wir unruhig werden, wenn sich Dritte, selbst wenn es sich um unsere eigenen Kinder handelt, zwischen uns und unseren Partner drängen. Oder ein Elter hat uns vielleicht dem anderen vorgezogen, mit der Folge, daß wir den Aggressionen des letzteren

25 »Splitting« (Aufspaltung, Dissoziation) ist ein wichtiges Konzept in der Objektbeziehungstheorie. Wir benutzen es hier in ähnlicher Weise wie es Thomas Ogden, a.a.O., tut.

ausgesetzt waren. Dies sind bloß zwei Versionen des ödipalen Drei-
ecks; es gibt viele andere.

Nicht alle mentalen Schablonen sind gleichermaßen aufgeladen.
Die eine kann heiß, leidenschaftlich und gefährlich sein, eine andere
dagegen harmlos und freundlich. Im Laufe unseres Lebens kann
sich die eine zu einem bestimmten Zeitpunkt als angemessener erweisen als eine andere; und im Laufe der Jahre können wir uns von
verschiedenen Schablonen leiten lassen, je nach den Bedürfnissen
des Augenblicks oder wer gerade verfügbar ist. Maria hat zum Beispiel einen sanften, etwas schwachen Mann geheiratet, das Gegenteil ihres mächtigen, zudringlichen Vaters; im Grunde ganz ähnlich
wie ihre entgegenkommende Mutter. Nachdem sie sich von ihm
scheiden ließ, hatte sie eine stürmische Affäre mit einem Mann, der
sie an ihren Vater erinnerte; und jetzt ist sie mit einem dritten Mann
zusammen, den sie am ehesten als ihresgleichen, fast wie ihren Bruder, empfindet. Wir sind oft »bereit«, einen Menschen kennenzulernen, der in Einklang mit einer bestimmten Bilderserie steht, die
zu diesem Zeitpunkt die Oberhand gewinnt.

Dieser Vorgang entspricht dem, was Gestalt-Psychologen als Fi-
gur und Grund bezeichnen.[26] Auf dem *Grund* unserer Psyche sind
viele *Figuren*, Bilder, die potentiell auf verschiedene Männer und
Frauen ansprechen können. Manche Bilder werden dominant als
Reflex auf bestimmte Menschen und bestimmte Situationen. Bestimmte Menschen lösen bestimmte Reaktionen bei uns aus. Andererseits dominiert in gewissen Abschnitten unseres Lebens eine Serie von Bildern, und wir nehmen dann nur solche Menschen als
Partner, die ihnen entsprechen. Das geschah mit Maria, als sie ihren
sehr sanften Mann heiratete. Damals konnte sie es nicht ertragen,
mit jemandem zusammen zu sein, der allzu dominant war. Und dabei war sie keinesfalls auf die schroffe, kritische Seite ihres Mannes
vorbereitet, die er immer zu verbergen versucht hatte.

Konfliktreiche Beziehungen können dem Sog unserer inneren
Bilder genauso entsprechen wie harmonische. Wir können im Lauf
unseres Lebens in unterschiedliche Beziehungsmuster hineingezo-

26 Siehe Fritz S. Perls, *Das Ich, der Hunger und die Aggression* (Stuttgart: Klett-
Cotta, 1987).

gen werden oder in das gleiche, sich wiederholende Schema. Das Universum unserer inneren Bilder übt weiterhin seinen Einfluß auf uns aus. Dies ist ein Grund, warum sich Beziehungen verändern, warum Partner im Lauf der Zeit zu anderen Menschen davondriften können, warum manche Leute immer wieder in dieselbe miserable Situation geraten.

Auf unserer Suche nach Partnern schleppen wir unser ganzes Repertoire an Drehbüchern mit uns herum. Jederzeit und aus welchem Grund auch immer kann ein Modell aus dem Hintergrund hervorspringen und figural werden. Wenn wir uns eben ins Arbeitsleben hineinstürzen, kann zum Beispiel unsere Beziehung zu unseren Geschwistern zum zentralsten Bild werden, und wir werden dann dazu neigen, geschwisterähnliche Beziehungen anzuziehen und davon angezogen zu werden. Wenn wir von unserer Beziehung zu unserem Chef besessen sind, dann könnten Elter-Kind-Bilder figural werden. Eine Frau findet sich vielleicht zu einer Reihe von Beziehungen wie jener hingezogen, die sie zu ihrem älteren Bruder hatte; ein Mann kann einer Frau begegnen, die ihn an seine erste Freundin in der zehnten Klasse erinnert. Umgekehrt kann ein starkes Hingezogensein zu einer Person dem Drehbuch vorausgehen. Der andere Mensch kann ein klareres Bewußtsein als wir davon haben, was er oder sie will; und so (halb zog sie ihn, halb sank er hin) gestatten wir dem anderen, ein bestimmtes Modell einer Paarbeziehung aus uns »hervorzulocken«. Dies ist ein Beispiel dafür, wie der andere aus der Fülle möglicher Reaktionen, die wir besitzen, eine Reaktion von uns »formt«, »auswählt« und »hervorlockt«.

Verschiedene Partner sind durchaus imstande, bei uns unterschiedliche innere Bilder auszulösen. Ein Partner kann kindliche Reaktionen hervorrufen, ein anderer elterliche, und ein Dritter, der uns an unseren Freund aus Kindertagen erinnert, kann uns zu freundschaftlichen Verhaltensweisen animieren. Die meisten Partner in lang bestehenden Beziehungen aktivieren mehr als eines unserer inneren Drehbücher.

Kehren wir für einen Augenblick zu Marie und Jonathan zurück.

Maries Vater kam erst spätabends und müde von der Arbeit nach Hause, und sie vermißte ihn in der Zeit ihres Heranwachsens sehr. Wenn er da war, fand sie in ihm den intelligenten Gesprächspartner, der ihre Mutter nicht sein konnte. Er war ein echter Freund für sie, und die beiden unternahmen alles zusammen: sie spielten Spiele, redeten über ihre Schulprojekte und machten »Exkursionen« in Fabriken, Wälder, Museen, ja sogar in Baseball-Stadien. Später, als sie verheiratet war, bedauerte sie zwar manchmal Jonathans Engagement für seine Anwaltspraxis, aber sie nahm es ihm nie übel. Außerdem arbeitete sie als Ärztin oft selbst bis spät in die Nacht und rechnete mit diesen Trennungen. Vor ihrer Heirat und in ihren ersten Ehejahren waren sie und Jonathan einander nahe, wenn sie beide zu Hause waren. Obwohl ihre gemeinsamen Stunden begrenzt waren, konnten sie eine magische Zeit miteinander erschaffen, die sie genoß, so wie sie das Zusammensein mit ihrem Vater genossen hatte.

Durch das Hinzukommen der Kinder wurde ihre gemeinsame Zeit weiter eingeschränkt. Marie war zuerst überrascht und dann enttäuscht, als Jonathan aufhörte, in den raren Augenblicken, in denen sie allein zu Hause waren, ihre Nähe zu suchen. Jetzt benahm er sich wie ihre anderen Verehrer, die sie als Ehepartner abgelehnt hatte, nicht wie der Mann, der ihr vor der Heirat so leidenschaftlich erschienen war. Dies rief Spannungen und Diskussionen hervor. Auch nachdem sich Marie mit Jonathans Distanzierung abgefunden hatte, war sie enttäuscht, daß er nicht imstande war, so enthusiastisch mit den Kindern zu spielen, wie es ihr Vater getan hatte.

Jonathans Eltern hatten ziemlich getrennte Leben geführt, jeder in seiner eigenen Sphäre. Seine Mutter verbrachte ihre ganze Zeit mit Haushaltspflichten, Kindern und Eltern, mit Lesen und ehrenamtlichen Tätigkeiten. Sein Vater lebte für sein Haushaltsgerätegeschäft und interessierte sich daneben nur noch für die örtliche Politik und die Sportsendungen im Fernsehen. An den Wochenenden gab es rituelle Zusammenkünfte der Verwandtschaft und viel Zeit, die er allein verbrachte. Niemand beklagte sich. Jonathan erwartete dasselbe in seiner Ehe, da er einfach annahm, so sei die Welt nun einmal. Früher war er jeder Frau davongelaufen, die zuviel von ihm zu erwarten schien. Als er um Marie warb, war sie sehr von ihrer Arbeit in Anspruch genommen, und Jonathan liebte ihre intensiven, seltenen Stunden miteinander. Er mochte es auch, wenn sie zusammen lernten, ohne viel zu reden, aber die Gegenwart des anderen spürten und gelegentlich eine Pause machten und sich liebten. Im Lauf der Zeit merkte er, daß Marie größeren Wert auf Gespräche legte, als er ursprünglich gedacht hatte, und das mißfiel ihm. Er fühlte sich hinters Licht geführt. Auch den Kindern verübelte er, daß sie solche Ansprüche an seine Zeit stellten. Jonathan meinte, sie sollten mehr allein spielen. Ihr »Bedürfnis« nach mehr Zeit erschien ihm als unangebracht. Nach seinem Eindruck förderte Marie die Abhängigkeit der Kinder nicht aufgrund von deren Bedürfnissen, sondern aufgrund ihrer eigenen.

Astrid und Henry

Ihre inneren Bilder halfen auch Henry und Astrid, ein gutes Gefühl zueinander zu haben. Erinnern wir uns, daß Henrys Vater gestorben war, als er sieben war, und daß er einen Vater vermißte, als er heranwuchs. Dieser Verlust hinterließ bei ihm den Wunsch, selbst ein guter Vater zu sein. Das bedeutete, daß er eine Frau finden mußte, die Kinder hatte oder haben konnte und die die Wichtigkeit von Nestwärme für Kinder begriff. Indem er ein guter Vater war, würde er das Vergnügen der Elternschaft genießen können, aber er würde sich auch mit seinen Kindern identifizieren können, die die Art von Liebe erhielten, nach der er sich selbst sehnte.

Henry respektierte Frauen, die außer Haus einem Beruf nachgingen wie seine Mutter, aber er wollte nicht, daß sie eine Kontrolle über sein eigenes Leben ausübten. Obwohl er seine Mutter respektierte, hatte er unter ihrer mangelnden Einfühlung gelitten. Sie war distanziert gewesen, wenn er sich ihre Zuwendung wünschte, und zugewandt, wenn er seine Ruhe haben wollte. In dieser Hinsicht war Astrid ideal für ihn. Er wußte ihre Berechenbarkeit zu schätzen: »Ich weiß immer, woran ich bei dir bin«, sagte er oft. Er liebte ihre Warmherzigkeit und Energie. Und er schätzte ihre Liebe zu ihrem Sohn, ihre Offenheit und Ehrlichkeit.

Er hatte nicht einmal etwas gegen ihren Wunsch nach Unabhängigkeit. Tatsächlich wußte er ihren Mut und ihre Energie zu schätzen, solang diese nicht seiner Tageseinteilung in die Quere kamen. In seiner Arbeit und anderen Beziehungen fühlte er sich sicher genug, um ihr etwas entgegenkommen und tolerant sein zu können. Wenn Astrid jedoch willkürlich ihren eigenen Interessen den Vorrang gab und einfach von ihm erwartete, sich ihren Plänen anzupassen, dann wurde er sauer. Er wollte in der Angelegenheit konsultiert werden, wollte gefragt werden. Sein Groll gegen eine beherrschende Frau, von der er emotional »abhängig« war, konnte ihn in Streitereien und Kräche oder in totale Niedergeschlagenheit stürzen.

Astrid hatte sich ihrerseits mit Abscheu von ihren kalten, strengen Eltern abgewandt. Sie wollte einen Mann, der *Gefühle* hatte, der flexibel und warmherzig, humorvoll und unterstützend sein konnte. Aber der Mann, den sie wählte, mußte ihren Wunsch nach Unabhängigkeit akzeptieren. Er mußte gütig und liebevoll sein, sollte sich aber zurückziehen, wenn sie für sich Raum brauchte. In dieser Beziehung war ihr Henry ideal erschienen. Er war alles andere als das Abbild ihres starren, unnachgiebigen Vaters. Sobald er zu klammern schien, wurde es ihr natürlich zu eng. »Laß mir Luft! Mein Gott, du bist genau wie deine *Mutter!*«, rief sie dann aus. Und wenn er Sex forderte, wurde sie wütend: »Hör auf damit!«, sagte sie. »Du bist genau wie mein Vater!«

Erprobungen

Neue Erfahrungen modifizieren unsere Schablonen. Betrachten wir unsere Urfassungen als Drehbücher. Wir improvisieren anhand von ihnen je nach den Umständen und mit wem wir zusammen sind. Unsere Schablonen verändern und vertiefen sich demnach im Lauf der Zeit. Eine Jugendliebe wird sich anders entwickeln als eine Beziehung zwischen Menschen, die sich Ende zwanzig kennenlernen. Eine Beziehung, die begonnen wird, wenn die Partner verzweifelt sind, wird anders verlaufen als eine, die anfängt, wenn sie sich unabhängiger fühlen. Wenn wir in einem sozialen Netz von Freunden und Angehörigen geborgen sind, dann entwickeln sich unsere Beziehungen maßvoller, als wenn wir isoliert sind und die Beziehung alles für uns ist.

Eine Schablone kann sich aus dem Verhältnis zu einem Bruder oder einer Schwester, einem Elter oder auch einer Schulfreundin entwickeln. Bei den ersten paar Durchgängen halten wir uns vielleicht unbewußt an dieses Drehbuch. Aber nach einigen Wiederholungen werden uns die Grundstrukturen dieser Beziehungen bewußt. »Ich brauche immer eine – und nur eine – beste Freundin«, berichtete eine Frau. »Das gibt mir ein Gefühl von Sicherheit und Geborgenheit. Aber ich lasse mich immer zu sehr mit ihr ein. Meine Freundin wird zu wichtig für mich, und ich vernachlässige alle anderen. Dann fange ich an zu klammern, meine Freundin wird böse, wir streiten und die Beziehung geht in die Brüche.«

Sooft wir eine neue Beziehung beginnen, steht eine Reihe unserer Schablonen bereit. Die eine kann uns passender erscheinen als die anderen, und wir nähern ihr uns an. Sobald wir uns für dieses eine Drehbuch entschieden haben, färbt es dauernd unser Verständnis, sowohl von unserem Partner als auch von uns selbst, und engt es ein. Im Lauf der Zeit schränkt sich unser Repertoire ein, und wir stellen fest, daß wir wiederholt eine von wenigen gut funktionierenden Optionen wählen.

In diesem Sinn ist jede signifikante Beziehung wie ein Probelauf für alle späteren und für die Beziehung, von der wir hoffen, daß sie dauern wird. Gelegentlich versuchen wir vielleicht, unser Standarddrehbuch abzuändern. »Früher habe ich schweigsame Männer gemocht«, sagte eine Frau, »aber ich habe es satt bekommen, ihnen nachzulaufen; in letzter Zeit gehe ich mit Leuten aus, die mehr reden.« Auch bewußte Anstrengungen, unsere Schablonen zu demontieren und andere Arten von Beziehungen aufzubauen, können als Probehandlungen dienen; sie helfen uns, die Parameter unseres

Geschmacks zu definieren und die Grenzen unserer Flexibilität auszutesten. Es ist ein bißchen wie das Ausprobieren einer neuen Rolle, die uns dazu herausfordert, mit verschiedenen Aspekten unserer Persönlichkeit in Kontakt zu treten.

Erprobungen geben uns Gelegenheit, zu üben und zu experimentieren. Durch sie versuchen wir, die Eigenschaften zu festigen, die wir an uns mögen, und diejenigen auszumerzen, die uns lästig sind. Wir wollen unabhängiger sein, engagierter, selbstsicherer, freundlicher, sanfter, stärker, weniger defensiv, und wir wollen unsere Aggressionen beherrschen, weniger weinen und Nähe aushalten, selbst wenn wir in Panik geraten und davonlaufen möchten.

Und deshalb probieren wir verschiedene Modelle aus. Ein Mann, der immer wieder äußerst zugewandte – aber aggressive – Frauen wählte, versuchte sein Glück mit einer verschlosseneren Frau. Das war wie der Wechsel von einer Ehe mit seinem charismatischen, aber überkritischen Vater zu einer mit seiner freundlich- distanzierten Mutter. Eine Frau, die zu »lässigen, intellektuellen Männern« neigte, versuchte es zur Abwechslung mit einem sehr ehrgeizigen, konkurrenzfreudigen Geschäftsmann. Das gefiel ihr nicht lange, aber sie fand es richtig, es mit jemandem zu probieren, der eher ihrem Vater glich, bevor sie ihre Entscheidung traf.

Nicht alle Experimente sind beabsichtigt. Aber wir versuchen ständig, an uns zu arbeiten und unsere Partnerwahl zu verbessern, und dabei sagen wir uns häufig, daß wir der Erreichung unseres Ideals immer näher kämen. Uns selbst und manchmal auch anderen gegenüber legen wir eherne Gelübde ab: »Ich gehe nie wieder mit einem Trunkenbold aus!«

»Diesmal lasse ich nicht locker, selbst wenn es bedeutet, daß ich eine Therapie machen muß!«

»Diesmal muß es jemand sein, der mich respektiert, und wenn er es nicht tut, dann werde ich nicht so lange abwarten.«

Jeder Probedurchgang bietet uns eine weitere Chance, alte Wunden zu heilen, Fehler zu korrigieren, unsere Wunschträume zu erfüllen und unsere besseren Seiten zu leben. Es ist ein Prozeß der Selbstkorrektur: wie Bogenschützen, die ihr Ziel im Auge haben, korrigieren wir unsere Verhaltensweisen, je nachdem, wie unsere letzten Pfeile von ihrem Kurs abwichen.

Häufig wechseln wir Beziehungen, um uns selbst und/oder unsere Selbstbilder stabil zu halten. Vielleicht versuchen wir, einen Partner zu wählen, der uns hilft, ein gutes Gefühl in bezug auf uns selbst zu behalten oder uns selbstsicherer, lebendiger oder flexibler zu fühlen. Wir versuchen auch, uns selbst zu ändern, um unser Ideal einer Beziehung stabil zu halten. Das heißt, wir versuchen, uns dem Bild anzupassen, das wir erblicken, wenn wir uns die positive Seite der Schablonen vor Augen halten, die wir seit der Kindheit mit uns herumtragen.

Zwischen Beziehungen versuchen wir, uns klar darüber zu werden, was schiefgegangen ist, und, in geringerem Maß, was gutging. Unsere jüngste ernsthafte Beziehung stellt unsere wichtigste Probe dar, unsere bislang letzte Bemühung, unseren »Typ« zu finden und zu verfeinern. Diese Probeläufe können erfolgreich sein, indem sie uns helfen, zwischen den Schablonen zu unterscheiden, die uns eine größere Chance der Befriedigung bieten, und solchen, die uns in Schwierigkeiten stürzen. Neue Anpassungsleistungen aufgrund gemachter Erfahrungen können uns in der nächsten Runde ein harmonischeres Verhältnis bescheren. Und dennoch ist, weil so viele tiefsitzende Bilder immer in uns im Widerstreit miteinander liegen, keine Suche nach einem »vollkommenen Partner« vor Enttäuschungen gefeit.

Anfänge

Jetzt, da die Bühne errichtet ist, betreten die Partner die Szene. Eine Zeitlang bemerken sie vielleicht nicht einmal die Gegenwart des anderen. Manche Menschen verlieben sich auf den ersten Blick, in einem *coup de foudre*, einem Blitzschlag; aber weitaus mehr brauchen länger, bevor sie einander als mögliche Partner erkennen.

Die Partner können die ersten paar Schritte ihres Dramas getrennt durchspielen, wobei beide allmählich ein Bewußtsein des anderen entwickeln, bis sie, nachdem sich irgendeine Überzeugung herauskristallisiert hat, einander schließlich auf persönlichere Weise wahrnehmen. Bis dahin sind sie zwei separate Menschen in der Welt gewesen, mit separaten Lebensläufen, separaten Persönlichkeiten, separaten Geschmäckern und Erwartungen.

Aber jetzt hat sie etwas zueinander hingezogen. Vielleicht ist das Gefühl gegenseitig; vielleicht nicht. Vielleicht wird der andere im Lauf der Zeit »die Kurve kriegen«. Vielleicht wird sich die gegenseitige Anziehung so allmählich entwickeln, daß keiner der beiden Partner sicher ist, *wann* genau er oder sie sich erstmals dessen bewußt wurde. Vielleicht wird es in der Beziehung Schaukelbewegungen geben: zuerst bemüht sich der eine um den anderen und zieht sich dann zurück, danach beginnt der andere, ihm nachzustellen und um ihn zu werben.

Die tatsächlichen Anfänge von Zweierbeziehungen weisen eine enorme Bandbreite unterschiedlicher Grade von Bereitschaft und Dringlichkeit auf; die Erfahrung versetzt uns in verschiedene Rhythmen. Was einen anfangs anzieht, kann ein kleines Detail sein: der Schnitt einer Kleidung, der Duft eines Parfüms, der Gang eines Menschen, seine Haltung, eine Geste. Wir können von seiner Stellung im Leben fasziniert sein, seinen Freunden oder seiner Familie. Was uns anzieht, mag durchaus zufällig erscheinen, doch es steigt häufig aus den Bildern in unserem Inneren auf. Es kann der Gesichtsausdruck einer Person sein (der uns an den guten Elter erinnert), ihr Blick, ihre Berührung (sexuell ansprechbar), ein Wort, eine einfühlsame Äußerung, ein gemeinsames Erlebnis, eine allmähliche Erkenntnis, die sich herauskristallisiert. Was auch immer es ist, eine Verbindung ist hergestellt worden. Eine Person hat die andere bemerkt und betrachtet sie oder ihn jetzt *mit anderen Augen*. Das Nachstellen und Werben hat begonnen.

Im folgenden einige Beispiele:

Marcia und Sam

Marcia und Sam lernten sich während der Weltwirtschaftskrise kennen. Der aus einer großen und hart arbeitenden Familie stammende Sam war um zwei Jahre älter. Im Alter von sieben Jahren hatte er eine Route als Zeitungsausträger in seinem Viertel, und mit neun Jahren organisierte er einen Lebensmittelzustelldienst. Er arbeitete hart, während er heranwuchs, und hatte sehr wenig Zeit für Mädchen übrig. Außerdem fühlte er sich durch sie eingeschüchtert. Marcias Vater besaß ein Geschäft, und sie erinnerte sich, daß sie als kleines Mädchen Sam seine Runden durch die Straßen hatte machen sehen. Aber sie war scheu und hatte damals nicht mit ihm gesprochen. Ihre Familie war dann weggezogen, und sie hatte Sam jahrelang nicht mehr gesehen.

Eines Abends, als Sam und Marcia Anfang zwanzig waren, begegneten sie sich bei einem Tanzabend in einem Verein. Irgend etwas an Marcia mutete Sam vertraut an, und er ging zu ihr hinüber und forderte sie zum Tanzen auf. Sie war überrascht, ihn wiederzusehen. Er schien ihr »älter und reifer als die meisten anderen jungen Männer in dem Saal«. Sie tanzten ein- oder zweimal, und dann merkte Sam zu seiner Überraschung, daß er seine Hoffnungen und Ambitionen gegenüber dieser Frau hervorsprudelte, die er kaum kannte; dennoch lauschte sie jedem seiner Worte, was ihm ein Gefühl von Wichtigkeit gab. Marcia fand es ihrerseits toll, daß sich Sam ihr anvertraute. Er hatte bereits sein ganzes Leben geplant und machte überhaupt einen fleißigen, verantwortungsvollen und reifen Eindruck. Das war jemand, der für sie sorgen konnte. Aber sie spürte auch eine Leere in ihm, ein Bedürfnis nach Zusammengehörigkeit. Bei dem Gedanken, daß dieser Mann, der das Zeug hatte, die Welt zu erobern, sie tatsächlich brauchen könnte, fühlte sie sich als etwas Besonderes. Sam war tief berührt von Marcias Enthusiasmus und Unterstützung. Sie gab ihm das Gefühl, alles schaffen zu können. »Ich hatte noch nie jemanden so... nun, so *Warmherzigen* in meinem Leben getroffen«, sagte er. »Ich glaube, da wußte ich, daß ich für den Rest meines Lebens bei ihr bleiben würde.«

In den nächsten paar Wochen sahen sie einander noch viel öfter.

Sam begriff, daß sich Marcias natürliche Intelligenz eines Tages als nützlich erweisen könnte, etwa, wenn er sich selbständig machte. Die beiden ergänzten sich ideal mit ihren jeweiligen Fähigkeiten. Und beide schienen sehr familienorientiert zu sein: als Sams Schwester zum Beispiel bei einem Unfall verletzt wurde, half Marcia, einen guten Arzt für sie zu finden, und schien ernsthaft besorgt. Sam verbrachte viel Zeit in Marcias Haus und unterhielt sich mit Marcias Vater, der finanzielle Probleme hatte. Ihr Vater war sehr angetan von »diesem strebsamen jungen Mann«. Obwohl sie körperlich nicht intim oder auch nur offen zärtlich miteinander waren (beide waren gehemmt), fühlten sich Sam und Marcia miteinander wohl. Beide fanden, der andere sei »gut für mich«. Wenn Freunde sie fragten, ob sie es »ernst meinten«, dann lächelten sie und sagten, vermutlich schon. Manchmal empfand Marcia ein flüchtiges Bedauern über die fehlende Romantik; sie fragte sich, ob sie wirklich »verliebt« sei. Aber wenn sie zusammen waren und ihre gemeinsame Zukunft planten, dann schienen ihr diese Fragen töricht, und es gelang ihr, sie zu verdrängen. Tatsächlich verbrachten sie den Großteil ihrer freien Zeit miteinander Pläne schmiedend, weil sie sich da beide hoffnungsvoll, kompetent und ein bißchen überlebensgroß fühlten.

Jim und Janet

Jim und Janet lernten sich in ihrem zweiten Studienjahr am College kennen. Sie wurden von Janets Freundin Nan miteinander bekannt gemacht, die fand, daß sie »einander so sehr gleichen, daß es schon unheimlich ist«. Zwanzig Minuten nach der Vorstellung konnten sie es nicht glauben. »Es war, als ob ich in den Spiegel schaute«, meinte Janet. »Sie ist genau wie ich!«, rief Jim aus. Sie stellten fest, daß ihnen dieselben Filme gefielen und sie dieselbe Musik hörten. Beide interessierten sich für Kunst – Jim wollte Architekt werden, Janet studierte im Hauptfach Literatur. Eine Geheimsprache schien sie miteinander zu verbinden: beide schienen instinktiv zu wissen, was der andere dachte und fühlte. Es war ein unglaublicher Grad an

Übereinstimmung. Jim gefiel es, wie Janets Haar im Wind wehte und wie sie ihre Schultern hochzog, wenn sie kicherte, und Janet mußte immer an die belämmerte Schnute denken, die Jim zog, wenn sie ihn neckte. Es war eine vom Himmel bestimmte Verbindung.

Sie sahen einander jeden Tag beim Mittagessen, lernten zusammen, gingen miteinander auf Partys und verbrachten jedes Wochenende zusammen. Nach ein paar Wochen hatten sie einen kleinen Streit: Jim wollte mehr Zeit für ein Referat aufwenden, und Janet fühlte sich »ausgeschlossen«, aber sie fanden eine Lösung. Eines Tages beklagte sich Jim, wieviel Zeit Janet mit ihrer Freundin zubrachte, die Probleme mit ihrem Freund hatte, aber auch das ging vorüber. Nach mehreren Monaten hatten sie immer noch den Eindruck, »aus demselben Holz geschnitzt« zu sein, und konnten die Tatsache akzeptieren, daß subtile Unterschiede vorhanden sein könnten. Doch sie glaubten immer noch, die Erfüllung füreinander zu sein. Sie konnten einander in Dinge einweihen, die sie niemand anderem anvertraut hatten. Ihre Beziehung brachte Seiten von ihnen zum Vorschein, von deren Existenz sie gar nichts gewußt hatten. Janet wollte, daß Jim ihre Familie kennenlerne, und sie planten ein verlängertes Wochenende zu genau diesem Zweck.

Boris und Mark

Boris war neu in der Stadt, als er Mark kennenlernte. Er hatte eine ländliche Gemeinde verlassen, wo er sich fehl am Platz und unerwünscht gefühlt hatte, und hoffte, in der urbanen Welt der Werbung einen Partner zu finden. Mark kannte sich dagegen aus: von den anderen im Büro geachtet, quittierte er Boris' Eintreffen mit ebenso freundlichem wie unbekümmertem Interesse und bot ihm an, ihn in die Szene einzuführen. Zwischen den beiden Männern funkte es sofort. Boris' Ernsthaftigkeit und Naturnähe gefielen Mark, und Marks Weltläufigkeit schien genau das, was Boris bei sich hatte entwickeln wollen.

Die beiden begannen, immer mehr Zeit miteinander zu verbringen – sowohl in ihren freien Stunden als auch beruflich – und fuhren dann zu einem gemeinsamen Wochenende weg. Die emotionale Intensität dieser zwei Tage war so stark, daß Boris in der folgenden Woche zu Mark zog.

Susan und Andy

Susan und Andy hatten nicht geplant, sich ineinander zu verlieben. Andy war der beste Freund von Susans Ehemann Walter. Weder Susan noch Walter entstammten erfolgreichen Familien – beide hatten einen Vater, der trank – und nach ein paar Ehejahren bekamen sie große Probleme: sie dachte, er komme mit anderen Frauen zusammen; sie wußte, daß er zuviel trank. Eines Nachmittags fragte sie Andy, ob er etwas über Walter wisse, was sie wissen sollte, und er wirkte verlegen und errötete. So begannen sie, miteinander zu reden. Andy wahrte jedoch eine respektvolle Distanz und bemühte sich, nicht in einen Ehestreit hineingezogen zu werden. Aber eines Abends kam es zwischen ihr und Walter zu einem fürchterlichen Streit: Walter warf seine Kleider in einen Koffer und ging weg, und Susan hatte niemand, an den sie sich wenden konnte. In ihrer Panik rief sie Andy an, der kam und blieb und stundenlang mit ihr redete. Er wirkte ruhig und verständnisvoll, »um soviel liebenswürdiger als Walter je gewesen war«. Sie empfand eine große Woge von Dankbarkeit für diesen Mann, der ihr geholfen hatte, als sie verletzlich war und sich »nicht von ihrer besten Seite zeigte«. Andy konnte es nicht fassen, daß sein Freund eine so hübsche und liebenswerte Frau wie Susan so behandelt hatte, wie er es tat. Wußte er denn eine gute Frau nicht zu schätzen? Zärtliche Gefühle ließen sie bald zusammen im Bett landen – eine überraschend profunde Erfahrung für sie beide. Susan hatte das Gefühl, Sex nie zuvor so tief empfunden zu haben.

Zwischen dem Gespräch und der sexuellen Erregung fühlte sie sich zum ersten Mal wie die Frau, als die sie sich in ihren Träumen gesehen hatte. Und Andy, der sie liebevoll an der Hand nahm, fühlte sich so heroisch und erfüllt wie nie zuvor in seinem Leben.

Bevor sie wußten, was geschehen war, lebten sie zusammen, und Susans Depression war wie weggeblasen. Sie wollten heiraten, sobald Susan geschieden war.

Seit langem hat man uns gesagt, daß es die größten Erfahrungen des Lebens seien, einen Partner zu finden und sich zu verlieben. Diese Erwartungen sind zu einem Bestandteil unserer tiefsten Innenbilder geworden, die unsere Hoffnungen und Phantasien prägen. Die Eltern haben uns gesagt, daß wir einen Mann oder eine Frau brauchen, um uns vollständig, wohl in unserer Haut und sicher zu fühlen; und sie haben uns Angst eingejagt: »Wenn du dich so anziehst, Rita, wirst du als alte Jungfer enden.« Oder: »Sobald du erst die Richtige findest, wirst du wissen, wovon ich rede, Bernie.«

Auch Freunde und Altersgenossinnen haben uns gedrängt, uns auf jemand einzulassen: Teenager werden unter Druck gesetzt, den Maßstäben ihrer Gruppe zu genügen; Singles aller Altersgruppen drängt man, sich »jemand Passenden« zu suchen; frisch Geschiedene werden mit neuen Partnern verkuppelt; selbst die kürzlich Verwitweten stellen fest, daß sich wohlmeinende Freunde bemühen, sie mit neuen »Kandidaten« bzw. »Kandidatinnen« bekanntzumachen, die sich »jetzt um dich kümmern können«.

Jetzt, da alle Elemente vorhanden sind, damit ein Paar zustande kommen kann, wollen wir uns die Anfangsphase von Beziehungen, das Stadium der Expansion, näher betrachten.

Das Stadium der Expansion
und der Verheißung

Das in einem frühen Abschnitt einer Beziehung einsetzende expansive Stadium ist eine Zeit der Euphorie und großer Erwartungen. Seine Verheißungen sind so unwiderstehlich, daß sie den Charakter eines Vertrages zwischen den Partnern annehmen und zu der Meßlatte werden, an der das Paar alle seine künftigen Erfahrungen messen wird.

Die hervorstechende Eigenschaft der Anfangsphase von Beziehungen ist die Expansivität. Expansivität bei uns selbst, Expansivität in der Wahrnehmung unseres Partners, und Expansivität in der Beziehung als Ganzes. Wir fühlen uns fähiger und verfügbarer. Unter den begeisterten Blicken unseres neuen Partners empfinden wir uns bald witziger, charmanter und animierter als je zuvor. Wir fühlen uns zwar verletzbar, doch dabei merkwürdig stark. Wir sind mitteilungsfähig, kühn und offen. Wir sind in Kontakt mit Vorstellungen und Sehnsüchten unserer Kindheit sowie mit Hoffnungen und Erwartungen für unsere Zukunft. Unsere sich entfaltende Paarbeziehung empfinden wir als ermutigend und flexibel. Möglichkeiten und Chancen sind im Überfluß vorhanden. Da ist Raum, linkisch oder witzig zu sein, loszulegen und innezuhalten, sich heranzutasten, leidenschaftlich und sexuell zu sein und Entdeckungen zu machen. Die Zeit verlangsamt sich beim Zusammensein mit unserem neuen Partner, aber gleichzeitig vergeht sie auch wie im Flug, und wir stellen fest, daß der Tag niemals genügend Minuten für alles hat, was wir miteinander tun wollen.

Während die kulturelle Narration davon ausgeht, daß Paare damit beginnen sollten, sich ineinander zu verlieben, gibt es de facto viele verschiedene Arten und Weisen des Beginnens, viele Formen von Expansivität. Eine große Anzahl von Paaren beginnt in der Tat auf einer Woge der Romantik und sexuellen Leidenschaft. Andere sind von Anfang an vor allem Freunde und bleiben das auch. Manche Partnerschaften gleichen Geschäftsbeziehungen; die Betreffenden haben Vergnügen an Zusammenarbeit, Verhandlungen und vernünftigen Diskussionen. Andere sind stürmisch und sexuell, aber entwickeln nie ein Gefühl von Respekt oder Ebenbürtigkeit. Bei wieder anderen bieten die Partner einander die Geborgenheit ihrer Familien als Geschenk an, spielen jedoch die Bedeutung von Leidenschaft und Intimität herunter. Manche Partnerschaften sind »symmetrisch«, mit Leidenschaft und Freundschaft auf beiden Seiten. Andere sind »komplementär«, die Partner tauschen Sicherheit gegen Romantik, Stärke gegen Sanftheit.[27] Eine Frau bekommt vielleicht die intensive Aufmerksamkeit, die sie sich immer gewünscht hat, während ihr Partner mit ihrer stabilen, wenn auch unemotionalen Familie belohnt wird – etwas, wonach er sich immer sehnte.

Jeder weicht von dem romantischen Pfad, wie unsere Kultur ihn vorschreibt, in gewisser Weise ab; wir alle müssen uns damit einrichten, daß wir in mancher Hinsicht anders sind. Andere Faktoren wirken auf Paare ein, die von der kulturellen Norm abweichen. Schwule und lesbische Paare müssen sich immer mit der gesellschaftlichen Stigmatisierung ihrer Wahl auseinandersetzen. Gemischtrassische Paare müssen möglicherweise mit zwei widersprüchlichen Katalogen von kulturellen Erwartungen umgehen. Die Art und Weise, wie sich Paare der kulturellen Narration anpassen, wie sie ihr trotzen und wie sie sich darauf einstellen, prägt ihren speziellen Charakter. Oft versuchen wir, uns zwar äußerlich an die kulturellen Normen anzupassen, aber innerlich fühlen wir uns anders. Wir tun vielleicht so, als seien wir verliebt, ja reden es uns möglicherweise selbst ein; oder wir versuchen, einen Mangel an eigener Leidenschaft zu kompensieren, indem wir von unseren Partnern mehr Romantik fordern.

Wenn unsere wahren Gefühle weniger glühend sind als unsere Erwartungen, dann müssen wir uns vielleicht von der Phantasie

27 Die Unterscheidung zwischen symmetrischen und komplementären Systemen wurde ursprünglich von Gregory Bateson in seiner anthropologischen Monographie *Naven* (Palo Alto: Stanford University Press, 1958) getroffen. Bateson erweiterte dieses Konzept in *Ökologie des Geistes* (Frankfurt a. M.: Suhrkamp, 1985). Es wurde anschließend von vielen systemischen Familientherapeuten übernommen, beginnend mit P. Watzlawick, D. Jackson und J. Beavin in ihrem inzwischen zum Klassiker gewordenen *Menschliche Kommunikation* (Bern: Hans Huber, 1990[8]).

trennen, leidenschaftlicher verliebt zu sein. Wenn unser Partner unseren Träumen nicht ganz genügt, dann müssen wir den Verlust eines Ideals betrauern. Aber diese Kompromisse sind leicht zu schließen. Die überwältigende Euphorie des expansiven Stadiums hebt sich drastisch von unserem vorherigen Befinden ab. Wir können dennoch wahrhaft verliebt sein, auch wenn der oder die Erwählte nicht die grandiose Künstlerin, der erfolgreiche Anwalt, die alle Wünsche erfüllende Frau oder der rundum kompetente Mann ist, den oder die wir uns immer vorgestellt hatten.

Wie auch immer sie anfangen mögen, praktisch alle Beziehungen von Substanz und Dauer beginnen in einem expandierten Stadium. Beide Beteiligten (und die Beziehung als ganze) fühlen sich und erscheinen uns größer, erfüllter und erfüllender, offener und inniger miteinander verbunden, als es vielleicht je wieder der Fall sein wird.

Diese Expansivität wird gefördert durch die Krise des Neubeginns, eine Periode, in der sich zwei autonome Individuen mit all den Vorstellungen, Gewohnheiten, Wertbegriffen und Erwartungen ihrer Vergangenheit aneinander anpassen müssen. Sie recken und strecken sich, wachsen über sich hinaus und verwandeln sich in eine neue Einheit: das Paar.

Diese Anfänge lösen echte Krisen im Leben von Menschen aus. Sie werfen unsere Gepflogenheiten über den Haufen und verändern unser Bewußtsein von Zeit, Raum und Energie. In dieser Krise dehnen sich manche Momente zu Ewigkeiten, während andere mit einem Lidschlag vergehen: der gleiche Mensch, der am Montag grenzenlose Begeisterung empfindet, kann am Dienstag in tödliche Lethargie versinken. Die Nähe, die wir empfinden, ist sowohl erregend als auch beängstigend; unser Kontrollverlust kann uns in einem Augenblick beruhigend und im nächsten erschreckend dünken. Unsere Zeiteinteilung, unsere Lebensstile und Einstellungen – all dies scheint gegenüber unserem neuen Partner zur Disposition gestellt. Ereignisse nehmen eine veränderte Bedeutung an. Unsere Sinne und unser Verstand sind gesteigert und geschärft, sie werden herausgefordert – und manchmal sogar zufriedengestellt.

Während der Paarbildung sind beide Beteiligten und ihre Zweierbeziehung instabil. In dieser Krise durchbrechen Sehnsüchte aus

der frühen Kindheit nach Liebe und Aufmerksamkeit unsere sorgfältig errichteten Schutzwälle und machen unsere wackeren Anstrengungen zunichte, vernünftig und reif zu sein. Sehr wenig
bleibt so, wie es ist. Wir sind hingerissen, wir sind ekstatisch, wir
sind nicht aufzuhalten. Und dennoch ist alles im Fluß. Wir können
nicht so sein, wie wir in der Vergangenheit gewesen sind, aber wir
haben auch noch kein sicheres Ufer gefunden, weder in uns selbst
noch gegenüber unserem Partner.

Jeder von uns hat eine andere Erklärung für diese Überschwenglichkeit. Manche fühlen sich vom anderen »vervollständigt« und
deshalb, wie es eine Frau formulierte, »mehr, als ich mir je vorstellen konnte, zu sein«. Manche fühlen sich »wiederverbunden«, als
seien sie mit einem Elternteil wiedervereint, der sie bedingungslos
liebt und selten tadelt. Dank solcher »Wiedervereinigungen« fühlen wir uns endlich sicher und geborgen genug, um mit größerem
Selbstvertrauen aufzutreten. Andere haben das Gefühl, »Ruhe und
Frieden« gefunden zu haben, weil ihre rastlose Suche nach einem
Partner endlich ans Ziel gekommen ist und dadurch Energie für
ihre eigenen wesentlichen Projekte frei wird.

Während der expansiven Phase kommen wir dem Ziel, die Person zu sein, die wir sein wollen, unserem idealen Selbst, näher als
zu fast jeder anderen Zeit im Leben. Wir können großzügiger und
entgegenkommender sein, nicht, weil wir uns von unserer besten
Seite zeigen wollen oder weil es von uns verlangt wird, sondern
weil es uns richtig erscheint; es strömt aus uns heraus, weil es eine
Quelle innerer Befriedigung ist. Es drängt uns, in einer Weise sanft
und rücksichtsvoll zu sein, wie wir es uns oft gewünscht haben
oder wie es uns nur vage von elterlichen Beispielen und Vorhaltun-
gen in Erinnerung ist. Wir finden uns selbst geistreicher und charmanter und erleben uns als klug und umsichtig. Es ist, als hätten
sich die Wolken der Vergangenheit verzogen und der wahre Sinn
des Lebens zeige sich. Wir fühlen uns stark und gleichzeitig aufgeschlossen und sensibel: eine nur schwer durchzuhaltende Kombination.

Die Zwänge, Irrtümer und Sackgassen der Vergangenheit scheinen hinter uns zu liegen. Wir fühlen uns frei, uns in der Gegenwart

und der Zukunft selbst zu erschaffen. Das ist ein berauschendes Erlebnis.

Wir können uns emotional stärker einlassen. Wer zur Eile neigt, lernt zu verweilen. Wem die Energie fehlt, der scheint sie jetzt zu finden. Schüchterne werden kühner. Manche Menschen nehmen Eigenschaften romantischer Helden und Heldinnen an, und manchen gelingt es sogar, an diese heranzureichen. Aber wir expandieren nicht alle im gleichen Maß oder in derselben Weise.

Die Expansionsphase weist Variationen und ein Kontinuum auf. Gehemmte und verklemmte Menschen handeln in dieser Periode immer noch relativ gehemmt. Menschen, die ihren eigenen guten Gefühlen entfremdet scheinen, werden sich vielleicht fragen, ob sie denn wirklich verliebt seien, oder sie äußern ihre Zweifel in sehr kritischer Weise. Dennoch schaffen sie es, die für ihre Verhältnisse offenste, großzügigste, aufgeschlossenste und euphorischste Persönlichkeit zu präsentieren, deren sie fähig sind. Das innere Erleben selbst der gehemmtesten Menschen ist in diesem Stadium expansiv.

Die Beziehung gewinnt Kraft durch eine gewaltige Synergie: beide Partner werden durch die Wertschätzung des anderen angespornt, ihre Fähigkeiten zu steigern, und durch den Fortfall einengender Verhaltensmuster eröffnen sich Freiräume und ermöglichen mehr Entdeckungen und Experimente als zu jeder späteren Zeit.

Sexualität

Sowohl die Erwartung als auch das Erleben von Sex laden die Luft zwischen den Partnern mit erotischer Spannung auf und steigern ihre Sensibilität. Jede Berührung, jeder Blick, jede Geste und jedes Wort erhält dadurch eine zunehmende Anreicherung und Bedeutung. Die Wonnen, die sexuelle Gefühle auslösen, tragen entscheidend zu der Magie des expansiven Momentes bei. Natürlich ist Sexualität beziehungsweise deren Erwartung nicht immer problemlos und unbelastet: Furcht und Angst, bedingt durch gesellschaftliche Tabus und unglückliche frühere Erfahrungen, können in diesem

Augenblick eine ebenso erregende Rolle spielen wie Lust und Zärtlichkeit. In den sexuellen Begegnungen mischen sich von Anfang an Begierde und Hemmung, Dominanz und Unterwerfung, Teilhabe und Kooperation. Die Unmittelbarkeit des Augenblicks ist durchsetzt von mächtigen Erwartungen aus jüngster und ältester Vergangenheit.

Inneres Erleben

Die Expansion wird gleichzeitig als eine innere und äußere Erfahrung erlebt. Die Ziele unseres Partners spiegeln unsere eigenen. Wir fühlen uns so reagibel, daß wir unsere gesteigerten Fähigkeiten ebensosehr der Ermutigung durch unseren Partner zuschreiben wie unseren eigenen Hoffnungen und Möglichkeiten. Unser Partner macht uns großzügiger und ausdrucksfähiger. Daß wir uns von ihm angenommen fühlen, hilft uns, über unsere gewöhnlichen Fähigkeiten hinauszuwachsen.

Viele Beziehungen bauen auf Möglichkeiten auf. Wir gründen unsere Ehe ebensosehr auf die Hoffnung, daß sich unser Partner bessern werde, wie auf die Eigenschaften, die wir jetzt bei ihm wahrnehmen. Wir stellen uns vor, daß passive Männer zielstrebig werden und hysterische Frauen gelassen. Aus dieser Perspektive ist jeder von uns ein »ungeschliffener Diamant«, der nur darauf wartet, vom richtigen Partner zum Funkeln gebracht zu werden. Später wird die Aufforderung, sich zu ändern, als mangelnde Akzeptanz empfunden werden – »Warum kannst du mich nicht einfach so lieben, wie ich bin?« Aber während der Expansion zeugen diese Aufforderungen von unseren eigenen schönsten Hoffnungen für uns selbst.

Wir bitten darum – ja bestehen darauf –, daß unser Partner uns zur Veränderung ermutigt. Wir wissen, daß wir seine Hilfe brauchen. Männer wünschen sich, von ihren Partnerinnen darauf hingewiesen zu werden, wenn sie nicht nett genug zu ihrer Familie sind, nicht offen genug in bezug auf ihre Gefühle. Frauen möchten, daß sich ihre Partner für sie als *Menschen* interessieren, daß sie ihre Wünsche unterstützen, sowohl stark als auch fürsorglich zu sein, und sie selbst dann akzeptieren, wenn sie weder das eine noch das andere sind.

Während der Expansion fallen die Schranken – sowohl in uns selbst als auch zwischen uns und unserem Partner. Die Folge ist, daß sich der oder die Einzelne auf umfassendere, komplexere Weise erlebt als zu den meisten anderen Zeiten. Wir können uns in den Augen unseres Partners witzig und geistreich vorkommen, aber auch naiv, unschuldig und linkisch. In einem Augenblick sind wir vernünftig und haben alles im Griff; im nächsten fühlen wir uns berauscht und haltlos fortgeschwemmt. Wir können glücklich wie Kinder sein, aber auch eine furchtbare Traurigkeit empfinden.

Tatsächlich haben wir in dieser Periode mehr Kontakt zu *allen* Seiten unserer Persönlichkeit: den erschreckenden ebenso wie den vertrauten. Wogen sexuellen Begehrens können uns Angst machen; die Intensität eines Gefühls kann unerwünschte Aggressionen und Eifersucht freisetzen. Doch sogar der Schmerz, den wir empfinden, kann bestätigend wirken. Selbst die Traurigkeit kann als ein Zeichen gewertet werden, daß diese Beziehung etwas ganz Besonderes ist.

Das expansive Stadium ist weitaus mehr als eine glückliche Zeit, obwohl die Erinnerung es manchmal auf diese Weise verklärt. Es läßt sich am besten als eine Zeit des tiefen, erfüllten und weitgespannten Erlebens kennzeichnen.

Inzwischen ist es in Mode gekommen, diese wunderbare Zeit abzuwerten.[28] Manche Beziehungs»experten« bezeichnen sie als neurotisch: eine Zeit vorübergehender Verrücktheit, Regression und Illusion. Abgestoßen von ihrer manischen Energie, mögen sie sich nicht auf deren intensives Gefühl und Idealisierung einlassen und verspotten deren »Ausagieren« von Wünschen und Phantasien letztlich als Egomanie. Aber die Expansion ist eine *reale* Er-

28 Man bedenke zum Beispiel die Auffassungen, die Robert J. Sternberg und Michael L. Barnes, Hsg., in *The Psychology of Love* (New Haven: Yale University Press, 1988) vertreten; oder den Tenor der Essays in Willard Gaylin und Ethel Person, Hsg., *Passionate Attachments: Thinking About Love* (New York: Free Press, 1988). Maggie Scarfs Festhalten an der Objektbeziehungstheorie in ihrem oben zitierten Werk kann ebenfalls als Pathologisierung der Erfahrungen des expansiven Stadiums verstanden werden.

fahrung und ebensowenig zu leugnen wie die schmerzhaften oder
»realistischen« Perioden im Leben von Paaren.

Die Expansionsphase schließt tatsächlich Regression ein. Wir
können uns in kindlicher Weise verhalten. Wir wollen von unserem
Partner abhängig sein, gestreichelt, im Arm gehalten und getröstet
werden. Wir können dem Liebespartner gegenüber »ausagieren«,
als ob er oder sie ein Elter wäre, der uns in einer wichtigen Hinsicht
enttäuscht hat. Wir können uns selbst, unseren Partner und unsere
Beziehung idealisieren. Wir können ein Gefühl des Einsseins und
Ganzseins empfinden, das an eine religiöse Erfahrung grenzt. Da
Außenseiter diese Erfahrung nicht teilen, können sie sie nicht definieren, denn sie – Familienangehörige, Freunde und Nachbarn, Experten – treten erst später in die Beziehung ein. Die Partner selbst
begreifen am besten die Krisenhaftigkeit des Neuanfangs. Unsere
»Regression« ist ein Mittel, um unsere Vergangenheit in die Gegenwart hereinzuholen: alte Erinnerungen wiederzubeleben, frühere
Bilder wieder zu inthronisieren, mit Dingen erneut in Fühlung zu
kommen, die bedeutsam für uns waren. Das macht die entstehende
Beziehung tiefer und runder als unsere gewöhnliche Existenz. Es
eröffnet uns Zugang zu unseren primitiven Gefühlen von Abhängigkeit und Zugehörigkeit und ruft eine Fülle von Vorstellungen
aus allen Lebensstadien wach. Träume und Phantasien fügen dieser
außerordentlichen Periode weitere Dimensionen hinzu, so daß wir
uns in der vollen Spannweite unseres Daseins erleben.

Dies ist ein entscheidender Moment. Der intensive und anhaltende Kontakt von Vergangenheit und Gegenwart, von Rationalem
und Irrationalem, alten Bilderwelten und neuen Träumen, alten Be-
ziehungsmodellen und neuen Partnern – diese dramatische Mischung löst ein Verwandlungserlebnis aus. Während wir es durchleben, fühlen wir uns als andere Menschen, und das sind wir auch. Die
Erfahrung des expansiven Stadiums ist ein Initiationsritus, ein Meilenstein der Veränderung im Leben der meisten heute lebenden
Menschen.

Traditionell starre Grenzen zwischen Männlichkeit und Weiblichkeit vermischen sich im expansiven Stadium. Die Entwicklungswege von Männern und Frauen liegen nahe beieinander, und beide scheinen freier, alle Seiten von sich – Anima ebenso wie Animus – vollständiger zu äußern.[29]

Dies führt zu manchen Überraschungen in bezug auf geschlechtsspezifisches Verhalten. So kann es vorkommen, daß sich Männer Zeit nehmen, zu verweilen, zu reden und zu verstehen; Frauen können mehr Initiative ergreifen und unabhängiger erscheinen.

In unserer Gesellschaft reden gewöhnlich die Frauen mehr; sie suchen Intimität durch Plaudern und die Äußerung von Gefühlen, und sie fühlen sich dabei von ihren weniger verbalen Partnern oft im Stich gelassen.

Männer ziehen es gewöhnlich vor, miteinander »etwas zu unternehmen«; sie nähern sich der Intimität durch gemeinsames Tun und sexuelle Begegnung und empfinden die Annäherungsversuche ihrer verbaleren Partnerinnen oft als zudringlich. In dieser stereotypen Konfrontation erscheinen Männer den Frauen nüchtern und ausdrucksarm, während Männer ihrerseits Frauen als penetrant und geschwätzig empfinden.

In der expansiven Phase treffen diese Umlaufbahnen aufeinander. Männer handeln und fühlen sich häufig offener und verbundener als gewöhnlich; Frauen unabhängiger, sogar distanzierter und mißtrauischer als üblicherweise. Männer sind im expansiven Stadium in der Regel gesprächiger und emotional verletzbarer als in jeder anderen Periode ihres Lebens. Sie bemühen sich um Intimität, insbesondere, während sie um eine Frau werben, und laufen nicht davor weg, wie sie es in späteren Phasen der Beziehung oft tun. In der Expansion sind die Frauen begeistert von diesen Männern. Sie haben das Gefühl, eine andere Art von Mann gefunden

29 Diese Termini stammen von C. G. Jung. Siehe *Zwei Schriften über Analytische Psychologie*, Gesammelte Werke, 7 (Zürich: Walter, 1964)

zu haben, als die verschlossenen und kritischen Typen, mit denen sie es zuvor zu tun hatten, sowohl in ihrer Familie als auch in früheren Beziehungen. Und für den Augenblick haben sie ja auch recht.

Frauen sind sich der Risiken von Intimität gewöhnlich deutlicher bewußt. Da sie sich an die Schwierigkeiten von Verschmelzung, Abhängigkeit und Verlust in früheren Beziehungen erinnern, sind sie bei einem Neubeginn gewöhnlich eher reservierter. Vielleicht spielen sie auch »schwer zu erobern«. Sie befürchten, zuviel zu verschenken, reagieren langsamer und wahren ihre Grenzen und ihre Autonomie etwas länger. In diesem Stadium gefällt es ihnen, sich selbstbestimmter zu fühlen, vertrauter mit Grenzen und Unabhängigkeit, offener für Abenteuer und angeregte Interaktion. Während sie später in der Sphäre der Intimität zu Verfolgerinnen werden, sind sie in diesem Stadium die Verfolgten.

Das ist einer Mehrzahl von Männern ganz recht. Es gefällt ihnen, daß sie mit einer Frau zu tun haben, die anscheinend so völlig anders ist als die verschlingenden Geschöpfe ihrer Alpträume, eine Frau, die *nicht* den Wunsch hat, sie zu beherrschen. Während Frauen von ihrer letzten Beziehung her gewarnt sind, scheinen sich Männer diese schneller aus dem Sinn zu schlagen und erneut in sehr ähnlichem Stil zu beginnen.

Eine Zeitlang lockern also beide ihr restriktives geschlechtsspezifisches Verhalten. Beide Partner erleben sich dadurch als vollständiger. Beide sind beglückt, einen solchen Reichtum beim anderen vorzufinden, und unterstützen ihn nach Kräften. Die »Androgynie« der Expansion tritt zutage und gestattet ein viel breiteres Spektrum von Verhaltens- und Ausdrucksweisen. Männer und Frauen scheinen ein vergleichbares Potential zu haben. Manche Männer beginnen, eine weichere, »weibliche« Seite zu zeigen; und manche Frauen fühlen sich durch die Akzeptanz ihres Partners freier, Aspekte zu manifestieren, die von der Gesellschaft typischerweise als »männlich« betrachtet werden – ihre Kühnheit, Initiative, Selbstgenügsamkeit und Aufmüpfigkeit. Sie zeigen ihre erotische Entdeckungslust offener; ihre sexuellen Reaktionen sind weniger gehemmt. Beiden können diese Rollenumkehrungen etwas unheimlich sein, aber sie schaffen es, ihre Bedenken beiseite zu schieben und im Überschwang ihrer Gefühle zu schwelgen.[30]

Gefördert durch die Ansprechbarkeit unseres Partners sind unsere sexuellen Gefühle in diesem ersten Stadium tendenziell intensiver als jemals danach. Die Expansion ist in der Regel das sexuell intensivste und fesselndste Stadium im Leben eines Paares. Dieses Erleben ist zutiefst befriedigend für jene Männer, deren Gefühl von Nähe sich überwiegend nonverbal äußert. Vielleicht mehr als jede andere Erfahrung öffnet es Männer für die sanften, verletzlichen (und privaten) Seiten ihrer Persönlichkeit, die sie während eines so großen Teils ihres Lebens verbergen. Die Mischung aus Geschichtenerzählen, Reminiszenzen, lockerer Plauderei und sexuellem Spiel, die in der Expansion zum Vorschein kommt, ist auch für Frauen höchst befriedigend, denn sie baut Vertrauen auf und wiegt sie in dem Glauben, daß sich die Enttäuschungen und Ausbeutungen, die sie in der Vergangenheit erlebten, in dieser neuen Beziehung nicht wiederholen werden.

Die Begegnung mit einem expansiven Partner

Bei der ersten Begegnung mit unserem Partner sind wir beide in einer expansiven Verfassung. Deshalb erleben wir ihn, ebenso wie uns selbst, als offener und zugänglicher, fähiger, charmanter und großzügiger als gewöhnlich. In Wirklichkeit wissen wir noch gar nicht, was für ihn »gewöhnlich« ist: was wir sehen, halten wir für das Gewöhnliche.

Es wird allgemein angenommen, daß wir im Banne starker Emotionen alle dazu neigen, unsere(n) Geliebte(n) zu idealisieren. Auch die romantische Dichtung und die Psychologie bestätigen diese Vorstellung. Aber wir *idealisieren* unseren Partner in der Expansion weniger, als wir in ihm tatsächlich einem mehr oder weniger idealen

---

30 Virginia Woolfs *Orlando* (New York: Harcourt Brace Jovanovich, undatiert; Erstausgabe 1928) drückt etwas von dieser zauberhaften Qualität aus.

Partner *begegnen* und unseren Eindrücken vertr
der Beziehung sind wir beide in Höchstform. Wi
überschwengliche Gefühle, und wir bringen unser
sen Zuneigung uns in diesen Zustand versetzt hat,
Wertschätzung entgegen. Selbst wenn wir gewarnt
Gefühle etwas skeptisch zu betrachten, glauben w
was wir sehen, sowohl weil der Augenschein so überzeugend ist, als
auch, weil wir es glauben wollen.

Aber wir leben in einer verunsichernden historischen Zeit, und
wir stellen deshalb unsere Gefühle manchmal in Frage. Wir fürchten uns häufig davor, unseren Partner zu idealisieren. Aufgrund unserer Erkenntnis, in einer kleinen Welt mit begrenzten Ressourcen
zu leben, fürchten wir die Enttäuschung schon, bevor sie eintritt.
Der Gewinn eines anderen könnte unser Verlust sein: wenn ich dich
idealisiere, dann verkleinere ich damit vielleicht mich selbst.

Männer befürchten oft, sich durch die Idealisierung einer Frau zu
solcher Aufmerksamkeit und Opferbereitschaft zu verpflichten,
daß sie sich vereinnahmt fühlen würden. In alten Zeiten drängte es
Liebende, einander zu versichern: »Ich diene nichts anderem als
deinem Vergnügen.« Heute befürchten wir, durch bedingungsloses
Lob eines anderen auf unsere eigenen Mängel hinzuweisen, und in
unserer zeitgenössischen kulturellen Narration verschafft uns
nichts Befriedigung, wenn wir uns geringer fühlen müssen als unser
Partner.

Deshalb gehen wir auf Nummer Sicher und lassen Vorsicht wal-
ten. Wir stellen uns auf den Standpunkt: »Du bist wunderbar, sofern du mich erfreust, und ich bin wunderbar, sofern ich dich er-
freue«, und wir verschaffen uns ein Bild von all den Arten und Weisen, wie wir einander beglücken. Dies ist kein so dauerhaftes Porträt
wie dasjenige, das uns um unserer eigenen inneren Qualitäten willen
schätzt – jenseits dessen, was wir für die Beziehung tun. Da ihm eine
unabhängige Kraft fehlt, wird das neue Porträt mit den Höhen und
Tiefen der Beziehung schwanken. Über die Jahre hinweg behalten
wir dieses Bild von unseren Partnern als Vermittler und als gute Eltern für unser ideales Selbst zwar bei, aber das Bild gewinnt nur soweit Kraft, als der Charakter unseres Partners Unabhängigkeit ge-

winnt –
von

...sowohl in der Realität als auch in unseren Augen – und sich unserer Konzentration darauf, was er für uns tun kann, loslöst.

Obendrein schließt das expansive Stadium auch Momente von großem Zweifel ein. Der Notwendigkeit bewußt, besser zu bleiben, als wir normalerweise sind, machen wir Augenblicke durch, in denen wir uns furchtbar unter Druck gesetzt und unzulänglich fühlen. Wie können wir uns der Liebe und Großzügigkeit unseres Partners würdig erweisen? Wie können wir die Tiefe so weit ausloten, wie es nötig wäre? Wird unser Partner nicht spüren, daß wir im tiefsten Grunde nicht wirklich so fabelhaft sind, wie er meint? Der Verdacht, daß wir nur eine idealisierte Version von uns selbst ausagieren, beunruhigt uns und bildet den Ausgangspunkt für die Streitigkeiten, die wie Gewitter losbrechen und die in späteren Stadien erneut mit tieferen, dunkleren Folgen auftreten werden.

In diesem Stadium machen wir auch einige unserer größten Selbstzweifel und Qualen durch, wenn diese Selbstzweifel auch nicht dominieren. Wir fragen Freunde – und mehr als jemals wieder fragen wir unsere(n) Liebste(n): »Bin ich gut genug?« Wir fragen über den anderen: »Ist er/sie gut genug, stabil genug, attraktiv genug?« Dieses Stadium ist gekennzeichnet nicht durch das Fehlen von Zweifeln, sondern durch ein Bewußtsein der *Gesamtheit* unserer Gefühle und durch unsere Fähigkeit, die optimistische Sicht vorherrschen zu lassen.

Die Synergie des Paares

In der expansiven Phase geschieht noch mehr, als daß sich die beiden Individuen öffnen. Es handelt sich um einen andauernden synergetischen Prozeß, der zu einem integralen Bestandteil der ganzen Beziehung wird: wir laden uns gegenseitig mit Energie auf. Die Synergie erzeugt expandierende Aufwärtsspiralen in den Beziehungen. So kann sich ein Partner durch die Wertschätzung des anderen so ermutigt fühlen, daß es ihm möglich wird, offener, humorvoller und spielerischer zu sein, was den Spieltrieb des anderen seinerseits anregt. Im Anfangsstadium der Beziehung zieht die Synergie viele Motive in ihren Bannkreis – Güte, Rücksichtnahme, einen heroischen Akt, eine Selbstenthüllung. Daß ein Partner in der Expansion ein furchtbares Geheimnis preisgibt, entlockt dem anderen oft lang verheimlichte Informationen; was einst demütigend und distanzierend war, kann jetzt die Partner zusammenbringen.

Je wunderbarer ich dir erscheine desto zufriedener bin ich mit mir; je zufriedener ich mit mir bin desto mehr kann ich leisten; je mehr ich leiste desto mehr bestätige ich deine positiven Wahrnehmungen; so schraubt sich die Synergiespirale immer höher. Indem ich dich auf besondere Weise sehe, sporne ich dich zu größeren Höhenflügen an. Da wir uns selbst mehr zutrauen, schaffen wir es beide, über unsere normalen Grenzen und Hemmschwellen hinauszuwachsen.

Je mehr wir über uns hinauswachsen, desto begieriger sind wir nach Rückmeldung von unserem Partner. Ein Kreislauf von positivem, manchmal schwindelerregendem Feedback kommt in Gang. Großzügigkeit im Denken und Handeln bringt Großzügigkeit im Denken und Handeln hervor, und unsere Beziehung erreicht ihren Höhepunkt. Wir befinden uns in einem weit offenen, unvorhersagbaren Gelände und wagen wir uns immer weiter vor. Weder unsere Verhaltensmuster noch unsere Bilder von uns selbst und dem anderen noch unsere Erwartungen sind starr geworden. Wir sind noch nicht identisch mit unseren Rollen als Ernährer, Mutter, Vater, Hausfrau, Trösterin, Friedensstifter, Initiatorin, Verfolger, Distanzierer oder Kämpferin. Der Charakter des Paares ist noch ungeformt, und das läßt Raum für Experimente.

Der synergistische Prozeß verläuft nicht immer reibungslos. Manchmal empfinden wir ihn als überwältigend und außer Kontrolle geraten. Die Liebe eines anderen kann uns erschrecken. Wir können alarmiert sein über die Konsequenzen einer impulsiven, voreiligen Geste, die das Gespenst einer Bindung an die Wand malt. Auch die positivste Rückmeldung kann danebengehen: die Botschaft mißdeutend, können wir Ermutigung, Zuneigung, sexuelles Verlangen und simple Freude als Forderungen interpretieren. Auf unsere eigene Angst reagierend, schlagen wir dann zornig um uns, schreien und verdrehen die Realität. Für eine Weile, manchmal auch für längere Zeit oder auf Dauer müssen wir uns dann vielleicht aus dem synergetischen Kreislauf ausklinken. Während der Expansion gelingt es uns jedoch meist, aus diesen Abwehrreaktionen intakt hervorzugehen und die Fähigkeit zu behalten, noch ein weiteres Stück über uns hinauszuwachsen.

Im Lauf der Zeit entwickeln wir ziemlich feststehende Vorstellungen von unseren Partnern. Wir bilden Verhaltensmuster aus, die bestimmte Aspekte ihres Charakters fördern und andere unterdrücken. Tatsächlich dienen diese Muster dazu, um sowohl unseren eigenen Charakter in unserer speziellen Zweierbeziehung zu definieren als auch den unseres Partners. Schließlich sind wir mit *diesem* Partner anders, als wir mit anderen Partnern in anderen Paarbeziehungen gewesen sind. Diese speziellen Verhaltensmuster erschaffen unseren Charakter in dieser speziellen Zweierbeziehung und fixieren ihn. Unsere Bilder voneinander führen zu einer Matrix von Erwartungen: solange wir nur dieses tun, wird alles gut sein; wenn wir es wagen, jenes zu tun, handeln wir uns Probleme ein. *Vorstellung und Verhalten verstärken einander und bestimmen den Charakter eines Paares.*

Solange die Verbindungen zwischen innerem Bild und Verhalten noch nicht hergestellt sind, ist unsere Beziehung flexibler und experimenteller. Tatsächlich ist die Phase der Expansion von Experimenten gekennzeichnet. Wir experimentieren, weil Raum dafür vorhanden ist: wir haben einen neuen Partner, und unsere Beziehung ist nicht fest umrissen. Von dem Wunsch getrieben, frühere Verletzungen und Mängel zu kompensieren, bemühen wir uns zu lernen, welche Verhaltensweisen wir mehr und welche wir weniger anwenden sollen. Diese Experimente steigern unsere Fähigkeit zu Intimität und Unabhängigkeit innerhalb einer Beziehung, und sie erweitern unser Erfahrungsspektrum. Tatsächlich können wir Experimenten gar nicht ausweichen. Der Vorgang der Anpassung an eine andere Person zwingt uns automatisch, über den eigenen Schatten zu springen. Wir probieren beide verschiedene Haltungen, bevor wir uns für einen gemeinsamen Stil entscheiden.

Dieses ganze Experimentieren wird von unserer Kultur gefördert. Unsere kulturelle Narration verachtet den Konservativismus und fordert Expansion in den Anfangsphasen. Sie verlangt, daß wir in romantischer Liebe zueinander finden, sexuell voneinander angezogen sind, vielleicht ein bißchen verrückt, kopflos, dem anderen voll und ganz verfallen. Wir sollten beieinander verweilen, einander anfassen und erforschen, natürlich und spontan von einem Tun zum nächsten übergehen. Wir sollten offen und verletzlich sein, engagiert, redselig, sogar fähig, der Konvention zu trotzen. Später wird noch genug Zeit dafür sein, sagt uns die Überlieferung, unser Leben in geregeltere Bahnen zu lenken.

Astrid und Henry

Astrids und Henrys erste paar Monate zusammen entsprechen genau dieser Beschreibung des expansiven Stadiums. Nach ihrem unerwarteten Zusammenprall im Supermarkt kamen sie sofort miteinander in Kontakt, als seien sie beide der Mensch, den der andere immer gesucht hatte. Astrid war eine Quelle von Licht und Leben für Henry: ihre leidenschaftliche Natur machte ihn lebendig. Er war stabil, ein Fels, auf den sie sich stützen konnte: dank seiner ruhigen und bedingungslosen Zuneigung fühlte sich Astrid zum ersten Mal in ihrem Leben wirklich angenommen.

Ihre ersten gemeinsamen Wochen ermutigten und bestätigten ihre Hoffnungen. Beide waren verständnisvoll, einfühlsam und liebevoll; ihr Sexualleben war erregend und befreiend; und sie lachten viel. Sie redeten stundenlang miteinander, erstaunt darüber, wie ähnlich sie sich waren, obwohl sie von so verschiedenen Orten stammten. Sie verbrachten endlose Stunden damit, einander Geschichten über ihre Kindheit und Jugend erzählen zu hören, über wirkliche und phantasierte frühere Beziehungen und über ihre Wünsche für die Zukunft. Sie machten romantische Landpartien, kochten exotische Gerichte, gingen am Sonntag nachmittag ins Kino. Mit Astrids Sohn Simon im Schlepptau sahen sie sich in ihrer Phantasie als eine neue Art von Familie.

In dem Maße, wie ihr Vertrauen zueinander wuchs, konnten sie bei ihren Enthüllungen größere Risiken eingehen. Als sie sich öffneten, merkten sie, daß der andere Seiten von ihnen akzeptieren konnte, die zu offenbaren ihnen immer schwergefallen war. Sie konnten ihre Schwächen zugeben und wurden trotzdem geliebt.

Diese expansive Erfahrung wurde das *Fundament* von Astrids und Henrys Beziehung. Später konnten sie sich in schwierigen Zeiten daran erinnern, wie nahe sie sich in diesen ersten paar Monaten gewesen waren, konnten sich Aspekte der Persönlichkeit des anderen ins Gedächtnis rufen, die sie ursprünglich zueinander hingezogen hatten, konnten sich die tiefe Liebe bewußtmachen, die sie im tiefsten Inneren füreinander empfanden – wenn sie auch im Augenblick aufeinander wütend sein mochten.

Individuelle Narration und Paarnarration

Es gibt nur wenige Zeiten im Leben, wo wir die Chance haben, einem anderen Menschen unsere ganze Geschichte zu erzählen. Das expansive Stadium ist so eine Zeit. Wenn wir uns unserem Partner offenbaren, durchleben wir unsere Vergangenheit aufs Neue und gestalten sie dabei um. Das Erzählen transformiert uns. Während wir unser innerstes Selbst enthüllen, vernehmen wir unsere eigenen Geschichten mit einem Gefühl des Entdeckens. Dieser Vorgang erfüllt uns mit Einsicht und Staunen, und unsere Begeisterung nimmt noch zu, wenn wir die Enthüllungen unseres Partners hören und feststellen, wie genau und wie subtil sie unseren eigenen entsprechen.

Alle Geschichte wird geschrieben, um der Gegenwart zu dienen; alle Geschichten werden im Hinblick auf einen Zuhörer erzählt. Unsere persönliche Narration, die wir von Zeit zu Zeit auf den neuesten Stand bringen, wenn unser Leben durcheinandergerät, ist ein drastisches Beispiel dieser Erkenntnisse. Unsere Geschichten sind nicht zusammenfabuliert: sie sind Versuche, die Wahrheit darüber zu sagen, wer wir sind. Die Summe dieser Geschichten macht uns zum jeweiligen Zeitpunkt aus: wie wir uns anderen und uns selbst gegenüber darstellen. Im expansiven Moment erschaffen wir uns erzählend.[31]

Der Partner, der unsere Erzählung anhört, hilft sie mitzugestalten. Die Reaktionen unseres Zuhörers veranlassen uns, ihm manche Einzelheiten mitzuteilen und andere für uns zu behalten. Wir färben unsere Berichte in der einen oder anderen Weise, steuern sie auf ein glückliches Ende oder einen tragischen Schluß hin. Wir erzählen, wie unsagbar glücklich wir mit einem früheren Geliebten waren, oder daß es uns *niemals* gelungen ist, jemanden zu finden, der uns verstanden hat; wie uns unsere Eltern daran hinderten, eine verbotene Liebe zu leben, als sie noch über uns bestimmen konnten, oder wie uns die größte Liebe unseres Lebens verließ und jemand anderen wählte. Die Geschichte, die wir erzählen, ist eine gemeinsame Schöpfung, ein Versuch, die bloßen Fakten unserer Vergangenheit den Bedürfnissen, Zielen und der Stimmung der Gegenwart und unseres neuen Partners anzupassen.

Mit unserem neuen Partner sowohl als Koautor wie als Zuhörer werden wir erzählend zu den neuen Menschen, die wir zusammen sind. Unsere miteinander verflochtenen Geschichten werden zur Basis für eine neue Geschichte: wir als ein Paar. Dieses uns verbindende Geflecht nimmt jetzt ein eigenes Leben, eine eigene Identität an. Wenn wir vor einer Wahl oder einem Dilemma stehen, dann beziehen wir uns darauf. »Zwischen uns ist das doch so üblich«, sagen wir, »wir reden zuerst über die Dinge«, oder »So sind wir einfach: wenn es unserem Gefühl widerspricht, dann tun wir es nicht.« Wir erzählen bestimmte Geschichten immer wieder – über den Augenblick, in dem wir wußten, daß wir füreinander geschaffen waren,

---

31 Dies ist eine Auffassung ihres eigenen Metiers, die von Historikern schon lang vertreten wird. Als erster und in radikalster Form hat die Vorstellung, daß Geschichte erfunden wird, wahrscheinlich Van Wyck Brooks in seinem Essay »A Usable Past« artikuliert (in *Three Essays on America* [New York: Knopf, 1934]). Diese Sichtweise hat sich in psychoanalytischen Kreisen und in der neueren literaturwissenschaftlichen Theorie zunehmend durchgesetzt. Siehe zum Beispiel Donald B.Spences *Narrative Truth and Historical Truth* (New York: W. W. Norton, 1982) und *The Freudian Metaphor: Toward Paradigm Change in Psychoanalysis* (New York: W. W. Norton, 1987). Siehe auch Roy Schafers *Eine neue Sprache für die Psychoanalyse* (Stuttgart: Klett-Cotta, 1982). Siehe auch Carolyn G. Heilbrun, a.a.O.

daß ein bestimmter Film genau ausdrückt, wie wir als Paar sind, über eine magische Zeit, da wir beide genau *wußten*, was der andere denkt.

In der neuen Narration sind die Regeln unserer sich entfaltenden Beziehung festgehalten. Aus ihr geht hervor, was zur Diskussion steht und was nicht. Sie legt die Parameter für Unabhängigkeit und Intimität fest. Sie enthält die Geschichten über unsere erste Begegnung, über unseren ersten Streit und wie wir darüber hinwegkamen, wie wir einander vielleicht vor unseren Angehörigen errettet haben, inwiefern wir beabsichtigen, unsere eigenen Kinder anders zu erziehen. Wir erzählen diese Geschichten nicht nur einander, sondern auch Freunden und Bekannten. Mit jedem Wiedererzählen wird unser Charakter als Paar in seiner expansiven Phase mehr gefestigt.

Durch diesen Prozeß schaffen wir eine gemeinsame Realität. Während der Expansion kann es vorkommen, daß wir negatives und dissonantes Material über uns selbst unterdrücken, uns selbst auf neue Weise sehen und uns und unseren Partner häufig idealisieren. So mag eine Frau denken, »ein so ruhiger Mensch ist das ideale Gegengewicht für meine Impulsivität«, während ihr Partner beglückt spürt: »Ihre Spontaneität hilft mir, aus mir herauszugehen.« Später wird seine Ruhe sie vielleicht rasend machen und ihre Spontaneität ihm desorganisiert erscheinen, aber im Augenblick funktioniert die gegenseitige Ergänzung.

Die Paarnarration schließt nicht das gesamte Material unserer individuellen Narrationen mit ein. Wir glauben, unseren Partner zu kennen... dabei wissen wir, daß auch *wir* mehr Aspekte aufweisen, als wir in die Beziehung eingebracht haben. Das gleiche gilt für ihn. Vieles von uns bleibt immer noch ungesagt, separat und unintegriert: es ist zu verstörend, um es mitzuteilen; es ist in Vergessenheit geraten; es paßt nicht zu der Stimmung und dem Stil unserer Beziehung. Im Laufe der Jahre muß jedoch auch dieses Material über uns selbst zum Vorschein kommen; wir werden früher oder später damit herausrücken und es in die Paarnarration einweben. In manchen Fällen geschieht dies in der nächsten Phase, dem Stadium der Kontraktion, wenn die dunklere Seite von uns selbst und unserem Partner zutage tritt und größere Bedeutung gewinnt. Manchmal geschieht dies in späteren Augenblicken der Expansion, wenn wir uns imstande fühlen, die Geschichte zu vertiefen, die wir dem anderen bisher mitgeteilt haben.

Zwischen der individuellen und der Paarnarration findet ein ständiges Wechselspiel statt: beide ergänzen einander und passen sich aneinander an; beide setzen einander Grenzen. Im Lauf der Zeit mag es schwierig werden, sie voneinander zu trennen, weil unsere Identität dazu neigt, sich so stark in unserer Paarbeziehung zu verwurzeln.

Ankunft: der erste Vertrag

Eine Beziehung in ihrem ersten expansiven Stadium übt einen solchen Sog aus und verspricht die Erfüllung so tiefer und mächtiger Sehnsüchte, daß wir hoffen, sie werde ewig dauern. Die impliziten und expliziten Versprechungen, die wir einander machen, nehmen die bindende Qualität eines Vertrages an.[32] Das ist kein schriftlicher oder logischer Vertrag. Er gleicht eher einem zusammengesetzten Bild, einem Gefühls- und Funktionsmodell, nach dem wir zu leben versuchen und das zu dem Maßstab wird, an dem wir alle unsere künftigen Erfahrungen messen werden. In den folgenden Jahren werden wir immer wieder auf diesen Vertrag Bezug nehmen:

»Als ich dich heiratete, habe ich das und jenes erwartet.«

»Du bist nicht mehr der Mann, den ich geheiratet habe!«

»So habe ich dich in Erinnerung.«

»So habe ich immer erhofft, daß es sein würde.«

Der Vertrag ist weniger ein Kanon von Regeln als eine Serie von Bildern, aber unsere Gefühle in bezug auf diese Bilder sind sehr stark und werden zum Programm:

32 Clifford Sager hat als erster das Konzept impliziter Eheverträge vertreten. Siehe *Marriage Contracts and Couple Therapy: Hidden Forces in Intimate Relationships* (New York: Brunner/Mazel, 1976).

»Ich biete dir Beständigkeit; du wirst mein Leben lebendiger machen.«

»Ich regele die Finanzen; du kümmerst dich um unsere Geselligkeit.«

»Gemeinsam werden wir mit all diesen Angebern schon fertig.«

»Wir sind der einzige Beistand, den wir je brauchen werden.«

Halten wir uns vor Augen, daß sich unsere eigene Identität zusammen mit der sich entwickelnden Identität des Paares entfaltet. Wenn unsere Beziehung bedroht ist, dann ist es auch unser Selbstwertgefühl. Aus diesem Grund versuchen wir, in den »Vertrag«, den wir abschließen, Sicherungen gegen alle Gefährdungen der Stabilität unserer Paarbeziehung einzubauen. Wir signalisieren de facto: »So verspreche ich zu sein, und so versprichst du zu sein.«

Der erste Kontrakt, den wir mithin abschließen, ist das Versprechen, für immer so zu bleiben, wie wir uns in der Expansion gefunden haben. Das ist ein aus Vorstellungen und Verhaltensmustern zusammengesetztes Bild, einschließlich der expliziten und impliziten Versprechungen, die wir einander während dieser ersten expansiven Phase machen – die Summe aus den universellen, kulturellen und persönlichen Dispositionen, die Summe unserer Entdeckungen, die Summe unserer Fähigkeit, unser Verhältnis in der Zeit der ersten Liebe in die richtigen Bahnen zu lenken. All dies nimmt schließlich die Qualität eines bindenden Vertrags an.

Obwohl Teile dieses Bildes und dieser Versprechungen, die wir machen, nicht völlig bewußt sind, haben wir sehr wohl ein Bewußtsein dieser Periode. Wir wissen, daß wir auf einem stabilen Fundament angekommen sind, einem Fundament, auf dem wir eine Weile ausruhen können, einem Ort der gemeinsamen Identität.

Am Ende dieser Phase hat das Paar ein Bewußtsein seiner selbst als einer kollektiven Ganzheit entwickelt, als ein »Wir«, das mehr ist als zwei Einzelne, nämlich eine Identität als Paar. Das ist ein Augenblick, in dem wir de facto sagen: »Schau uns an. Wir haben wirklich etwas fertiggebracht, sind etwas geworden, und wir sind anders als andere Paare.«

Mit dieser Ankunft, dieser Ausformung einer Identität, erfolgt die Ausformung und Anerkennung jener verläßlichen Gefühle, Verhaltensmuster und Bedeutungen, die uns als Paar kennzeichnen. Die Anerkennung vollzieht sich durch die Anekdoten und Geschichten, die wir gern erzählen, durch die Rituale, die wir um Begrüßung und Abschied entwickeln, durch unsere wiederholten Augenblicke des gemeinsamen Erwachens und Schlafengehens, durch die besonderen Namen, die wir einander geben, durch spezielle Redeweisen, spezielle Gesten und vielleicht sogar eine eigene Sprache.

Wir haben die Kultur einer Zweierbeziehung geschaffen. Es ist ein Augenblick in der Paarentwicklung, der etwas vom siebten Tag der Schöpfung an sich hat. In dem Vorgang der Benennung unserer Schöpfung haben wir uns in gewisser Weise selbst erschaffen. An diesem Punkt des expansiven Stadiums ruhen auch wir am siebten (oder siebzigsten) Tag und sagen: »Es ist gut.«

Die periodische Wiederkehr des expansiven Stadiums

Die Struktur des expansiven Stadiums wird schon früh festgelegt, aber sie tritt im Leben eines Paares immer wieder auf. Die Paarentwicklung verläuft zyklisch. Auf das Stadium der Expansion und Verheißung folgt das Stadium der Kontraktion und des Verrats, und die Auflösung dieser Gegensätze führt das Paar schließlich in ein Stadium der Entspannung und Konsolidierung. Angetrieben von der Schwungkraft seines Erfolgs, driftet das Paar später erneut in die Expansion, und seine Erfahrungen werden wieder von optimistischeren Handlungen und Vorstellungen bestimmt. Irgendwann danach wird mit Sicherheit eine weitere Kontraktion und anschließend ein weiteres Stadium der Entspannung folgen. Später wird das Paar eine erneute Expansionsphase erreichen, seinen dritten Durchgang durch dieses Stadium.

Paarbeziehungen, die sich als stabil erweisen, gelangen viele Male in die Expansion. Sooft sie in dieses Stadium eintreten, erleben sie manche ihrer liebsten expansiven Eigenschaften noch einmal, genießen erneut die Synergie und den Optimismus ihrer ersten Liebe und können vielleicht sogar einen Teil des Zaubers wiederbeleben, der sie ursprünglich zueinander hinzog. Aber spätere Durchgänge durch die Expansion unterscheiden sich in einigen wichtigen Punkten vom ersten Mal. Zum einen spiegeln die Erfahrungen der Partner bei allen späteren Eintritten in die Expansion, daß sie bereits alle drei Stadien durchgemacht haben. Sie verfügen nun nicht mehr bloß über ein expansives Vokabular, denn sie haben inzwischen auch die dunkleren Seiten des anderen erlebt. Da sie einander jetzt besser kennen, werden ihre Porträts voneinander und von sich selbst immer komplexer und jedes Mal abgerundeter. Zweitens kann sich die Erfahrung eines Paares in späteren Stadien der Expansion qualitativ oder graduell vom ersten Durchgang unterscheiden: das Paar kann erheblich länger oder auch weitaus kürzer in diesem Stadium verweilen. Vielleicht legen sie neue Eigenschaften an den Tag, tauchen neue Bilder auf, die in früheren Durchgängen nicht verfügbar waren. Ihre expansive Erfahrung kann sich in einem bestimmten Zyklus auf einen speziellen Aspekt ihrer Beziehung konzentrieren – sagen wir Kommunikation, Sex oder die Entdeckung einer neuen, gemeinsamen Freizeitbeschäftigung – im nächsten Zyklus dann auf einen anderen Aspekt.

Bei jedem Durchgang werden wieder die ursprünglichen Expansivkräfte wirksam. Sie können modifiziert, verstärkt, eingeschränkt, vertieft oder abgeschwächt sein. Vielleicht werden sie durch eine erhöhte Sinnlichkeit, größere Erleichterung, Freude oder ein stärkeres spirituelles Gefühl gesteigert sein. Vielleicht werden sie von der Enthüllung von Geheimnissen begleitet werden, die in früheren Durchgängen nicht ans Licht kamen. Komplementäre Paare fühlen sich vielleicht in jeder neuen Expansion durch die Eigenschaften ihres Partners bereichert und deshalb weniger bedroht von den Beschränkungen, die sie bei sich selbst wahrnehmen. Für andere weicht der unerquickliche Reigen von Verfolgung und Flucht in der Kontraktion den Freuden einer neuen, glückhaften Annäherung, die auf Resonanz stößt: der sich Nähernde strahlt Selbstvertrauen aus; der Reagierende kann mehr Nähe zulassen und genießen. Viele Paare erleben ein Gefühl des

»Nach-Hause-Kommens«, wenn sie das Stadium der Expansion zum zweiten oder dritten Mal durchlaufen.

Im folgenden ein etwas komplexeres Beispiel.

Als sich Charles und Ruth kennenlernten, fühlten sie sich wie Prinz und Prinzessin. Er war charmant und erfolgreich; sie war schön und lebendig und in ihrem Beruf ebenfalls anerkannt. Charles gefiel die Vorstellung, zur Arbeit zu gehen wie ein Kreuzritter, der zum Kampf mit dem Feind aufbricht, und eine Zeitlang ließ sich auch Ruth von seiner Phantasie in Bann schlagen. Sie wandte große Mühe auf, um ihn bei seiner Rückkehr mit einem festlichen Essen bei Kerzenlicht zu empfangen. Aber Ruth war eine begabte, tüchtige Frau, und sie wurde es müde, eine Gehilfinnenrolle in seinem Stück zu spielen. Nach beträchtlichen Konflikten und wechselseitiger Desillusionierung gelangten sie zu einer ausgeglicheneren und symmetrischeren Beziehung: zwei hochqualifizierte Menschen, die einander mit Respekt behandelten, die Haushaltspflichten miteinander teilten und Unterschiede aus einer vernünftigen Perspektive erörterten.

Dann entschlossen sie sich zu einem Kind. Ruth wurde schwanger. Sie freuten sich, aber irgend etwas fehlte. »Dies sollte eine der größten Erfahrungen unseres Lebens sein, aber es ist bloß schwierig«, sagte sie. Es blieb enttäuschend, bis sie Charles vorschlug, daß sie – statt sich in die Betreuung des Kindes zu teilen – nicht in ihren Beruf zurückkehren würde, wie sie ursprünglich geplant hatten, und daß er für den Unterhalt der Familie aufkommen sollte, während sie sich um Kind und Haushalt kümmerte. Charles machte sich Sorgen, daß Ruth in der Rolle, die sie sich wünschte, vielleicht nicht glücklich sein würde, aber er stimmte zu. Ihre folgende Erfahrung mit der Geburt und den ersten Lebensjahren ihres Kindes wurde von beiden als beglückend empfunden.

Nach einer Weile begannen sie, über die zunehmenden Nachteile dieses »fürchterlich traditionellen« Arrangements zu streiten, und kehrten zu ihrem symmetrischeren System zurück. Aber sie hatten einen wichtigen Schlüssel gefunden: sooft sie vor großen Problemen in ihrem Leben standen, konnten sie zu der ursprünglichen Organisation ihres expansiven Stadiums zurückkehren – manchmal bewußt, manchmal per Zufall. Auf diese Weise fühlten sie sich mehr zueinander gehörig, romantischer und sicherer als bei der individualistischeren und demokratischeren Regelung, nach der sie ihren Alltag gestalteten.

Über längere Jahre hinweg hängt die Qualität eines neuen expansiven Stadiums davon ab, was im vorangegangenen Zyklus geschah. Wenn zwei Partner in der Entspannungsphase viel Energie aufgewandt haben, um ihre Bitterkeit und Wut abzubauen, dann kann der folgende Aufschwung in die Expansion ungeheuer erregend sein, und sie werden ihre Freude um so heftiger empfinden, weil sie so unmittelbar nach der Traurigkeit ihrer Kontraktionsphase einsetzt. Gleitet ein Paar dagegen relativ mühelos aus der Kontraktion in die Entspannung, dann kann seine nächste expansive Phase eher unterkühlt ausfallen. Ist der Aufschwung steil und dramatisch, dann kann das nächste expansive Stadium an die Lebendigkeit und Faszination des ersten heranreichen. Obwohl es sich mit den Inhalten jedes neuen Zyklus wandelt, behält das expansive Stadium dennoch viel von seiner ursprünglichen Struktur und Stimmung bei. Sooft es einsetzt, kann das Paar einiges von dem, was es zu Anfang empfand, wiedererleben.

Das expansive Stadium verlassen

Das expansive Stadium besteht nicht nur aus Harmonie und Glück.

Anzeichen seiner Vergänglichkeit sind von Anfang an vorhanden. Es schließt immer Wechselhaftigkeit und Instabilität ein. Ängste aus früheren Fehlschlägen brechen überraschend hervor. Kränkungen, geboren aus Unwissenheit, nehmen überhand – wir lernen die Empfindlichkeiten unseres Partners oft nur kennen, indem wir gegen sie verstoßen. Bindungsangst schnürt uns die Kehle zu: manche Partner trennen sich vorübergehend; weitaus mehr äußern ihre Ambivalenz. Wir fühlen uns erstickt und beherrscht – fürchten, verlassen, und fürchten, von einer falschen Wahl vereinnahmt zu werden. Unser Partner erweist sich als anders, als wir erwarteten, deshalb sehen wir uns gezwungen, uns darauf einzustellen, und haben das zunehmende Gefühl, getäuscht worden zu sein. Enttäuschungen lösen Streitigkeiten aus, in denen sich die spätere Phase der Kontraktion ankündigt.

Wenn Schwierigkeiten auftreten, kann es zu einem schnellen »Mini-Zyklus« durch alle drei Stadien kommen. Die Zufriedenheit weicht der Beklemmung: für einen Augenblick scheint die Beziehung verloren, aber dann werden die Problem rasch beiseite gefegt – manchmal geleugnet, manchmal optimistisch in die Bilder über die expansive Phase aufgenommen. Die Partner spielen vielleicht die Bedeutung eines Streits herunter und beglückwünschen sich, wie gut sie damit fertiggeworden seien. Ihre Fähigkeit, den Sturm zu überdauern und neue Informationen zu verarbeiten, hilft ihnen, sich einander näher zu fühlen. Sie haben das Gefühl, angesichts von Schwierigkeiten über sich hinauswachsen zu können. »Diese Beziehung ist anders, reifer, elastischer als unsere letzte«, sagen sie. Während der ganzen ersten Zeit werden die Mini-Zyklen von Expansion, Kontraktion und Entspannung mehr als einmal durchlaufen. Jene Paare, die beisammenbleiben, fühlen sich durch die Art und Weise, wie sie mit Konflikten umgehen, ermutigt. Kontraktionen und kleine Kränkungen können ihrer expansiven Grundstimmung noch nichts anhaben. Ihre Fähigkeit, zuvor unüberwindliche Schwierigkeiten zu bewältigen, läßt ihre Herzen noch höher schlagen. Mit jeder gefundenen Lösung nimmt das gegenseitige Engagement der Beteiligten zu.

Trotzdem dauert kein expansives Stadium ewig. Irgendwann wird sein Überschwang von den Anforderungen des Alltags aufgezehrt. Die kleinen Streitigkeiten und Differenzen häufen sich. Nachdem wir einige Konflikte gelöst haben, fühlen wir uns zwar beide erleichtert, aber wir sind auch etwas mehr auf der Hut. Wir wissen, daß die Zerwürfnisse tatsächlich vorhandene, wenn auch weniger bewunderte Aspekte von uns selbst ans Licht gebracht haben. Eine Partnerin hat zum Beispiel vielleicht bis dahin noch nicht gezeigt, wie gern sie sich zurückzieht, um zu lesen; ein Partner hat möglicherweise noch nicht zum Ausdruck gebracht, wie eng seine Beziehung zu seinen Eltern ist; eine Frau mag bisher verborgen haben, wie zuwider ihr die konventionellen gesellschaftlichen Veranstaltungen sind, die ihrer Freundin so viel zu bedeuten scheinen. Arbeit, Familienangehörige und andere Verpflichtungen fordern den Partnern Zeit und Loyalität ab. Persönlichkeitsmerkmale wie Jähzorn, Launenhaftigkeit, Zwanghaftigkeit und Unentschlossenheit können deutlicher zutage treten und unsere Hoffnung schwinden lassen, den »vollkommenen Partner« gefunden zu haben.

Unterschiede kommen zum Vorschein, die weder übersehen noch befriedigend integriert werden können. Diese können ein breites Spektrum umfassen: etwa Unterschiede im Temperament, in der Religion oder in den politischen Überzeugungen. Der eine Partner hat vielleicht das Bedürfnis, früh schlafenzugehen, während der andere ein »Nachtmensch« ist. Der eine liebt die Geselligkeit, der andere ist häuslich. Der eine braust schnell auf, während seine Partnerin in ihrer Kindheit durch die Wutausbrüche in ihrer Familie traumatisiert wurde.

Wir beginnen, unsere Unterschiede und Enttäuschungen zuzugeben. Wir streiten mehr, kritteln aneinander herum und gestehen uns ein, daß wir uns getäuscht und betrogen fühlen. In dem Maße, wie unsere Ängste zunehmen, verstärken wir unsere Bemühungen, unseren Partner zu ändern, wodurch er sich weniger akzeptiert fühlt und stärker zur Wehr setzt. Seine Abwehrhaltung verstärkt unser Bedürfnis, ihn zu ändern, und negative Feedback-Zyklen treten an die Stelle der positiven, die das expansive Stadium gekennzeichnet hatten. Je kritischer wir sind, um so schlechter scheint sich unser Partner zu benehmen; je schlechter er sich benimmt desto mehr mäkeln wir an ihm herum.

Eines Tages kommen wir zu der Überzeugung, daß unser Partner gegen die Grundvoraussetzungen des expansiven Vertrages verstoßen hat. Statt zu bekommen, was wir glaubten, uns eingehandelt zu haben, befürchten wir, etwas anderes erhalten zu haben. Und dieser Eindruck ist es vor allem anderen, was uns aus dem Stadium der Expansion und Verheißung hinaustreibt.

Kehren wir zu Jonathan und Marie zurück, um diesen Punkt zu verdeutlichen. Ihr Vertrag kann in Form von zwei miteinander zusammenhängenden Übereinkünften formuliert werden: (1) *Er* würde mehr aus sich herausgehen, liebevoller und gesprächsbereiter sein. Er würde sein Äußerstes geben, weder konkurrieren noch arrogant sein, würde sie unerschütterlich unterstützen… solang sie nur bereit war, ihn aus der Reserve zu locken, ihn zu akzeptieren, auf ihn einzugehen und ihm »eine wirkliche Beziehung« zu ermöglichen. (2) *Sie* würde locker, sinnlich, glücklich und herausfordernd sein, eine echte Partnerin für ihn… solang er sich um sie bemühte, liebevoll war und sich nicht zurückzog, nicht arrogant oder frostig war, solange er ihr sagte, was in ihm vorging, sie wirklich brauchte und dabei aber ihre Unabhängigkeit respektierte.

Allmählich beginnt der Vertrag zu bröckeln. Vertrag hin oder her, Jonathan zieht sich zurück, wenn er sich bedroht fühlt, er ist nicht immer »für sie da«. Marie ist zuerst verunsichert, dann wütend über das, was sie als seine Distanziertheit empfindet, und sie kann ihre liebevolle Haltung nicht bewahren. Sie fährt ihn an, wenn sie sich schlecht behandelt fühlt, und beginnt, ihn zu kritisieren. Er sagt ihr nicht, was er denkt, weil er sich vor ihrer Reaktion fürchtet. Inmitten dieses Nervenkriegs erkaltet ihr Sexualleben immer mehr. Sie halten mit Mühe an ihrem Optimismus fest, und dabei wird ihre Sorge immer größer, daß diese Beziehung so ist wie all die anderen, die letzten Endes gescheitert sind.

Die Erosion ihrer ursprünglichen Abmachung stellt eine Aufkündigung des expansiven Vertrags dar, mit der Folge, daß sich Jonathan und Marie im Stich gelassen, wütend und verwirrt fühlen. Sie wissen nicht, wohin sie sich wenden sollen, und geraten in eine echte Krise.

In der Anfangszeit der Expansion gelingt es den Paaren, ihre Schwierigkeiten zu lösen oder zu unterdrücken, und daß sie das schaffen, gibt ihnen Auftrieb. Nach einer Weile reicht der Widerstreit jedoch tiefer. Bald kommt es zu häufigeren Kontraktionsschüben, und diese Schübe beginnen, die Beziehung stärker zu definieren als die Aufbruchstimmung der Expansion. Der anfängliche Optimismus ist gebrochen. Aber das ist die Geschichte unseres nächsten Kapitels.

Das Stadium der Kontraktion
und des Verrats

Im Stadium der Kontraktion und des Verrats wird der expansive Vertrag zerrissen, und damit gerät sowohl die Beziehung als auch unser Selbstwertgefühl in Gefahr. Sein hervorstechendes Merkmal ist die Schrumpfung und der Rückzug: der Rückzug in das eigene Schneckenhaus, das Schrumpfen des Bildes, das wir von unserem Partner haben, das Schrumpfen der Beziehung als Ganzes. Wir ziehen uns auf uns selbst zurück. Wir sind weniger beeindruckt von unserem Partner und fühlen uns von ihm weniger geliebt und verehrt.

In der Kontraktion engt uns die Beziehung jetzt ein, die uns anfangs geöffnet und verwandelt hatte. Wir werden auf uns selbst zurückgeworfen. Alte Beschränktheiten und Probleme kommen wieder zum Vorschein. Im Zusammensein mit unserem Partner fühlen wir uns regrediert, dagegen sind wir bei der Arbeit und in anderen Beziehungen mit Familienmitgliedern und Freunden mehr in unserem Erwachsenenselbst. In diesen anderen Situationen fühlen wir uns freier, im Zusammensein mit unserem Partner dagegen furchtbar eingeschnürt.

Wir fühlen uns unserem Partner entfremdet und als Individuum unfähiger: unsere Ängste und Enttäuschungen sind uns deutlicher bewußt als die Hoffnungen und Sehnsüchte des expansiven Stadiums. Dies ist die dunkle Kehrseite der Zweierbeziehung, die Umkehrung der Synergie des expansiven Stadiums. In der Kontraktion brechen Charakterzüge beider Partner, die bisher aus der Beziehung herausgehalten worden waren, unkontrolliert in diese ein. Die Beziehung, die uns anfangs so ungeheuren Mut machte, wird zu einer Brutstätte von Fehlschlägen und Verzweiflung: da wir uns bedroht fühlen, zeigen wir uns von der schlechtesten Seite. Der Alptraum jedes Paares nimmt Realität an.

Diesen Alptraum erlebt jedes Paar anders. Ebenso, wie es ein breites Spektrum von Weisen gibt, wie Paare die Expansionsphase erleben, so gibt es auch eine ganze Skala von Verhaltensstilen und -mustern, wie Paare die Kontraktion erleben. Manche Paare neigen zur hochdramatischen Form im Stil von *Wer hat Angst vor Virginia Woolf?* oder *Eine verhängnisvolle Affäre*. Manche gestatten sich nur, einen kleinen Stich von Enttäuschung zu verspüren, bevor sie ihr wohlgeordnetes Leben fortsetzen. Dazwischen liegen alle Schattierungen und Spielarten des Erlebens.

Der Übergang in die Kontraktion

Der Höhenflug des Anfangs ist nicht von Dauer. Nach einer Weile setzt bei jedem Paar die Kontraktion ein. Das kann eine Zeitspanne von wenigen Tagen bis zu einigen Jahren umfassen. Die Anforderungen des Alltags, der Einfluß unserer normalen Rollen, die Sicherheit der Routine und die Eigenheiten des Charakters, all dies zusammen lockt uns wieder zu unserem vertrauten Selbst zurück. Der Beruf eines Partners stellt auf einmal größere Anforderungen an ihn als zuvor, und er muß länger im Büro bleiben. Ein anderer hat vielleicht das Gefühl, seine oder ihre Anwesenheit werde als selbstverständlich empfunden. Ein dritter macht sich Sorgen, weil sein Partner perfektionistischer ist, als er dachte. Nach monatelanger Pause braucht eine Partnerin plötzlich ihren Morgenlauf wieder – aber um genau die Stunde, die bisher der Liebe vorbehalten war. Alle Beteiligten wenden sich wieder verstärkt ihren Vorlieben zu – alten Freunden, alten Tätigkeiten, ihren Familienangehörigen.

In vieler Hinsicht wird dies als Erleichterung empfunden. Die Expansionsphase ist zwar aufregend, aber auch aufreibend. Manche Menschen (oder Anteile jedes Menschen) möchten, daß das expansive Stadium ewig dauert. Aber durch die Notwendigkeit, ständig zu gefallen, fühlen wir uns auch entblößt und unter Druck gesetzt. Vielleicht ist es enttäuschend, uns in einer bescheideneren, reduzierteren Weise zu erleben, aber die Rückkehr zu vertrautem Gebaren kann auch erfrischend sein.

Es ist leicht, in der Kontraktion zynisch zu sein. Wir stellen fest, daß sich unser Partner jetzt so zeigt, »wie er wirklich ist«, als ob das expansive Stadium eine vorübergehende Illusion oder Täuschung gewesen sei. Anfangs muß die Kontraktion jedoch nicht von Aggressionen oder Entstellungen begleitet sein. Sie ist in erster Linie eine Deklaration, daß wir Grenzen haben, ein Bestreben, nach den Ekstasen unserer Aufbruchsphase unser Gleichgewicht wiederzugewinnen.

In einer lebendigen Beziehung pendeln die Partner ungehindert zwischen Zuwendung und Rückzug hin und her. Da sie sich in der eigenen Haut wohlfühlen, können sie bei ihrem Partner Unterschiede tolerieren. Das intensive Engagement der Expansion läßt jedoch wenig Raum für Absonderung. Die Folge ist, daß wir das Einsetzen der Kontraktion als Schock empfinden und das Gefühl haben, um die versprochene Intimität betrogen zu werden.

Der Übergang von der Expansion zur Kontraktion kann auf vielerlei Weise einsetzen. Oft wird er durch einen Entwicklungsschritt beschleunigt, wie die Eheschließung, oder durch die plötzliche Notwendigkeit, die Pflege eines Elternteils zu übernehmen. Er kann durch situative Krisen ausgelöst werden, wie dem Einsetzen einer Krankheit oder dem Scheitern aller Versuche, schwanger zu werden. Er kann sich allmählich vollziehen, wenn sich Schwierigkeiten langsam anstauen, bis sie die Beziehung bestimmen; oder plötzlich, etwa, wenn der Verlust eines Arbeitsplatzes die expandierende Seifenblase eines Paares bersten läßt.

Nehmen wir die Situation, daß ein Partner eine neue, vielversprechende Stelle antritt. Nach anfänglicher Begeisterung sieht das Paar unerwartet Probleme auf sich zukommen, mit denen es nicht gerechnet hatte. Plötzlich ist er nicht mehr soviel zu Hause wie zuvor. Es fällt viel zusätzliche Arbeit an, und keinem von beiden bleibt genügend Zeit zum Schlafen. Sie werden gereizt und fangen an, am anderen herumzukritteln. Unterschiedliche Einstellungen zur Arbeit treten jetzt zutage. Sie fühlt sich vielleicht durch seine neuen Kollegen und sein Gefühl von Wichtigkeit bedroht und drängt sich enger an ihn, um wieder mehr intimen Kontakt herzustellen. Aber er kann sich dadurch eingeengt und in seiner Bewegungsfreiheit beschränkt fühlen. Vielleicht war das Paar zu Beginn ihrer Beziehung entzückt, wie perfekt sie zueinander paßten: seine Unabhängigkeit und seine Vernunft waren eine Art Sicherheitsanker für ihre extravertiertere Persönlichkeit. Ihre Wärme durchdrang seine Schale und erlöste ihn aus seiner Einsamkeit. Jetzt wirkt sich diese Komplementarität trennend aus.

Die Kontraktion wird als ein Verrat am expansiven Vertrag empfunden und bringt schwere Enttäuschungen mit sich – sowohl dem Partner als auch uns selbst gegenüber. Wir verfallen abwechselnd in Selbstzweifel und Tadel, Wut, Schuldzuweisungen und Verwirrung. »Ist das wirklich der Mensch, den ich geheiratet habe?«, fragen wir uns. So sehr wir uns auch bemühen, vernünftig zu sein und Entgegenkommen zu zeigen, wir haben dennoch das Gefühl, daß ein feierliches Versprechen gebrochen wurde.

Der Partner, der als erster ein Gefühl des Verlusts äußert, ist derjenige, der länger mit dem anderen verbunden und damit verletzbar geblieben ist. Dies ist gewöhnlich eine Frau, deren Partner ihre schockierte und wütende Reaktion auf ihr Geschlecht zurückführt. Sie wird als schwach und hysterisch, als Nervensäge und Schreckschraube bezeichnet. Im Grunde empfinden jedoch beide Partner dieses Gefühl von Verrat und werfen sich jede Menge Beleidigungen an den Kopf. Fühlt sich der Mann stärker verraten, dann wird er als Schwächling, Jammerlappen oder Schlappschwanz bezeichnet. Jener Partner, der sich als erster zurückzieht und dann eine Abwehrhaltung einnimmt, wird als verschlossen, introvertiert, verklemmt, unreif, gefühllos und herrschsüchtig abgestempelt. Jeder beschuldigt den anderen, die Schwierigkeiten verursacht zu haben.

In der Kontraktion brechen eine Reihe von Konflikten auf. Jeder einzelne stellt die Kehrseite eines geschätzten Merkmals des expansiven Stadiums dar. Die Konflikte beginnen zwar mit der Enttäuschung über das Versagen des expansiven Vertrags, aber sie breiten sich schnell aus – sie »generalisieren«. Die Partner werfen einander ihre eigenen, seit langem vorhandenen Probleme vor, die die Expansion vorübergehend gelindert hatte. Sie mühen sich ab, den anderen zu ändern und zu verbessern, und lassen nichts unversucht, um den Menschen zurückzubekommen, »in den sie sich da-

mals verliebt haben«, und um selbst als der wunderbare Mensch anerkannt zu werden, der diese Beziehung begonnen hat.

Wenn wir unseren Partner drängen, sich in die Person zurückzu-
verwandeln, die er in der Expansion war, dann fühlt er sich nicht
unterstützt, sondern angegriffen und kritisiert. Er möchte, daß wir
die unvollkommene Person mögen, die allmählich zum Vorschein
gekommen ist, und wenn wir seine früher vorhandenen »guten Seiten« in den höchsten Tönen loben, dann wird er mißtrauisch. Unsere Argumentation wird widersprüchlich. Einerseits beharren wir
darauf, *immer noch* diese großartige expansive Person zu sein; andererseits verlangen wir, auf jeden Fall geliebt zu werden, so wie wir
sind.

Der Kampf, unseren Partner zu ändern, verlagert unsere eigenen
Unsicherheiten nach außen. Ihm die Schuld an allem zu geben, wird
zu einer bitteren Routine, die im Lauf der Zeit einen immer größeren Teil der Beziehung einnimmt. Das Paar glaubt schließlich, diese
ständigen Anklagen zeugten von einer tieferen Wahrheit, als ihnen
vorher bewußt war.

Vorbereitung

So schmerzhaft es auch sein mag, das Stadium der Kontraktion
kommt nicht ganz überraschend. Wir sind seit unserer Kindheit auf
sein Eintreten vorbereitet worden. Man hat uns wiederholt zu verstehen gegeben, daß die Vertreibung aus dem Paradies unvermeidlich sei und daß auf Liebe und Romantik regelmäßig Streit und Langeweile folgen. Von Jugend an verbringen wir ebensoviel Zeit damit, uns gegen Ablehnung zu verteidigen, wie mit der Suche nach
romantischer Liebe. Hinter jedem Traum von Liebe lauert ein Alptraum über deren Verrat.

Das Stadium der Kontraktion und des Verrats ist ein Übergangs-
ritus, eine Zeit der Verbannung in die Wüste, in der wir auf die
Probe gestellt und gezwungen werden, Schmerzen zu erdulden.
Wir werden diese Prüfung voll Bitterkeit und Verwirrung vielleicht

durchstehen und damit die Beziehung und uns selbst festigen; aber – da fünfzig Prozent aller Ehen und ein noch viel größerer Prozentsatz aller Beziehungen zerbrechen – werden wir vielleicht nicht heil ans Ziel kommen.

Die Kontraktion ist das Stadium, mit dem TherapeutInnen am besten vertraut sind. Wenn die Expansion das positive Ideal des Paares repräsentiert, dann nehmen in der Kontraktion seine schlimmsten Befürchtungen Gestalt an. Die Vorstellungen dieses Stadiums bilden die Grundlage einer völlig anderen Betrachtungsweise der Erfahrungen des Paares, und auch dies wird zu einem Meilenstein in ihrer Entwicklung werden: zu einem zweiten Vertrag in ihrem Repertoire. Gefühle von Enttäuschung und Verrat werden zu einem festgefügten Modell davon, wie ein bestimmtes Paar denkt, fühlt und sich verhält, wenn die Partner miteinander im Clinch liegen und sich von ihrer schlechtesten Seite zeigen. Im Lauf der Jahre werden die Partner immer wieder diese Organisationsform durchlaufen. Vielleicht lernen sie schließlich, das Unheil schon kommen zu sehen: »O Gott, jetzt geht das wieder los«, sagen sie dann. Und viele Paare verbringen einen Großteil ihres Lebens im Stadium der Kontraktion.

Bevor wir das Stadium der Kontraktion und des Verrats genauer erforschen, wollen wir zwei Geschichten erzählen. Die eine betrifft Christine und Mike, die andere Jonathan und Marie.

Christine und Mike

Es ist grotesk zu sehen, wie sich Mike an der gegenüberliegenden Wand duckt, wenn Christine ihm mit dem Finger droht. Er ist fast zwei Meter groß und hat breite Schultern, Pranken und ein Kinn, das weiter vorzuspringen scheint als seine Nase. Sie ist zwei Köpfe kleiner als er, hat mittellanges, schwarzes Haar, scharfsichtige blaue Augen und, bei den seltenen Anlässen, wenn sie aus der Deckung geht, ein Lächeln, das die Sonne aufgehen läßt. Christine führt meistens das Wort für sie beide.

Als sie sich kennenlernten, war Christine sehr glücklich. In ihren

Augen war Mike ein Adonis. Seine Sanftheit und Bescheidenheit standen in krassem Gegensatz zu der Großsprecherei ihres Vaters und den alkoholisierten Raufhändeln ihres Bruders. Mike hörte ihren Ausführungen respektvoll zu, und sie fühlte sich in seiner Gegenwart ganz selbstverständlich akzeptiert. Ihm gefiel vor allem ihre Weichheit und die Achtung, die sie ihm entgegenbrachte. Seine Mutter hatte seine Familie mit ihrer verbissenen Märtyrerrolle beherrscht; sie verstand es großartig, ihren Mann und alle sieben Kinder zu demütigen. Mike war fest entschlossen, sich eine Frau zu nehmen, die anders war, und das traf auf Christine zu. Beide waren stolz darauf, daß er nicht ernsthaft trank.

Der Rest ihrer Geschichte ist entmutigend. Nach und nach begann Mike, immer mehr Zeit mit einigen Kumpels aus seiner alten Gegend zu verbringen: nach der Arbeit, nach dem Softball, und immer öfter auch am Wochenende. Und das bedeutete Alkoholkonsum.

»Bloß ein paar Halbe Bier«, meinte er. Aber Christine glaubte nicht, daß es dabei blieb.

»Mikey, hältst du mich für einen heurigen Hasen?« sagte sie.

»Warum, zum Teufel, kannst du mir nicht vertrauen? Ich bin nicht dein Vater, verdammt noch mal!«

»Bist du so sicher?« fragte sie.

»Rutsch mir doch den Buckel runter«, knurrte dann Mike und strebte der Kneipe zu, wo ihn seine Kumpels erwarteten.

In ihren ersten zwei Jahren hatten sie sich nie so gestritten. Auch wenn Mike über den Durst getrunken hatte, behandelten sie es beide als Ausrutscher und stellten mit einem Seufzer der Erleichterung fest, daß es kein fester Bestandteil ihres Lebens war. Aber sobald die Kräche begannen, wurden sie zu einem regelmäßigen und häufigen Ereignis, wie die Wogen einer stürmischen See. Unter dem Gewicht ihrer Zerwürfnisse zerbrachen ihre zarten Träume, und dennoch konnten sie nicht aufhören zu streiten. Das Streiten kam ihnen uralt vor, als ob die Christine und der Mike, die sich Jahre zuvor kennengelernt hatten, verschwunden seien und ihr Vater und seine Mutter deren Stelle eingenommen hätten. Die Keifzange und der betrunkene Raufbold standen einander haßerfüllt gegenüber und fragten sich, ob es von Anfang an so hatte kommen müssen.

Jonathan und Marie

Der Übergang eines Paares von der Expansion in die Kontraktion kommt oft durch eines von zwei Problemen in Gang: (1) Das Gefühl eines Partners, daß der expansive Vertrag gebrochen worden sei; (2) der scheinbare Rückzug eines Partners aus der Zweierbeziehung. Beides war bei Jonathan und Marie der Fall. Sooft sie in die Kontraktion abrutschten, ging es um die Frage von Engagement bzw. Distanzierung.

Als junges, hochqualifiziertes Paar mußten Jonathan und Marie ihr Leben gut organisieren: sie brauchten Zeit für ihren Beruf, Zeit für ihr Beisammensein und Zeit für Geselligkeit. Um all dies zu ermöglichen, mußten sie sich auf die Liebe und das Engagement des anderen verlassen können. Häufig verübelte Jonathan jedoch Marie die Zeit, die sie ohne ihn verbrachte. Warum war sie immer beschäftigt, wenn er sie brauchte? Gelegentlich reagierte er darauf, indem er sich tiefer in seine eigene Arbeit hineinkniete und somit nicht verfügbar war, wenn sie ihn wollte. Marie wurde dann übellaunig und aggressiv, und Jonathan rückte noch weiter von ihr ab. Wenn diese interaktive Sequenz mit der Notwendigkeit zusammenfiel, schwierige Entscheidungen zu treffen, kam es zu Verstimmungen, und sie gerieten auf die Abwärtsspirale in die Kontraktion.

Jonathan ließ sich von seiner Arbeit fesseln; Marie fühlte sich vernachlässigt und zog sich ärgerlich von ihm zurück. Freunden gegenüber stellten sie diesen Vorgang vielleicht anders dar: sie sei besorgt, aber er kümmere sich nicht darum; sie sei dominant, und er ziehe sich zurück, um sich nicht von ihr unterbuttern zu lassen; er sei zu intellektuell, sie zu emotional.

Drei Jahre nach ihrer ersten Begegnung flammte dieser Streit auf. Sie lebten bereits zusammen und kriegten sich über Fragen des Heiratens und des Engagements in die Wolle. Wenn einer von beiden die Frage einer stärkeren Bindung anschnitt, dann wollte sich der andere nicht festlegen, wandte ein, daß er oder sie beruflich noch nicht genügend etabliert sei, kurz, schien den anderen abzuwimmeln. Beide brachten das Thema zur Sprache, nur um sich vom anderen eine Abfuhr einzuhandeln.

Angesichts dieser mangelhaften Synchronisierung fühlten sich beide ungeliebt und abgelehnt. Marie begann, Jonathan als reservierter zu sehen, als sie anfangs gedacht hatte, als egoistischer, mehr wie die anderen Männer, von denen sie sich getrennt hatte. Sie fragte sich, ob er überhaupt die Kraft habe, eine Bindung zu ihr einzugehen: er schien sie nur zu wollen, wenn er sie sexuell brauchte oder sie ihm helfen sollte, »Dampf abzulassen«. Besonders abstoßend fand sie seine Anfälle von Schuldgefühlen, und sie fragte sich, ob er im tiefsten Inneren bloß ein Baby sei. Sie haßte ihn, wenn er sich so benahm, und verglich ihn mit ihrem Vater, der lachend über Probleme hinwegging und *ihre* Partei zu ergreifen schien, was immer sie auch sagte oder tat.

Jonathan wurde seinerseits dessen überdrüssig, was er als Maries Forderungen empfand. Er fand sie weniger phantasievoll, starrer und besserwisserisch. Jetzt erschien sie ihm als richtiggehend launenhaft und ebenso anspruchsvoll wie all die anderen Frauen, mit denen er zusammen gewesen war und denen er mißtraut hatte: stets Zeit für sich fordernd, wenn es *ihr* paßte, aber ihn unter Druck setzend, mit ihr zusammenzusein, wenn sie sich einsam fühlte – selbst wenn er mit Arbeit eingedeckt war. Aber natürlich sei sie verwöhnt, sagte er sich. Hatte ihr Vater sie nicht seine »kleine Prinzessin« genannt? Er war manchmal so wütend, daß er allein weggehen mußte. Wie konnte man von ihm erwarten zu heiraten, wenn ihm so zumute war?

Seine kleinen Eigenheiten im Umgang mit seinen persönlichen Dingen begann sie verrückt zu machen: »Du bist so *neurotisch!*«, schrie sie. Er spürte ihre Verachtung und haßte sie deswegen. Er haßte es auch, daß sie häufig vergaß, für Nachschub an Klopapier zu sorgen, oder daß sie die Mayonnaise aufbrauchte, ohne ein neues Glas zu kaufen. Und er haßte es, »sich dauernd für alles entschuldigen zu müssen«.

Gerade zu dieser Zeit fühlte sich Jonathan zu einer Sekretärin in seinem Büro hingezogen: sie war niedlich, viel weniger »dominant« als Marie, und sie behandelte ihn wie den lieben Gott. Marie spürte, daß etwas los war, und drang mit Fragen in ihn, aber er stritt alles ab. Da sie ihm weiter zusetzte, gestand er schließlich diese Anziehung ein, meinte aber, sie solle sich keine Sorgen machen. Maries Besorgnisse waren damit nicht zerstreut. Sie war mit ihrem Klinikverwalter im Clinch gelegen, und ihre Antennen waren höchst geschärft für hohle Worte. Sie war wütend, als sie hörte, daß ihn »diese kleine Schwarze irgendwie anmacht«. Aus Furcht vor ihrer Ablehnung schaltete Jonathan auf seine Versöhnlichkeitstour um, aber jetzt weigerte sie sich, ihm zuzuhören, und wies alle seine Entschuldigungen zurück.

Er hatte keine Ahnung, wie er vorgehen sollte. Er fürchtete, sich durch sein eigenes törichtes Verhalten alles vermasselt zu haben: er würde die einzige Frau verlieren, die imstande war, ihn zu ertragen, die einzige Frau, bei der es ihm möglich war, er selbst zu sein. In einem Zustand der Demoralisierung und Verwirrung begann er, seinerseits zurückzuschlagen – er kritisierte sie, machte sarkastische Bemerkungen, kam spät nach Hause.

Je mehr dieser Nervenkrieg eskalierte, desto deutlicher hatten beide das Gefühl, daß ihnen die Beziehung aus den Händen glitt. Jeden Tag nahmen sie sich innerlich vor, mit dem Hickhack aufzuhören, aber sie schafften es nicht. Sie schienen förmlich süchtig danach. Was sie auch versuchten, nichts wirkte. Sie konnten die Dinge nicht auf sich beruhen lassen, und sie konnten sich nicht aussprechen. In dieser Atmosphäre wurde es zu schwierig, die Frage der Heirat auch nur anzuschneiden.

Eines Tages, als Marie ihn wieder einmal ermahnte, seine Socken nicht auf den Boden zu werfen, drehte sich Jonathan um und schrie sie an: »Ich *weiß*, was ich tue. Ich wollte sie eben aufheben, wenn du mir bloß die *Chance* dazu geben würdest!« Und er stakste aus dem Schlafzimmer und knallte die Tür zu. Sie rannte ihm nach: »Du knallst hier nicht mit *Türen!*«, rief sie. Als sie ihn in der Küche einholte, übergoß sie ihn mit einem Schwall von Beschimpfungen, nannte ihn egoistisch, ahnungslos, arrogant, ungehobelt, rücksichtslos und chauvinistisch. Dann packte sie ihre

Koffer, wirbelte aus der Wohnung und blieb eine Woche bei ihren Eltern.

Das trieb die Krise auf die Spitze.

Jonathan vermißte sie entsetzlich. Er bat ihre gemeinsame Freundin Harriet, zu intervenieren, was sie tat. Marie vermißte Jonathan wirklich, und als sie ihn schließlich anhörte, spürte sie, daß seine Entschuldigungen echt waren; also kam sie zurück. In den folgenden Wochen fühlten sie sich prächtig, weil sie es geschafft hatten, diesen Streit beizulegen, und bald danach beschlossen sie, zu heiraten.

Aber wir eilen voraus. Inzwischen wollen wir nur festhalten, daß Jonathans Unmut darüber, daß er Marie versöhnlich stimmen mußte, nicht verschwand, sondern ebenso in den Untergrund ging wie Maries Wut darüber, daß sie die Wohnung hatte verlassen müssen, um Jonathans Aufmerksamkeit zu fesseln. Nicht, daß sie ihre negativen Gefühle absichtlich für sich behielten. Wenn man sie gefragt hätte, hätten sie erklärt, so gut wie völlig frei von Zweifeln und Ressentiments zu sein. Aber ihre aggressiven, reizbaren Verhaltensmuster blieben latent vorhanden, um später erneut zutage zu treten, sobald sie in eine noch tiefere Periode der Kontraktion gerieten. Später werden wir noch eingehender zu ergründen suchen, was hier geschah.

Das innere Erleben

In der Kontraktion haben wir das Gefühl, daß unser Partner seine Versprechungen gebrochen hat, uns zu unterstützen und zu lieben, das Beste in uns zum Vorschein zu bringen, uns Fehler machen zu lassen, ohne über uns herzufallen, und auf Vergeltung zu verzichten. Die Kontraktion bringt ein Gefühl von Verlust mit sich: der Verlust unseres idealen Partners, einer unendlich liebevollen Freundin, eines besorgten Mentors. Die Bitten unseres Partners um Veränderung erscheinen uns nicht länger unterstützend. Statt dessen geben sie uns das Gefühl, beurteilt und beherrscht zu werden.

Während dieses Stadiums übernehmen die Partner häufig die Rollen von »Eltern« und »Kind«, wobei beide Partner abwechselnd beide Rollen spielen können. Der »Eltern«-Partner beginnt zu schelten; der kindhafte Partner muß sich schützen, indem er sich zurückzieht oder auflehnt. Beide fühlen sich mißverstanden und nicht gebührend geschätzt, aus dem Gleichgewicht, bedürftig und frustriert. Wenn sich der kindhafte Partner zurückzieht, beginnt der andere oft, zu keifen und ihn zu tyrannisieren.

Dies ist der Kontext, in dem es häufig zu Beleidigungen und Mißhandlungen kommt.[33] Die Partner mißdeuten auch oft das Verhalten des anderen. Es kann sein, daß sich der eine nähert, um Kontakt herzustellen, aber der andere hält es für Aggressivität oder Dominanz und fährt ihn wütend an. Der eine Partner zieht sich zurück, um in Sicherheit zu sein, wird aber wütend vom anderen verfolgt, der in Zorn gerät, weil er sich mißverstanden, ignoriert oder verlassen fühlt. Wenn der eine oder beide Partner sich nicht enthalten können, diese Gefühle handgreiflich zu äußern, dann sind die Resultate nur zu vertraut.

In der Kontraktionsphase fühlen wir uns jedoch auch von uns selbst verraten und enttäuscht. Es ist uns nicht gelungen, die liebevolle Großzügigkeit, die Unabhängigkeit und den Blickwinkel des expansiven Stadiums aufrechtzuerhalten. Dabei hatten wir uns doch geschworen, daß wir es »diesmal durchhalten« würden, aber wir haben es nicht geschafft. Wir müssen uns eingestehen, daß un-

---

33 Wenn wir diesen Interaktionsprozeß, der zu Gewalttätigkeit führen kann, in der obigen Weise schildern, so heißt das weder, daß wir Gewalt verzeihlich finden, noch implizieren wir, daß geschlagene Frauen das gleiche Maß an Schuld tragen wie die sie schlagenden Männer. Für körperliche Mißhandlungen gibt es keine Rechtfertigung, um so weniger, wenn einer der beiden viel stärker ist. Ebensowenig gehen wir davon aus, daß die beschriebene Interaktion die einzige oder auch nur die prototypische Form häuslicher Gewalttätigkeit ist. Viele Männer verprügeln ihre Frauen in alkoholisiertem Zustand, in Anfällen ohnmächtiger Wut. Andere schlagen oder drohen Schläge an, um Frauen herumkommandieren und unter Kontrolle halten zu können. Es gibt viele Motive und Formen familiärer Gewalttätigkeit, von denen die meisten der Aufrechterhaltung eines Machtgefälles in der Beziehung dienen.

Was wir meinen, ist, daß sich in vielen Fällen die Aggressionen aufschaukeln, bevor es zu Handgreiflichkeiten kommt, und daß sich an dieser Eskalation beide Partner beteiligen.

sere Aufgeschlossenheit zu einem großen Teil von der Unterstützung unseres Partners abhing, nicht bloß von unserem eigenen Bemühen. Unsere Fähigkeiten, die uns eine Zeitlang gewachsen und gestärkt erschienen, dünken uns jetzt kläglicher denn je zuvor. Wir dachten, wir hätten das kleinliche Gezänk, die häßlichen Wutausbrüche und den Verlust an Augenmaß überwunden, die uns in diesem Stadium heimsuchen, aber jetzt sind wir wieder mittendrin.

Alles, was wir versuchen, scheint fehlzuschlagen; wir haben ein Gefühl der Ausweglosigkeit. Je verzweifelter wir uns bemühen, aus dem Konflikt herauszukommen, desto tiefer versinken wir darin. Reden soll angeblich helfen, aber es ist oft, als gieße man Öl ins Feuer. Schweigen wird als Verurteilung gedeutet. Gesprächswünsche werden als Versuch, den anderen zu beherrschen, aufgefaßt. Dieses Stadium ist durch sogenannte Doppelbindungen oder Beziehungsfallen gekennzeichnet: »Wenn ich um das bitte, was ich will, hält er mich für fordernd und zieht sich zurück. Aber wenn ich den Mund halte, bekomme ich auch nicht, was ich will.« Oder: »Ich habe immer das Gefühl, zu tun, was *sie* will. Selbst wenn sie es nicht direkt sagt, weiß ich, was sie erwartet. Und wenn ich es nicht tue, wird sie böse und macht mir das Leben zur Hölle.«

Es kann sein, daß wir uns jetzt wie Karikaturen unserer selbst fühlen. Männer wirken gefühlskalt und verschlossen, griesgrämig oder wütend; Frauen melodramatisch und fordernd, depressiv oder bedürftig. Wir rutschen in Rollen zurück, die wir gegenüber unseren Eltern spielten oder in unserer letzten gescheiterten Beziehung innehatten. Unser Partner zeichnet ein gnadenloses Bild von uns, das wir für unfair halten – aber unser Verhalten gibt jedem seiner Worte recht.

Die Regressionen in diesem Stadium sind die Kehrseite derjenigen, mit denen wir es in der Expansion zu tun haben. Die Partner winseln und bezichtigen einander und übernehmen dabei selten die Verantwortung für ihre eigenen Handlungen und Gefühle. Sie verteidigen sich gegenüber ihrem Partner, wie sie es einst gegenüber ihren Eltern taten: sie schreien, wenn der andere weggeht oder später nach Hause kommt; sie ducken sich, als ob der andere riesig und bedrohlich wäre; sie weisen gutgemeinten Rat zurück, als wäre er/sie gehässig oder verschlingend.

Jetzt werden wir mit unseren Nachtgedanken konfrontiert, unseren Schatten, unserer Schande. Wir bekommen es wieder mit dem Schmerz zu tun, vor dem uns immer so graute: wie früher, als unser Vater sagte, aus uns würde nie etwas; wie damals mit dreizehn, als unsere Flamme/unser Angebeteter über unsere Akne witzelte; wie in all den Zeiten, als wir fürchteten, nicht gut genug, hübsch genug, stark, klug oder interessant genug zu sein. Je mehr dieses Bild Gestalt annahm desto mehr befürchteten wir, sooft wir unglücklich waren und selbst in anderen Augenblicken, daß dies unser wahres, unser eigentliches Selbst sei: ängstlich, defensiv, egoistisch, aggressiv und gehässig.

Da dieses pessimistische Porträt um soviel düsterer und unzivilisierter ist als unsere Sonnenseite, verdrängen wir es soweit wie möglich. Es ist nicht das Porträt, das wir unseren Freundinnen und Geliebten zeigen wollen, und am allerwenigsten der Person, die wir als unseren Lebenspartner ansehen. Da dieses Porträt nicht im offenen Umgang mit anderen geglättet wurde, empfinden wir es als primitiv. Da wir uns nicht so offen damit auseinandergesetzt haben, und da es unter der Oberfläche gelauert hat, halten wir dieses dunklere Selbst häufig für ein wahreres Abbild unserer Persönlichkeit. Auf eine vertrackte Weise vertrauen wir ihm mehr als unserem expansiven Bildnis.

Wenn unser Partner uns beschuldigt, diesem reduzierten, schmählichen Bild zu gleichen, dann glauben wir ihm. Wir streiten es zwar vielleicht ab, aber im tiefsten Inneren glauben wir, daß wir entlarvt wurden, daß unser wahrer Charakter aufgedeckt wurde, daß wir trotz der ganzen Scharade der Expansion endgültig durchschaut sind. Am Ende haben wir das Gefühl, als seien die falschen Ideale dieses früheren Stadiums zerbröckelt und wir seien zu einer tieferen Realität vorgedrungen. Unser verletzter Partner, bemüht, sich selbst zu schützen, trägt wenig dazu bei, um diese Vorstellung zu zerstreuen, da es ihm in dem Gezänk darüber, wer die größere Schuld trägt, einen zeitweiligen Vorteil verschafft.

Diese Bloßstellung kann fürchterlich und furchterregend sein. Wir wenden eine Menge an psychischer Energie auf, um uns davor zu schützen, daß es dazu kommt. Ist es einmal geschehen, dann konzentriert sich unsere Lebensstrategie vorrangig darauf, die Enthüllungen wieder unter die Oberfläche zu drücken. Aber beim ersten Durchgang durch die Kontraktionsphase erscheint eine solche Vertuschung unmöglich, als versuche man, ein riesiges, schändliches Geheimnis in einen kleinen, durchsichtigen Beutel zu zwängen. Es erscheint uns zum Teil deshalb unmöglich, weil der Mensch, der die beschämenden Geheimnisse erstmals ans Licht brachte, die Person ist, der wir am meisten vertraut haben, die Person, mit der uns immer noch eine enge Beziehung verbindet. Wir können dem Blick des anderen nicht entrinnen. Tag für Tag sind wir gezwungen, ausgerechnet mit der Person zusammenzuleben, die unsere Schwächen, unsere Blamage am klarsten sieht. Wir kuscheln uns an sie, ebenso erleichtert wie wütend darüber, daß nur sie unsere schmählichsten Geheimnisse kennt.

Viele Beziehungen erholen sich nie wieder von dieser niederschmetternden Periode. Die Saat ihrer Auflösung wird in dem fürchterlichen Augenblick gesät, wenn sich beide Partner allzu schmerzhaft ihrer lang verborgen gehaltenen wunden Punkte bewußt werden, die nun ohne Trost den schonungslosen Blicken des anderen preisgegeben sind. Sowohl unverbindliche Beziehungen als auch Ehen gehen während dieser Periode häufig in die Brüche. Die Betroffenen wollen der Demütigung entrinnen, mit einem Menschen zusammenzuleben, der ihre Schwächen so klar erkennt und bei dem sie nicht auf Verständnis und Güte vertrauen können.

Zwei Arten von Kontraktion

Da in unserer Kultur von der Paarbeziehung so viel erwartet wird, stellt das Stadium der Kontraktion ein enormes Trauma und eine ebensolche Herausforderung dar. Unser expansiver Vertrag ist gebrochen worden, und wir sind verzweifelt. Wie schlimm dieses Stadium sein wird, hängt davon ab, wieweit von der vorangegangenen expansiven Phase erwartet wurde, daß sie frühere Verletzungen heilt, welche alten Wunden das Stadium des Verrats wieder aufbrechen läßt, und wie beide Partner darauf reagieren.

Die Kontraktion besteht aus zwei etwas unterschiedlichen Phasen. Anfangs sind die Partner in einem Schockzustand, und ihre Gefühle sind noch ungeordnet und bitter. Aber mit zunehmender Dauer beginnt das Paar, sich auf eine vertrautere, weniger umwälzende Weise darin einzurichten. Verhaltensweisen schälen sich heraus, die der Empfindlichkeit ihre Schärfe nehmen und es den Partnern gestatten, ihren täglichen Aufgaben und Pflichten nachzugehen. Die bittersten Gefühle und aggressivsten Impulse werden im Zaum gehalten; und eine mühsame, distanzierte, pessimistische Form der Interaktion setzt ein.

Diese zweite, mühseligere Variante kann für das Stadium der Kontraktion in späteren Zyklen charakteristisch werden. Tatsächlich werden seine tristen, Abstand schaffenden Aspekte zu Bestandteilen der Abwehrstruktur vieler Paare und bilden schließlich »die« Form, wie sie ihr wiederholtes Abrutschen in die Kontraktion erleben.

Das Paar

In der Kontraktion verschieben sich die Themen, die das Paar miteinander verbinden. Die positiveren Themen, die die Partner ursprünglich zusammenführten, spielen nicht mehr die bestimmende Rolle. Statt dessen wird ihr Leben von Motiven der Entfremdung und der Opposition beherrscht. Ein Großteil der Intensität verschleißt sich jetzt in Konflikten.

»Ich hatte keine Ahnung, daß du ein solcher Workaholic bist«, sagt ein Mann zu seinem Geliebten.

»Du hast mir nicht gesagt, daß du deinen Sohn [aus einer anderen Ehe] so oft sehen willst«, hält eine Frau ihrem neuen Gefährten vor.

Die Themen reichen von Wichtigem zu Kleinkariertem: »Hätte

ich gewußt, daß du so in der Nase bohrst, dann hätte ich dich sicher nicht geheiratet.«

Jene Paare, die sich nicht trennen, rücken nicht weit auseinander. Sie haben wenig Überblick in diesem Stadium. Es ist, als ob sie nicht voneinander loskämen. Ihr Handlungsrepertoire wird zunehmend eingeschränkt und vorhersagbar, ein peinigender, sich endlos wiederholender Reigen. Er fordert; sie widersetzt sich. Sie bohrt nach; er zieht sich zurück. Er will sie verführen; sie fühlt sich abgestoßen. Sie telefoniert endlos; er arbeitet noch mehr.

Anstelle der Aufwärtsspiralen des expansiven Stadiums kommt jetzt eine Bergabspirale in Gang. Dabei folgt auf jede Rückzugsbewegung des einen der gleiche Reflex des anderen. Immer gnadenlosere Interpretationen der Handlungen und des Charakters der Gegenseite schließen sich an, und die Betroffenen schützen sich selbst, indem sie durch Launenhaftigkeit, Schweigen, Arbeit, Alkohol, andere Beziehungen und Machtspiele Abstand gewinnen. So weist der eine Partner vielleicht auf die Wichtigkeit hin, sich selbst treu zu bleiben. Der andere kann sich einen moralischen Vorteil verschaffen, indem er das hilflose Opfer spielt. Je mehr sich ein Partner einer Strategie verschreibt, desto sturer verfolgt der andere deren Gegenstück. Diese Strategien können »symmetrisch« sein, etwa, wenn jeder den anderen herumzukommandieren versucht oder die moralische Überlegenheit beansprucht; oder sie können »komplementär« sein, so, wenn der eine auf das Herumkommandieren des anderen durchgängig mit einer Opferhaltung reagiert. Die Abfolgen von Schachzügen verfestigen sich zu Mustern. Negatives Feedback löst seinerseits negatives Feedback aus.

Männer und Frauen

Statt in zauberhafter Weise parallel zu verlaufen, wie es vorher der Fall war, streben die Wege von Männern und Frauen jetzt auseinander. Beide Partner kehren zu geschlechtstypischem (und -stereotypem) Verhalten zurück; schmollenden, verschlossenen Männern stehen nörgelnde Frauen gegenüber. Tyrannische Männer rennen gegen Frauen an, die nicht sagen wollen, was sie brauchen. An diesem Punkt erscheint uns die offenbare Konvergenz des expansiven Stadiums wie eine Selbsttäuschung. Eine Art von Geschlechterkrieg beherrscht die Beziehung, und anstelle der Androgynie, der Verwischung der Geschlechtergrenzen, die das Paar vorher auszeichnete, tritt erneut eine starre Rollenteilung zutage. Schwule und lesbische Paare driften in diesem Stadium oft in ähnlicher Weise auseinander, wenn sich der eine Partner auf das männliche und der andere auf ein weibliches Rollenklischee zurückzieht.

Die Partner lassen Eigenschaften verkümmern bzw. kapseln sie ab, die sie zunächst freudig, wenn auch noch tastend, erprobt hatten: es ist jetzt zu gefährlich, von ihrem Normalzustand abzuweichen, sie fühlen sich dann zu verletzlich. Statt dessen werfen sie einander »typisches« männliches oder weibliches Verhalten vor.

Mit zunehmendem Rückzug auf ihr eingeschränktestes Selbst spalten Männer ihre »weiblichen« Seiten ab, wobei sie sich oft »hereingelegt« fühlen, weil ihre Partnerin jetzt für ihre Verletzbarkeit nur noch Verachtung oder Desinteresse übrig zu haben scheint; Frauen bedauern ihre eigene Verletzbarkeit, da die Männer mit Desinteresse oder Grausamkeit darauf zu reagieren scheinen, und sie »wissen«, daß Experimente in Selbstbehauptung die Männer vertrieben haben.

Männer, die sich von »irrational kritischen« Frauen unterdrückt fühlen, setzen sich mit verschlossenem, wortkargem, pseudorationalem Verhalten zur Wehr. Frauen reagieren emotional, sie lassen ihren Partner nicht in Ruhe und beklagen sich über seine Abschottung. Desillusioniert, behaupten beide, sie verhielten sich nur als Reaktion auf den anderen so, den sie nur noch als Gattungswesen sehen: er oder sie ist »genau wie« andere Männer oder Frauen, die sie gekannt haben: sie haben *doch* keine Ausnahme gefunden. Es stellt sich heraus, daß der Partner entweder all die Merkmale seines Geschlechts verkörpert, die der andere am meisten fürchtet und verachtet, oder keines der Merkmale, die er oder sie bewundert hat. Jeder der beiden ist zu sehr dies und nicht genügend jenes. Männer suchen jetzt die Gesellschaft von Geschlechtsgenossen, gewöhnlich bei der Arbeit; Frauen umgeben sich mit anderen Frauen. Freunde und Angehörige applaudieren ihrem alten Kumpel und stärken ihrer Freundin den Rücken. Mit dem Beistand ihrer alten Getreuen lassen beide Partner längst abgelegte Verhaltensweisen wieder aufleben. Freunde legen uns vielleicht nahe, daß wir uns zu sehr von unserem Partner beeinflussen ließen: er war zu »nachgiebig« und hat ihr zu oft ihren Willen gelassen; sie ist ganz in ihrem Mann aufgegangen, statt sich ihre Unabhängigkeit zu bewahren.

Jetzt bestehen wir darauf, von unserem Partner so akzeptiert zu werden, wie wir wirklich sind – nicht gerade, wie wir versprochen hatten, zu sein, sondern »mit allen Ecken und Kanten«. Wir sind nicht irgendeine Projektion seiner eigenen Wünsche. Diese Forderung macht Schwierigkeiten, weil aus ihr hervorgeht, wie tief wir gefallen sind, und weil wir sie selbstrechtfertigend und aggressiv vorbringen und unserem Partner wenig Chance geben, ihr zu entsprechen.

Frauen setzen ihren Partner oft unter Druck, die Beziehung wieder zu kitten. Sie versuchen, entgegenkommend zu sein; sie schlagen ein Gespräch, vielleicht eine Therapie vor. Aber je mehr sie ihren Druck verstärken desto mehr werden sie von den Männern als fordernd empfunden. Die Männer versuchen ihrerseits abwechselnd, auf die Annäherungsversuche ihrer Partnerin einzugehen, sich in strafendes Schweigen zurückzuziehen oder durch Wutausbrüche Luft zu machen. Diese Abwärtsspirale von angstvoller Verfolgung und erschrecktem Rückzug löst keines der Probleme und macht die Betroffenen noch unsicherer.

Von der folgenden Einschränkung ist jeder Bereich ihres Lebens betroffen. Der Sex wird routinehafter, vorhersagbarer und seltener und verkommt erneut zu einem Instrument von Macht und Herrschaft. Spaß und Experimentierlust nehmen ab. Die Partner wollen miteinander schlafen, um zum Orgasmus zu kommen, um einander nahe zu sein oder weil sie angespannt sind. Kuscheln, Zärtlichkeit und Vorspiel fallen weg; die Fähigkeit zu Expressivität, Intimität, Autonomie und Abenteuer nimmt ab; und die Partner verfallen auf einen mechanischeren, stärker genital fixierten Sex.

Die sexuelle Akzentverschiebung vergrößert die Distanz. Während der Kontraktion wird Sex oft zur Domäne eines Partners, gewöhnlich des Mannes, aber oft genug auch der Frau. Er wünscht sich sexuellen Kontakt. Er beklagt sich über dessen Seltenheit. Er initiiert ihn. Aber je mehr er initiiert, desto mehr zieht sie sich zurück. Ihr eigenes, unabhängiges Verlangen scheint zu schwinden. Manchmal kann Sex befriedigend für sie sein, und sie reagiert auf seine Initiative. Manchmal gibt sie nur vor, zu reagieren, bloß, um ihn loszuwerden. Möglicherweise gesteht sie in dieser Phase, daß sie Sex nie wirklich mochte und sich nur dazu bereitfand, um ihm eine Freude zu machen. Oft reagiert sie ablehnend und mauert, wenn er versucht, sie aufzuschließen.

Er fühlt sich verlassen und dessen beraubt, was für sein Gefühl eine der wichtigsten Verheißungen des Expansionsstadiums war. Körperkontakt ist das Tor zur Intimität für ihn, und jetzt kann er sie nicht erreichen. Es kann sein, daß er sich jetzt Phantasien über andere Frauen hingibt, während sie, sich drangsaliert und ungeliebt fühlend, vielleicht einfach abschaltet, um besser mit der Situation fertig zu werden. Dies ist das Gegenstück zu dem, was sich im Bereich des Gesprächs vollzieht, das die Frauen in Gang bringen wollen, ohne dabei Unterstützung zu finden, während sich die Männer zurückziehen, weil sie sich bedrängt fühlen.

An die Stelle gemeinsamen Wollens kann Nötigung seitens des Mannes durch Einsatz seiner Körperkraft treten. Wenn Männer Rituale sexueller Dominanz ausagieren, scheuen die Frauen zurück. Das Auftreten eines Musters von kurzen, unpersönlichen Sexualkontakten stößt viele Frauen ab: sie kommen zu der Überzeugung, daß es ein Fehler war, sich in der Anfangsphase der Beziehung so weit geöffnet zu haben. Sie vermissen das entspannte Zusammensein und die Gespräche, sie wollen als Person wahrgenommen werden, nicht als Objekt. Durch das Schwinden der Gegenseitigkeit fühlen sich die Männer der ungezwungenen Nähe und Akzeptanz beraubt, die sie zuvor erlebt hatten. Die Beziehung gibt ihnen nicht länger das Gefühl, etwas Besonderes zu sein.

In der Kontraktion werden Aspekte der Persönlichkeit beider Partner, die nicht länger in die Paarbeziehung zu passen scheinen, verdrängt, abgespalten und unterdrückt. Sie bilden jetzt die Grundlage für Phantasien über andere Menschen, für zwanghaftes Grübeln und Seitensprünge. (Vielleicht wird *dieser* Mensch da drüben sanft und behutsam und dabei verständnisvoll sein, dynamisch in seinem/ihrem Selbstausdruck, zu wilder Sinnlichkeit fähig…) Statt ihre Phantasien aufzugeben, frönen ihnen die Partner fern der immer eingeschnürteren Beziehung. Beide Partner entfremden sich auf diese Weise voneinander und enthalten sich ihr besseres, vollständigeres Selbst aus Gründen des Selbstschutzes vor.

Das geschrumpfte Gegenüber

Im Stadium der Kontraktion schrumpft unser Partner quasi vor unseren Augen. Er erscheint uns weniger kompetent und weniger charmant. Gute Eigenschaften verwandeln sich in Fehler: was uns als lebhaft erschien, wirkt jetzt zudringlich und dominant; was ruhig wirkte, erscheint nun verschlossen und depressiv. Auf diese Wandlungen reagieren wir überrascht, oder wir kommen uns dumm vor. Warum hatten wir diese Mängel nicht früher erkannt? Warum waren sie uns so begrenzt und handhabbar erschienen? Nur selten übernehmen wir die Verantwortung für diese Veränderungen unseres Partners. Wir wollen nicht wissen, daß die Ängstlichkeit, mit der wir auf ihre Direktheit reagierten, sie aus dem Gleichgewicht brachte und ihr diese nervöse Gereiztheit verlieh. Wir wollen nicht wissen, daß unsere Ungeduld mit seiner Schüchternheit ihn in eine noch frostigere Reserve trieb.

Wir merken nur, daß unser Partner größere Ähnlichkeit mit jenen früheren Liebespartnern und Elternteilen annimmt, die wir uns eigentlich geschworen hatten, künftig zu meiden. Wir kommen zu der Überzeugung, daß es unserem Partner an gutem Willen, Rücksichtnahme und schlichtem menschlichen Anstand fehlt. Je mehr wir merken, daß er sich in die Personen verwandelt, mit denen wir bereits so viele Schwierigkeiten hatten desto mehr schrecken wir zurück und versuchen, uns selbst zu schützen. Warum, fragen wir uns, sollten wir soviel Mühe auf einen Menschen verschwenden, der bewirkt, daß wir uns so schlecht fühlen? Wir sehen uns nach anderen um, die immer noch unsere besten Seiten zum Vorschein bringen.

Die kleinlicheren Schattenseiten scheinen jetzt in der Persönlichkeit des Partners vorzuherrschen. Er zieht sich zurück und gibt uns zu verstehen, daß wir uns geirrt hätten, daß es unfair sei, ihn auf so hohe Ansprüche festzulegen, und daß er Raum benötige, wo er sich danebenbenehmen, wo er Fehler machen dürfe. Alles richtig, denken wir, aber auch so enttäuschend. Und wir kommen uns ziemlich doof vor.

Um uns selbst zu schützen, greifen wir erneut auf die kulturelle Narration zurück. Jetzt gewinnen die Gesänge und Geschichten über die Täuschungen der Liebe Bedeutung für uns. Wir vernehmen die Klagelieder mit neuen Ohren, und wir lauschen den Erzählungen anderer über ihre Fehlschläge. Wir versuchen, uns die zynischen Ansichten darüber zu eigen zu machen, was nach dem romantischen Beginn mit Beziehungen passiert – daß Routine an die Stelle von Romantik tritt, daß Konflikte das Liebesleben belasten, und daß die Bewältigung des Alltags das Prickeln vertreibt. Während wir uns zwischen unseren Träumen und dem, was wir für eine realistischere Einstellung halten, abmühen, versuchen wir, Klugheit und Reife zu erlangen.

So, wie unser Partner schrumpft, verändern auch wir uns innerlich. Das Bewußtsein für unsere eigenen Möglichkeiten beginnt zu schwinden. Zweifel an unseren eigenen Fähigkeiten, unserer eigenen Großartigkeit kommen hoch und lassen uns keine Ruhe. Wie häßliche Ballons, blähen sich diese Befürchtungen auf, entstellen unser Selbstbild und untergraben unsere Zuversicht. Im tiefsten Inneren hat das reduzierte Bild unseres Partners von *uns* eine Wahrheit getroffen, deren Existenz uns immer bekannt war. Je mehr wir unseren Partner abwerten, ein desto schlechteres Gefühl haben wir uns selbst gegenüber.

Während die expansive Phase von einem zunehmenden Energie-
fluß zwischen den Partnern – positiv, synergistisch und befähi-
gend – gekennzeichnet war, weist die Kontraktionsphase einen
sinkenden Energiepegel auf.

Statt »expandierender Aufwärtsspiralen« geraten beide Partner
in der Kontraktion in enger werdende Abwärtsspiralen. Meine
kritische Haltung macht dich fertig, und die deine setzt meine
schlechtesten Eigenschaften frei. Dein Geiz macht auch mich gei-
zig. Meine Lethargie macht dich müde. Wenn ich alles aufge-
räumt haben will, dann hilfst du nicht. Je ordentlicher ich die
Dinge haben möchte desto schlampiger scheinst du zu werden.
Ich werde zwanghaft; du nachlässig. Mit jeder Umdrehung ent-
stellt und untergräbt die Abwärtsspirale, was wir an uns selbst
und unserem Partner schätzen. Glück, Energie, Selbstvertrauen
und Hoffnung, alles wird von einem Strudel in eine Tiefe geris-
sen, aus der es keine Wiederkehr zu geben scheint.

Die gemeinsam verbrachte Zeit wird zermürbend. Freundliche
Bemerkungen werden als Angriffe »mißdeutet«; Herzlichkeit
wird als vorgetäuscht empfunden. Statt Selbstoffenbarung zu fördern, igeln sich die Partner ein. Sie hegen Geheimnisse voreinander, verbergen ihre persönlichsten Gefühle und haben das Gefühl, ihr Innerstes nicht freilegen zu können, sondern es *beschützen*
zu müssen. Da wir aufhören, uns bei unserem Partner aufzutanken,
haben wir weniger Energie für ihn übrig, und dasselbe gilt umgekehrt.

Innerhalb dieser sicheren Umfriedung widersetzen sich die Partner jedem Wandel, sie schlüpfen in engere Rollen, die sie ohne große
Anstrengung spielen können, und gehen steif nebeneinander durchs
Leben. Ein sexueller Annäherungsversuch wird ärgerlich zurückgewiesen; eine Bitte, bei Tisch »den Zucker herüberzureichen«, trägt
eine Beleidigung ein; eine beiläufige Bemerkung über einen Freund
löst einen tagelangen Streit über die Unterschiede zwischen Männern und Frauen aus; eine Einladung zu einem Spaziergang wird
spöttisch als Manipulationsversuch abgeschmettert. Das Vertrauen

setzt aus. Die Freundlichkeit wird verkrampft. Die Partner behalten ihre Energie für sich.

Aus dem Gefühl der Verletzbarkeit heraus fallen beide Partner auf ältere Abwehrmuster zurück. Sie *regredieren* auf konventionelle Vorstellungen über die »richtige« Art, Streitigkeiten zu schlichten bzw. die richtigen Umgangsformen zwischen Männern und Frauen. Plötzlich empfinden sie es als Erlösung, sich so zu verhalten, wie es ihre Mütter und Väter taten; sie fordern den gleichen Respekt, den ihre Eltern genossen: sie werfen sich den Mantel abgelegter Vorbilder um.

Die Experimente nehmen jetzt neue Formen an. Als erstes beginnen die Partner, größere Distanz zu halten. Als nächstes erproben sie neue Wege, um Zuneigung, Liebe und Achtung wiederherzustellen. Diese Versuche erfolgen tastend und stellen Vorstöße in Richtung auf Entspannung dar; sie erfordern Mut, weil die Partner noch keinen Waffenstillstand geschlossen haben und das Gegenüber jedes zeitweilige Entgegenkommen als ein Anzeichen von Schwäche bewerten könnte.

Die Lebensgeschichte umschreiben

Am Beginn von Beziehungen erzählen wir unserem künftigen Partner die Geschichte unseres Lebens. Durch wohlwollendes Zuhören wird er zu einem vertrauenswürdigen Hüter unserer Vergangenheit, der uns hilft, unsere Geschichte in vielversprechende Richtungen zu steuern. Wir sind begeistert von unserer in der Expansionsphase gemeinsam gewobenen Identität. Später treten unsere weniger erfreulichen Eigenschaften zutage: wir haben immer gewußt, daß sie ein integraler Bestandteil unserer Geschichte sind; jetzt werden sie von unserem Partner wütend eingeflochten, der ohne unsere bereitwillige Mitwirkung an einer neuen Geschichte arbeitet, die sich überwiegend aus der Schattenseite unserer Identität speist und von seinen eigenen Ängsten geprägt ist. Diese neue Geschichte hört sich irgendwie realistischer, älter und dauerhafter an. Wir bekämpfen sie zwar, befürchten jedoch, daß eine nähere Nachprüfung das Bild als richtig erweist. Unsere Identität ist in einer Krise, und wir winden uns in Entrüstung und Selbstzweifeln.

In der Hoffnung, uns eine tragfähige Lebensgeschichte zurechtzimmern zu können, wenden wir uns jetzt anderen Betätigungen und Rollen zu. Diese neue Geschichte wird vielleicht unsere Rolle als Elter oder Gemeindemitglied in den Vordergrund rücken. Aber die Zeit der Paarbildung scheint vorüber. Dies ist zum Teil durchaus vernünftig und realistisch: im Leben gibt es viel zu tun, woran einen die anfängliche intensive Fixierung auf die Zweierbeziehung hindert. Wir kehren zum »Rest unseres Lebens« zurück und wenden unserem Partner den Rücken zu, da unsere Identität innerhalb der Partnerschaft unerträglich geworden ist und wir die Saat einer separaten, eigenständigen Identität säen müssen.

Während des Stadiums der Kontraktion unterziehen wir unsere Paargeschichte einer völligen Revision. Wir erzählen unsere Geschichte öfters Außenseitern, weil sie weniger defensiv und mitfühlender zuhören. Der Ton wechselt je nach dem Erzähler und dem Zuhörer. Ein maßvoller Mensch spricht von Enttäuschung und der Notwendigkeit, Änderungen vorzunehmen. Wer zu größerer Dramatik neigt, schildert seinen Schock und sein Entsetzen: »Ich hätte nie gedacht, daß wir so große Schwierigkeiten haben würden: ich konnte nicht *glauben*, was da in Gang gekommen ist! Jetzt müssen wir die Scherben aufklauben und wieder von vorn beginnen.«

Die Erzählung nimmt eine tragische Qualität an, sobald Motive wie Schicksalhaftigkeit, fatale Mängel, unfaßbare Blindheit und bedauernswerte Opfer anklingen. Es ist, als hätten wir immer gewußt, daß es so enden würde, seien aber außerstande gewesen, das Unheil aufzuhalten. Wenn wir die Geschichte zum zweiten Mal erzählen, stellen wir das Expansionsstadium vielleicht als eine sentimentale, aber nötige Einleitung dar. Auf diese Weise suchen wir uns vor Enttäuschung zu schützen, indem wir die Bedeutung der Aufbruchsphase herunterspielen.

Beide Partner ringen darum, sich während der Kontraktionsphase neu zu orientieren. Sie müssen die Entdeckungen verarbeiten, die sie über sich selbst gewinnen, müssen ihren schmerzhaften Erfahrungen einen Sinn verleihen. Falls sie versuchen, an der Geschichte festzuhalten, die sie während der Expansion gesponnen haben, und ihre Entdeckungen als Ausrutscher behandeln, dann täuschen sie sich und verlieren den Kontakt zu sich selbst. Falls sie die Entdeckungen jetzt als die ganze Geschichte ausgeben, werden sie wahrscheinlich den Mut verlieren und auseinandergehen. Wenn sie jedoch die Entdeckungen der Kontraktion mit der Geschichte der Expansion verweben, dann kann sie das beide bereichern und ihrer Geschichte Tiefe und Authentizität verleihen.

Tatsächlich ist die Geschichte der Kontraktion genauso fesselnd wie die der Expansion. Auch sie wird zu einem Schlüsselereignis im Leben eines Paares. Letztere repräsentiert unsere positive Sicht von unserer Beziehung; erstere die negative. Ein Paar pendelt gewöhnlich zwischen diesen beiden Polen hin und her.

Der Vertrag der Kontraktionsphase

Die verstörende Erfahrung des zweiten Stadiums bildet die Basis für einen neuen Vertrag, ein Bündel von Erwartungen, die ein Paar an seinem Tiefpunkt gegenüber dem Partner hegt:

»Immer, wenn es mir schlecht geht, willst du bloß weg.«

»Sooft ich die geringste Kritik äußere, bekommst du einen Anfall, der eine Woche dauert.«

Mit der Zeit werden die vorhersehbaren Erfahrungen der Kontraktion den Betroffenen sehr vertraut.

»Wenn du nicht anfangen würdest zu toben, sobald ich dich kritisiere, käme ich ganz durcheinander und würde dich vielleicht – um meinen Realitätssinn zu überprüfen – nochmals kritisieren, und diesmal vielleicht etwas schärfer.«

»Wenn du dableiben und nicht weglaufen würdest, wenn es mir schlecht geht, dann würde ich mich vielleicht bedrängt und gedemütigt fühlen, daß du mich an meinem Tiefpunkt siehst. Statt mich von dir trösten zu lassen, was ich eigentlich möchte, würde ich dann vielleicht gereizt versuchen, dich zu verscheuchen.«

Auf diese Weise entwickeln wir sehr stabile Verhaltensmuster, die durch die stabilen negativen Vorstellungen verstärkt werden, die wir aus bis in die Kindheit zurückreichenden Zeiten mit uns herumtragen.

Dieses Gewebe aus Verhaltensweisen und Leitbildern strukturiert unsere Befürchtungen und Unsicherheiten. Obwohl diese Muster unsere Ängste nicht beseitigen oder uns davor schützen, vermögen sie merkwürdigerweise, sie irgendwie zu binden und davor zu bewahren, außer Kontrolle zu geraten.

Davon handelt dieser neue Vertrag. Er hat die Funktion, die ärgsten Aspekte der Kontraktionsphase in erträglichen Grenzen zu halten. Er macht uns mit dem Schlimmsten vertraut und läßt uns dennoch beisammenbleiben. Wenn die Partner das erste Erlebnis der Kontraktion bzw. die ersten paar derartigen Erfahrungen durchstehen, dann werden sie sich künftig auf diesen Vertrag ebenso beziehen können wie auf den der Expansionsphase. Dieser zweite Vertrag repräsentiert die Talsohle ihrer Beziehung, den tiefsten Punkt, auf den sie sinken können, ohne auseinanderzugehen. Ebenso wie der expansive Vertrag ist er weniger ein Regelwerk als eine Reihe von Leitbildern und Gefühlen.

Paare durchlaufen die Kontraktionsphase viele Male. Jeder Durchgang bedroht ihre Beziehung, und sie müssen ständig Wege und Mittel finden, um ihre eigene Zerstörungskraft unter Kontrolle zu halten. Deshalb lassen sich sich bei jedem neuen Durchgang von diesem zweiten Vertrag leiten.

Das Paradoxe an diesem zweiten Vertrag ist, daß er einigen Trost für die Partner bereithält, da er ihnen diesseits der Katastrophe Einhalt gebietet. Aus diesem Grund zögern sie, ihn aufzukündigen. Aber er hält sie auch davon ab, die Regeln umzustoßen und etwas Neues auszuprobieren – etwas, das sie ihrer Misere entreißen könnte. Sie messen ihre Erfahrungen daran: wenn die Erfahrung dem Beziehungsmuster entspricht, ist sie tolerierbar. Wenn nicht, ist sie zu bedrohlich und wird deshalb verworfen. Viele Anläufe, aus der Kontraktion auszubrechen, bleiben somit im Ansatz stecken. So unternimmt das Paar vielleicht den Versuch, mehr Intimität zuzulassen, als es angesichts des Mißtrauens der Kontraktion ertragen kann, oder es erprobt mehr Unabhängigkeit, als die Unsicherheit der Partner gestattet – obwohl das Zusammensein eine Qual ist.

Da sie unfähig sind, manche ihrer besten Bemühungen um Veränderung zu tolerieren, verharren viele Paare länger in der Kontraktion als nötig. Der zweite Vertrag hilft ihnen zwar, indem er die Schwierigkeiten in Grenzen hält, aber er behindert sie auch, indem er den Wandel hemmt.

Diese bittere Identität schließt ihre eigenen Anekdoten und Schauergeschichten ein. Auch diese werden oftmals erzählt werden und können als Abschreckung gegen künftige Verstöße dienen. Die »Paarkultur« hat sich weiterentwickelt.

Astrid und Henry

Astrid und Henry hatten ihren ersten Streit über Fragen von Liebe und Unabhängigkeit. Astrid hatte allmählich das Gefühl bekommen, daß Henry sie hemme, daß er ihre Entwicklung als Fotografin bremse und sie eifersüchtig daran hindere, den kreativen Funken zu nähren, den sie für ihren *Wesenskern* hielt und den er so zu lieben behauptete. Sie hatte das Gefühl, er würge genau den Teil von ihr ab, der liebesfähig und schöpferisch sei. Deshalb zog sie sich von ihm zurück. Wütend pochte sie auf ihr Recht, ihr eigenes Leben zu führen und ihre eigenen Entscheidungen zu treffen. Wenn er mit ihr zusammensein wollte, schön: aber er mußte akzeptieren, daß sie über ihr eigenes Leben selbst bestimmte.

Henry empfand Astrids Abrücken als Zurückweisung. Er hatte das Gefühl, soviel »gegeben« zu haben, wie er konnte. Das einzige, was er dafür erwartete, war Liebe und Zuneigung und ein gewisses Maß an sexuellem Kontakt. Aber der sexuelle Kontakt war eines der Dinge, die ihm Astrid wegnahm, als sie sich zurückzog. Sie hörte auf, ihn zu umarmen und zu küssen, seinen Arm zu berühren, ja sogar, ihn *anzulächeln*. Diese Kälte löste bei ihm das Gefühl eines riesigen Verlusts aus; er geriet in Panik.

Sie beharrte jedoch auf ihrer Freiheit, zu tun, was sie wollte, und fing an, Henrys Lebensweise zu verunglimpfen. Während *sie* wild und kreativ sei, gab sie ihm zu verstehen, sei er schwach, unsicher und schwankend. Er fühlte sich im Stich gelassen und angegriffen. Sie hatte ihrerseits das Gefühl, einen weiteren Klotz am Bein zu haben, wie ein klammerndes Kind. So schmetterte sie seine Ideen und seine Klagen ab:

»Sag mir nicht, was ich tun soll«, wies sie ihn zurecht. »Ich werde meine *eigenen* Entscheidungen treffen. Wenn du so klug bist, daß du Leuten raten kannst, was sie tun sollen, warum bringst du dann nicht Ordnung in dein *eigenes* Leben? Los, fang etwas mit *dir* an, und laß *mich* in Ruhe!«

Außerstande, zu ertragen, was er als ständige Schmähungen empfand, wurde Henry wütend. Er kam sich töricht vor. Astrid war nicht anders als andere Frauen: sie war despotisch, egoistisch, herrschsüchtig und aufbrausend. Ihre Energie konzentrierte sich auf sie selbst. Statt liebevoll und tolerant zu sein, war sie gehässig und kritisch. Wie konnte er sich so geirrt haben? Er zog sich noch weiter zurück, wurde depressiv, attackierte sie aus der Distanz, bemitleidete sich selbst…

Je mehr sich Henry zurückzog, desto wütender wurde Astrid. Er erschien ihr als ein Feigling, wie ihr Vater; das verunsicherte sie. Wie konnte sie Henry so falsch eingeschätzt haben? Statt ihr »Felsen« zu sein, war er in Wirklichkeit ein Pudding: und jetzt erwartete er von ihr, ihn zu erhalten. Das machte sie wütend. Wie konnte sie ihre Ambitionen verwirklichen, wenn sie für Henry, Simon und alle übrigen sorgen mußte? Wo würde sie den Mann finden, der für *sie* sorgte?

Je schärfer sie ihn angriff desto mehr zog er sich zurück, bis er schließlich, als seine Selbstachtung zu bröckeln begann, wütend zum Gegenangriff überging:

»In deinen Augen bin ich kein Mann? Ist es das? Nach allem, was ich für dich getan habe? Du kannst mich mal!«

»Komm mir nicht auf diese Tour!«

Und schon waren sie wieder in einen Streit verwickelt, der erst endete, wenn einer von ihnen aus dem Hause floh.

So, wie sie bei jedem neuen Eintritt in die Expansion erneut die beglückenden, sonnigen Eindrücke ihrer ersten Expansionsphase durchleben, so wecken Henry und Astrid die bitteren, verzweifelten Eindrücke dieses ersten Durchgangs durch das Kontraktionsstadium, sooft sie in eine neue Abschwungphase geraten. Wenn dies der Fall ist, durchleben Astrid und Henry ein weiteres Mal ihre schlimmsten Befürchtungen und Alpträume. In dem beißenden Hohn des anderen spiegeln sich ja ihre *eigenen* inneren Gefühle von Unzulänglichkeit. Ihre Unfähigkeit, den »richtigen« Partner zu wählen, bringt ihre labile Selbstachtung ins Wanken. Ärgerlich ihre eigenen Gefühle von Schwäche und Bitterkeit auf den Partner projizierend, lassen sie sich dann zu erbitterten Angriffen hinreißen, die sie nur noch weiter auseinandertreiben. Beide fühlen sich hintergangen und ihres Haltes beraubt. Die Eigenschaften, die sie beim anderen so schätzten, erscheinen ihnen jetzt wie eine grausame Travestie, eine Karikatur, ein Betrug. Sie sind irregeführt worden. Sie sitzen in der Falle.

Astrid und Henry verspürten Gefühle von Kontraktion erstmals einige Monate nach Beginn ihrer Beziehung, als sie über Liebe und Zuneigung (seine Themen) und Unabhängigkeit (ihr Thema) stritten. Das nächste Mal gerieten sie nach ihrer Heirat in die Kontraktion; damals drehten sich ihre Auseinandersetzungen über die Fragen, ob sie noch ein Kind bekommen oder Astrids Karriere fördern sollten. Zwei Jahre später wurde Astrid schwanger und erlitt eine Fehlgeburt, und sie stürzten in eine weitere Periode erbitterter, verzweifelter Kontraktion, in der sie einander und sich selbst mit Vorwürfen überhäuften. Diese Krise überwanden sie durch ihren Entschluß, beisammenzubleiben und um Astrids Arbeit willen den Wohnort zu wechseln.

Wenn wir Astrid und Henry durch ihr gemeinsames Leben folgten, würden wir Zeugen, daß sie immer wieder Perioden der Kontraktion durchmachen. So wurde Henry zum Beispiel einmal schwer krank, so daß Astrid gezwungen war, mehr pflegerische Funktionen zu übernehmen und ungeplante Opfer in ihrer Laufbahn zu erbringen. Zu einer weiteren Kontraktion kam es nach dem Tod von Astrids Tante. Eine neue Periode der Kontraktion setzte ein, als Astrids Sohn Simon ernsthafte Probleme in der Schule bekam.

Sooft sie in die Kontraktionsphase eintraten, lebten die gleichen Streitpunkte wieder auf. Dilemmas, die sie für gelöst gehalten hatten, traten erneut zutage, immer noch lebendig, immer noch problematisch, dornig und bedrückend.

Die Bedeutung der Kontraktionsphase

Obwohl es uns große Schwierigkeiten macht, ist das Stadium der Kontraktion doch wesentlich für die Entwicklung eines Paares. Solange die Partner ihre Verwundungen und Unsicherheiten nicht in die Beziehung einbringen können, werden sie sich weder wirklich noch ganz fühlen, und die Wachsamkeit, die nötig ist, um sich selbst zu schützen, wird sie vorsichtig und oberflächlich machen. In der Kontraktion finden kritische Themen und Leitbilder aus der Vergangenheit der Partner Zutritt zur Erfahrung des Paares und vertiefen dessen Charakter. In diesem Sinn sollte die Kontraktion nicht bloß als ein »negatives« Stadium, als unerwünschtes Gegenstück zu den glücklichen Zeiten der Expansion, angesehen werden. Da hindurchzugehen, ist ebenso notwendig für ein Paar wie das Durchlaufen der anderen Stadien.

Denn wir konfrontieren uns ehrlich im erbarmungslosen Licht der Kontraktion, wenn wir mit der Wahrheit über unsere eigenen Grenzen und die unserer Partner herausrücken. Es kann sein, daß wir in solchen Zeiten bittere Wahrheiten erkennen und zu Einsichten über uns selbst und unsere Liebsten gelangen, die wir »lieber nicht wissen« würden, die zu verarbeiten aber wesentlich für uns sind. Diese mögen nicht wahrer sein als die Erkenntnisse der Expansion, aber sie sind *ebenfalls* wahr und müssen in die Beziehung integriert werden. Im Lauf der Zeit werden diese Themen vielleicht nicht mehr als eine Alternative zur Expansion empfunden werden, sondern als Ergänzung und Gegengewicht dazu.

Die Kontraktion gestattet den Partnern, sich offen über unerfreuliche Dinge zu äußern. Geheimnisse, Befürchtungen, Obsessionen, Verzerrungen, Neid und Eifersucht und andere höchst peinliche, aber faktisch vorhandene Aspekte unseres Selbst kommen zum Vorschein. In diesem Aufreißen der eigenen Brust und der des Partners finden die Paare ein Antidot gegen die manchmal etwas verlogene Welt der Expansion. Ohne die Kontraktion würden wir uns in unseren Beziehungen unerkannt fühlen: versteckt, heimlichtuerisch und unauthentisch, gezwungen, mit unserer Wut und unserem Schmerz allein fertig zu werden.

Paare, die dieses Stadium durchstehen und zusammenbleiben, werden darauf zurückblicken wie auf einen Initiationsritus, eine Zeit, in der sie auf die Probe gestellt wurden und triumphierten.

Aus der Kontraktion herausfinden

Um als Gespann zu überleben, müssen die Paare die Kontraktionsphase schließlich verlassen und das Stadium der Entspannung erreichen. Im Laufe einer langjährigen Partnerschaft tun sie dies immer wieder. Jedesmal müssen sie dazu Mittel und Wege finden, um ihre Schwierigkeiten in den Griff zu bekommen oder sie zumindest in den richtigen Proportionen sehen zu können, damit die Elemente der Expansion wieder in den Blick kommen und die Enttäuschung der Kontraktion aufwiegen können.

Paare verharren unterschiedlich lang in der Kontraktion. Manche verbringen da den Großteil ihrer gemeinsamen Lebenszeit und entrinnen nur für kurze Augenblicke in die Entspannung oder die Expansion. Für andere besteht der einzige Ausweg darin, die Beziehung aufzulösen, und eben dies geschieht auch schließlich. Wieder andere finden keine Lösung; aber sie haben solche Angst, allein zu sein oder empfinden sich als so abhängig von der finanziellen oder gesellschaftlichen Unterstützung ihres Partners, daß sie einer Trennung nicht ins Auge sehen können. Kinder halten viele antagonistische Paare zusammen. Der religiöse Glaube bindet andere aneinander. Manche Paare vermeiden die Kontraktion um jeden Preis und sind sogar bereit, die meiste Zeit auf der Oberfläche dahinzusegeln, wenn dadurch die Konflikte auf ein Minimum beschränkt bleiben.

Die meisten Paare machen regelmäßig Kontraktionsphasen durch, aber die Zeitspanne, die sie darin verbringen, schwankt häufig: es kann sich um kurze Durchgänge handeln; ihre Verhedderung darin kann drohen, ewig zu dauern oder die Beziehung scheitern zu lassen.

Jedes Paar entwickelt seine ganz speziellen Mittel und Wege, um wieder aus der Kontraktion herauszukommen. Manche entrinnen durch heftige Kräche. Sie schreien sich an, hauen sich ihre Vorwürfe um die Ohren und lassen ihre ganze angestaute Frustration heraus. Aber wenn sie damit fertig sind, gestehen sie einander, wie einsam sie waren, wie ungeliebt sie sich fühlten und wie sehr sie sich wünschen, einander wieder nahe zu sein, und so kommen sie wieder zusammen. Andere winden sich Schrittchen um Schrittchen heraus. Eine kleine Versöhnung kann zu einem kurzen Kompromiß führen; selbst wenn dieser wieder zerbricht, dient er dennoch als Basis für einen zweiten ... der eine umfassendere Grundlage für eine Einigung bilden könnte; und so weiter. Früher oder später überschreiten die beiden eine Schwelle, und ihr guter Wille erweist sich als dauerhaft: sie fühlen sich hinreichend versöhnt und respektiert, um einzusehen, daß die Kontraktion nur ein Stadium ist, nicht die ganze Beziehung.

Während der Kontraktion gibt es auch Fehlstarts: kurze Augenblicke, in denen die Schmerzen und Kämpfe verziehen schienen und das Paar eine vorübergehende Rückkehr zu den guten Gefühlen des ersten Stadiums erlebt. Wenn der Bann der Kontraktion jedoch ungebrochen bleibt, dann erscheinen uns diese Momente wie grausame Scherze. Aber wenn sich der Augenblick als eine von mehreren Stationen auf dem Weg zur Versöhnung erweist, dann macht das Paar Fortschritte. Durch die Kumulation solcher Augenblicke kann die Talfahrt gestoppt und eine neue Organisationsform möglich werden, so daß die zwei in das Stadium der Entspannung eintreten können.

Manchmal klammern Paare ein Problem aus, um aus der Kontraktion herauszufinden. Entweder einigen sie sich darauf, um ein brenzliges Thema einen Bogen zu machen, oder Aktivitäten zu vermeiden, die ihre schlechtesten Seiten ans Licht bringen. Dabei kann es sich um Unternehmungen handeln, die von einem Partner als bedrohlich empfunden werden: Besuche bei den Schwiegereltern, bestimmte Formen der sexuellen Begegnung, soziale Kontakte mit bestimmten Bekannten, Versuche, die Kinder gemeinsam zu disziplinieren. Wenn das gelingt, dann können ihnen die errichteten Wände die Zeit und den Raum verschaffen, die sie benötigen, um einen neuen Höhenflug zu starten. Natürlich ist keine Wand undurchdringlich: ausgeklammerte Schwierigkeiten werden wahrscheinlich später wieder aufbrechen und die Partner in ein weiteres Stadium der Kontraktion zurückwerfen. Bis zu einem gewissen Grad hängt die Gefahr einer neuen Kontraktion davon ab, wieviel die eingezogene Wand von uns abhalten kann bzw. ob die Schwierigkeiten auf dauerhaftere Weise gelöst werden können.

Manchmal tun Paare mehr, als ihre Schwierigkeiten auszuklammern: sie bemühen sich um ihre Lösung. (Darauf wird im nächsten Kapitel über das Stadium der Entspannung eingegangen.) Die Probleme zu lösen, um aus der Kontraktion herauszufinden, ist zu diesem Zeitpunkt das Hauptziel der Partner. Das Ausklammern von Problemen ist wie das Aufkleben eines Pflasters. Manche halten lange, andere nicht. Aber ob die gefundene Lösung nur eine vorübergehende oder eine dauerhafte Erleichterung bietet, ist eine sekundäre Frage. Vielleicht wird das Paar später zu seinen alten, problematischen Verhaltensweisen zurückkehren. Aber das ist etwas, worüber sie sich *dann* den Kopf zerbrechen müssen.

Paare probieren immer Dinge aus, unternehmen kleine Vorstöße in neues Gelände. Selbst auf der Talsohle der Kontraktion unternehmen sie zeitweilige Abstecher in den Kompromiß, versuchen zu verhandeln oder erleben eine Aufwallung von Gefühlen der Zusammengehörigkeit. Sex kann ein Anlaß zu einem solchen Abebben der Spannung sein; aber ebenso Hobbys wie Tanzen, Kinobesuche, ein Essen im Restaurant, Besuche bei Freunden oder Eltern, eine Urlaubsreise oder eine Wochenendfahrt. Fast alles, was eine Abwärtsspirale *unterbricht*, kann einen Ansporn zur Veränderung darstellen, kann uns wieder zusammenführen und neuen Auftrieb geben.

In der Kontraktion fühlen sich die Partner oft so isoliert und mißachtet, daß sie anfangen, sich innerlich vom anderen abzukoppeln. Ein paar freundliche Worte, eine respektvolle Geste, ein Lächeln, eine herzliche Berührung, ein Geschenk, ein Nachmittag der Gespräche und des Zusammenseins – jedes dieser Dinge kann den Anstoß dafür geben, daß ein Paar anfängt, sich aus der Kontraktion herauszuarbeiten. Worauf es ankommt, ist, daß die Partner eine Möglichkeit spüren, anders zu sein. Wenn sie eine Erlösung von ihrem Streiten, von der Isolierung erkennen können, und sei es auch nur eine Teillösung, einen Waffenstillstand irgendeiner Art, dann erklären sie sich vielleicht zu einem neuen Versuch bereit. Sie brauchen das Gefühl, von ihrem Partner geliebt und respektiert zu werden. Sie müssen einen Schimmer von dem alten Partner sehen, in den sie sich verliebten. Sie müssen, wenn auch nur einen Augenblick lang, das Gefühl haben, daß der andere sie zu schätzen weiß.

Wie Theodore Roethke geschrieben hat: »In dunkler Zeit wird das Auge hellsichtig.«[34] In den Zeiten der Kontraktion, obwohl sie eine Phase der Wut, der Selbstgerechtigkeit und des Rückzugs ist, suchen denn auch gewöhnlich beide Partner nach einem Ausweg. Beide sind gewöhnlich hellhörig für ein Anzeichen, ein Signal, daß sich die Dinge ändern könnten. Das zufällige Auftreten irgendeines solchen Signals kann als Katalysator wirken, der das Paar auf den Weg zum folgenden Stadium, dem Stadium der Entspannung, bringt. Und die stetige Akkumulation solcher Anzeichen und Signale wird die gefühlsmäßige Einstellung zueinander verändern und zur Entstehung neuer Formen des Umgangs miteinander führen, die es ihnen ermöglichen, sich aus den Fallgruben und Sümpfen herauszuwursteln, in die die Kontraktion sie gestürzt hat, und wieder festen Boden zu erreichen.

---

34 Theodore Roethke, »In a Dark Time«, in *The Collected Poems of Theodore Roethke* (New York: Anchor/Doubleday, 1975), S. 231.

Das Stadium der Entspannung

Paare in der Kontraktion haben im Prinzip drei Optionen. Sie können auseinandergehen. Sie können in der Kontraktion stekkenbleiben. Oder sie können in ein neues Stadium kommen, das Stadium der Entspannung, in dem der Konflikt zwischen Expansion und Kontraktion zumindest teilweise gelöst wird.

Der Schmerz der Kontraktion überwältigt und demoralisiert die Betroffenen so sehr, daß viele ihre Beziehung in dieser Phase beenden. Andere bleiben in der Kontraktion, weil sie befürchten, ihr Bemühen, ihre Probleme zu lösen, könnte zur Scheidung führen. Wieder andere, frustriert über fehlgeschlagene Fluchtversuche, richten sich über lange Zeiträume in der Kontraktion ein; sie finden Wege, um ihre wütendsten Konfrontationen zu vermeiden und verschanzen sich hinter Verteidigungswällen, um ihre Gefühle von Ablehnung, Verlassenheit und Wertlosigkeit in Grenzen zu halten. Ihre Versuche, die Probleme zu lösen, nehmen einen überwiegend rituellen Charakter an.

Dieses Kapitel konzentriert sich auf jene Paare, die genügend Probleme unter Kontrolle bekommen oder lösen, um in das Stadium der Entspannung einzutreten.

Die Grundzüge der Entspannung

Die Entspannung leitet einen neuen Anfang ein. Sie ist durch einen neuen Geist gekennzeichnet: die Bereitschaft zum Entgegenkommen; die Fähigkeit, die Komplexität der Dinge zu erkennen; und die Tendenz, Zuneigung und Partnerschaft über romantische Liebe und Leidenschaft zu stellen. In der Entspannungsphase schieben wir unsere miesmacherischen, vorwurfsvollen Gefühle beiseite und geben der Hoffnung und dem Engagement eine neue Chance. Dies ist eine nüchternere Zeit als die Expansion, eher eine Periode der Zusammenarbeit als eine Zeit endloser Umarmungen.

Es ist ein Stadium des Kompromisses und der Verhandlung. Die Partner bemühen sich, vernünftig zu sein, die Dinge in den richtigen Relationen zu sehen und die Verantwortung für sich selbst zu übernehmen. Während die Expansion unsere Kapazität zum Optimismus ausschöpft und die Kontraktion die zum Pessimismus, stellt die Entspannungsphase ein neues Gefühl von Balance und Stabilität wieder her. Endlich spüren wir wieder Boden unter unseren Füßen: wir wissen, was wir tun, und haben unser Leben unter Kontrolle.

Die Entspannung leitet oft eine neue Phase expansiver Gefühle ein, in der der Optimismus, die gemeinsamen Träume und das Gefühl von Gegenseitigkeit wieder aufleben, die uns einst so beglückten. In der Frühphase der Beziehung kann dieser Optimismus die Beteiligten schnell in ein neues Stadium der Expansion und an den Beginn eines zweiten oder dritten Zyklus befördern. In einem späteren Abschnitt ihrer Beziehung halten die Partner vielleicht die Zügel fester, um nicht zu rasch in die Expansion zu galoppieren. Sie ziehen es möglicherweise vor, so lang sie können in der Entspannung zu bleiben, weil deren verläßliche Züge ihnen mehr Geborgenheit und Stabilität versprechen als der aufregende, aber regressive Sog der Expansion. Schließlich könnte ein neues Stadium der Expansion nur eine kleine Weile dauern und das Paar könnte zu schnell in weitere Fallgruben der Enttäuschung stürzen.

Die Erfahrungen von Paaren auf ihrem ersten Durchgang durch die Entspannung umfassen ein breites Spektrum. Manchen gelingt ein dramatischer Umschwung von der totalen Konfrontation zu harmonischer Zusammenarbeit und Gegenseitigkeit. Andere kämpfen sich verbissen voran, wobei sie sich vor allem bemühen, Probleme zu lösen und Konflikte zu begrenzen; sie erreichen eine umgängliche, wenn auch vorsichtige Vertrautheit – eher wie Freundschaft als romantische Liebe. Wieder andere nähern sich der Entspannung unter einer spirituellen Perspektive, sie akzeptieren ihre eigenen Grenzen und die ihrer Partner in einer philosophischeren, weniger zerquälten Weise. Für sie bedeutet Entspannung das Loslassen lange mächtiger, aber unrealisierter, »unrealistischer«

Hoffnungen als Gegenleistung für ein ruhigeres, friedlicheres Leben miteinander.

Da Paare in ihrem gemeinsamen Leben viele spiralförmige Zyklen der Expansion, Kontraktion und Entspannung durchlaufen, kann sich ihr Verhalten in der einen Entspannungsphase von dem in einer anderen unterscheiden. Auf diese Weise machen manche Paare Bekanntschaft mit einer großen Vielfalt von Stilen für dieses Stadium. Gewöhnlich findet jedoch jedes Paar seinen eigenen, persönlichen Stil der Entspannung und greift immer wieder darauf zurück.

Die Entspannung bewältigt mehrere Aufgaben. Erstens holt sie uns aus der Kontraktion heraus. Zweitens hilft sie uns, die Gefühle und Vorstellungen der Kontraktion mit denen unserer früheren expansiven Phase zu vereinbaren. Drittens bringt sie Vorstellungen und Gefühle von Freundschaft, Reife und Partnerschaft hervor, die in den anderen Stadien nicht im Vordergrund standen. Tastend sondieren wir unsere Vorstellungen davon, wer wir sind, was wir wollen und wie wir es kriegen könnten; und wir experimentieren mit neuen Möglichkeiten der Selbstentfaltung. Dann fügen wir diese neuen Formen allmählich zu einer gemeinsamen Vision zusammen, geboren nicht aus romantischer Liebe, sondern einer realistischeren Einschätzung.

Im Stadium der Entspannung herrschen Pluralismus und Demokratie. Disparate Gefühle können hier miteinander koexistieren. Divergente Vorstellungen erscheinen uns wie verschiedene Seiten derselben Münze – nicht als sich gegenseitig ausschließend. Statt uns zu trennen, bringen sie uns im Gespräch zusammen. Wir reden von Sowohl-als-auch, nicht von Entweder – Oder.

Wir sind auf dieses Stadium ebenso vorbereitet wie auf die vorangegangenen. Eltern, Großeltern, Lehrer und Mentorinnen haben uns alle gelehrt, daß Toleranz und Kompromißfähigkeit das Kennzeichen menschlicher Reife sind. Langfristig, sagen sie, nehmen Liebe, Leidenschaft und der Idealismus der Jugend ihren Lauf. Wenn wir aufhören, andere anzuklagen beziehungsweise uns allzusehr auf sie zu stützen, und anfangen, die Verantwortung für unser eigenes Leben zu übernehmen, dann werden wir imstande sein, die Strecke gemeinsam durchzustehen.

Das Stadium der Entspannung hat seine ganz eigene Ideologie, ähnlich der des guten Staatsbürgers. Es macht uns großzügiger in unseren Meinungen und Handlungen, flexibler, anpassungsfähiger. Wir sehen die Dinge in den richtigen Proportionen und versuchen, über kleinliche Ressentiments erhaben zu sein. Wir erkennen Unterschiede zwischen den Menschen an und akzeptieren sie. In der Entspannungsphase feiern wir Komplexität, Urteilsfähigkeit, entschlossenes Handeln und das Vermögen, mit Ambivalenz umzugehen. Hier äußert sich die Stimme der Erfahrung.

In der Entspannungsphase wird ein neuer Vertrag geschlossen. Während der expansive Vertrag die Verheißungen der Beziehung repräsentiert und die Kontraktion unsere Fluchtburg darstellt, konzentriert sich der Vertrag der Entspannungsphase darauf, die Probleme zu lösen. Wenn wir unsere Beziehung im tiefsten Inneren nach den Hoffnungen des expansiven Vertrags bewerten, dann messen wir sie am explizitesten an dem Arrangement, das wir in der Entspannungsphase zustande bringen. Dies ist ein bewußterer Vertrag. Er enthält die Kompromisse und Zugeständnisse, die wir mit uns selbst und miteinander ausgehandelt haben.

Unterschiedliche Einstellungen zur Entspannung

Die Ideologie der Entspannung fügt sich nur knirschend in die kulturelle Narration unserer Zeit. Einerseits versichert uns die kulturelle Narration, daß der Kompromiß das Kennzeichen reifer Individuen sei. Andererseits warnt sie uns, Kompromiß bedeute Nachgeben und Aufgeben. In unserer Gesellschaft empfinden Frauen die Verteilung der Lasten des Kompromisses als unausgewogen, denn die Kompromißbereitschaft wird gewöhnlich von ihnen erwartet. Heute beharren Frauen zunehmend darauf, daß jeder Kompromiß symmetrisch sein müsse, mit gleicher Machtverteilung und Achtung für beide Partner. Auch Zwölf-Stufen-Programme wie die der

Anonymen Alkoholiker setzen Kompromisse mit der Begünstigung von Suchtverhalten gleich. Diese kulturelle Ambivalenz in bezug auf Kompromisse spiegelt unsere eigene persönliche Ambivalenz, wie weit wir auf unseren eigenen Wertvorstellungen und Wünschen beharren sollten.

Diese widersprüchlichen Einstellungen gefährden die Balance, die wir in der Entspannungsphase zu erreichen suchen. Wie sollten wir Probleme lösen, wenn wir uns nicht sicher sind, was schwerer wiegt: das Wohl des Individuums oder das Wohl der Partnerschaft bzw. der Familie. Was geschieht, wenn sich Partner uneinig sind – nicht nur über ein Problem, sondern über die relative Wichtigkeit individueller Bedürfnisse gegenüber dem Überleben der Beziehung? Männer und Frauen ziehen es heute vor, von einer Position der Stärke aus und auf klar umrissene Ziele hin zu verhandeln: »Wenn du das von mir haben willst, dann erwarte ich dafür dies von dir.« Diese zeitgenössische Form aufgeklärten Eigeninteresses befähigt die Partner, geschickter zu verhandeln, sich besser auf neue Situationen einzustellen und Unterschiede zu tolerieren, ohne unsere Grundsätze zu opfern. Dieser Auffassung zufolge, die viele Psychotherapeuten vertreten, führt stärkere Selbstentfaltung zu einem erhöhten Gefühl innerer Sicherheit, das es uns seinerseits ermöglicht, großzügiger zu handeln.

Die Entspannung ist jedoch nicht die oberste Errungenschaft der Paarentwicklung; sie ist nicht einmal das Ziel jedes Paares. Manche empfinden sie als steif und förmlich: etwas, das bei der Arbeit am Platz ist, aber nicht zu Hause. Aber die Entspannung bietet immerhin einen Weg aus der Kontraktion in Richtung auf die Expansion. Und sie zieht die Summe aus unseren Erfahrungen, weil sie die Leidenschaften und Einsichten der anderen Stadien enthält. Viele von uns wünschen sich, länger in der Expansion verharren zu können, aber da wir wissen, daß das nicht möglich ist, wählen wir die Entspannung. Im Lauf der Zeit streben die meisten von uns danach, soviel Zeit wie möglich in der Entspannung zu verbringen.

Dennoch ist die Entspannung nie von Dauer. Die Kumulation glücklicher Momente trägt uns vorwärts in die Expansion; das Wiederauftreten von Konflikten oder zermürbenden Meinungsverschiedenheiten wird uns in die Kontraktion zurückstoßen. Die Paarentwicklung beruht auf einer integrierten Erfahrung aller drei Stadien und auf der Fortsetzung der Spirale. Jeder Entspannung folgt eine Expansion und der Expansion wieder die Kontraktion. Die Spirale dieser Zyklen dauert während der ganzen Lebenszeit eines Paares an.

Jonathan und Marie

Jonathan und Marie wurden während der Entspannung von zweierlei Empfindungen beherrscht. Anfangs waren sie ungeheuer erleichtert. Sie fühlten sich erneut erfolgreich, unterstützt und geliebt. Ihre individuellen Ambitionen schienen nicht länger in unauflöslichem Konflikt mit ihrer Beziehung zu stehen. Dieses Gefühl entspricht ihrem idealen Selbstbild. So kommen sie einander näher und beginnen, wieder über ihre gemeinsame Zukunft nachzudenken.

Aber ihre erneuerte Nähe macht ihnen auch Angst. In der Kontraktion hatten sie Abwehrmechanismen aufgebaut, um sich vor weiteren Verletzungen zu schützen. Sie verhielten sich distanziert und förmlich und wappneten sich mit karikaturhaft entstellten Bildern vom anderen. Die Kontraktion hatte auch ihre Vorteile: sie gab ihnen die Freiheit, an ihre Arbeit zurückzukehren. Als energiegeladene Menschen empfanden sie Arbeit als etwas Natürliches. Sie genossen ihre Autonomie und fühlten sich gestärkt durch die positiven Rückmeldungen, die sie von Kollegen und Kolleginnen erhielten. Es war ihre Beziehung, die ihnen problematisch erschien. Jetzt mußten sie sich wieder öffnen, mußten die Karikaturen aufgeben, die sie voneinander gezeichnet hatten, mußten sich mitteilen und Kompromisse schließen. Das fiel ihnen schwer.

Gehen wir zu der Zeit zurück, bevor sich Marie und Jonathan zur Heirat entschlossen, als sie noch mitten in den Erschütterungen ihrer ersten Kontraktion steckten. Sie standen damals noch am Anfang ihrer Karriere, beide hatten einen langen Arbeitstag und wünschten sich von ihrer Beziehung Beistand auf dem von ihnen gewählten Weg. Wenn sie über Nähe und Engagement stritten, empfand sich Marie selbst als wütende Verfolgerin eines sich ihr entziehenden Jonathans, und er empfand sie als fordernd und zudringlich.

Schließlich nahm Marie sich selbst zurück und warf sich statt dessen auf ihre Arbeit und auf Freundschaften. Anfangs empfanden das beide als eine Erleichterung. Aber Jonathan fühlte sich bald einsam und unsicher. Er machte sich Sorgen, daß sich Marie mit ihm langweile und ihn nicht mehr liebe. Sie schien so kompetent, dachte er, sie brauchte ihn wohl nicht. Lange Zeit nährte er diese Sorgen und beobachtete sie. Aus der Sicherheit der Distanz merkte er schließlich, daß Marie ihn trotz ihrer unglaublichen Tüchtigkeit manchmal *doch* zu brauchen schien oder zumindest mit ihm beisammensein wollte.

Aus dieser sicheren Distanz hatte er weniger Angst, von ihr vereinnahmt zu werden, und war eher bereit, im Alltag mit ihr zusammenzusein. Deshalb ging er etwas aus seiner Deckung heraus. Ein paar Tage lang zwang Marie sich, ebenfalls ruhig und klar zu sein, weil sie merkte, daß sich Jonathan Mühe gab. Diese neue Stimmung war ihr zwar nicht ganz geheuer, aber sie ersparte ihr die Frustration, hinter Jonathan herzulaufen. Auf diese Weise erlebten sie einige kurze Vorstöße in das Stadium der Entspannung, obwohl sie noch überwiegend in der Kontraktion verharrten.

Erinnern wir uns, daß Marie nach einem ihrer erbitterten Zusammenstöße in ihr Elternhaus davongestürmt war. Nach ihrem Weggang hatte sich Jonathan etwa fünf Minuten lang erleichtert gefühlt, dann fing er an, sie entsetzlich zu vermissen. Er fürchtete, sie werde nie mehr zurückkommen, und flehte sie an, zurückzukehren. Sie weigerte sich.

Jonathan bat dann ihre gemeinsame Freundin Harriet um Vermittlung. Die drei verbrachten einen langen Abend zusammen, an dem sie Wein tranken und sich ihre Klagen und Kränkungen von der Seele redeten. Marie gab zu, daß auch sie Jonathan vermißt habe. Als er sie so lebhaft reden sah, erinnerte sich Jonathan, wie wunderbar sie war und wie sehr er es genoß, mit ihr zusammenzusein. Beide gaben zu, daß sie weder ihren eigenen noch den Erwartungen des anderen gerecht geworden seien. Beide versprachen, sich mehr zu bemühen. Jonathan sagte, er werde aufhören, Marie als eine Art »verschlingendes Ungeheuer« zu behandeln, speziell, wenn sie ihm abends nach seiner Heimkehr etwas Ruhe gönne. Marie versicherte, sie werde Jonathans Bedürfnis, sich »abgespannt« zeigen zu dürfen, respektieren, wenn er sich ihr nur genügend zuwende, so daß sie sich seiner Zuneigung gewiß sein könne.

Das war die Zeit, als sie so glücklich über die Lösung ihres Konfliktes waren, daß sie ein paar Wochen später beschlossen, zu heiraten. Die Eheschließung förderte ihren Eintritt in die Entspannungsphase: sie zerstreute Maries Zweifel an Jonathans Engagement, und sie half Jonathan, sich wieder wie ein Erwachsener zu fühlen. Beide arbeiteten zwar immer noch viel, aber fühlten sich durch den anderen mehr unterstützt. Sie betrachteten sich als zwei begabte Menschen, die so hart arbeiten konnten, wie es nötig war, um Erfolg zu haben.

Gleichzeitig empfand Marie Jonathan als zugänglicher: unter anderem hatte er angefangen, ihre Gesellschaft in den kleinen Dingen zu suchen, die ihr wichtig waren – zusammen spazierengehen und reden, Abende mit Büchern und Musik verbringen, einander über die Triumphe und Zumutungen des Tages berichten – und nicht bloß, wenn er Sex wollte. Er sprach über seine Dilemmas im Büro und fragte sie, wie ihr Tag gewesen war. Wenn sie sich miteinander wohlfühlten, kam es vor, daß er sich an sie anlehnte, ihren Rücken massierte und galante kleine Gesten machte, die einige Zeit verschwunden gewesen waren. Sex nahm einen freundschaftlicheren Zug an, ohne den Druck und den Pflichtcharakter, mit denen Marie inzwischen rechnete.

Marie war beglückt – nicht so sehr, daß Jonathan es merken konnte; sie war immer noch etwas auf der Hut, aber vorwiegend für sich, in ihren Gedanken. Im Lauf der Monate erkannte sie, daß Jonathans Wunsch, allein zu sein, Grenzen hatte. Er wirkte weniger reserviert, und zumindest manchmal empfand sie seine periodischen Rückzüge nicht als persönliche Ablehnung, sondern als ein Bedürfnis nach Zeit und Raum, das unabhängig von seinen Gefühlen für sie war. Jonathan entwickelte auch ein Gefühl dafür, wie wichtig Maries Arbeit für sie war, und er verstand manchmal, daß ihr emotionaler Druck auf ihn, der ihm solche Angst machte, ganz einfach ein Ausfluß ihrer Persönlichkeit war – ein freies Strömen und keine bösartige Macht. Für Jonathan war dies wie eine Entlassung aus dem Gefängnis; ohne ihre Verfolgung kam er leichter in Kontakt zu seinem Bedürfnis nach ihr.

Dieses Beziehungsmuster war typisch für die beiden. Die defensiven Strukturen der Kontraktion öffneten sich für kurze Vorstöße in die Entspannung und Expansion. Aber diese Vorstöße waren nicht von Dauer, und die Hoffnungen, die sie erweckten, machten jeden Rückfall in die Kontraktion noch schmerzhafter. Die Bitterkeit des Paares erwies sich schließlich als unerträglich, und Marie explodierte dann regelmäßig – entweder, indem sie ihn verließ oder mit dem Bruch der Beziehung drohte. Aber die Vorstöße der beiden in die Entspannung hatten den Boden bereitet, so daß das neue Stadium schließlich Einzug halten konnte; genau dies geschieht, nachdem sie den Streit schlichten, den Marie vom Zaun bricht.

Vorboten der Entspannung

Das Stadium der Entspannung ist für Paare nie völlig neu. Es kündigt sich immer an, zum Beispiel während der Expansionsphase. In diesem ersten Stadium streiten sich die Paare auch manchmal, sie legen ihre Zerwürfnisse bei und empfinden Erleichterung, daß ihnen das gelingt – darin sehen sie gewöhnlich einen Fortschritt gegenüber früheren Beziehungen bzw. der Situation in ihrer Herkunftsfamilie.

Jonathan und Marie hatten einen solchen Streit während ihres ersten gemeinsamen Jahres, als sie noch im ersten Expansionsstadium waren. Wie sie ihn lösten, darin zeichnete sich ab, wie sie spätere Schwierigkeiten aus dem Weg räumen würden. Marie hatte sich damals über Jonathans Fixierung auf seine Arbeit geärgert. Er entgegnete, das entziehe sich seiner Kontrolle, und polterte, sie sei »unreif«. Sie drohte, ihn eher zu verlassen als eine solche Behandlung hinzunehmen – und zog sich von ihm zurück. Jonathan merkte rasch, daß Marie diese Art von verstimmter Distanz viel besser ertragen konnte als er, und er überhäufte sie mit Entschuldigungen und Blumen. Nachdem sie noch ein paar Tage länger Abstand gehalten hatte, akzeptierte sie seine Entschuldigungen und seine Erklärungen, was es bedeute, der Juniorpartner in einer Anwaltskanzlei zu sein.

Die ganze Auseinandersetzung dauerte bloß ein paar Wochen, nicht die Monate und Jahre, die spätere Übergänge von der Kontraktion in die Entspannung in Anspruch nehmen sollten, aber sie stellte die Weichen, wie sie sich in künftigen Fällen verhalten würden.

Diese frühe Entspannung hing davon ab, daß Jonathan Marie nachstellte und sie beschwor, seine Entschuldigung zu akzeptieren, so wie er ihr in der Zeit ihrer jungen Liebe nachgestellt hatte, um sie für sich zu gewinnen. Da sie spürte, daß er ihr näherkam, akzeptierte Marie seine Entschuldigung. Seine Karriere ließ ihm tatsächlich wenig Bewegungsfreiheit. Sie war zwar nicht glücklich darüber, aber sie konnte damit leben und ihn unterstützen. Und sie freute sich, daß es ihr gelungen war, über ihre eigenen Unsicherheiten und »Wutanfälle« hinauszuwachsen. Jonathan war seinerseits froh, daß er es geschafft hatte, seine Furcht vor Vereinnahmung zumindest zeitweilig zu überwinden. Er konnte sagen, es tue ihm leid, er konnte vernünftig sein und helfen, die Beziehung zu reparieren, weil er Marie im Grunde seines Herzens liebte und verstand, daß auch sie ihn liebte.

Am Beginn ihrer Beziehung verharrten Marie und Jonathan nicht sehr lang in der Entspannung. Wie bei den meisten Paaren versetzte sie ihre Erleichterung darüber, der Kontraktion entronnen zu sein, rasch in Hochstimmung. Sie genossen den Spannungsabbau in dieser Phase und traten ziemlich bald in eine neue Periode der Expansion ein: glücklich, wenn auch etwas gezügelter, vertrauten sie einander ihre Hoffnungen und Träume an, ähnlich, wie sie es in ihren ersten gemeinsamen Monaten getan hatten.

Ihre spezielle Spielart der Expansion glich jedoch in mancher Hinsicht der Entspannungsphase, da sie auf ihre Fähigkeit stolz waren, sich über die Dinge auszusprechen und dem anderen ein vernünftiger Gefährte zu sein. In späteren Zyklen sollten sie lernen, ihre ausgefalleneren Wünsche zugunsten der Mäßigung der Entspannung unter Kontrolle zu halten.

Das Beziehungsmuster von Jonathan und Marie

Sooft sie in die Entspannungsphase eintraten, wichen die Klischees, mit denen sich Jonathan und Marie in der Kontraktion gegenseitig abzustempeln pflegten, einer differenzierteren Einschätzung des anderen. Sie waren dann imstande, sich über die Eigenarten und die Verschiedenheit des anderen zu freuen, und sie genossen ihre wiedergefundene Identität als ein erfolgreiches Paar.

Freilich waren sie noch beide auf der Hut, befürchteten sie doch einen Rückfall in ihre Streitigkeiten oder daß die wechselseitige Unterstützung in ihrem Beruf nicht von Dauer sein könnte. Aber sie genossen es, sich vernünftig zu verhalten. Es bedeutete, daß sie für die Zukunft planen konnten, daß sie mit Problemen so umgehen konnten, daß diese nicht außer Kontrolle gerieten, daß sie zermürbenden Hader und Auftritte vermeiden konnten, die sie verunsicherten und ihnen Angst machten. Und noch etwas geschah: in ihrem Repertoire besonderer Zuwendungen trat Zärtlichkeit manchmal an die Stelle von Sex. Sie waren glücklicher zusammen, kümmerten sich viel umeinander und genossen es, sowohl zu lieben als auch geliebt zu werden. Es war eine ruhigere Zeit als in der Expansion, aber sie hatte ihren Reichtum. Ihre Leben waren miteinander verflochten: keiner von beiden war so völlig unabhängig, wie er oder sie vielleicht dachte, und das war in Ordnung. Auf der Hut zu sein, verhinderte nicht zwangsläufig, daß sie sich nahekamen. Sie waren stolz auf sich.

Sie waren stolz auf die offene Art, wie sie jetzt mit ihren Ängsten umgingen. Innerlich waren sie immer noch unsicher in bezug auf ihre erneuerte Intimität: beide hatten Angst davor, wieder enttäuscht zu werden, und beide hatten Bedenken wegen der zusätzlichen Zeit, die ihrer Arbeit verlorenging. Sie fürchteten, daß die Bitterkeit zurückkehren und sie erneut peinigen würde. Aber zunächst war ihre Fähigkeit, mit Angst und Spannungen umzugehen, indem sie sie zugaben und darüber sprachen, ein Grund zum Feiern.

Marie und Jonathan haben auch in anderen Zyklen ähnliche Zeiten durchgemacht. Nach einigen Jahren des Zusammenlebens zog sich Jonathan inmitten einer Periode bitterer Kontraktion zurück und begann eine Affäre, während Marie schwanger war. Als Marie ihm draufkam, explodierte sie. Ernüchtert und zerknirscht bat Jonathan sie um Verzeihung. Er ersuchte auch seine und ihre Eltern, auf sie einzuwirken, und bot an, sich in Therapie zu begeben. Nie zuvor oder danach war ihre Beziehung in größerer Gefahr. Noch niemals waren sie einem Bruch so nahe gekommen.

Als sich die Dinge schließlich wieder einrenkten, übernahm Jonathan die Hauptverantwortung für das Geschehene und versprach, sich zu ändern. Marie erkannte, daß Jonathan zwar im Beruf seinen Mann stellte, im Hinblick auf Beziehungen aber Schwächen aufwies. Zum Teil war er noch ein Kind; er konnte mit ihrer Wut oder ihrem Rückzug nicht umgehen, ohne auszuagieren.

Marie überlegte auch, daß ihr Jonathan vor seiner Affäre jahrelang seine Freundschaft bewiesen hatte. Er kannte sie besser als irgend jemand anderer; er hatte ihr bei ihren beruflichen Problemen stets emotionalen Beistand geleistet, und das zählte eine Menge für sie. Jetzt versicherte er, daß er wieder für sie dasein wolle. Selbst unmittelbar nach seinem Treuebruch spürte Marie, daß Jonathan sie wirklich gern hatte und daß er mit ihr als Person zusammensein wollte.

Jonathan erkannte seinerseits, daß Marie manchmal ablehnend wirkte, ohne es zu sein. Er war sich im klaren darüber, daß sie ihr ganzes Leben lang darauf gebrannt hatte, Erfolg zu haben, daß sie um keinen Preis die Erfahrung ihrer Mutter wiederholen wollte und daß sie das Temperament hatte, um ihre Wünsche zu verwirklichen. Deshalb lernte er, entspannter zu reagieren, nachzufragen, was wirklich vorging, wenn er sich abgelehnt fühlte, und nicht vorschnell negative Schlüsse zu ziehen. Je mehr er sich über Maries Komplexität klar wurde, desto weniger fühlte er sich ihr entfremdet.

Manche von Maries Freundinnen drängten sie, sich von Jonathan zu trennen und ein eigenes Leben aufzubauen, aber dazu war sie nicht bereit. Eine solche Reaktion erschien ihr zu extrem. Sie schöpfte Trost bei Freundinnen und Angehörigen, die ihr rieten, ihm zu verzeihen. Jonathan war zwar oft egoistisch und unsensibel, aber obwohl er sich ins Unrecht gesetzt hatte, wollte sie ihn wieder aufnehmen, weil sie glaubte, daß er sich ändern wolle, und weil sie sich seine erneute Liebe, Unterstützung und Gesellschaft wirklich wünschte.

Jonathan trat in diese Periode der Entspannung, vielleicht zum ersten Mal in seinem ganzen Leben, mit der Erkenntnis ein, daß die Sonne nicht bloß für ihn auf- und unterging: er kapierte schließlich, daß er nicht der Prinz der Familie war, sondern einer von vier Menschen, deren Bedürfnisse gleichermaßen berücksichtigt werden mußten. Damit würde er sich bescheiden müssen. Er wußte, daß er sich schlecht benommen hatte, und er wünschte sich eine zweite Chance. Er wollte nicht seine Frau und seine Familie wegen etwas verlieren, was ihm jetzt als törichte Entgleisung erschien. Die Therapie half ihm, seine Verhaltensmuster deutlicher zu erkennen; das begeisterte ihn. Er begriff, daß seine Tendenz, sich verwöhnen zu lassen und Launen zu zeigen, viel damit zu tun hatte, daß er der einzige Sohn und das erste Kind in seiner Familie gewesen war, und er wollte sich ändern.

Das Beziehungsmuster, das sich im Lauf der Jahre herauskristallisierte, sieht so aus: Sie beginnen, ihre Probleme in der Kontraktion zu lösen, wenn Marie Jonathans Rückzug mit einer dramatischen Geste beantwortet — wenn sie einen Wutausbruch hat und ihn zu verlassen droht. Diese Explosion macht Jonathan Angst, der dann einen Großteil der Schuld auf sich nimmt und sich schließlich für das Unrecht entschuldigt, das er ihr zugefügt hat. Nach heftigen Auseinandersetzungen nimmt Marie seine Entschuldigung entgegen und bekennt sich schließlich selbst zu einem Teil der Schuld. Beide sind erleichtert und stolz darauf, daß sie es schafften, über ihre Unsicherheiten, ihre Wut und Bitterkeit hinauszuwachsen. Eine Periode der Entspannung setzt ein.

Im Lauf der Zeit tendieren Jonathan und Marie dazu, sich immer häufiger in dieser gemäßigten Zone aufzuhalten; ihre Zyklen begin-

nen und enden dort. Dabei sind diese Entspannungsphasen –
ebenso wie die vieler anderer Paare – kein reines Honigschlecken;
und im Lauf der Jahre haben sie sich nur noch wenige Illusionen
über einander bewahrt: sie wissen, daß Jonathan schwächer, unsicherer und abhängiger ist, als er anfangs schien, und daß Marie irrational werden, ihre Selbstbeherrschung verlieren und unbedacht
handeln kann, wenn sie sich bedroht fühlt. Keiner von beiden ist so
selbstgenügsam, wie er oder sie zunächst wirkte. Und dennoch haben sie auch ihre Stärken schätzen gelernt – ihr Durchhaltevermögen, ihren Mut und ihre Intelligenz, ihren Humor, das tiefe Gefühl
von Liebe und Verbundenheit und gleicher Wellenlänge. Sie sind
abhängiger voneinander geworden, toleranter und schließlich be-
reiter, den anderen so zu nehmen, wie er ist, und ihre Unzulänglichkeiten fielen im Lauf der Zeit weniger ins Gewicht.

Ein Blick nach vorn

Die Entspannungsphase ist das einzige Stadium, das nicht auf unseren primitiven Sehnsüchten oder frühen Abwehrmechanismen beruht. Sowohl die Expansion als auch die Kontraktion enthalten
starke regressive Tendenzen. In der erstgenannten Phase spielen sowohl unsere Abhängigkeitstendenzen als auch unser Wunsch nach
restloser, unkritischer Bejahung und unser Entzücken über einfache Freuden eine wichtige Rolle. In der zweiten werden wir erneut
mit den Kränkungen und Verlusten der Kindheit konfrontiert. Die
Entspannungsphase ist im Gegensatz dazu zukunftsorientiert. Sie
hilft uns, die Ängste, Freuden und Alles-oder-nichts-Träume der
Jugend loszulassen. Als Entschädigung erlernen wir eine vernünfti-
gere, brauchbarere Umgangsweise mit dem Leben. Wir planen für
die Zukunft, treffen Entscheidungen und haben das Gefühl einer
bewußten Kontrolle über die Art und Weise, wie wir unsere Zeit
verbringen.

Unsere primitiven Gefühle bleiben in dieser Periode unter Verschluß. Die unerhörte Erregung unseres Anfangsstadiums wird ge-

zügelt und unter Kontrolle gebracht. Jetzt decken wir die Gefühle unseres Partners auf und nähren sie behutsam. Viele Paare entwickeln ihre eigene Sprache einschließlich »Baby Talk«, um Konflikte abzumildern oder zu umgehen. Sex und Zärtlichkeit werden eingespielter, geregelter in bezug auf Zeit und Ort. Aufmerksamkeit tritt an die Stelle von Leidenschaft. Bewußte Bemühungen, sich zu ändern, können aufeinander aufbauen und führen in dieser Zeit zu Durchbrüchen im Umgang des Paares miteinander. Das Paar entwickelt Fürsorgerituale, etwa daß einer der beiden jeden Sonntagmorgen das Frühstück ans Bett serviert; und sie nehmen eine Rollenbestimmung vor wie Ernährer, Hausfrau und Karriereberater. Sie experimentieren weniger und arrangieren sich mehr; sie investieren mehr in die Partnerschaft, etwa, indem sie Projekte in Angriff nehmen und sich der Erziehung der Kinder widmen, und weniger in direktes Engagement für den anderen.

Die ersten zwei Stadien der Paarentwicklung könnte man als eine Art Labor ansehen, in dem unsere Hoffnungen, Befürchtungen und Verletzlichkeiten ans Licht kommen. Manchmal geschieht dies bewußt, etwa, wenn sich Menschen vornehmen, in einer neuen Beziehung offener zu sein. Manchmal geschieht es unbewußt, so, wenn wir mehr über uns offenbaren, als wir wünschen, oder wenn die plötzliche Heftigkeit einer Kränkung uns zu einer Verhaltensänderung zwingt.

In der Entspannungsphase kennen wir bereits die vorläufigen Resultate dieser früheren Experimente. Beide Partner haben für sich entschieden, wie weit sie sich dem anderen mit einem verletzbaren Gefühl oder einer Verwundung anvertrauen wollen. Wir lernen, die Intensität früherer Zeiten zu zügeln und zu dämpfen. Wir versuchen, ein System in die Sache zu bringen, da wir der unberechenbaren Aufbruchstimmung der ersten Phase nicht länger vertrauen und den Kontrollverlust der zweiten fürchten. Wir kehren zu unserem »zivilisierteren« Selbst zurück und benehmen uns in dieser Periode entsprechend zurückhaltender und ausgeglichener. Jetzt können wir an Fragen herangehen, die vorher zu bedrohlich waren.

Astrid und Henry

Astrid und Henry haben kein leichtes Leben miteinander gehabt; dennoch gelingt es ihnen immer wieder, aus der Kontraktion herauszukommen und eine neue Entspannungsphase zu erreichen. Wie machen sie das? Woher nehmen sie die seelische Kraft und die Mittel?

Wenn sich Astrid und Henry in einer Periode der Kontraktion befinden, fühlen sie sich beide ungeliebt und einander fern. Astrid fühlt sich eingeengt – von Simon, von Henry und vom Leben. Sie fühlt sich erschöpft und mißverstanden, unter Druck gesetzt, weil sie sich um alle übrigen kümmern muß, ohne Zeit für sich selbst zu haben, und das mißfällt ihr. Sie ist überzeugt, daß sie es schaffen könnte, wenn man sie nur in Ruhe ließe, aber das ist ihr nicht gegönnt. Ihr Leben erscheint ihr als eine Reihe von Mißgriffen. Sie wird bitter, ist wütend auf Henry und enttäuscht von sich selbst.

Henry fühlt sich ungenügend geschätzt und im Stich gelassen, einsam, steuer- und ratlos: sein Bestes zu geben, hat nicht ausgereicht; er ist wieder einmal in Gefahr, den Anforderungen nicht zu genügen. Sein üblicher Gleichmut und der Anschein ruhiger Selbstsicherheit brechen zusammen. Er hat Angst, Astrid zu verlieren, den einzigen Lichtblick in seinem Leben, die Frau, die »sein Leben in Gang hält«. Er dreht und wendet sich, aber weiß nicht, was er tun soll. Alle seine Versuche schlagen fehl.

Die beiden streiten sich und werfen sich Beleidigungen an den Kopf. Keiner der beiden fühlt sich respektiert. Beide empfinden sich als Versager.

Um aus der Kontraktion herauszukommen, folgen Astrid und Henry folgendem Szenarium:

Astrid, zermürbt von dem Kampf, die Oberhand zu behalten, und überdrüssig, Henry und sich selbst Vorwürfe zu machen, fängt schließlich an, mit ihm zu reden. Sie fesselt seine Aufmerksamkeit, berührt ihn, verleiht dem Ausdruck, was beide empfunden haben, und weint.

Obwohl Henry sich als Versager gefühlt hat, geht er jetzt zögernd auf sie zu. Sie ist so mitgenommen, so fertig, daß sie nicht länger bedrohlich erscheint. Er berührt sie, tröstet sie, läßt sich von ihr trösten.

Astrid fühlt sich weniger allein, weniger schuldig, sie reagiert, indem sie zärtlicher wird – Henry umarmt, ihn streichelt oder ihm bloß etwas Freundliches sagt.

Henry verläßt sich jetzt auf seine Stärke als Verhandlungspartner und schlägt einen Weg vor, um ihren Streit zu schlichten.

Seine Anregung erscheint rational und klug. Astrid ist wieder beeindruckt, ein wie vernünftiger Mann er ist, wie stark und unterstützend. Er weist einen Weg zur Lösung ihres Dilemmas, und in gewisser Weise bestätigt er damit ihre Worte und anerkennt die Astrid, die sie die ganze Zeit *sein möchte*. Sie ist gerührt über seine Liebe zu ihrer »besseren Hälfte« und beschließt, künftig nicht mehr so ätzend zu sein und ihm auf halbem Weg entgegenzukommen.

Beglückt über das Gefühl ihrer Zuneigung und Achtung, faßt er genügend Mut, um ihr zu versichern, daß ihre Probleme gelöst werden könnten. Er wirkt zuversichtlich und optimistisch, gerade, als sie das am meisten braucht.

In der Entspannungsphase sind Astrid und Henry somit erfüllt von einem Gefühl gegenseitiger Wertschätzung und Bewunderung. Beide beziehen Kraft aus der Zuneigung des anderen. Henrys praktischer Verstand klärt die Dinge, Astrids Schwung verleiht ihnen beiden Energie. Henrys unbeschwerter Optimismus macht sie zuversichtlich, daß ihre Pläne gelingen können. Astrids Weitblick gibt ihnen das Gefühl von Kreativität: sie verspüren, daß sie als Paar »wirklich wachsen«. Die Entspannungsphase beschert ihnen eine glücklichere Partnerschaft, da beide die Beziehung auf die Weise, die ihnen am besten liegt, vorantreiben.

Ihr erstes Eintreten in die Entspannungsphase erfolgte bald nach ihrer Heirat. Astrid bestand damals auf ihrem Recht, Lehrgänge zu machen, jeden Job auszuprobieren, den sie haben wollte, Leute kennenzulernen und ihre Ambitionen zu verwirklichen. Durch ihre Unnachgiebigkeit fühlte sich Henry bedroht, da er befürchtete, Astrid könnte jemand anderen kennenlernen und ihn verlassen. Obwohl sie ihm versicherte, daß sie auf seinen Beistand angewiesen sei und ohne seine Hilfe ihre Pläne nicht verwirklichen könne, machte es ihm seine alte Unsicherheit unmöglich, sie bedingungslos zu unterstützen. Er erhob hundert Einwände: Was ist mit Simon? Wieviel Zeit wird ihnen noch miteinander bleiben? Wie steht es mit dem Geld und mit den Schwierigkeiten, auf die sie stoßen werde? Und wäre es nicht besser, zu warten? Er wollte alles tun, um sie glücklich zu machen, aber im tiefsten Inneren hatte er Angst, sie zu verlieren.

Ihr erster, erbitterter Streit über dieses Thema endete damit, daß Astrid schrie, mit Geschirr in der Wohnung herumschmiß und sich in ihr Zimmer zurückzog. Henry wußte nicht, was er tun sollte. Er hing herum, ohne etwas zu sagen. Wenn Astrid ins Zimmer kam, mied er ihre Augen. Er ging zur Arbeit, blieb lange weg, fuhr durch die Gegend, und wenn er dann nach Hause kam, redete er nur mit Simon. Es brach ihm das Herz, aber er konnte sich nicht öffnen. Er überließ es Astrid, den ersten Schritt zu tun.

Auch Astrid fühlte sich hilflos. Da war sie mit einem Mann verheiratet, von dem sie gehofft hatte, daß er immer »für sie da sein« werde, bereit, ihr beizustehen und ihr seine Liebe und Loyalität zu geben... und er fühlte sich bedroht und reagierte aggressiv. Er schien zu mitgenommen durch den Konflikt, um bei dessen Lösung mithelfen zu können.

Etwa eine Woche nach dem großen Krach setzte sich Astrid neben Henry und sagte: »Hör zu, Liebling... so geht's nicht weiter. Wir sind verheiratet. Wir sind erwachsen. Wir müssen eine Lösung finden.« Sie redete. Er hörte zu. Sie sagte, es tue ihr leid, daß sie ihn verstimmt habe, aber sie neige nun gelegentlich zu Gefühlsausbrüchen. Er solle das nicht als persönlichen Angriff nehmen. Sie liebe ihn immer noch, aber er müsse verstehen, wer sie sei. Er gestand ihr, wie schlecht er sich gefühlt habe; sie sagte, sie *wolle* ihn nicht vergraulen, aber sie müsse nun einmal ihren Weg gehen. Sie brauche seine Hilfe. Er sagte, er habe Angst. Sie beruhigte ihn. Er klammerte sich an sie. Sie umarmten einander, redeten leise, liebten sich. Er fühlte sich erlöst, seine Befürchtungen waren besänftigt, seine Verzweiflung von der Woge physischer Nähe fortgeschwemmt. Am nächsten Tag fühlte er sich besser. Er wußte, daß sie die Dinge auf die Reihe bringen konnten, und jetzt stellte er einige Möglichkeiten zur Diskussion. Er sprach die Probleme nacheinander an und schlug Lösungen vor.

Astrid war erleichtert, daß sie zu einer Übereinkunft gelangten. Und sie freute sich, daß *sie* die Initiative ergriffen hatte. Es gab ihr auch ein gutes Gefühl, daß Henry anfangs zumeist sie hatte reden lassen, und daß er aufgeschlossen reagiert hatte.

Dieses Beziehungsmuster sollte sich im Lauf der Jahre häufig wiederholen. Ihre nächste größere Krise trat am Ende einer Kontraktionsphase ein, die durch gehäufte Rückschläge bei Astrids Versuchen, ihre Karriere in Gang zu bringen, gekennzeichnet war. Ohne Anstellung und von Selbstzweifeln geplagt, verkroch sie sich mehrere Wochen lang zu Hause und ließ sich von Henry zu dem Versuch überreden, mit ihm ein Kind zu zeugen. Sie wurde schwanger, erlitt aber eine Fehlgeburt. Jetzt, da die Verzweiflung über sie hereinbrach, gab sie Henry die Schuld an all ihren Schwierigkeiten. Er reagierte, indem er selbst tief depressiv wurde: er zog sich zurück und begann zu trinken. Die beiden stritten sich unablässig. Ihre Ehe schien dem Ende nahe.

An diesem Punkt lud Astrids Vater Henry ein, ein Wochenende bei ihm zu verbringen. Das tat Henry. Der ältere Mann richtete ihn durch seinen verständnisvollen Zuspruch wieder auf. Am folgenden Montag rief er Astrid an und beschwor sie, Vertrauen zu ihrer Ehe zu haben. Er sagte, Henry sei ein »guter Mann«, der sie liebe. Gerührt über diese Intervention, brachte Astrid ein Gespräch mit Henry in Gang, in dessen Verlauf sie sich gestanden, wie furchtbar traurig und trostlos sie sich gefühlt hatten. Henry spürte, daß er wieder auf Astrid zugehen und für sie »stark sein« konnte, und das tat er auch. Wiederum kamen sie zusammen voran.

Henry und Astrid halten sich jeweils nur sehr kurz in der Entspannungsphase auf. Sie genießen die Gefühle von Übereinstimmung und Harmonie, und sie genießen das Gefühl von Wachstum. Aber sie bleiben nicht dabei stehen. Wenn die Dinge gut für sie laufen, dann geraten sie schnell in die Expansion. Wenn es schlecht läuft, sacken sie in die Kontraktion ab. Als Paar neigen sie eher zu dramatischem als zu rationalem Verhalten. Dies ist ein Aspekt ih-

res *Paarcharakters*, ein Thema, auf das wir im Kapitel Charakter-
formen des Paares näher eingehen werden.

Manchmal schafft es ein Paar nicht, in die Entspannungsphase zu
gelangen, so sehr es sich auch darum bemüht und dabei auf die Strategien zurückgreift, die früher funktionierten. Als Henry einige
Jahre nach Astrids Fehlgeburt Diabetes bekam, hatte er das Gefühl,
sein Leben sei zu Ende. Er war überzeugt, Astrids Bedürfnissen
nicht genügen zu können, und fürchtete erneut, daß sie ihn verlassen werde: er verkroch sich in sein Schneckenhaus und begann zu
trinken – was seine Krankheit verschlimmerte –, und als nächstes
bekam er Potenzprobleme. Der Wunsch nach einem zweiten Kind
machte ihm grausam bewußt, wie weit es mit ihm schon bergab gegangen war.

Astrid reagierte mit größerer Wärme und Hilfsbereitschaft als
seit Jahren. Henry sagte, er wisse zwar ihre Freundlichkeit und
Aufmerksamkeit zu schätzen, aber ihr verändertes Verhalten könne
nichts an seiner Einstellung ändern. Er fühle sich nur als noch größere Last. Frustriert über seinen chronischen Pessimismus, so empfand sie es, ging sie auf Distanz. Ihre Freundlichkeit hatte sie nicht
wieder zusammengebracht, und so verharrten sie im Klammergriff
einer Kontraktion, die quälender war als alle früheren.

Diesmal gelangten sie langsamer in die Entspannungsphase, und
zwar dank einer Kumulation kleiner Ereignisse. Sobald Astrid als
freiberufliche Fotografin mehr und mehr Erfolg hatte, nahm ihr
Selbstvertrauen zu und sie strahlte zu Hause bessere Laune aus.
Henry hatte das Gefühl, er habe nichts mehr zu verlieren – weiter
konnte es mit ihm nicht mehr bergab gehen –, also begann er, mehr
Hausarbeiten zu übernehmen, gelegentlich ein paar Witzchen zu
machen und sich zu entkrampfen. Sein Humor und sein Enthusiasmus kehrten zurück. Die Summierung solcher kleiner Vorstöße in
die Entspannung beförderten Astrid und Henry schließlich wieder
in dieses Stadium.

Die Geschlechterproblematik verleiht dem Stadium der Entspannung Komplexität. Anfangs, in der Expansion, scheint die Entwicklung der Geschlechter zu konvergieren; zwischen den Partnern blühen Ähnlichkeiten auf, und sie neigen dazu, die Rollenklischees entweder zu ignorieren oder sie zu genießen. Wenn ein Mann gern kocht, dann ist es gut, daß er »anders« ist. Wenn eine Frau gern kocht, dann ist es gut, daß sie päppeln und sich päppeln lassen kann. Später, in der Kontraktion, treten die Unterschiede wieder zutage. Stereotype Konflikte brechen erneut auf; die Ähnlichkeiten scheinen verflogen, und ihre Unterschiede verschärfen in der Regel die Probleme der Partner.

In der Entspannung stellt sich jedes Paar seine eigene Mischung von Elementen aus den ersten zwei Stadien zusammen. Stereotype Rollen können mit schöpferischen Kompromissen koexistieren. Männer übernehmen vielleicht das Rasenmähen und Schreinerarbeiten, während sich Frauen um die Küche kümmern, aber die Partner teilen sich möglicherweise die Kinderbetreuung in gleicher und fairer Weise – so übernimmt der eine zum Beispiel die Betreuung morgens und abends, der andere nachmittags. Insgesamt ist die Arbeitslast jetzt oft gleichmäßiger verteilt. Freilich werden sich Frauen wahrscheinlich mehr vertrauensvolle Gespräche wünschen und Männer mit dem Vorschlag kontern, mehr Dinge zusammen zu »tun«. Aber das Paar geht inzwischen so entspannt mit Rollenklischees um, daß die aggressive Gereiztheit der Kontraktion verschwunden ist. In der Entspannungsphase haben Männer und Frauen ein positiveres Verhältnis zu ihrer eigenen Geschlechtsidentität als zu jeder anderen Zeit und fühlen sich deshalb weniger bedroht.

Größere Offenheit der Partner in ihrer Einstellung zur Geschlechterproblematik in den folgenden drei Punkten kann ihnen helfen, sich zu verändern:
- der Abbau von Spannungen aufgrund von Unterschieden
- die Entpolitisierung von Geschlechterfragen
- das zähneknirschende Eingeständnis, daß gewisse stereotype Unterschiede existieren

Das Stadium der Entspannung wiederholt sich im Laufe einer Partnerschaft viele Male. Nach den ersten paar Malen tendieren die Beteiligten stärker zu ihren eigenen speziellen Präferenzen und weg von Klischeevorstellungen. Dies trifft besonders zu, wenn Paare in die mittleren Jahre kommen, wo Frauen häufig darauf brennen, das Haus zu verlassen, und Berufstätigkeit und andere Unternehmungen aufregend finden, denen sie erst in jüngster Zeit ihre gesamte Energie widmen können. Gleichzeitig hat die Karriere des Mannes möglicherweise ihren Höhepunkt erreicht: er stellt fest, daß er nur wenige Freunde hat und ihm ein intimes Familiengefühl fehlt, und beginnt deshalb, seinen Schwerpunkt nach Hause zu verlagern und sich für die »weiblichen« Tätigkeiten zu interessieren, die er lange Zeit ignoriert hatte. Er kocht und putzt mehr und möchte Gespräche führen. Bei diesen Paaren können sich die traditionellen Geschlechterrollen umkehren.

Fragen des Unterschieds

Die größere Differenzierung des Paares in der Entspannungsphase geht mit einer stärkeren Individuation der Partner einher. Während der Expansion hatten die Partner mit Verständnis und Neugier auf Unterschiede reagiert. Sie neigten dazu, potentiell bedrohliche Unterschiede zu ignorieren oder zu leugnen, komplementäre Unterschiede hervorzuheben und sich auf Ähnlichkeiten und Verbindungen zu konzentrieren. In der Kontraktion wurden die Unterschiede zu einer Quelle des Streits und der Vorwürfe. Statt neugierig darauf zu sein oder sich dadurch bereichert zu fühlen, fühlten sich die Partner betrogen und rangen darum, ihre Unterschiede unter Kontrolle zu bringen.

Im Entspannungsstadium liegt der Akzent auf Pluralismus und Laissez-faire. Individualismus und Verschiedenheit werden vielleicht nicht gerade gefeiert, aber weitaus eher akzeptiert als zuvor. Die Formen der Akzeptanz variieren von Person zu Person und von Paar zu Paar. Das kann dann so klingen: »Gott sei Dank, daß

George so häuslich ist. Ich habe mit ihm darüber gestritten, aber jedenfalls hat er mir in all den Jahren viel Nestwärme gegeben.« Oder: »Nun, du kennst ja Sally. So ist sie einfach.« Oder: »Sie beschützt mich immer, und das macht mich manchmal verrückt, aber ehrlich gesagt, mir ist inzwischen klargeworden, daß es mich beisammenhält.« Oder: »Ich bin nicht begeistert über seine Fußballspiele am Sonntag, aber inzwischen habe ich mich daran gewöhnt, und wahrscheinlich wüßte ich gar nicht, was ich mit ihm anfangen sollte, wenn er nach all diesen Jahren plötzlich Zeit für mich hätte.« Und es kann sich auch um höchstes Lob handeln: »Sie ist einfach so klug und lebendig und attraktiv für andere, daß ich dadurch eine Geselligkeit habe, die ich sonst nicht hätte!«

Der Anpassungscharakter des Entspannungsstadiums erscheint uns als Lernerfolg. Während die ersten zwei Stadien das Resultat tiefer innerer Gefühle und Impulse zu sein scheinen, kommt das dritte Stadium durch unsere Fähigkeit zustande, Erfahrungen einen Sinn zu verleihen. Von der Entspannungsphase werden wir nicht überwältigt, sie ist nicht in erster Linie reaktiv. Doch was wir lernen, erscheint uns oft uralt, ewig gültig – ja merkwürdig universell. Obwohl diese Periode die Eigenheiten hervorhebt, scheint uns die Anerkennung von Unterschieden in eine mildere Stimmung zu versetzen. Im Entspannungsstadium lassen wir manchmal einen ersten Anflug von Weisheit erkennen; Menschen in diesem Stadium beschreiben ihre Erfahrungen oft in philosophischen Wendungen, manche zitieren sogar religiöse Texte.

Daß wir in der Entspannungsphase aufeinander zugehen, ist Bestandteil einer umfassenderen Tendenz, uns an die Umwelt anzupassen. Die Entspannungsphase setzt im allgemeinen ein, wenn wir Bindungen eingehen, Kinder bekommen, ein Haus oder eine Wohnung kaufen. Diese neuen Aufgaben – besonders, wenn sich Nachwuchs einstellt – helfen oft, alte, erbitterte Auseinandersetzungen mit den eigenen Eltern beizulegen, die bis in die Jugendjahre zurückreichen, sich vielleicht eine Zeitlang legten und dann wieder aufflammten, als wir um Unabhängigkeit rangen und den Rat und die Zuneigung unserer Eltern verschmähten. Kinder sind etwas, woran zwei Generationen von Paaren teilhaben können. Sie gestatten den Generationen, sich miteinander zu identifizieren. Die Erfahrung der älteren Generation wird nun geschätzt. Eltern wissen Bescheid über Hypotheken und Haushaltsgeräte. Wenn sie vielleicht auch nicht über die neuesten Erziehungspraktiken informiert sind, wissen sie dennoch Enkelkinder zu schätzen, und nichts läßt das Herz von Eltern höher schlagen, als wenn ihre Kinder Anerkennung finden.

Entspannung als Übergangsritus

Diese engere Verbindung zwischen den Generationen ist häufig ein Merkmal dafür, daß ein Paar in die Entspannungsphase übergeht. In den ersten zwei Stadien erscheinen gängige elterliche Wertvorstellungen wie Mäßigung, Kompromißbereitschaft und Gesprächsfähigkeit als alt und abgestanden – in krassem Gegensatz zur Abenteuerlust der Jugend. Aber sobald sich das junge Paar stärker im Beruf, für Kinder und im Haushalt engagiert, bringen die elterlichen Einstellungen, die zuvor die Generationen getrennt hatten, sie jetzt wieder zusammen. Viele Paare bemühen sich in der Entspannungsphase geradezu um elterliche Zustimmung. Sie haben das Gefühl, endlich etwas richtig zu machen. Ein Kind zu bekommen oder ein Haus zu kaufen oder sich beruflich festzulegen oder aus einem furchtbaren Streit intakt hervorzugehen, bedeutet, »etwas richtig zu machen«. Die Konzentration auf diese »Erwachsenenaufgaben« bildet eine so tragfähige Brücke, daß nunmehr auch die dicke Eisschicht schmelzen kann, die sich im Lauf der Jahre zwischen Eltern und Kindern gebildet hat. In diesem Stadium merken zum Beispiel zahlreiche schwule und lesbische Paare, die ihren Familien entfremdet gewesen waren, daß ihre Eltern sie schließlich so akzeptieren können, wie sie sind.

Der Wunsch des jungen Paares, sich reif zu verhalten, zielt oft teilweise darauf ab, ihre Eltern zu beeindrucken. Der lebenslange Wunsch nach elterlicher Anerkennung, vorübergehend aufgegeben, aber nicht vergessen, veranlaßt manche zu einer erneuten Hinwendung zu elterlichen Werten. Aber dies ist keine Einbahnstraße. Die Eltern, angeblich reif genug, um die Rebellionen der Jugend zu tolerieren und sich sogar darüber zu freuen, haben ihrerseits unter der Ablehnung gelitten. Die Entfremdung ihrer Kinder tut ihnen weh, und sie haben ein Gefühl des Scheiterns angesichts der Negierung ihrer Familienwerte, ihres Lebensstils und ihrer Zuneigung. Wenn sie die Chance erhalten, sind sie oft dankbar zu einer Erneuerung der Beziehung bereit.

Dies ist eine der ersten Zeiten, in denen die jungen Partner Unterstützung für sich als funktionsfähiges Paar erhalten – etwas, das über die Komplimente, wie »attraktiv« sie zusammen aussähen, hinausgeht. Sie spüren, daß sie jetzt, wo sie sich ihren neuen Pflichten und Aufgaben stellen, von Eltern, Verwandten und Freunden positiv gesehen werden. Jetzt treten die Partner aus ihrer engen Fixierung aufeinander heraus und öffnen sich mehr für andere. Diese anderen, weniger verwickelt in die Auseinandersetzungen des Paares, neigen dazu, jeden der Partner als Individuum zu behandeln, und unterstützen damit die Individuation innerhalb des Paares. Mit Ausnahme derjenigen, die sich hilflos verstrickt haben, reagieren die Paare positiv auf diese Interaktionen.

Die Entspannungsphase ist als ein Übergangsritus für das junge Paar zu betrachten. Sowohl das Paar als auch die einzelnen Partner gliedern sich jetzt in die Gemeinschaft der Erwachsenen ein. Wenn sie ihre schwere Prüfung in der Kontraktionsphase hinter sich haben, werden sie in die Welt der Erwachsenen aufgenommen. Sie fangen an, deren spezielle Sprache zu gebrauchen, Worte, die Entgegenkommen, Kompromiß, Besonnenheit und Rationalität in den Vordergrund stellen. Die Elterngeneration spürt jetzt, daß sie einiges an überliefertem Wissen weiterzugeben hat; und wir glauben, oft zum ersten Mal seit der Pubertät, daß es Gründe gibt, ihnen zuzuhören.

Jetzt können sich die Partner zum zweiten Mal ihrem idealen Selbst annähern: nicht die romantischen Turteltäubchen der Expansion, sondern die reifen, liebevollen Erwachsenen der Entspannung. Durch die wiederholte Erfahrung des Übergangs – die wir mehr als einmal und vielleicht mit mehr als einem Partner machen –

von der Expansion über die Kontraktion in das Stadium der Entspannung setzen wir unser Ideal in die Praxis um. Auf diesem Wege rufen wir Erinnerungen daran wach, wie unsere Eltern in unserer Kindheit mit uns und miteinander umgingen. Menschen, deren Kindheitserlebnisse überwiegend schmerzhaft waren, rufen Phantasievorstellungen aus Tagträumen, Büchern und Filmen wach. Wenn das Ideal der Expansion der leidenschaftliche Liebhaber/die leidenschaftliche Geliebte ist, dann ist das Ideal der Entspannungsphase die Problemlöserin, der flexible Gefährte. Wenn erstere ihr Glück darin fanden, sich in Bann schlagen zu lassen, triebhaft und intensiv zu sein, bevorzugen letztere Gleichgewicht, Gelassenheit und Weitblick.

Es gibt viele Entspannungsphasen

Partnerschaften entwickeln sich nicht in einer chronologischen Reihenfolge, bei der jedes Stadium einen Fortschritt gegenüber dem vorigen darstellt. Die Expansionsphase beschränkt sich nicht auf unsere Jugend; ebensowenig repräsentiert das Entspannungsstadium die Weisheit des Alters. Oft genug können etwa Paare, die eine lange Periode der Kontraktion und Krise durchgestanden haben, in eine anhaltende Phase des Aufschwungs zurückfinden. Junge Paare können genauso hilflos in der Kontraktion steckenbleiben oder so entschlossen in der Entspannung verharren wie jedes erprobte Doppel. Vierzigjährige Ehen können scheitern, vielleicht an der Klippe einer schockierenden Erkenntnis zerschellen.

Im Lauf der Jahre wird es viele Entspannungsphasen geben. Kein Entspannungsstadium dauert ewig. Für eine Weile mag die Ehe alle Bindungsfragen für uns lösen, aber ein intensives Engagement für den Beruf, die erweiterte Familie oder unsere eigenen Kinder kann unser Gefühl von Partnerschaft und Zusammengehörigkeit bald wieder in Frage stellen. Wir mögen Mittel und Wege finden, um unseren Aufgaben und Alltagspflichten zu genügen, aber jede Änderung der Umstände kann unser Arrangement gefährden. Oder einer von uns kann das Gefühl bekommen, die Übereinkunft, zu der wir gelangt sind, sei unfair. Das kann die Auseinandersetzungen wieder in Gang bringen, die uns schließlich in die Kontraktion zurückwerfen, bis wir neue Möglichkeiten der Entspannung und Konsolidierung gefunden haben. So dreht sich die Spirale weiter.

Das Stadium der Entspannung kann durch spezielle Lösungen für spezielle Probleme eingeleitet werden, aber diese sammeln sich im Lauf der Jahre an und bauen aufeinander auf wie Gesteinsschichten, die sich auf einem Fundament ablagern. Frühe Ereignisse müssen uns erst die Augen für ihre symbolische Bedeutung öffnen, bevor wir sie voll in unsere individuelle Geschichte und unsere Paarnarration integrieren können. Eine Partnerin kann erkranken, und ihr Gefährte versorgt sie vielleicht in höchst nachlässiger Weise. Die Kranke hat das Gefühl, mit einem so lieblosen Menschen unmöglich den Rest ihres Lebens verbringen zu können. Der nachlässige Krankenpfleger, dem in der Kindheit beigebracht wurde, daß Patienten es vorziehen, in Ruhe gelassen zu werden, empfindet sowohl die Bitte seiner Partnerin um Beistand als auch ihre verstimmte Reaktion auf seine Bemühungen als bedrohlich. Die Beziehung kommt ins Trudeln, bis den Partnern klar wird, daß sie von verschiedenen Milieus geprägt sind; sie werden sich bewußt und mit der nötigen Klarheit einigen müssen, wie sie künftig mit Krankheit umgehen wollen. Diese Regelung, so vorläufig und wenig tragfähig sie auch sein mag, wird vielleicht als verheißungsvoll empfunden: der Entschluß, die Verhaltensstile beider Partner zu berücksichtigen, bildet die Grundlage der Entspannung und wird in die nächste Aufschwungphase eingegliedert.

Manche Paare verharren während ihrer ganzen Beziehung vorwiegend im Entspannungsstadium. Andere erreichen selten dessen vernunfthelle Ufer – manche durch Unvermögen, andere, weil sie ihnen, verglichen mit der Expansion, so trist erscheinen; wieder andere, weil deren rationales Licht so enthüllend wirkt, daß sie ihm sowohl die Umarmungen der Expansion als auch den heftigen Clinch der Kontraktion vorziehen. Im Lauf der Jahre erweitern sich die Konsolidierungsphasen inhaltlich und dehnen sich zeitlich. Es ist ein kumulativer Prozeß. So kann es zum Beispiel Jahre dauern, das richtige Verhältnis zu den Eltern/Schwiegereltern zu finden, sich auf eine annehmbare Arbeitsteilung zu einigen und herauszufinden, wie weit die Diskussionen über religiöse oder politische Differenzen gehen dürfen, bevor ein offener Konflikt ausbricht. Über die Jahre kann mehr und mehr Intimität in die Partnerschaft einfließen, wie sie der Entspannungsphase entspricht. Kleine Irritationen aus dem Weg zu räumen – wie er die Speisen kaut, wie sie ihre Sachen im Bad ausbreitet – kann ebenfalls längere Zeit in Anspruch nehmen. Aber früher oder später finden die Paare in der Entspannungsphase zu einem ziemlich reibungslosen Modus operandi.

Längere Entspannungsphasen können schon früh einsetzen, ein paar mögen später folgen; zu kürzeren Konsolidierungsphasen kann es während des ganzen Zusammenlebens des Paares kommen.

Das Entspannungsstadium kann niemals das gesamte Material früherer Stadien umfassen. Manche Themen lauern immer im Verborgenen: sie sind vielleicht zu widerwärtig, vielleicht zu explosiv, um sie jemals zu integrieren. Das Paar klammert dieses Material möglicherweise aus, qualifiziert es als indiskutabel, verdrängt es manchmal ganz aus dem Bewußtsein. Diese Ausklammerung kann den Inhalt betreffen: das Paar weigert sich, über Sex oder Geld oder seine Eltern oder den Ruhestand zu sprechen. Oder sie kann das Verfahren betreffen. Möglicherweise brechen sie jede Diskussion ab, die zu hitzig wird: vielleicht entfernt sich ein Partner regelmäßig vom Kampfplatz; vielleicht wird ein Kind dazu ausersehen, dem Streit die Spitze zu nehmen, indem es in Schwierigkeiten kommt, sobald dieser außer Kontrolle gerät, oder indem es einen Anfall einer chronischen Krankheit erleidet, so, wenn Spannungen zwischen den Eltern bei einem asthmatischen Kind Atemnot auslösen. Diese Strategien halten bedrohliches Material aus dem Interaktionsfeld heraus und verhindern damit, daß es in der Entspannungsphase verarbeitet wird.

Die Ausdehnungstendenz der Entspannungsphase bewirkt, daß dieses Stadium zunehmend den Charakter von Paaren bestimmt. Dies geschieht wie gesagt nicht chronologisch oder in linearer Weise, aber Paare tendieren häufig in diese gemäßigte Richtung. Mit jeder Umdrehung der Spirale wird die Entspannungsphase etwas länger, und dasselbe geschieht mit der Expansion und der Kontraktion. Die Expansionsphase gestaltet sich in der Regel mit der Zeit etwas entspannter und weniger intensiv, weil sie von den Anpassungsleistungen der Entspannung und von den erinnerten Enttäuschungen der Kontraktion beeinflußt wird.

Da die Entspannungsphase eine so willkommene Erfahrung ist, wünschen sich viele Paare, darin zu verharren, das Gewonnene festzuhalten und sich nie wieder zu gestatten, im Sumpf der Kontraktion zu versinken. Aber diese Wahl haben sie nicht. Niemand kann dort stehenbleiben, wo er ist. Erbarmungslos werden sie in den vor ihnen liegenden Zyklus vorwärtsgetragen. Freilich können Paare lernen, immer längere Zeitspannen in der Konsolidierung zu verbringen; oder es gelingt ihnen, sich von der Kontraktion weniger mitnehmen zu lassen, als das früher der Fall war. Aber sie können sich dem dialektischen Sog der Stadien nicht widersetzen, die so natürlich ablaufen wie der Rhythmus des Ein- und Ausatmens, dem sie so sehr gleichen.

Charakterformen des Paares

Alle Paare entwickeln ihren ganz eigenen Charakter: unverwechselbar, idiosynkratisch und anders als die Charaktere der beiden Beteiligten. Obwohl sich Paare im Lauf der Zeit verändern können, behalten sie diesen Grundcharakter dennoch bei. Er wird zu ihrem Markenzeichen, ihrem Stil – zu der Identität, die sie für sich selbst und andere annehmen. Im Lauf der Zeit wird der Charakter jedes Paares so markant wie ein Fingerabdruck.

Was meinen wir mit dem Charakter eines Paares? Er gleicht dem Charakter Einzelner: das »Gesamtgefüge der die individuelle Besonderheit eines Menschen kennzeichnenden Eigenschaften«, »die Grundzüge seines Wesens«.[35] Der Charakter eines Paares besteht aus Grundmustern seines Denkens und Fühlens, seines Handelns und Reagierens.

Beide Partner spielen eine Rolle in ihrem Paarcharakter, obwohl einer der beiden mehr Gewicht haben kann. Manche Partner dominieren ihre Beziehung; andere wirken fast abwesend. Manche spielen eine notwendige, aber harmonische zweite Geige, andere den erforderlichen Kontrapunkt. Wie auch immer die Mischung oder das Gleichgewicht, jedes Paar ist eine Einheit für sich und entwickelt seinen Charakter entsprechend seiner eigenen speziellen Geschichte und der Übereinstimmung der Partner.

Mit manchen Paaren macht es Spaß, zusammenzusein; andere sind schwierig und linkisch im gesellschaftlichen Umgang, selbst wenn das Zusammensein mit den einzelnen Partnern erfreulich ist. Bei manchen Paaren dreht sich alles um ihre Kinder; andere konkurrieren ständig miteinander; wieder andere nörgeln aneinander herum und beschweren sich unentwegt über den anderen. Manche streiten sich in der Öffentlichkeit, aber kommen glänzend miteinander aus, wenn sie allein sind; andere streiten, wenn sie allein sind,

---

35 *Webster's Third New International Dictionary*, ungekürzte Ausgabe (Springfield, Mass.: G. and C. Merriam, 1981), S. 376.

tragen jedoch in der Öffentlichkeit eine fugenlose Fassade zur Schau. Manche sind ausgezeichnete Planer, andere fürchterliche Pechvögel. Manche sind lebhaft, andere langweilig; manche energiegeladen, andere depressiv; manche locker, andere nervös und angespannt. Manche Paare machen einen klugen Eindruck und begehen nie dumme Fehler, während andere doof und dusslig wirken und ständig in irgendeiner Klemme sind. Es gibt Paare, die von einer Krise in die nächste zu taumeln scheinen, sie sind immer in Katastrophenstimmung und ziehen alle übrigen mit hinein; und andere, die sicher und ohne Schaden zu nehmen durchs Leben segeln, während ihre Freunde sie abwechselnd um ihr »leichtes« Leben beneiden und darüber spötteln.

Paare unterscheiden sich stark in ihrer gesellschaftlichen und öffentlichen Selbstdarstellung, und ihr Charakter ist höchst komplex und differenziert. Zum Beispiel sind manche Paare in Gesellschaft von guten Freunden nachdenklich und humorvoll, machen dagegen in größeren Gruppen einen extravertierteren Eindruck. Andere sind redselig gegenüber engen Freunden, aber still in größeren Gruppen. Manche Paare sind am besten im Umgang mit Verwandten; andere im Zusammensein mit Kollegen oder einer Handvoll guter Freunde.

Ein Paar formt den Kern seines Charakters in seinem ersten Drei-Stadien-Zyklus. Wenn die Partner ihre ersten paar Durchgänge durch Aufschwung, Abschwung und Konsolidierung hinter sich haben, dann sind die meisten ihrer Grundfragen zutage getreten, und ihre wesentlichen Beziehungsmuster und -sequenzen haben Gestalt angenommen. Der erste Durchgang eines Paares durch die Entspannungsphase läßt die Themen, Bedeutungen und Interaktionsmuster hervortreten, die in vielen künftigen Jahren für sie kennzeichnend sein werden. Spätere Zyklen mögen ihren Charakter abwandeln, ihn einengen bzw. erweitern oder ihn transformieren, aber ebenso wie im Kind der Erwachsene erkennbar ist, so hat der Charakter eines Paares am Ende seines ersten Zyklus Gestalt angenommen.

Um den Begriff des Paarcharakters zu veranschaulichen, seien einige Paare vorgestellt, die wir kennengelernt haben. Jedes von ihnen hat seinen eigenen, unverwechselbaren und charakteristischen Beziehungsstil. Sobald man sie näher kennt, wird einem klar, daß der Charakter eines Paares mehr ist als die Summe seiner Teile.

Nelly und Peter haben immer mit Kindern zu tun. Sie haben zwei eigene Kinder und ziehen auch Peters Sohn und Tochter aus seiner früheren Ehe mit Paula, einer Alkoholikerin, auf. Peter hat zwei Arbeitsstellen. Nelly hat einen Teilzeitjob. Obwohl das Geld knapp ist, ist ihr Haus immer voller Kinder aus der Nachbarschaft, die Spiele spielen, fernsehen, im Wohnzimmer herumhängen. Peter ist eine etwas barsche Frohnatur, hat 25 Pfund Übergewicht und trägt fast immer Flanellhemden und Jeans. Nelly ist eine vitale, zungenfertige Frau mit überschnappender Stimme und einem unbändigen Humor. Sie hat immer irgendeine »neueste« Geschichte zu erzählen, die letzte Schererei, über die man lachen kann. Die Kinder in der Nachbarschaft finden, sie seien wie zwei Bären, tapsig und ruppig, aber gutmütig. Nelly und Peter setzen niemand unter Druck, aber sie sind immer »da«, wenn man sie braucht.

Als Arlene und Sam heirateten, waren sie beide Anfang vierzig, hatten bereits ausgeprägte Verhaltensstile und seit langem feststehende Ziele. Über diese sprachen sie bei ihrem ersten Rendezvous, und sie schafften es geschickt, auch auf dem Höhepunkt ihrer jungen Liebe weiterhin ihr eigenes Leben zu führen. Daß beide auch künftig imstande sein sollten, ihre Arbeitswelt so zu gestalten, wie sie es wollten, stand außer Frage, es war das Fundament ihrer Beziehung, das sie beide respektierten. Sam traf nie eine private Verabredung, ohne sich zu vergewissern, ob sie mit Arlenes Plänen in Einklang stand; Arlene verhielt sich genauso. Sie waren auch wachsam in puncto Gleichberechtigung, sei es in bezug auf Haushaltspflichten, Sprechzeit in der Öffentlichkeit oder finanzielle Beiträge zu ihrem Bankkonto. Wenn der eine mehr verdiente als der andere, dann ging der Überschuß auf dessen Privatkonto. Sam und Arlene hatten wenige Freunde – während sie früher mehr gehabt hatten –, weil sie zu ängstlich darauf bedacht schienen, einander keine kostbare Zeit wegzunehmen bzw. ihre gemeinsam verbrachte freie Zeit zu schmälern. Freunde und Verwandte näherten sich ihnen nur behutsam, da sie befürchteten, zu stören oder sie aus dem Gleichgewicht zu bringen.

Lena und Bill lernten sich in der High-School kennen, sie sind jetzt Anfang zwanzig. Sie scheinen glücklich miteinander zu sein, verbringen aber sehr wenig Zeit allein zusammen. Sie machen den Eindruck, immer beschäftigt zu sein – speziell mit ihren Verwandten. Sie haben eine Wohnung in dem gleichen dreigeschossigen Haus wie Lenas Eltern und ihr jüngerer Bruder. Lenas Schwester wohnt in der gleichen Straße; Bills Eltern leben zwei Straßen weiter. Nach der High-School hat Lena als Kellnerin gearbeitet, aber jetzt bleibt sie bei ihren zwei kleinen Kindern zu Hause. Bill ist in einem nahegelegenen Werk als Elektriker beschäftigt, er übernimmt aber auch jede Nebenbeschäftigung, die er bekommen kann. Sein Ehrgeiz ist, mit zweien seiner Brüder eine eigene Elektrofirma aufzuziehen.

Die Beziehung von Lena und Bill scheint in ihre Verwandtschaftsverhältnisse verwoben zu sein. Sie verbringen viel Zeit auf Familienfeiern, Geburtstagsfesten und Wochenend-Grillabenden. Bill geht am Donnerstag abend mit seinen Kumpeln zum Kegeln, und Lena kommt mit ihren Schulfreundinnen und deren kleinen Kindern sowie ihrer Mutter und ihrer Schwester zusammen. Bill ist immer bereit, einem Freund oder Verwandten bei irgendwelchen Arbeiten auszuhelfen; Lena scheint stets Zeit für eine Plauderei zu haben. Sie reden nicht viel über ihre Beziehung, aber wenn man sie fragte, würden sie sagen, sie sei gut.

Orrin ist Bildhauer, Dave Lehrer. Sie lernten sich Mitte zwanzig kennen und sind zehn Jahre später immer noch zusammen. Orrin hatte in jüngeren Jahren eine Reihe von Frauenbeziehungen gehabt, sich aber dabei nie befriedigt gefühlt. Mit zwanzig verliebte er sich leidenschaftlich in seinen Kunstprofessor und erkannte, daß er schwul war. Dave hat sich immer nur zu Männern hingezogen gefühlt.

Die beiden leben in einer sonnigen Wohnung in einem Viertel, das von Künstlern und anderen schwulen Männern frequentiert wird. Sie sind von ihrer Arbeit stark in Anspruch genommen, aber den Brennpunkt ihres Lebens hat immer ihre Beziehung gebildet. Orrin ist sarkastisch, witzig und sehr lebhaft, Dave lässiger. Freie Abende verbringen sie gern mit ein paar Freunden, einer großen Schüssel Popcorn und einem alten Film. An Wochenenden übernachten sie oft in Landgasthöfen, von wo aus sie wandern oder skilanglaufen können.

Orrin und Dave stellen häufig fest, daß sie dasselbe denken und fühlen, aber manchmal reagiert Orrin klaustrophobisch auf Daves Nähe und distanziert sich. Dave ist dann verletzt, und die beiden beginnen eine Runde von Streitereien, die wochenlang dauern kann. Oft ziehen sie schließlich ihre Freunde in diese Querelen hinein, damit sie ihnen helfen, sich zu versöhnen, aber – da alles gewöhnlich mit großem Einverständnis und noch größerer Intimität endet – verübeln ihre Freunde das keineswegs.

Rebecca und Nathan lernten sich vor sechzig Jahren durch Vermittlung einer Freundin kennen, die sie für ein ideales Paar hielt. Rebecca war freundlich und hübsch. Sie tanzte gern den Lindy Bop und unterhielt sich über politische Themen. Nathan, groß, sehr schlank und dunkelhaarig, war ein brillanter Mann, der manchmal zum Grübeln neigte. Er brauchte jemand, der ihm zuhörte. Und das tat Rebecca. Er fand sie die lebendigste Person, die er je getroffen hatte, und obwohl sie »kein Genie« war, war er sicher, ihr genügend über Kunst und Literatur beibringen zu können, um sie zu einer guten Gefährtin zu machen. Sie erzählte ihrerseits ihren Freundinnen, daß Nathan ein ungeschliffener Diamant sei: ein bißchen schroff, ein bißchen verrückt, aber mit einem Herz aus Gold; mit der Zeit würde sie seine besten Seiten zum Vorschein bringen.

Während ihres ganzen gemeinsamen Lebens stellten beide das wichtigste Projekt des anderen dar. In guten Zeiten benahmen sie sich wie Trainer und Agenten des anderen. Er erwähnte dann etwa beiläufig gegenüber einem Freund: »Rebecca hat gerade *Anna Karenina* ausgelesen, und weißt du was, sie hat einige interessante Dinge darüber zu sagen.« Sie erzählte ihren Freundinnen, wie nett Nathan zu den Kindern und zu seiner Cousine zweiten Grades,

Hannah, sei. In schlechten Zeiten fand sie ihn respektlos und bat ihn, sie ernster zu nehmen.

Sie paßten tatsächlich ideal zusammen. Aber anderen gegenüber waren sie schwierig. Sie waren von ihren Projekten so in Anspruch genommen, daß sie wenig Platz für andere hatten – einschließlich ihrer Kinder, die später davon sprachen, sie hätten das Publikum der »Nathan- und Rebecca-Show« gebildet. Doch die Kinder fanden auch Grund zur Nachsicht: ihre Eltern mochten zwar etwas egozentrisch sein, aber sie schadeten niemandem, und sie waren jedenfalls immer beschäftigt.

Als Nathan starb, malte Rebecca sein Porträt aus dem Gedächtnis, um ihn immer in Erinnerung zu behalten, aber sie war nicht zufrieden mit ihrem Ergebnis. Nathans knochiges Gesicht hatte einen etwas finsteren Ausdruck. In den folgenden Jahren malte sie viele weitere Porträts, aber obwohl manche freundlicher und andere mürrischer aussahen, war sie mit der erzielten Ähnlichkeit niemals ganz zufrieden.

Teile des Charakters

Der Charakter von Paaren ist ein komplexes Gewebe von Elementen. Er setzt sich aus der Art und Weise zusammen, wie die Partner miteinander reden; wie sie Entscheidungen treffen, den Haushalt führen und Kinder aufziehen; wie sie miteinander spielen, streiten und sich lieben (oder auch nicht). Er besteht aus ihren gemeinsamen Wertvorstellungen, Zielsetzungen und Ideen und ihren bevorzugten Methoden, Verstimmungen beizulegen. Nelly und Peter lachen ihre Probleme hinweg oder nehmen ein gemeinsames Projekt in Angriff. Arlene und Sam bemühen sich um sorgfältig ausgehandelte Lösungen. Dave und Orrin fühlen sich eingebettet in eine sehr hilfreiche Gemeinschaft. Bill und Lena sprechen mit ihren Eltern oder Geschwistern über ihre Probleme. Rebecca und Nathan grenzten sich fünfzig Jahre lang gegenüber anderen ab, aber öffneten sich tief füreinander.

Der Charakter eines Paares schließt Unterschiede und Konflikte ein. Du und ich mögen verschiedene Stile und Werte haben; unser Paarcharakter zeigt sich darin, wie wir mit diesen Unterschieden umgehen. Werden wir über Fragen wie Nähe und Distanz, Zärtlichkeit und Rückzugsmöglichkeit streiten? Oder werden wir eine »goldene Mitte« zwischen unseren zwei Positionen finden? Obwohl wir manche Widersprüche auflösen mögen, können andere weiterbestehen und in belastenden Zeiten scharf zutage treten.

Selbstdefinition und Selbsterkenntnis sind wesentliche Aspekte des Paarcharakters; sie sind zentral für die Entstehung einer stabilen Identität. Nelly und Peter würden vor Lachen brüllen, wenn ihnen jemand den Rat gäbe, statt ihres Boulevardblattes die *New York Times* zu lesen. Orrin und Dave sind einander näher, weil sie beide die Anspannung kennen, die der andere in der »Hetero-Welt« empfindet. Lena und Bill definieren sich durch die Wertvorstellungen ihrer Familien.

Aber der Paarcharakter ist nicht einheitlich. Die Partner legen auf verschiedene Elemente ihrer Beziehung Wert, und sie erzählen oft so divergierende Geschichten, daß ein Außenseiter sie kaum als dasselbe Paar erkennen kann. Das erinnert an das Phänomen, das in dem Film *Rashomon* dargestellt wurde. Wir sagen deshalb, daß der Paarcharakter die *Bilder* einschließt, die sich die Partner von der Beziehung machen.

Der Charakter ist sowohl bewußt als auch unbewußt. Viele Paare sind sich über ihre bezeichnendsten Beziehungsmuster, ihre offenkundigsten Annahmen nicht im klaren, aber sie können sie erkennen, sobald ein Außenseiter sie darauf aufmerksam macht oder sobald sie in Schwierigkeiten geraten. Wenn wir uns über Unterschiede auseinandersetzen müssen, dann kommt uns deutlicher zu Bewußtsein, wer wir sind – sowohl zusammen wie als Einzelne.

Nehmen wir zum Beispiel die Bedeutung von Religion. Dies mag für junge Paare kein Thema sein. Aber wenn sie älter werden und sich bei ihren Kindern die Frage eines möglichen Religionsunterrichts stellt, müssen die Partner ihre Positionen bestimmen. Wenn sie das tun, können überraschende Unterschiede zutage treten. Paare aus unterschiedlichem Milieu, verschiedenen Kulturen und

Gesellschaftsschichten können gut miteinander auskommen, bis sich ein Dilemma wie dieses zeigt; dann erst erkennen sie, daß sie bei ihrem Partner Einstellungen vorausgesetzt hatten, die dieser nicht teilte, und sie sind gezwungen, irgendeine Kompromißlösung zu finden.

In dem Maße, wie die Übergänge von einem Stadium und einem Zyklus zum anderen uns unsere Beziehungsmuster deutlicher zu Bewußtsein bringen, werden uns auch mehr Aspekte unseres Paarcharakters bewußt. In der ersten Runde kann jedes Stadium noch ungeheure Überraschungen bergen. In der zweiten und dritten Runde werden wir vielleicht immer noch überrascht, aber die Überraschungen haben bereits einen Anstrich des Vertrauten und des *déjà vu*.

Die Unabhängigkeit des Paarcharakters

Die Annahme ist verbreitet, daß Paare ihren Charakter durch die Individuen erhalten, aus denen sie bestehen, aber der Charakter eines Paares existiert getrennt davon – und beeinflußt oft, wie die einzelnen Partner erscheinen und sich verhalten. Man bedenke, daß jede Zweierbeziehung bestimmte Verhaltensmerkmale aus dem Repertoire beider Partner aktiviert, aber andere ungenutzt läßt. Dies kann man als die *Organisationswirkung* eines Paares auf die persönlichen Verhaltensstile der Partner bezeichnen. Der spezifische Charakter des Paares bildet sich während dessen erstem Drei-Phasen-Zyklus heraus, wenn sich die Partner erstmals in die Beziehung einbringen. Sie vertrauen sich viele ihrer Vorstellungen, Erinnerungen, Bedürfnisse und Hoffnungen an und machen von vielen Fertigkeiten Gebrauch, die sie bis dahin im Leben gelernt haben. Aber gleichzeitig klammern sie andere Aspekte von sich aus.

Dies ist der Grund für die häufig gemachte Beobachtung, daß Menschen in der einen Paarbeziehung anders sind als in der anderen, und anders, wenn sie mit ihrem Partner zusammen sind, als wenn sie allein sind. Wir alle kennen Menschen, die an sich sehr gesprächig sind, aber wortkarg werden, wenn sie sich mit ihrem Gespons in der Öffentlichkeit zeigen; und wir alle kennen Menschen, die in einer früheren Beziehung distanziert und gedrückt wirkten, die aber jetzt, mit einem anderen Partner, viel gewinnender sind. Dies sind die Folgen der Organisationswirkung des Paares auf die Partner.

Jahre bevor zum Beispiel der oben erwähnte Sam Arlene kennenlernte, hatte er eine Beziehung zu Beverly, einer scheuen, unsicheren Frau, die sich tief in ihr Schneckenhaus zurückzog, sobald er nur im geringsten autoritär auftrat. Anfangs versuchte er, ihr Vertrauen zurückzugewinnen und sie zu überreden, zu ihm zurückzukehren. Aber mit der Zeit trieben ihn ihre Fluchtbewegungen zu Wutausbrüchen und brachten eine Aggressivität zum Vorschein, die er verborgen gehalten hatte – aber die sie immer zu spüren behauptete. Jeder, der Sam zu dieser Zeit kennenlernte, speziell, wenn er ihn vorwiegend in Beverlys Anwesenheit erlebte, hätte ihn für einen schrecklichen Chauvi gehalten, der unbedingt seinen Willen durchsetzen mußte. Dennoch ist dies derselbe Sam, der jetzt Arlene gegenüber so friedlich und kooperativ ist.

In früheren Beziehungen war die Frage der Unabhängigkeit ein Reizthema für Orrin gewesen. Er spürte, daß sich seine Partner durch sein Interesse an seiner Arbeit bedroht fühlten, was zu Streitigkeiten und schließlich zur Beendigung dieser Beziehungen führte. Im Gegensatz dazu bestärkt ihn Dave in seiner Unabhängigkeit. Dies ist ein Punkt, in dem sich Orrin von Dave unterstützt fühlt. Dave hatte sich seinerseits in seinen früheren Beziehungen stark unter Druck gesetzt gefühlt, »ein Star zu sein«, zu glänzen und eigenen beruflichen Ehrgeiz zu entwickeln. Bei Orrin hat er das Gefühl, sich einfach entspannen und seine häusliche Seite ausleben zu können. Die Komplementarität ihrer Beziehung im Gegensatz zu dem Konkurrenzgeist, der im Umgang mit früheren Liebhabern herrschte, »funktioniert« für sie beide besser.

Der Charakter von Paaren bleibt oft bestehen, obwohl sich der Charakter der beteiligten Partner verändert. So trägt die Beziehung von Nelly und Peter die aktive Gemeinschaft von Kindern und Freunden, die in ihrem Haus ein- und ausgehen; die Leute sagen, daß sie von Nellys und Peters verläßlicher Warmherzigkeit angezogen würden. Aber Peter ist nicht immer die bärige Frohnatur gewesen, als die er jetzt erscheint. Am Beginn der Beziehung war er angespannt und wachsam, da er um das Wohl eines Sohnes fürchtete, der noch bei seiner alkoholabhängigen Exfrau lebte. In einer anderen Periode, als er seine Stelle verloren hatte, brütete Peter oft dumpf vor sich hin; Nelly, die ihn gut genug kannte, ließ ihn in Ruhe und versuchte nicht, ihn aufzumuntern. Doch auch in diesen Zeiten gingen sie so miteinander um, als hätten sie sich die Errichtung eines Freizeitzentrums zum Ziel gesetzt.

Das Erstaunliche ist, daß unsere Rollen oft austauschbar sind. Jeder kennt Geschichten wie die von dem Paar, dessen »zuverlässiges« Mitglied eine Krise hatte, worauf der »leichtsinnige« Partner die Zügel in die Hand nahm. Strenge Mütter/Väter werden in Abwesenheit des anderen Elternteils nachsichtig, und nachsichtige werden streng. Es ist, als hätten wir alle ein genügend breites Spektrum von Charakterzügen, um beide Rollen zu spielen, neigten jedoch einer zu. Wenn die Rollen austauschbar sind, kann der Charakter eines Paares weitgehend seine Gestalt beibehalten, auch, wenn die Beteiligten die Rollen wechseln.

Der Charakter eines Paares zeigt sich bei den verschiedensten Anlässen – in den banalen, alltäglichen Dingen, die Paare immer wieder tun, ebenso wie in den außergewöhnlichen Momenten einer Krise.

Der Charakter im ersten Zyklus

Bei ihrem ersten Durchlaufen des gesamten Zyklus entwickeln Paare in jedem Stadium andere Aspekte ihres Charakters. Schematisch gesehen, bilden wir in der Expansionsphase Verhaltensmuster aus, die unserem Erleben entsprechen, wenn die Dinge hoffnungsvoll erscheinen und alles gutgeht; in der Kontraktion Muster, die unser Erleben strukturieren, wenn die Dinge schlecht laufen; in der Entspannungsphase Muster, die einer Zeit des Problemlösens entsprechen. Die Ergebnisse können wir verallgemeinernd als charakteristische Art des Paares, miteinander glücklich zu sein, ihre kennzeichnenden Konflikte und die für sie typische Art des Problemlösens ansehen.

Die Charakterbildung beginnt mit den grundlegenden »Abmachungen«, die Paare im Stadium der Expansion miteinander treffen. Zum Beispiel war Jonathan bereit, stark und beständig zu sein, während Marie lebendig und interessant sein sollte; Astrid würde leidenschaftlich und liebevoll sein, während Henry die Aufgabe zufiel, ihre Karriere zu unterstützen. Diese Abmachungen werden dann zu einem komplexen Kanon gegenseitiger Verhaltensregeln und Erwartungen ausgebaut. Zusammen bilden diese den expansiven Vertrag. In dem Maße, wie Paare Verhaltensweisen entwickeln, die ihren Vertrag widerspiegeln, nimmt ihr Charakter Gestalt an.

Verträge legen die Bedingungen für die Bewertung von Erfolg oder Mißerfolg fest. Wenn von Henry etwa erwartet wird, Astrids Karriere zu unterstützen, dann werden seine Handlungen als unterstützend oder nicht unterstützend interpretiert werden, aber nicht als etwas anderes. Nehmen wir an, daß Henry eines Tages, wenn sich Astrid besonders verunsichert fühlt, stark von einem eigenen Projekt in Anspruch genommen ist. Sie in diesem Augenblick zu unterstützen, steht nicht im Vordergrund seines Bewußtseins; eine Zeitlang verliert er Astrids Besorgnisse ganz aus dem Blick. Wenn Astrid dann mit einer für sie wichtigen Geschichte, die ihr zugestoßen ist, zu ihm kommt, wird er vielleicht nicht enthusiastisch genug reagieren. In ihren Augen – und später in gewissem Maß auch in seinen – hat er sie daher nicht genug unterstützt und ihren expansiven Vertrag gebrochen.

Der Charakter im Stadium der Expansion

Zur Veranschaulichung, wie der Grundcharakter von Paaren entsteht, wollen wir zwei jungen Paaren durch ihren ersten Zyklus folgen.

Gerry und Sharon leben in einer großen Stadt. Gerry leitet einen

Party-Service, Sharon arbeitet im mittleren Management eines Großunternehmens. Als sie sich kennenlernten, legten beide Wert auf Gleichberechtigung und Partnerschaftlichkeit und rückten dies sofort in den Mittelpunkt ihrer Beziehung. Anfangs, in ihrer ersten Expansionsphase, gab es ihnen Auftrieb, daß diese Grundsätze ihre Gespräche, ihr intimes Zusammensein und sogar ihre Karriereplanung bestimmten. Sie empfanden ihre Partnerschaft als reibungslos und effizient wie eine gutgeölte Maschine.

Viele Erwartungen, die wir an unsere Partner haben, können als komprimierte Erinnerungen an Kindheitserfahrungen verstanden werden. Sharon erzählte Gerry zum Beispiel mit Bitterkeit, daß ihr Vater ihre Mutter wie einen Dienstboten behandelte und daß sie sich geschworen habe, nie in die Situation ihrer Mutter zu geraten. Gerry erzählte Sharon, wie nahe er sich seiner Mutter fühle, wie entfremdet von seinem autokratischen Vater; er hatte sich geschworen, niemals so grausam zu werden wie sein Vater. Diese gegenseitigen Geständnisse über ihre Verletzungen verstärkten ihr Gefühl von Verbundenheit: beide waren einer Familie entflohen, die von einem dominanten Mann beherrscht wurde. Sich einander anzuvertrauen, das war wie Balsam auf ihre noch offenen Wunden und festigte ihre junge Beziehung.

Die massive Tabuisierung männlicher Dominanz wurde zu einem ihrer zentralen Themen und schärfte ihr Bewußtsein für die Möglichkeit, daß Gerry Schaden anrichten könnte. Wachsam arbeiteten sie beide daran, die geringsten Anzeichen von Aggressivität, ja von schlichter Selbstbehauptung, bei Gerry im Keim zu ersticken. Solange er freundlich, sanft und kooperativ ist, kommen sie gut miteinander aus. Aber wenn er die gesetzten Grenzen überschreitet, oder wenn Sharon das bloß *denkt*, entsteht Mißtrauen; sie empfinden Verunsicherung und Angst.

Wir können einander in dieser Anfangsphase der Expansion nicht immer all die Implikationen unserer Geschichten erzählen. Sharon wußte, daß sie Hierarchien haßte und eine *gleichberechtigte* Beziehung wollte, aber sie war sich weniger deutlich der Furcht bewußt, die der Zorn eines Mannes in ihr auslöste. Vor langer Zeit hatte sie sich dazu erzogen, ihre Furcht zu ignorieren und ihrer Mutter zu helfen, sich gegen ihren Vater zu behaupten. Doch diese Furcht beeinflußt auch weiterhin in gewisser Weise ihre »Narration«; zusammen mit der Befriedigung, die sie aus einer egalitären Partnerschaft zieht, verankert sie ihre Bindung an Gerry.

In der Aufschwungphase, solange ihr Grundvertrag eingehalten wird, arbeiten Sharon und Gerry mit vollem Einsatz und blicken optimistisch in die Zukunft. Die Basis ihres Charakters in der Expansion bilden gegenseitiges Vertrauen, Austausch und Gleichberechtigung.

Byron und Carrie sind in mittelwestlichen Kleinstädten aufgewachsen. Als sie sich kennenlernten, waren sie beide mit ihrem Leben unzufrieden. Der 28jährigen Carrie war es bisher nicht gelungen, eine Karriere zu starten; sie hatte das Gefühl, durch eine Reihe aussichtsloser Stellen zu driften. Der 36jährige Byron hatte eine kleine Firma gegründet, aufgebaut und wieder verkauft. Gegenwärtig bekleidete er eine gutbezahlte Stelle als regionaler Verkaufschef eines Großunternehmens, die ihn jedoch nicht ausfüllte. Das einzige, was das Leben für ihn lebenswert machte, war Leidenschaft, und die fehlte in seinem Leben.

Die beiden lernten sich auf einer Party kennen und klammerten sich sofort aneinander. Carrie empfand Byron als intensiv und fesselnd, er war ein hochgewachsener Mann, dessen zupackende Pranken und breites Gesicht verrieten, daß er die Welt gestalten konnte. Für Byron war Carrie ein verirrtes Kind, das nur darauf wartete, in seinen Armen Geborgenheit zu finden. Er faszinierte sie mit seinen Kunst- und Musikkenntnissen, seiner überschäumenden Art, seinem Lebenshunger. Sie erregte ihn mit ihrer absoluten Aufmerksamkeit.

Carries Vater war ein bedenkenloser und ehrgeiziger gesellschaftlicher Aufsteiger. Ihre Mutter war schwach. Carrie, die in dem Bewußtsein aufwuchs, alles kriegen zu können, was sie wollte, gewann nie richtig Klarheit darüber, was das war. Sie wurde in gute Internate geschickt, fühlte sich dort jedoch fehl am Platz und flüchtete in schwärmerische Romane, Folksongs und Hippie-Kleider. In ihrer Kindheit hatte sich Carrie von ihrem charismatischen Vater ignoriert gefühlt. Später schien sie immer von egozentrischen Männern wie ihm angezogen zu werden, die sich anfangs um sie bemühten und sie danach ignorierten.

Byron war in einem anderen Teil des gleichen Bundesstaates aufgewachsen. Er hatte seinen Vater kaum gekannt, der oft jahrelang von der Bildfläche verschwand. Seine Mutter war eine blasse, unglückliche, ewig krittelnde Frau, deren chronische Depression ihn zwang, sich allein durchzuschlagen. Er hatte hart gearbeitet, um seine Ausbildung zu finanzieren, und war stolz auf das Erreichte. Er betrachtete sich als einen Selfmademan.

Das einzige, was Byron noch fehlte, war jemand, der ihn liebte und bewunderte. Als Carrie auf ihn ansprach, umwarb er sie wie eine Königin. Sie flogen aufeinander wie zwei Magneten, von Kräften angezogen, über die sie keine Macht zu haben schienen – leidenschaftlich, in der Aufmerksamkeit des anderen schwelgend. Selbst ihre anfänglichen gigantischen Kräche schienen in Ordnung, weil sie einander danach noch größere Versprechungen machten und ganze Tage lang im Bett ihre Versöhnung zelebrierten.

Im Grunde suchte Carrie nach Sinn und Erfüllung durch Liebe. Deshalb wählte sie Byron, einen Mann, der eine Frau benötigte, die ihn zu schätzen wußte und seine ehrgeizigen Karrierepläne unterstützte. Ohne es in diesen Worten auszusprechen, trafen die beiden eine Abmachung: Byron würde ein hoffnungsfrohes Bindeglied zur Außenwelt und eine verläßliche (wenn auch abgelenkte) häusliche Präsenz für sie sein; Carrie würde begeistert seinen Plänen und Geschichten lauschen und ihm eine behagliche und wohlgeordnete Ausgangsbasis bieten, von der aus er sich selbst lancieren konnte.

In der ersten Zeit ihres Zusammenlebens fühlte sich Carrie gütig und gelassen, weil sie ein Bestandteil von Byrons Plänen war. Byron fühlte sich wie neugeboren. Es gelang ihnen, mehrere Jahre in der Expansion zu verharren. Er arbeitete hart, Carrie sonnte sich in seinem Erfolg, und beide schwelgten in Romantik. Es gab Wochenenden in entfernten Landgasthöfen, unerwartete Rosenbouquets, Diners bei Kerzenlicht in erlesenen Restaurants, Theaterabende per Limousine mit einem fabelhaften Stück und anschließendem Tanz in einem Nachtlokal. Carrie empfand es zwar als etwas belastend, daß Byron stets so beschäftigt war, aber Byron war so durchdrungen von seinem eigenen Gefühl von Romantik und Abenteuer, daß er sie dafür zu entschädigen schien.

Wenn er in aufgeräumter Stimmung war, dann legte Byron ihr seine Ideen dar und unterstrich sie mit ausgreifenden Gesten; Carrie konnte trotz ihrer Wortkargheit eine Sanftmut ausstrahlen, die ihn im tiefsten Inneren rührte. Und sie waren leidenschaftliche Sexualpartner. Byron brauchte keine Freunde oder Angehörigen mehr. Für ihn gab es nur noch Carrie, ihn selbst und seine Projekte gegenüber der Welt. Das war alles, was sie beide vom Leben wollten. Ihr Heim war in ihren Augen eine wohlgeordnete Burg, komplett mit dem dazugehörigen Graben, in der Byron als König und sie als Königin residierten.

Ihre Beziehung organisierte sich in der Expansionsphase so, daß sich beide auf Byron als ihr Erfolgsbarometer konzentrierten. Die zentralen Motive ihrer Beziehung sind die Wichtigkeit von Byrons Arbeit, die Notwendigkeit von Carries Fürsorge und Beistand sowie das Bild von ihnen beiden gegen den Rest der Welt. In der Aufschwungphase füllt Carries Fixierung auf Byron nicht nur ihre eigene Leere aus, sondern hilft ihm auch, sich als Weltmeister zu fühlen.

Die Regeln des expansiven Vertrags beginnen schon beim ersten Kontakt Gestalt anzunehmen. Sharon bestand zum Beispiel bei ihrer ersten Verabredung darauf, ihr Abendessen selbst zu bezahlen. Gerry erklärte sich gern damit einverstanden, und die Bedeutung dieser Interaktion war ihnen beiden klar.

Carrie konnte kaum glauben, wie beständig, leidenschaftlich und liebevoll Byron war, und nachdem sie vergeblich Streit mit ihm gesucht hatte, begann sie, seine romantischen Reaktionen zu erwarten, selbst wenn sie vergeßlich und abgelenkt war. Das einzige, was sie zu tun hatte, war, ihn weiterhin zu lieben.

Manche Regeln treten voll entwickelt zutage, wie das Gleichberechtigungsstreben von Sharon und Gerry. Andere müssen ausgehandelt oder erkämpft werden. Manche Regeln bilden sich durch Experimente heraus. Im Lauf der Zeit decken die Regeln die meisten Aspekte einer Paarbeziehung ab, wobei sie (in der Expansion) auf der steten Verheißung basieren, daß sich beide Partner auch weiterhin so ideal wie möglich verhalten werden. Wenn Byron zum Beispiel Bewunderung braucht, dann genügt Carries Zuneigung nicht; ebensowenig Liebenswürdigkeit, Zerstreutheit oder Freude. Sie muß ihn *bewundern*, oder der Vertrag ist gebrochen.

Indem er regelt, welche Aspekte der beiden Partner willkommen sind und welche nicht, bereitet der expansive Vertrag den Boden für die Gefühle von Verrat, die später unweigerlich auftreten. Es fällt schwer, verbotene Eigenheiten lange zu unterdrücken. Früher oder später kommen diese unerwünschten Anteile von uns zum Vorschein, oft drängend und hartnäckig, und stören die Beziehung. »So bin ich nun einmal!«, sagen die Partner. »Ich kann das nicht länger zurückhalten. Du mußt mich jetzt einfach so *akzeptieren.*«

Manche dieser Eigenheiten – die Depression des einen Partners, die Wutausbrüche des anderen; die sexuellen Bedürfnisse des einen, der Wunsch des anderen nach häufigem Alleinsein; der Perfektionismus des einen, die Panikreaktionen des anderen, wenn er sich bedroht fühlt – werden im Lauf der Zeit in die Beziehung integriert werden. Andere nicht. Wenn die Betroffenen sich weigern, ihnen Raum zu geben, dann werden sie entweder in der Beziehung unterdrückt bleiben oder woanders ein Ventil finden müssen.

Schon in der Expansionsphase werden viele Paare mit Starrheit, Zweifeln und Widersprüchen konfrontiert. Sie entdecken Furcht vor Intimität, Bindung und Kontrolle, selbst wenn die vorherrschende Stimmung noch expansiv ist. Diese anfänglichen Probleme können das Paar in rapide Minizyklen stürzen, die die umfassendere Präsentation des Paarcharakters im vollständigen Zyklus vorwegnehmen. Die Beilegung dieser Streitigkeiten hilft den Paaren, ihren Optimismus beizubehalten und die Befürchtungen und die Ambivalenz zurückzudrängen, die vorübergehend hochkommen.

So zankten sich Sharon und Gerry über die Aufteilung der Haushaltspflichten. Carrie machte Byrons gelegentliche Reizbarkeit Angst. Diese ersten Konflikte erinnern die Paare daran, daß Probleme auftreten können und auftreten werden. In jedem Fall hat das Paar jedoch inzwischen ein deutlicheres Bewußtsein von sich selbst, und sein Charakter entwickelt sich durch den Umgang mit diesen kleineren Rückschlägen.

Der spezielle Charakter, den jedes Paar in der Expansion ausgebildet hat, beeinflußt seinen Übergang in die Kontraktion. Paare, die eine große romantische Liebe verband wie Byron und Carrie, erleben dramatische Abstürze und fürchterliche Enttäuschungen. Paare, die besonderen Wert auf Kooperation und Verhandeln legen wie Sharon und Gerry, werden den Übergang vermutlich eher als verwirrend denn sonst etwas empfinden.

Der Paarcharakter und die Kontraktionsphase

Es gibt viele Möglichkeiten des Abrutschens in die Kontraktion. Manchmal versinkt ein Paar entmutigt darin nach einer Reihe kleinerer, aber herber Enttäuschungen – hartnäckige Streitigkeiten, wiederholtes Nichteinhalten von Versprechungen, zunehmende Vorwürfe und Beschuldigungen. Manchmal stürzen sie in eine tiefe Kontraktion nach einem gravierenden Verstoß eines oder beider Partner: einem Seitensprung, einem aggressiven, alkoholisierten Abend, einem Streit, bei dem sie sich benehmen wie nie zuvor – mit üblen Drohungen, Beleidigungen und Gebrüll. Manchmal ziehen sie sich einfach langsam zurück und rücken in kleinen, kaum wahrnehmbaren Schritten voneinander ab.

Welchem Muster sie auch folgen, *die Partner überschreiten schließlich eine Schwelle der Enttäuschung und müssen ihr Bild von sich selbst als Paar revidieren.* Anfangs haben sie vielleicht versucht, diese Enttäuschung zu leugnen, indem sie ihre Fehlschläge irgendwie in einem optimistischen Licht interpretierten (»zumindest ist es gut, daß wir das miteinander besprechen können«) oder einen Bogen um sie machten, etwa durch den gemeinsamen Entschluß, bestimmte Themen zu meiden. Aber in jedem Verstoß gegen den expansiven Vertrag kündigt sich dessen Scheitern an. Der Charakter des Paares, wie er sich in der Aufschwungphase darstellte, wirkt nicht länger authentisch.

Dieser Vorgang führt neue Aspekte der Persönlichkeit beider Partner in die Paarbeziehung ein. Beide müssen damit fertig werden, daß der andere *geringer* ist, als er oder sie erwartet hatte. Und beide müssen mit ihrem eigenen reduzierten Selbst leben lernen, das ebenfalls zum Vorschein gekommen ist. Das Ergebnis ist ein Gefühl von Beschränktheit und Scheitern.

Gerrys und Sharons erste Abschwungphase begann kurz nach ihrem ersten ernsten Streit, bei dem Gerry die Beherrschung verlor – keine große Sache, nach Auffassung vieler, aber zuviel für sie. Sharon war erschrocken und entsetzt; Gerry fühlte sich furchtbar, weil er sowohl Sharon als auch sich selbst enttäuscht hatte. Das Hervortreten seiner Aggressionen schockierte sie beide so, daß sie rapide in die defensive Organisationsform der Kontraktion schlitterten.

Sharon und Gerry reagierten in folgender Weise auf ihre Enttäuschung: Ihr Streben nach Gleichberechtigung durch Schaffung einer gutgeölten Maschine verwandelte sich in ein starr organisiertes System mit getrennten Bankkonten und wenig inniger Zuwendung. Ihre Aufgaben wurden strikt festgelegt und überwacht, und sie fingen an, ein paralleles Leben zu führen und scharf zu reagieren, sooft der eine in das Revier des anderen eindrang oder eine übernommene Pflicht nicht erfüllte.

Ihre Gespräche drehten sich vorwiegend um Vertragsdetails – wer was wann tun sollte: »Wenn du es übernimmst, die Wäsche am Freitag zu machen, dann kann ich am Samstag mit sauberen Kleidern rechnen, deshalb ist es nicht fair, wenn du das auf Montag verlegst.« Da jeder Akt ausgehandelt werden muß, wird die Beziehung von Geschäftssprache beherrscht.

In der Kontraktion fühlen sich beide tief verletzt und gedemütigt, ohne Chance auf Erlösung. Sharon hält sich für töricht, je geglaubt zu haben, daß irgendein Mann anders sein könnte. Gerry fühlt sich als emotionaler Versager, der nur dazu taugt, Aufgaben auszuführen. Ihre Beziehung *schrumpft* buchstäblich, während ihre mühelose Zusammenarbeit zu einer mißtrauischen Zwei-Personen-Bürokratie verkommt. Ihr charakteristischer Streit dreht sich um einen Verhaltensstil, nicht um Inhalte: Gerrys Unfähigkeit, seine Aggressionen unter Kontrolle zu halten.

In der Aufschwungphase hatte Carries Konzentration auf Byron ihre eigene Leere ausgefüllt und ihm das Gefühl gegeben, Spitze zu sein. Aber in der Abschwungphase fühlt sich Carrie durch Byrons Abwesenheit und Egozentrik vernachlässigt, und Byron fühlt sich durch Carries Bemutterung beherrscht und degradiert.

In der Kontraktion wird Carries gütige Bemutterung dominierend. Aus Byrons sanfter Beschützerhaltung wird gereiztes Herumkommandieren. Jeder der beiden macht Äußerungen, die der andere als »feindselig« empfindet, leugnet aber dann jede feindselige Absicht. Das Gefühl, füreinander geschaffen zu sein, verflüchtigt sich, sie werden von Mißtrauen erfüllt. Byron hat das Gefühl, Carrie versuche die ganze Zeit, seine Gedanken zu lesen, während Carrie weiß, daß Byron verärgert ist, aber es einfach nicht zugeben will. In diesen Alptraum verstrickt, stößt Byron Carrie von sich, um etwas Abstand zu gewinnen (fühlt sich aber dann unglaublich einsam), während sich Carrie schlecht behandelt und ignoriert fühlt.

Als sie das erste Mal in die Kontraktion gerieten, stritten sich Carrie und Byron, nachdem Byron vier Abende hintereinander wegen geschäftlicher Zusammenkünfte spät nach Hause gekommen war und Carrie sich verlassen fühlte. Er wurde wütend, daß sie nicht verstehen wollte, wie wichtig diese Besprechungen für ihn waren. Natürlich wäre er nach Hause gekommen, sagte er, wenn er gekonnt hätte. Durch ihre Reaktion fühlte er sich wie ein Hund zwischen zwei Herren, Carrie und seinem Chef. Er fühlte sich verraten, weil sie nicht mehr begeistert auf etwas reagierte, was ihm als aufregende Neuigkeiten über seine Arbeit erschien. Sie reagierte schockiert auf die Enthüllung seines Egoismus.

Je öfter Byron an Abenden und Wochenenden arbeiten »mußte«, desto mehr fühlte sich Carrie im Stich gelassen. Ihr Gefühl von Leere machte sie depressiv, und sie begann, die Hausarbeit zu vernachlässigen. Ihr Arzt konstatierte eine Depression und bot ihr Antidepressiva an, aber Carrie meinte, Byron könne das Problem lösen, einfach, indem er sie wie früher aufmuntere.

Byron wollte das, aber er war gekränkt über ihre Abwendung und zu stolz, um ihre Aufmerksamkeit zu erbitten. Er fühlte sich selbst außer Kontrolle und zog sich zum eigenen Schutz in eine stachlige Schale zurück. Er wollte, daß Carrie kommen und ihn finden sollte, aber er konnte sie nicht darum bitten. Wie ein gekränktes Kind ließ er sich nun zu gelegentlichen Wutausbrüchen hinreißen, die Carrie erschreckend fand. Zunehmend seine eigenen Aufgaben und Verpflichtungen ihr gegenüber vernachlässigend, machte Byron den Eindruck eines ungezogenen Kindes, das zum Tadel herausfordert. Und so begann sie, ihn als Kind zu behandeln, sie beruhigte und besänftigte ihn.

In der Kontraktionsphase vertauschten sich ihre Rollen. Byron war kein strahlender Romeo mehr, sondern ein launenhaftes Kind; Carrie war keine kindlich-hilflose Julia, sondern eine Mama. Ihr Interaktionsmuster glich mehr und mehr dem ihrer Herkunftsfamilien. Der Charakter dieses Paares beruht in der Kontraktion auf zwei Gefühlen: (1) ihr wechselseitiges Gefühl von Verlassenheit, das alte Entbehrungen und Kränkungen wachruft; und (2) ihre hartnäckige Überzeugung, daß es *Byrons* Gefühle und Verhaltensweisen sind, was ihre Beziehung strukturieren sollte – in diesem Fall sein Absturz vom großsprecherischen Helden zum bedürftigen kleinen Kind, der Carrie zwingt, ihre eigene Rolle zu wechseln. Die Kehrseite ihres expansiven Vertrags kam jetzt zum Vorschein und beherrschte sie.

Der Charakter eines Paares wird somit schon bei ihrem allerersten Durchgang durch die Kontraktion reorganisiert und abgewandelt. Carries und Byrons Augenmerk blieb zwar auf Byron konzentriert, aber neue Motive traten in den Vordergrund: für Carrie Verlassenheit, Einsamkeit, mütterliche Bürde und Angst um ihre körperliche Sicherheit; für Byron Vernachlässigung, Isolierung, schwindende Selbstbeherrschung und der Verlust an Würde. Zusammen wirken sie wie eine ärgerliche, überforderte Mutter und ein störrisches, ausagierendes Kind. Einem Außenseiter und selbst ihren wenigen Freunden erscheinen sie kaum als dasselbe Paar. Aber natürlich sind sie es; und diese »neuen« Merkmale werden in ihren Charakter integriert werden, wenn sie den vollen Zyklus durchlaufen.

Paare in der Kontraktion bezweifeln oft die Realität ihres ersten Expansionsstadiums. Sie fragen sich, ob sie einer Illusion aufgesessen sind. Sobald sie sich in ausgefahrenen Gleisen wiederfinden, fangen sie an, zu glauben, das Stadium der Kontraktion müsse die tiefere Realität sein. Manche lassen sich durch diese »Erkenntnis« unterkriegen. Sie trennen sich oder bleiben resigniert beisammen. Andere gestehen sich ein, daß die Verliebtheit vorbei ist und die Zeit für harte Arbeit begonnen hat. Dies ist schließlich eine der Botschaften der kulturellen Narration: auf harte Zeiten folgen gute, auf gute Perioden folgen harte, und wie man mit dem Wechsel umgeht, daran zeigt sich der wahre Charakter eines Paares.

Jetzt bringen die Partner die jeweils schlechtesten Seiten des anderen zum Vorschein, und der Charakter des Paares scheint auf den Eigenschaften zu basieren, die sie an sich selbst und am anderen am wenigsten schätzen. Die dunkleren Seiten des Selbst und des Partners erscheinen jetzt riesig und erdrückend. Zuvor unterdrückte Aspekte des Charakters beider Partner drängen zum Ausdruck. Beide erleben, wie sich ihr Gefährte vor ihren Augen verändert. Der liebevolle Partner verliert seinen Reiz, der gütige Partner erscheint schwach; der beständige schaltet auf stur; der freigiebige wird eigennützig. In einer Identitätskrise ringen die Partner verzweifelt darum, ihr Gleichgewicht wiederzugewinnen. Sie beschuldigen einander, die neu aufgetauchten Probleme zu verursachen bzw. ans Licht zu bringen, aber sie nehmen sich ihre Mängel auch zu Herzen.

Diese neue »Realität« kann unterschiedliche Folgen haben. Nachdem sie ihre Eltern und Freunde beobachtet, Ratschläge erhalten, Filme gesehen, Bücher gelesen und in ihren eigenen Erfahrungen gekramt haben, rechnen Paare natürlich damit, daß auf die glorreichen Zeiten irgendeine Enttäuschung folgt. Falls sich diese in vernünftigen Grenzen hält – nach dem Maßstab ihrer persönlichen und der kulturellen Narrationen – werden sie danach trachten, ihre neue Erfahrung zu integrieren. Wenn nicht, werden sie an diesem Punkt wahrscheinlich auseinandergehen und sich »bessere« Partner suchen.

Um mit ihrer Enttäuschung fertigzuwerden, reorganisieren sich die Paare und wehren das Chaos, die Konflikte und den Verlust von sich ab. Sie schaffen Regeln, um den Schmerz in Grenzen zu halten. Sie vermeiden, begrenzen und entschärfen ihre Streitfälle, machen einen Bogen um schwierige Themen oder lernen, sie auf weniger bedrohliche Weise zu erörtern. Ebenso wie der expansive Vertrag legen diese Regeln und Erwartungen fest, was akzeptabel ist und was nicht.

Schon beim Einsetzen des Kontraktionsstadiums zeichnet sich seine schließliche Überwindung durch kurze Minizyklen ab, wenn diese auch die Talfahrt nicht aufhalten können. Nachdenkliche Pausen folgen unmittelbar auf hitzige Kräche, und einen Augenblick lang nimmt das Paar die nüchterne Perspektive der Entspannung wahr. Sharon beginnt sich zu fragen, ob sie sich in ihrem Bedürfnis nach Sicherheit nicht einen Mann ausgesucht – oder erschaffen – hat, der zu zahm und verklemmt ist. Byron dämmert es, daß die fürsorgliche Carrie und die bestimmende Carrie ein- und dieselbe Person sind. Diese integrativen und nachdenklichen Momente bereiten den Boden für das dritte Stadium in der Entwicklung des Grundcharakters eines Paares.

Der Charakter und die Entspannungsphase

Um in das Entspannungsstadium zu gelangen, müssen die Paare einen Grundkonflikt lösen. Zum Beispiel hat unser erstes Paar, Jonathan und Marie, geheiratet und damit Maries Frage nach Jonathans Bereitschaft, sich an sie zu binden, beantwortet. Zu diesem Zweck bringen sie Eigenschaften ins Spiel, die bis dahin in der Beziehung nicht im Vordergrund gestanden hatten: Aspekte ihres Charakters, die ihnen helfen, zu verhandeln, zu integrieren bzw. ihre Erfahrungen der zwei vorangegangenen Stadien zu vertiefen. Die Konsolidierungsphase ruft Wesenszüge auf den Plan wie Anpassungs- und Kompromißbereitschaft sowie die Fähigkeit, die richtige Perspektive zu wahren.

Die Entspannungsphase bringt größere Komplexität in die Beziehung. Marie erkennt Jonathans Ambivalenz, seinen Wunsch nach Nähe und seine Angst vor ihren Ansprüchen; er begreift ihre »Irrationalität« als einen von vielen Aspekten ihres offenen und in jeder

Hinsicht lebendigen Wesens. Der Paarcharakter, wie er bisher in der Expansion und der Kontraktion erlebt wurde, wird jetzt als unvollständig empfunden.

In der Entspannungsphase glaubt ein Paar zum dritten Mal, »angekommen« zu sein. Aber jetzt hat erstmals die vollständige Palette seines Charakters Ausdruck gefunden, denn sie enthält Elemente aller drei Stadien. In dieser Phase wird die Bildung des Grundcharakters eines Paares abgerundet.

Paare in der Entspannungsphase sind wie Biber beim Dammbau, ständig beschäftigt, Dinge auszuhandeln und festzuklopfen, Probleme zu lösen oder auszuklammern. Aus Beschwerdeführern werden frohgemute Aktivisten, die im Namen von Zusammengehörigkeit und Reife ihren Stolz hinunterschlucken. Und dennoch hat bei allen Ähnlichkeiten jedes Paar seinen eigenen Stil, seine eigene spezielle Art, Harmonie zu stiften oder Puzzles zu lösen.

Jonathan und Marie fühlen sich zum Beispiel in dieser gemäßigten Zone am wohlsten, weil sie sich als *vernünftige* Menschen sehen möchten. Sie vergleichen sich mit dem berühmten Liebespaar Spencer Tracy und Katherine Hepburn, deren ironischer Witz ihnen über die dornigsten Dilemmas hinweghalf. Die Expansion erscheint ihnen als beklagenswerte Verblendung, fast ebenso unangebracht wie die Kontraktion, jetzt, da sie nach Hause gefunden haben.

Astrid und Henry empfinden die Entspannungsphase als eine primär ernüchternde *emotionale* Erfahrung. Sie fühlen sich geläutert, verzeihen einander und verspüren eine Reinigung. Sie kümmern sich umeinander und lieben den verwundeten, unvollkommenen Menschen, dem sie sich lebenslang verbunden wissen. Trotz allem sind sie füreinander »da«, akzeptieren, umarmen einander.

Gerry und Sharon gelangten erstmals in das Stadium der Entspannung, nachdem ihnen beiden bewußt geworden war, wie einsam sie in ihrem parallel verlaufenden Leben geworden waren. Beide hatten ihre Fühler ausgestreckt, um mehr Kontakt zueinander herzustellen, aber diese Versuche waren zu tastend und zaghaft gewesen, um Erfolg zu haben. Beide fühlten sich abgeschnitten. Sharon machte um diese Zeit gerade eine besonders schwierige berufliche Phase durch. Gerry reagierte auf ihr Gefühl von Ausweglosigkeit mit einer Art beständiger, behutsamer Rücksichtnahme, durch die sie sich gestärkt, aber nicht kontrolliert fühlte; sie erinnerte sich, wie gut er im Anfangsstadium ihrer Beziehung gewesen war. Sie reagierte, indem sie sich gefühlsmäßig stärker für ihn öffnete, als es seit längerer Zeit der Fall gewesen war. Bald sprachen sie über ihr getrenntes Leben und entdeckten, wie unglücklich beide über die endlosen Grabenkämpfe gewesen waren. Sharon sah Gerry wieder als »anders« als andere Männer, und Gerry fühlte sich erlöst.

Das Stadium der Entspannung ist Gerry und Sharon wie auf den Leib geschneidert. Die Freuden des Verhandelns und der Geborgenheit, die dessen umfassendere Perspektive bereithält, empfinden sie als ebenso befriedigend wie irgendeinen romantischen Augenblick in der Expansion. Tatsächlich verspüren sie fast keinen Unterschied zwischen diesen zwei Stadien. Schon allein die Gespräche miteinander, egal über welches Thema, sind beruhigend und geben ihnen ein Gefühl von Nähe.

Als Paar opfern Gerry und Sharon Überschwang und Expressivität, um ihre Sicherheit und ihren Seelenfrieden zu retten. Auf diese Weise hoffen sie, das Gefühl von Wohlbefinden und die Kooperationsbereitschaft lebendig zu erhalten, die ihre Expansionsphase auszeichneten.

Carrie und Byron empfinden dagegen in der Entspannungsphase ein Gefühl von Fremdheit. Sie hassen es, Dinge aushandeln zu müssen, und verstehen nicht, tragfähige Kompromisse zu schließen. Sie bedienen sich dieser Taktiken nur als Mittel zu einem Zweck und für kurze Zeit: das erscheint ihnen alles zu nüchtern und distanziert.

Erinnern wir uns, daß Byron in der Kontraktionsphase zu einer Art von aggressivem Halbwüchsigen und Carrie zu einer scheltenden Mutter geworden war. Byron brauchte Carries Zuwendung, um mit seinen vielen Projekten auf dem richtigen Kurs zu bleiben. Ohne ihr Lob und ihren Beistand hatte er das Gefühl, ziellos dahinzutreiben. Schlimmer noch, er »brannte« buchstäblich nach sexuellem Kontakt mit ihr. Und dennoch wußte er nicht, wie er mit ihr darüber reden sollte. Wie auch immer er es anfing, er fand, sie versuche, zu beschwichtigen und abzuwiegeln, ohne je den Sinn seiner Worte zu begreifen. Der bloße Gedanke, erneut wie ein Kind von ihr verhätschelt zu werden, ließ ihn in Wut geraten. Was Carrie betrifft, so lebte sie in ständiger Angst sowohl vor seinem Zorn wie auch vor seiner Abwesenheit.

Eines Abends kam Byron spät nach Hause, müde und mit seinen Gedanken woanders. Er war so niedergeschlagen, so isoliert, so beherrscht von seinem Gefühl des Scheiterns und der Sinnlosigkeit, daß er nicht einmal mit Carrie reden wollte. Während sie ihn anschaute, überkam sie Hoffnungslosigkeit. Es war klar, daß sie es nicht schaffen würden. Sie saß schweigend am Küchentisch, aus Angst, etwas zu sagen, was ihn erzürnen könnte. Als er mit seinem Abendessen fertig war, ging Byron nach oben. Carrie machte die Küche sauber und stieg dann ebenfalls die Treppe hoch, ging in das gemeinsame Schlafzimmer und zog ihr Flanell-Nachthemd mit den blauen und gelben Blümchen an; dann schlüpfte sie ins Bett.

So weit ist es also gekommen, dachte sie: all ihre romantische Liebe zueinander, ihre Träume, ihr Zauber waren verflogen. Es war mehr, als sie ertragen konnte. Als Byron eintrat, lag sie unter der Bettdecke und das ganze Bett erbebte von ihrem Schluchzen.

Bestürzt setzte sich Byron neben sie. Stumm, ohne sie anzurühren, sah er sie weinen; ihr Zustand schien zu spiegeln und auszudrücken, was er selbst empfand. Gefühle überschwemmten ihn – Zärtlichkeit und tiefe Traurigkeit, aber da war noch etwas: der Eindruck von *déjà vu*. Die Erinnerung an eine Kindheitsszene blitzte vor ihm auf: er saß am Bettrand neben seiner Mutter, die vor seinen Augen weinte und stöhnte, das Gesicht in den Händen, ihr zarter Körper bebend. Er konnte nicht mehr als acht Jahre gewesen sein. Das betrunkene Gebrüll seines Vaters hatte sie zu einer zerbrechlichen Kugel reduziert, die sich da auf dem Bett zusammenkrümmte. Er erinnerte sich, wie erschrocken er gewesen war, wie hilflos er sich gefühlt hatte, als sie sich Beistand suchend an seinen Arm klammerte. Er hatte sich gewünscht, ihr helfen zu können, ihre Tränen zu trocknen, sie zum Lächeln zu bringen. Aber er hatte es nicht vermocht.

Jetzt geschah das alles wieder, und es war seine Schuld. Tränen füllten seine Augen; seine Traurigkeit schien grenzenlos. Von Schluchzen geschüttelt, streckte er die Hand nach Carrie aus und nahm sie in seinen Arm. So lagen sie eine halbe Stunde lang da. Dann kam sie unter der Decke hervor, sah ihn zärtlicher an als je zuvor, und sie begannen, miteinander zur reden. Byron sagte, er habe das Gefühl, das einzige Gute kaputtzumachen, was ihm je begegnet sei. Carrie sagte, sie habe sich gefürchtet, mit ihm zu reden, weil er ihr nicht mehr zuhörte. Byron sagte, er habe sich nicht gebührend geschätzt gefühlt, aber er benötige ihre Unterstützung. Sie fühlten sich einander nahe und geliebt und sie spürten, daß ihnen verziehen worden war; so stand der Versöhnung nichts mehr im Wege.

Sie traten in eine neue Periode ein, gekennzeichnet durch den wieder möglich gewordenen Austausch ihrer Gefühle. Ihr Selbstvertrauen kehrte zurück, sie fühlten sich gefestigter, ja kühner – als ob sie neuen Boden urbar machten. Byron mochte dieses neue Gefühl von Reife, er empfand es wie ein wundersames neues Kleidungsstück, das er anlegen konnte. So rang er mit aller Kraft darum, faire, vernünftige Standpunkte zu beziehen. Carrie fühlte sich verwandelt, sie strömte über vor Dankbarkeit. Ihr Liebesleben erwachte wieder. Beide waren euphorisch. Kaum hatten Vorstöße sie aus der Kontraktion in eine vernunftbetonte Entspannungsphase katapultiert, als sie einen erneuten Höhenflug in die Expansion begannen. Byron arrangierte ein Wochenende auf dem Land für sie. Carrie empfing ihn mit einem besonderen Festessen.

Die Entspannungsphase war für Byron und Carrie nicht ganz das richtige. Sie bevorzugten bei weitem den Überschwang, die kindliche Vertrautheit, das Spielerische und die Leidenschaft und Sexualität der Expansion. Diesmal (und während ihres ganzen gemeinsamen Lebens) diente ihnen die Konsolidierungsphase primär als Auffangstellung, von der sie in die expansive Phase ihrer Beziehung zurückkehren konnten. Der Paarcharakter, der in ihrer Entspannungsphase zutage trat, beruhte auf der Entschlossenheit, ehrlich und fair miteinander umzugehen und sich nicht mehr gegenseitig für ihre eigenen Versagens- und Verlassenheitsängste verantwortlich zu machen. Aber diese Art von Getrenntsein, diese Anstrengung, die Verantwortung für sich zu übernehmen, fiel ihnen sehr schwer und war daher von kurzer Dauer. Sobald sie konnten, verschmolzen sie ihr Leben und ihre Geschicke wieder miteinander.

Die Folge war, daß ihre Entspannungsphasen wie schmale Kämme zwischen den weiten, grünen Ebenen der Expansion auf der einen und dem tückischen Geröll der Kontraktion auf der anderen Seite wirkten.

Beim ersten Durchgang halten sich die meisten Paare nur kurz in der Entspannungsphase auf (Sharon und Gerry sind eine Ausnahme.) Die meisten Paare sind so erleichtert, so glücklich über ihre Befreiung aus dem Kerker der Kontraktion, daß sie wie Byron und Carrie rasch wieder zu einem Höhenflug ansetzen.

Die Entspannungsphase ist das vollständigste Stadium, und in späteren Zyklen verharren die meisten Paare immer länger darin. Sie merken, daß sie in diesem Stadium mehr Anteile ihrer Gesamtpersönlichkeit leben können, und sie glauben, sich darin am besten zu kennen. Trotz dieser Erkenntnis eilen die meisten jüngeren Paare durch sie hindurch.

Die Wichtigkeit des gesamten Zyklus

Wir haben gesehen, daß der erste Zyklus das Fundament für den Charakter eines Paares legt. Er läßt ahnen, wie die beiden in ihren späteren glücklichen Zeiten sein werden. Er nimmt ihren charakteristischen Streit vorweg. Er versieht die Partner mit den für sie kennzeichnenden Mitteln zur Beilegung von Konflikten. Der Charakter eines Paares ist nicht bloß in einem Stadium zu Hause, weder in ihrem bevorzugten Stadium noch dem Stadium, in dem sie sich meistens aufhalten; er ist die Summe dessen, wie sie im gesamten Drei-Stadien-Zyklus sind.

Carrie und Byron erleben zum Beispiel romantische Höhenflüge, vernichtende Abstürze und kurze Augenblicke der Besinnung. Astrid und Henry beginnen zwar ebenfalls in romantischen Himmeln, aus denen sie schmerzhaft herunterfallen, aber sie finden in einer fast ehrfürchtigen Periode der Entspannung wieder zueinander. Gerry und Sharon durchlaufen kurze Auf- und Abschwünge, um in der Entspannungsphase endlich an ihr Ziel zu kommen. Marie und

Jonathan scheinen anfangs gleich lang in jedem der drei Stadien zu verweilen und jedem gleiches Gewicht zu geben, wenn sie von tiefer Freundschaft nach einer Zeit der Entfremdung zu einer befriedigenden Partnerschaft gelangen.

Bei ihrem ersten Durchgang durch den Zyklus neigen Paare zu dem Glauben, das Stadium, in dem sie sich jeweils befinden, repräsentiere ihren wahren Charakter. Nach mehreren Runden beginnen sie jedoch zu begreifen, daß ihr Beziehungsmuster während des gesamten Zyklus und speziell im Verlauf von mehreren Zyklen ihren Charakter besser repräsentiert als irgendein einzelnes Stadium.

Die ökologische Theorie enthält das Konzept der sogenannten Ko-Evolution.[36] Von Büffelherden sagt man zum Beispiel, daß sie sich parallel zu den Grasarten der Ebenen entwickelt hätten, das heißt, beide haben zwar ihren eigenen, ererbten Charakter, aber beide wandeln ihn in Anpassung an den des anderen ab. Wasserläufe ko-evoluieren mit den Bäumen und Gräsern an ihrem Ufer, so wie menschliche Gemeinschaften und die Umwelt, in der sie leben. Dasselbe gilt auch für die Handlungen und Vorstellungen von Paaren.

Der Charakter des Individuums und der Charakter des Paares ko-evoluieren ebenfalls. Sie passen sich aneinander an und verändern sich miteinander. Dieser Prozeß ist im allgemeinen bei jüngeren Menschen ausgeprägter, da sie noch ungeformter sind, wenn sie sich kennenlernen. Mit Ausnahme von extrem starren Individuen verändern sich alle Beteiligten, während sich das Paar entwickelt. Jede spätere Veränderung eines Partners bedroht die Stabilität des Paares. Wenn sich zum Beispiel der eine durch religiöse oder berufliche Erfahrungen verwandelt, dann wird sich der andere anpassen müssen, damit die Beziehung überlebt. Die Organisation des Paares wird sich ebenfalls an individuelle Änderungen angleichen müssen.

Umgekehrt gefährdet jede Veränderung des Paares die Stabilität seiner Mitglieder. Wenn zum Beispiel ein Partner körperbehindert wird und der andere mehr außerhalb des Hauses arbeiten muß, werden sich ihre normalen Rollen und Gepflogenheiten ändern. Dann

36 Siehe Gregory Bateson, a.a.O.

werden die Betroffenen vielleicht auch ihre Vorstellung von ihrer eigenen Identität ändern müssen; innere Veränderungen folgen in diesem Fall den äußeren. Anpassungsbereitschaft und -fähigkeit sind wesentlich zur Erhaltung der Stabilität.

Während Paare die Stadien durchlaufen, wird ihr Charakter zunehmend zu einer unabhängigen und wirksamen Kraft. Man könnte sagten, daß sie dreimal daran gewebt haben, in jedem Stadium einmal; in jedem weiteren Zyklus werden sie ihn erneut überarbeiten. Jedes Stadium bringt neue Aspekte beider Partner ins Spiel und formt alte um. Allmählich üben die kollektiven Verhaltensmuster immer größeren Einfluß auf die Partner aus, bis es schwierig ist, zu wissen, wo der individuelle und der Paarcharakter beginnen und enden.

Die Webart eines Paarcharakters wechselt ständig, so wie eine rauhe Oberfläche im Sonnenlicht changiert. Mit jedem neuen Zyklus messen die Partner jede neue expansive Erfahrung an der früherer Zeiten, an ihren Erinnerungen an die Kontraktion und an ihren gesammelten Erfahrungen mit der Konsolidierung. Während die Stadien das Erleben des Paares bestimmen und prägen, nimmt das Bewußtsein der Partner von sich selbst, ihr Paarcharakter, Gestalt an.

»Tänze«

Paare enthüllen ihren Charakter durch die Verhaltenssequenzen, die sie befolgen. Diese Sequenzen sind quasi der »verflüssigte« Charakter, habituelle Interaktionsmuster, die zu den charakteristischen Gesten oder »Tänzen« des Paares werden. Sie können sehr einfach sein – aus zwei oder drei Schritten bestehen – oder auch komplexer. Einige einfache Beispiele sind: Ich fordere dich auf, etwas mit mir zu tun; du lehnst ab; ich frage dich nochmals. Oder: du regst dich über etwas auf; ich gehe zu dir hin und spreche dich an; du gehst erleichtert darauf ein. Nicht überraschenderweise bilden sich die Sequenzen im Laufe des ersten Drei-Stadien-Zyklus eines Paares heraus. Sie zeigen sich erstmals, wenn die Partner in der Aufschwungphase sind, und wirken auch in den nächsten zwei Stadien organisierend auf die Interaktionen der Partner ein. Sobald sich eine oder zwei bevorzugte Sequenzen eingespielt haben, neigt das Paar dazu, diesen immer wieder, Zyklus um Zyklus, zu folgen.

In diesen Sequenzen schlagen sich Leitbilder und frühere Erfahrungen des Paares nieder; sie helfen ihnen, ihre Gefühle durch Handlungen auszudrücken. *Variationen der gleichen typischen Sequenzen strukturieren das Erleben eines Paares in allen drei Stadien.* Im Lauf der Zeit schleifen sich die Sequenzen ein, sie werden fixiert und können als die charakteristischen Muster angesehen werden, die bestimmen, welche Aspekte unseres Charakters in die Zweierbeziehung einfließen und welche nicht.[37]

Paare bilden Sequenzen in erstaunlichem Tempo aus. Manche ergeben sich fast augenblicklich, als ob beide Partner Teile eines Puz-

---

37 Wer sich näher über Sequenzen informieren will, dem empfehlen wir Jay Haleys *Direktive Familientherapie* (München: Pfeiffer, 1985[3]); Salvadore Minuchins *Familie und Familientherapie* (Freiburg: Lambertus, 1992[9]); Lynn Hoffmans »Enmeshment and the Too Richly Cross-Joined System«, *Family Process*, 14 (1975), 457–68; und Barry Dyms »Eating Disorder« and the Family: a Model for Intervention«, in *Theory and Treatment of Anorexia Nervosa and Bulimia: Biomedical, Sociocultural and Psychological Perspectives*, Steven Wiley Emmet, Hsg. (New York: Brunner/Mazel, 1985).

zles wären, die bloß auf ihr Gegenstück gewartet haben. Selbst in der relativ freien Zeit der ersten Expansion verlaufen die spontanen Experimente bald in den Bahnen der sich abzeichnenden Beziehungsmuster. Andere Sequenzen entwickeln sich allmählicher. Sequenzen schaffen Ordnung aus dem Chaos; sie verfestigen sich zu Verhaltensmustern, die unser Erleben begrenzen, bestimmen und fokussieren. Weil sie so vorhersagbar sind, fühlen wir uns sicherer und geborgener, wenn wir sie befolgen. Nachstehend einige Möglichkeiten, wie sich Sequenzen herausbilden:

- Er versucht, ihr etwas Wichtiges zu sagen. Sie reagiert negativ auf den Ton seiner Stimme. Er lernt rasch, daß er einen anderen Ton anschlagen muß, wenn er eine aufgeschlossene Reaktion von ihr erwartet.
- Sie möchte durchsetzungsfähiger werden. Er begrüßt das, wenn es um ihre Angehörigen oder Freunde geht, aber wird verstimmt, wenn sie in bezug auf Geld oder Sex anderer Meinung ist. Deshalb ergreift sie die Initiative in den erstgenannten Bereichen, hält sich aber in bezug auf letztere zurück.
- Er lädt sie ein, mit ihm auszugehen; sie sagt zu und schlägt vor, was man unternehmen könnte; er versucht, einen anderen Vorschlag durchzubringen; sie kommt auf ihre erste Wahl zurück; er gibt nach. Diese Sequenz kann fast jedes Mal durchgespielt werden, sooft er ihr gegenüber die Initiative ergreift. Er kann vorschlagen, daß sie ins Kino gehen, miteinander schlafen, einen Spaziergang machen, eines der Kinder bestrafen; sie stimmt zunächst zu, aber wandelt seinen Vorschlag ab; er kann versuchen, zu seinem ersten Vorschlag zurückzukehren, aber da sie auf ihrer Vorstellung beharrt, kommt diese zum Zuge.

Je stärker sich eine spezielle Sequenz herauskristallisiert desto mehr Gefühle und Vorstellungen investiert das Paar in diese. In unserem dritten Beispiel kann es etwa sein, daß er sich immer zögernder äußert, da er damit rechnet, daß sie alle seine Vorschläge ablehnen wird. Er interpretiert ihre Gegenvorschläge als Mangel an Respekt vor ihm. Aber sie möchte vielleicht einfach, daß er sich klar und entschieden äußert, bevor sie ihm zustimmt. Sein tastendes Vorgehen irritiert sie womöglich, und ihre Reaktionen darauf können immer entschiedener, fast ruppig werden. In Wirklichkeit möchte sie ihn jedoch bloß anstacheln, resoluter zu sein. Vielleicht folgten ihre eigenen Eltern einem solchen Verhaltensmuster, sooft sie etwas Wichtiges besprachen, und sie fand, daß es gut funktionierte. Aber ihre Ruppigkeit verstärkt seine Sorgen; wenn sie spricht, blitzt unterschwellig das Bild seiner dominierenden Mutter in ihm auf, und ihn beschleicht ein Gefühl von Hoffnungslosigkeit und Ausweglosigkeit.

Was sind Sequenzen?
Eine Sequenz ist wie ein Tanz, der die Interaktion des Paares formt und strukturiert. Überlegen wir, wie Partner Entscheidungen treffen – die Wahl des Wohnorts, die Entscheidung, wofür sie ihr Geld ausgeben oder wessen Eltern sie im Urlaub besuchen wollen. All diese Entscheidungen können nach einem einzigen Interaktionsmuster wie dem folgenden zustande kommen: sie bringt das Thema zur Sprache; er wimmelt sie ab; sie läßt nicht locker; er wimmelt sie erneut ab; sie wird wütend; er wimmelt sie ein drittes Mal ab; sie gerät außer sich; er tröstet sie. Nun können sie gemeinsam darangehen, einen Entschluß zu fassen.[38]

Paare halten sich in *jedem* Stadium an ihre typischen Sequenzen. In der Expansionsphase strukturieren diese Handlungsmuster die glücklicheren Erlebnisse eines Paares. In schlechten Zeiten enthüllen sie dessen dunklere Seiten, sie bestimmen den charakteristischen Streit, das typische Mißverständnis und bezeichnende Formen gegenseitiger Angriffe und Schuldzuweisungen. In der Entspannungsphase schaffen diese Verhaltensmuster einen Ausgleich zwischen positiven und negativen Aspekten.

Nehmen wir zum Beispiel eine Sequenz, die durch die Bemühungen eines Partners entsteht, dem anderen beizubringen, wie er be-

---

38 *Inside the Family* (San Francisco: Jossey-Bass, 1975) von David Kantor und Will Lehr war eines der ersten Werke, in dem die Rollen beschrieben wurden, die Menschen in Familiensequenzen spielen. Diesen Autoren zufolge agieren Familienmitglieder als Initiatoren, Opponenten, Gefolgsleute oder Zuschauer, und diese Rollen in den Interaktionssequenzen ihrer Familie werden zu einem Bestandteil ihrer Familienidentität.

stimmte Dinge besser tun könnte. In der Expansion hat dieses Paar vielleicht auf einer Woge von Enthusiasmus begonnen – ein eifriger Schüler, der entzückt ist, eine liebevolle Lehrerin zu finden. In der Kontraktion finden die Partner Grund zur Klage – der Schüler fühlt sich kritisiert und bevormundet, die Lehrerin fühlt sich ungenügend geschätzt. In der Entspannungsphase besteht das gleiche Muster vielleicht weiter, aber die Partner dürfen gleichberechtigt mitbestimmen, wann die Sequenz in Gang kommt und endet.

Die Bedeutungen, die Paare ihren Sequenzen zuschreiben, ändern sich je nach dem Stadium. Positive und negative Bedeutungen, günstige und ungünstige Vorgeschichten, heitere und ernste Vorstellungen, gute und schlechte Gefühle: alles kann Bestandteil der gleichen Sequenz sein – aber in verschiedenen Stadien. Wenn du zum Beispiel in der Expansion eine bestimmte Sequenz in Gang setzt, dann fühle ich mich vielleicht erleichtert und getröstet; und wenn ich darauf eingehe, dann fühlst du dich unterstützt und mir nahe – gleichgültig, welchen Inhalt unser Ritual hat. Aber wenn du die gleiche Sequenz in der Kontraktion einleitest, dann fühle ich mich möglicherweise herumkommandiert, nicht erleichtert; und statt auf deinen Vorschlag einzugehen, stoße ich dich vielleicht weg. Du fühlst dich abgelehnt und ziehst dich daraufhin verärgert zurück. Falls du im Stadium der Entspannung dieselbe Sequenz einleitest, wird meine Reaktion wieder anders sein. Ich werde gemäßigter reagieren, und wir können eine Art Mittelweg aushandeln. So werden wir im dritten Stadium mit dieser Sequenz umgehen. Wir verfügen über diese phasenspezifischen Varianten, wann immer wir die Sequenz durchspielen – gleichgültig, worin deren Inhalt besteht.

Sequenzen laufen automatisch ab, aber sie sind nicht unbewußt und können leicht identifiziert und deutlich gemacht werden. Man frage einen der Partner: »Wie reagieren Sie, wenn er – – – tut?« oder »Wie verhalten Sie sich, wenn sie in einer – – – Stimmung ist?« oder »Wie fühlen Sie sich?« Die Antworten werden rasch und entschieden kommen. Manche erwidern auch, »das hängt davon ab«, das heißt, sie verfügen über zwei oder mehr verschiedene Reaktionen, vielleicht eine positive und die andere(n) negativ. »Manchmal ist er unheimlich entgegenkommend, wenn ich ihn um etwas bitte«, sagt eine Befragte vielleicht, »aber häufiger reagiert er, als ob ich ihn in Ketten legen wollte.« Der erste Teil dieser Reaktion beschreibt eine Sequenz, wie sie für das Expansionsstadium kennzeichnend ist, während die zweite die für die Kontraktion typische Kehrseite darstellt.

Warum bevorzugen Paare einen bestimmten Satz von Sequenzen gegenüber anderen? Die Antwort hängt von den im vierten Kapitel erörterten Faktoren ab: die inneren Schablonen, von denen sich beide Partner leiten lassen, ihre früheren Beziehungen und die speziellen Erwartungen beider für die gegenwärtige Beziehung.

Wie Sequenzen entstehen

Am Beginn einer Beziehung probieren wir Dinge aus und beobachten, wie unser Partner reagiert. Wir stellen fest, was akzeptabel für ihn ist und was nicht. Wir achten darauf, was ihn interessiert, was ein Lächeln hervorruft und was ihn ärgerlich macht. Wir erzählen unsere Geschichten und bringen unsere Gefühle und Handlungen in Einklang mit seinen Reaktionen – manche Aspekte spielen wir herunter oder verbergen sie, andere unterstreichen wir. Manche von uns dehnen die Grenzen des Annehmbaren und verhalten sich in einer Weise, mit der sie sich zunehmend der Kritik des Partners aussetzen – bis dieser schließlich deutlich macht, daß sein Limit erreicht ist, und wir uns zurückziehen. Andere sind vorsichtiger und schränken sich ein; die Sequenzen des Paares verlaufen dann innerhalb eines sicheren Interaktionsrahmens. Im Lauf der Zeit spielen sich die Reaktionen der Partner ein.

Paare verfügen im allgemeinen über jeweils mehrere Sequenzen, obwohl eine bestimmte Abfolge zu einem gegebenen Zeitpunkt vorherrschen kann.[39] In der Expansionsphase vermischen sich die verschiedenen Sequenzen. In schwierigen Zeiten wird die Bezie-

39 Sequenzen unterscheiden sich hinsichtlich der Zeitspanne und Bereiche, die sie umfassen. So laufen viele in Minuten ab; andere erstrecken sich über Tage und Wochen, und wieder andere entfalten sich langsam, über Monate oder gar Jahre hinweg. Siehe Bruenlein, a.a.O., und Dym, a.a.O.

hung oft von einer mächtigen, stereotypen Sequenz strukturiert. »Egal, was ich sage«, berichtet eine Frau, »*er* sagt das Gegenteil.« »Ich kann hier nichts tun, ohne daß sie mir erklärt, es sei falsch«, antwortet ihr Partner.

Jeder Schritt in einer Sequenz bestimmt den nächsten; die Partner reagieren automatisch aufeinander, wie Schauspieler bei der fünfzehnten Probe einer Szene. Im Lauf der Zeit formen die Sequenzen den Charakter des Paares.

Diese Sequenzen sind Destillationen der Vorstellungen, die wir in unsere Beziehungen einbringen. Ein Mann, der auf die Bitten seiner Frau reagiert, als ob man ihn in Ketten lege, ist vielleicht bei sehr beherrschenden Eltern aufgewachsen. Eine Frau, die eifersüchtig auf die Männerfreundschaften ihres Partners reagiert, ist möglicherweise mit Brüdern großgeworden, die sie ausschlossen. Ein Partner, der begeistert ist, wenn man ihm liebevoll etwas beibringt, wurde vielleicht von seinen Eltern vernachlässigt und ist jetzt für jede Zuwendung dankbar. Meine Bitte und deine Reaktion, meine Forderung und deine Ablehnung – beide gehen Hand in Hand.

Mächtige Rückkopplungsschleifen halten diese Muster aufrecht und am Laufen. Alles, was ein Partner tut, um ein positives oder ein negatives Bild zu bieten, wird von der Reaktion des anderen verstärkt. Nach einer Weile können wir die Folgen voraussehen, wenn wir nicht auf unsere Skrupel hören, und wir benötigen die faktische Reaktion unseres Partners nicht mehr, um uns an die Spielregeln zu halten. Die Sequenzen werden internalisiert und unbewußt durchgespielt.

Sobald ein Paar eine Sequenz findet, die seinem speziellen Charakter und Stil entspricht, wird es sich daran halten, egal, in welchem Stadium es sich befindet. Aus diesem Grund *gibt es von allen Sequenzen drei Spielarten.* Sie haben unterschiedliche Bedeutungen in jedem der drei Stadien, je nach den gerade vorherrschenden Stimmungen und Motiven. Die Sequenzen verändern ihre Bedeutung nicht nur je nach dem Stadium, in dem sich das Paar befindet, sondern wir enthüllen – da sich die drei Stadien unterschiedlich auf die Einzelnen auswirken – in der Sequenz jedes Stadiums verschiedene Aspekte unserer Persönlichkeit.

Im folgenden wollen wir uns mit zwei Hauptaspekten von Sequenzen befassen. Zunächst werden wir die *generelle* Tendenz von Paaren untersuchen, ihre Sequenzen in jedem der drei Stadien abzuwandeln. Dann werden wir vier sehr häufige *spezielle* Sequenzen aufzeigen, die Paare abspulen, und sie durch alle drei Stadien verfolgen.

Sequenzen in der Expansion

In der Aufschwungphase sind die Beziehungsmuster flexibler. Sie bringen unsere besseren Eigenschaften zur Geltung und drängen weniger wünschenswerte zurück. Wir experimentieren: heute laufe ich dir nach, und du machst dich rar; morgen mußt du mir nachlaufen, um mein Vertrauen zu gewinnen. Wir werfen alle Klischees über Bord und probieren Dinge aus, die normalerweise außerhalb unseres Repertoires liegen.

Jack und Sandra lernten sich bei ihrer ehrenamtlichen Tätigkeit in einer Bürgerinitiative kennen. Beide nehmen ihr Engagement für diese Sache ernst, und sie merkten, daß es ihnen Spaß machte, Seite an Seite zu arbeiten. Aber ihr Vergnügen ging darüber hinaus: die Partnerschaft machte ihnen solche Freude, daß sie etliche andere gemeinsame Unternehmungen starteten und ihre Beziehung florierte. Sie werden nie müde, miteinander zu diskutieren, Dinge zu unternehmen und die Zukunft zu planen. Sie glauben, jedes Projekt in Angriff nehmen zu können, solange sie zusammen sind. Wir betrachten sie als ein »kooperatives« Paar.

Harry und Betsy kannten sich schon eine Weile, aber sie fühlten sich erstmals zueinander hingezogen, als er sie beim Tod ihrer Mutter tröstete. Von Harry ging eine Ruhe und Stärke aus, die sie aufrichtete. Ihre Äußerung von Schmerz berührte ihn zutiefst; er hatte das Gefühl, sie äußere Gefühle für sie beide. Sie begannen eine Beziehung. Im Lauf der Jahre kehren sie immer wieder zu Situationen zurück, in denen er seine Anteilnahme und sie ihre Emotionalität unter Beweis stellen kann, wobei sie einander häufig in die gleichen

Positionen manövrieren, die sie bei ihrer ersten Begegnung einnahmen. Dieses Paar scheint eher dem »komplementären« Typus zu entsprechen.

Auch andere Beziehungsmuster schleifen sich rasch, wenn nicht auf Anhieb, ein. Wenn eine bestimmte Abfolge gut funktioniert, neigen die Partner dazu, sich an dieses Muster zu halten. Experimente sind zwar aufregend, können aber auch unbehaglich und riskant sein. Ziemlich bald gehen wir es langsamer an und machen uns ein oder zwei Grundmuster zu eigen. In der Expansionsphase empfinden wir diese Raster als angenehm; sie begünstigen, was wir bei uns selbst und unserem Partner hervorheben wollen. Diese allgemeinen Verhaltensmuster entwickeln sich zu wiederholten Sequenzen, die die Beziehung strukturieren. Nehmen wir ein Beispiel:

Ein Mann bietet seiner Partnerin etwas muffig an, ihr bei einer Arbeit zu helfen. Sie findet seine Bemühungen rührend, aber ungeschickt, deshalb lächelt sie und zeigt ihm, wie er es besser machen könnte. Über ihr Interesse erfreut, probiert er ihre Empfehlung aus, und das Resultat ist wirklich besser. Sie ist so erfreut, daß sie ihm einen Kuß gibt, den er erwidert. Diese Sequenz kann sich im Lauf einer langen Beziehung hundertmal wiederholen, und zwar mit verschiedensten Inhalten – von der richtigen Art, sich zu kleiden, bis zum optimalen Verhalten im Bett.

Sequenzen in der Kontraktion

In der Abschwungphase werden die Sequenzen starr. Spiel, Experiment und das Gefühl von Wahlmöglichkeiten, all dies weicht einer verbissenen Steifheit. Wir bezeichnen dies üblicherweise als die Abwehrmechanismen oder den Charakterpanzer eines Menschen. In der Kontraktion verengt sich das Leben eines Paares zur Routine. Fast immer ergreift derselbe Partner die Initiative zu einem Gespräch oder sexuellem Kontakt, und der andere reagiert verdrossen, aggressiv oder resigniert. Der eine kritisiert, der andere schlägt zurück. Worte wie »immer« und »niemals« beherrschen ihr Vokabular, und die Partner werden verbiestert, hämisch und moralistisch.

Die Sequenzen der Expansionsphase bestehen zwar weiter, aber sie werden auf den Kopf gestellt. Jetzt übermitteln sie bestrafende, nicht belohnende Botschaften. Machtunterschiede treten zutage und zwingen einen Partner in eine hilflose oder reaktive Position bzw. lösen einen erbitterten Kampf um die Oberhand aus. Partner, die zur Verfolgerrolle tendieren, verwandeln sich in Nörgler; Partner, die zum Rückzug neigen, werden zum Einsiedler.

Nehmen wir die zwei oben erwähnten Beispiele. In der Abschwungphase könnten diese Sequenzen folgendermaßen aussehen:

Die kooperativen Partner, Jack und Sandra, beginnen, sich klaustrophobisch zu fühlen, weil sie nicht nur zusammen leben, sondern auch zusammen arbeiten. Gleichzeitig hängen sie so an ihrem Zusammengehörigkeitsgefühl, daß sich beide durch jeden Schritt bedroht fühlen, den ihr Partner in Richtung Unabhängigkeit unternimmt. Wenn Sandra einen Abend mit Freundinnen verbringt, reagiert Jack eingeschnappt, und das hält sie davon ab, oft auszugehen. Wenn Jack mit seinen Freunden zu häufig zu Sportveranstaltungen geht, dann empfängt ihn Sandra bei seiner Rückkehr mit einer Latte von Hausarbeiten; er versteht und schränkt seine Besuche im Stadion ein. In der Kontraktion spiegeln ihre Sequenzen sowohl ihre Unzufriedenheit über ihr Zusammensein als auch ihre Ängste vor Autonomie.

In der Kontraktion erscheint Harry, der so stark und ruhig wirkte, als er Betsy tröstete, langweilig und phantasielos. Sie entzieht sich seiner Berührung und sehnt sich nach einem temperamentvolleren Partner. Er findet sie distanziert und ablehnend und zieht sich in sein Schneckenhaus zurück. Das bestätigt ihren Eindruck, er sei zu passiv, und das wirft sie ihm vor. Er verteidigt sich ärgerlich, fühlt sich aber gleichzeitig als Versager, weil er die Frau nicht zufriedenstellen kann, die seinem Leben Sinn verliehen hatte. Sie beginnt, ihn noch mehr zu meiden.

Ebenso wie in der Aufschwungphase sind die Sequenzen, die im Abschwung vorherrschen, Verdichtungen von Bildern, die wir von

233

früheren Erfahrungen mitbringen. Eine Frau, die beharrlich die sexuellen Aufforderungen ihres Partners ablehnt, hatte vielleicht zudringliche und herrschsüchtige Eltern. Ein Mann, der sich zu seiner Verbitterung nicht anerkannt fühlt, hat möglicherweise seine erfolgreicheren, hochgelobten Geschwister beneidet. Ungeachtet der speziellen Umstände klinken sich die Partner in der Kontraktionsphase in die negativsten Bilder ein, die sich der andere von der Welt macht.

Sequenzen in der Entspannungsphase

In der Konsolidierungsphase werden die Sequenzen wieder flexibler; die Partner lernen, die Dinge zu relativieren, und gewinnen ihre Kompromißfähigkeit zurück. Sie anerkennen und akzeptieren sowohl die Grenzen des anderen als auch die Grenzen der Beziehung selbst. In diesem Geist spenden uns Verhaltensmuster, die zuvor einengend erschienen, jetzt den Schutz und die Sicherheit des Vertrauten. Die Partner entwickeln ein Gespür dafür, wie lang beide den sexuellen Kontakt ausdehnen können; wie lang sie den anderen hinhalten dürfen, bevor er ärgerlich wird; wie lang ein Streit dauern darf, bevor er ernst wird.

In der Entspannungsphase reagieren die Beteiligten komplexer und weniger automatisch auf ihren Partner. Konzessionen werden um der Beziehung willen oder aus einem Gefühl persönlicher Integrität heraus gemacht. »Ich mochte mich einfach selbst nicht, als ich so unfreundlich auf sie reagierte«, sagte ein Mann, »deshalb habe ich mich gezwungen, entgegenkommender zu sein. Und wissen Sie was – ich habe mich besser gefühlt.« Inzwischen hatte seine Partnerin beschlossen, die Augenblicke besser zu wählen, darauf zu achten, ob er empfänglich war oder nicht, in guter oder schlechter Stimmung, bevor sie ihn um etwas bat. Beide nahmen diese Änderungen unabhängig vom anderen vor und beanspruchten Anerkennung dafür, Ansprüche, die erst in der nächsten Kontraktionsphase zutage traten.

234

In der Konsolidierungsphase lernen die Partner, zwischen vertretbaren Erwartungen und Zumutungen zu unterscheiden. Sie weiß, er möchte, daß sie weniger Zeit mit ihrer Mutter verbringt, und wird diese einschränken – ein bißchen. Er weiß, daß sie mehr Hilfe bei der Lösung von Problemen im Haushalt erwartet, und kommt ihr entgegen – ein bißchen. Die Sequenzen in der Entspannungsphase helfen dem Paar, sich zu arrangieren. Das Zusammenleben im Alltag wird wieder möglich, und die Partner sind imstande, ihren Aufgaben und Pflichten ohne ständiges Hickhack nachzugehen.

Nehmen wir unsere zwei Beispiele. In der Entspannungsphase könnte ihr Beziehungsmuster folgendermaßen aussehen:

Sandra und Jack beschließen, in manchen Bereichen zusammenzuarbeiten, in anderen dagegen getrennte Wege zu gehen bzw. sich mit anderen zusammenzutun. Dies gestattet ihnen eine Mischung aus Beistand und Freiheit, Gemeinsamkeit und Selbstentfaltung, und gibt ihnen das Gefühl, daß ihre Beziehung beiden hilft, sich als Menschen weiterzuentwickeln.

Auch Harry und Betsy gehen jetzt differenzierter an ihr Leben heran. Betsy schätzt Harrys Anteilnahme vielleicht immer noch, aber gleichzeitig ermutigt sie ihn zu mehr Unabhängigkeit und bittet ihn, sie öfter allein zu lassen. Er weiß ihre Ehrlichkeit zu schätzen und hält Abstand; nur wenn sie sagt, daß sie ihn braucht, kommt er ihr näher. Aber vielleicht sagt er ihr jetzt auch, wann er *ihren* Beistand braucht. In Zeiten der Belastung werden sie vielleicht abwechselnd füreinander sorgen.

Durch diesen Prozeß verschieben sich die Grenzen der Partner. Im Lauf der Zeit ermitteln die Paare eine komplexe Landkarte ihrer offenen und geschlossenen Territorien und identifizieren zweifelhafte Zonen, die noch zu erforschen sind.

Sehen wir uns nun vier Sequenzen an, die in Beziehungen häufig vorkommen. Das ist keine umfassende Liste, aber es handelt sich um gängige Sequenzen, mit denen sich wahrscheinlich die meisten Leserinnen und Leser identifizieren können.

1. *Einen Dritten in die Partnerschaft einbeziehen*
Wenn ein Partner eine dritte Person oder ein anderes Interesse in die Beziehung einführt, entsteht ein »Dreieck«.[40] Das ist etwas Natürliches, das alle Paare tun, aber manche Paare greifen speziell zu diesem Mittel, um die Intensität mancher Konflikte zu entschärfen. So gehen sie vielleicht nur mit anderen Paaren aus, niemals allein zu zweit. Oder sie unternehmen nur Dinge mit den Kindern. Sie sprechen über die Kinder, den Hund, ihre Eltern, aber fast nie über sich selbst. Vielleicht benötigen sie irgendein Aufputschmittel, um sich im Gespräch nahezukommen oder sich auf sexuelle Intimität einzulassen.

Manche Partner sind glücklich darüber, Zutritt zu der Familie ihres neuen Partners zu erhalten und von dieser akzeptiert zu werden. Dies kann zu einem wichtigen Aspekt der Paarbeziehung für sie werden und sie für den Mangel einer eigenen, Wärme und Geborgenheit bietenden Familie entschädigen. Tatsächlich gehen manche Menschen Beziehungen zur Mutter oder zum Vater ihres Lebensgefährten ein, die ebenso intensiv sind wie jene zu ihrem Partner. Manche stellen fest, daß ihnen die Mitarbeit in einem Familienbetrieb die ständige Gesellschaft und die Zugehörigkeit bietet, die sie sich wünschen.

Im Lauf der Zeit kann das Dreieck zur Gewohnheit werden. Dem Paar wird es dann schwerfallen, ohne den Dritten zu funktionieren,

---

40 Dreiecke – und der Vorgang der Dreiecksbildung – sind in der familientherapeutischen Literatur eingehend erörtert worden. Siehe Murray Bowen, *Family and Clinical Practice* (New York: Jason Aronson, 1978); Minuchin, a.a.O.; und Haley, a.a.O. Sie sind auch ein wohlentwickeltes Konzept der Sozialpsychologie. Siehe T. Caplow, *Two Against One: Coalitions in Triads* (Englewood Cliffs, N. J.: Prentice-Hall, 1968).

mit der Folge, daß dieser einbezogen wird, selbst wenn dies nicht ganz am Platz ist. Der Dritte schweißt das Paar zusammen und verstärkt dessen Wir-Gefühl.

In der Expansionsphase werden Dritte von solchen Paaren selten als zudringlich empfunden. Vielmehr erweitern Freunde und Aktivitäten ihren Erlebnishorizont und bringen sie einander näher. Er ist begeistert über die neuen Freunde, die er durch sie kennenlernt, während sie froh ist, ihre Schlagtechnik beim Golf zu verbessern. Er fühlt sich von ihren Eltern herzlich aufgenommen. Sie freut sich, daß er ihr die Welt der Literatur und der klassischen Musik nahebringt. In der Aufschwungphase sind Dritte Mitwirkende bei gemeinsamen Unternehmungen.

Dieser Prozeß kann folgendermaßen beginnen: Nehmen wir an, das Paar ist allein; die Spannung steigt. Vielleicht haben sie irgendeinen Konflikt, langweilen sich oder sind nervös angesichts der erwarteten Intimität. Ein Partner (oder beide) bringt dann einen Dritten ins Spiel. Vielleicht rufen sie ein anderes Paar an und verabreden sich zu einem Kinobesuch. Oder falls sie Kinder haben, erwähnt einer von ihnen vielleicht, daß ihr Kind Probleme in der Tagesstätte habe, und der andere geht interessiert darauf ein. Dann reden sie mit dem Kind, erörtern das Problem zusammen und wenden sich schließlich einem gemeinsamen Spiel zu. Auf diese Weise sind sie ihre Spannung oder Langeweile losgeworden.

Nehmen wir ein anderes Beispiel. In jüngster Zeit ergeben sich durch »Mischfamilien« automatisch Dreiecke. Stellen wir uns eine Frau vor, die einen geschiedenen Mann kennengelernt hat. Eines Nachmittags begleitet sie ihn und seine Tochter in den Park und sitzt schweigend daneben, während er dem Mädchen eine Geschichte vorliest. Sie ist bezaubert von seiner sanften Zuwendung. Da sie sich nach einer eigenen Familie sehnt, wählt sie sich eine: sowohl den Mann-als-Vater als auch das kleine Mädchen, die ihre Stieftochter werden wird. Später wird sich dieses Paar vielleicht darüber streiten, daß sich das Kind in ihre Intimsphäre hineindrängt, aber anfangs fühlen sie sich zu dritt so vollständig, daß ihnen etwas fehlt, wenn sie ohne es allein sind.

In der Kontraktionsphase wird die Einbeziehung Dritter zur

Vermeidung von Konflikten offenkundiger. Die Partner greifen vielleicht auf Geschwister, Freunde und Eltern zurück; manche Berufstätige scheinen jetzt mehr mit ihrer Arbeit verheiratet als mit ihrem Gespons. Manche Eltern konzentrieren sich so intensiv auf ein Kind, daß sie sich selten aneinander wenden. Die Folge ist nicht nur, daß sie ihre intimen Bindungen zueinander verlieren; schließlich schieben sie die Lösung ihrer Probleme dem Dritten zu. Ein bekanntes Beispiel dafür ist das Kind, das als Vermittler dient, oder das Kind, dessen schließlicher Erfolg als Hauptziel im Leben eines oder beider Eltern angesehen wird. In der Kontraktion neigt ein Partner eher zu der Äußerung, »du verbringst nicht genug Zeit mit den Kindern«, statt »du verbringst nicht genug Zeit mit mir«. Und die Probleme stauen sich an, ohne besprochen zu werden, weil das Paar seine Spannungen handhabt, indem es Dritte einbezieht, und nicht, indem es die Dinge klärt.

Die Literatur der Familientherapie ist voll von »dysfunktionalen Dreiecken«: Alkoholismus und Arbeitssucht schafft Abstand zwischen den Partnern; in gemischten Familien kommt Bitterkeit auf, wenn sich der biologische Elter mit *seinen* Kindern überidentifiziert.

Die gängige Dreieckssequenz in Stieffamilien paßt auch auf viele andere Familien. Fast regelmäßig läuft zwischen Stiefelter und Partner etwa folgender Dialog ab:

ER: »Es ist neun Uhr, und Johnny ist noch immer auf. Willst du ihm das durchgehen lassen?«

SIE: »Warum regst du dich immer über ihn auf?«

ER: »Du hast gesagt, du würdest seinem Aufbleiben Grenzen setzen, damit wir Zeit füreinander haben.«

SIE: »Aber er fühlt sich heute abend einsam, und er tut mir leid.«

ER (fühlt sich ausgeschlossen): »Wenn du nicht so schnell bereit wärst, ihn zu verhätscheln, dann würde er nicht so herumjammern. Er versucht bloß, deine Aufmerksamkeit zu erringen.«

SIE (will Johnny um so mehr beschützen, je kritischer er wird): »Wie kannst du so unsensibel sein? Er ist doch noch ein Kind.«

ER (fühlt sich besiegt): »Wenn du das so siehst, dann laß ihn doch die ganze Nacht mit dir verbringen. Ich schlafe sowieso im Wohnzimmer...«

Nach einer Weile werden Sequenzen wie diese abgekürzt. Sobald einer der beiden das Kind erwähnt, blitzt der ganze schmerzhafte Dialog in ihrer Erinnerung auf und ruft ihre Wut und Angst wach. Das Zwiegespräch kann dann etwa so verlaufen:

SIE: »Warum nimmst du Johnny dieses Wochenende nicht zum Fußball mit?«

ER: »Er muß nicht schon wieder ein Fußballspiel sehen.«

SIE: »Dann vergiß es.«

ER: »Okay, mach ich.«

Andererseits erfüllen die meisten Dreiecke eine beziehungserhaltende Funktion: sie helfen den Partnern, eine sichere Distanz zu wahren. Vielleicht ist er ein Workaholic, und nachdem sie jahrelang versucht hat, ihn zu häufigerer Anwesenheit zu Hause zu bewegen, zieht sie die Konsequenz und schließt sich enger an die Kinder oder an ihre Mutter an. Oder vielleicht sieht sie die ganze Zeit fern oder fängt an, jede freie Minute mit ihrer Nachbarin zu verbringen. Das funktioniert zwar eine Weile, aber sooft das Paar allein ist, kommt es zum Streit. (Ironischerweise ist diese Art von Streit vermutlich ungefährlich; er hilft ihnen, ihren sicheren Abstand wiederherzustellen.)

Würden die Partner direkt miteinander streiten – z. B. darüber, daß sie sich vom anderen ausgeschlossen fühlen – statt über einen Dritten, könnte das zunächst zwar schmerzhafter für sie sein, aber es würde ihnen vielleicht helfen, offen mit dem umzugehen, was sie stört. Eine solche direkte Auseinandersetzung bringt die Paare meist einander näher. Triangulierte Paare meiden jedoch gewöhnlich genau die Art von direktem Kontakt, der ihrer Beziehung guttäte.

In der Entspannungsphase übt der Dritte im Bunde komplexere Funktionen aus; er hilft den Partnern, sowohl ihre Nähe als auch ihre Distanz zu wahren. Nehmen wir an, ich arbeite sehr viel. Wenn ich weg möchte, um für mich zu sein, dann benutze ich vielleicht die Arbeit als einen Brennpunkt. Aber wir beide haben möglicherweise gelernt, in einer Weise über meine Arbeit zu sprechen, die diese in unsere Beziehung *hereinholt*, so daß sie für dich eine geringere Bedrohung und für mich keine totale Flucht darstellt.

Die Entspannungsphase bedeutet ein Loslassen und eine Umstrukturierung. Ich lasse jetzt vielleicht unsere Kinder ins Sommerlager fahren; du erklärst dich bereit, weniger zu arbeiten; wir trinken beide weniger oder gehen zu weniger Abendversammlungen. Wenn wir das tun, dann sind wir zwar möglicherweise immer noch nicht zu sehr viel intimer, persönlicher Zuwendung bereit. Aber wir unternehmen Dinge zusammen, beziehen andere – in Maßen – dabei ein, sind für genau begrenzte Zeitabschnitte miteinander allein, damit wir uns trennen können, bevor der Angstpegel zu hoch ansteigt. Die Entspannungsphase bringt mehr Perspektive in diese Art von Verhalten herein. Wir können uns notfalls leichter von der dritten Person trennen, und wir stehen unter einem weniger starken Zwang, jene Muster zu wiederholen, die uns hinunterziehen.

2. *Den Partner zu einem anderen Menschen machen*
Diese Sequenz erinnert an die Pygmalion-Legende, die in dem Musical *My Fair Lady* popularisiert wurde und der zufolge Pygmalion, Bildhauer und König von Zypern, keine Partnerin fand, die ihm gefiel. Keine wirkliche Frau konnte es mit der Frau seiner Träume aufnehmen. Schließlich verliebte er sich in seine eigene Statue von Aphrodite, und die Kraft seiner Liebe erweckte die Statue zum Leben. Diese Geschichte ist eine Metapher für Paare, von denen sich ein Partner in den anderen verliebt, nicht so, wie er ist – vielleicht gefällt ihm gar nicht, wie er ist –, sondern, wie er/sie dank seines formenden Einflusses sein *könnte*.

Sequenzen mit dem Ziel, den Partner zu ändern, verfolgen den Zweck, die Person wiederherzustellen, die man im expansiven Stadium kennenlernte, oder aber ein neues, verbessertes Modell zu erschaffen. Der expansive Vertrag eines Paares enthält oft eine »Reformklausel«: ein oder beide Partner wollen sich bessern und erklären sich mit Hilfe des anderen dazu bereit. Obwohl der Pygmalion-Vertrag später lästig werden kann – der Versuch, den anderen zu ändern, wird dann als Kritik und Manipulation empfunden –, erscheint er in der Aufschwungphase gewöhnlich als hilfreich und förderlich.

Die Partner haben das Gefühl, der (verwandelnde) Beistand ihres Partners werde ihnen helfen, ihre Ziele im Leben zu erreichen.

Sie freuen sich über das Maß an Liebe und Aufmerksamkeit, das ihnen zuteil wird, und sie fühlen sich viel wichtiger als je zuvor in ihrem Leben. Plötzlich stehen sie im Mittelpunkt. In dem erhebenden Bewußtsein, wie sehr die Beziehung ihre Mittel und Kräfte gesteigert hat, fühlen sich sowohl der Geförderte als auch der Förderer geschätzt und gekräftigt. In der Expansion erfüllen Sequenzen, die auf Wachstum, Veränderung und Entwicklung abzielen, die Partner mit einem unerhörten Gefühl ihrer Möglichkeiten. Sie spüren, daß sie einander tatsächlich verwandeln und damit ihre geheimsten Hoffnungen und Träume verwirklichen können.

So bekunden Frauen oft ihre Bereitschaft, Männern zu helfen, sensibler und ausdrucksfähiger zu werden, ihre Arbeit zu relativieren, sich besser zu kleiden, mehr Schliff und Weltläufigkeit anzunehmen, mit ihren Angehörigen besser auszukommen und engeren Kontakt zu ihren Kindern herzustellen. Männer helfen ihren Partnerinnen, offener mit ihren Kolleginnen und Kollegen umzugehen, sich gegenüber ihren Eltern (ja selbst ihren Kindern) zu behaupten, sich besser anzuziehen und sich weniger Sorgen zu machen.

Hier ist ein weiteres Beispiel: Sara kommt Woche für Woche mit Klagen über ihren schwierigen Chef nach Hause. John hört ihr geduldig zu, besänftigt sie und richtet ihr angeschlagenes Selbstbewußtsein wieder auf. Sie fragt ihn um Rat, und er empfiehlt ihr, sich auf die Hinterbeine zu stellen und zur Wehr zu setzen. Eines Tages tut sie das und hat Erfolg damit: ihr Chef scheint sie mehr zu respektieren. Sie ist unerhört zufrieden mit sich und mit John, der sich seinerseits über ihren Erfolg freut. Seine Beratungsaktien sind gestiegen, und Sara behandelt ihn jetzt mit größerer Zuneigung und holt seine Meinung zu mehr Bereichen ihres Lebens ein.

In der Kontraktion wird das, was zunächst als hilfreich erschien, schließlich als Gängelung empfunden. Ressentiments und Trotz stellen sich ein, und Machtkämpfe sind die Folge. Und so sieht der Versuch, den Partner in jemand anderen zu verwandeln, in der

Kontraktionsphase aus: Eine Aufforderung, sich zu ändern – modebewußter oder kommunikativer zu sein, mehr Zeit mit den Kindern zu verbringen –, wird ignoriert. Die Aufforderung wird wiederholt, vielleicht in anderen Worten, doch der Widerstand verstärkt sich. Dies führt zu einer Pattsituation, dem »kalten Krieg« der Zweierbeziehung.

Der Partner lehnt eine Forderung nach Veränderung ab. Daraufhin wird diese Forderung verstärkt und vom anderen noch entschiedener zurückgewiesen. Bald eskalieren die Sequenzen des Forderns und Verweigerns, was zu explosiven Szenen und Gewaltausbrüchen führen kann. In der explosivsten Form dieser Sequenz hat man es mit einem aggressiven Mann zu tun, der eine Frau unter Druck setzt, deren Trotz sein Selbstbewußtsein so gefährdet, daß er sie notfalls mit physischer Gewalt kleinkriegen möchte, oder mit einer wütenden, Schmähungen ausstoßenden Frau, die einen defensiven, vor ihr zurückweichenden Mann von einem Zimmer ins andere verfolgt, bis er sich umwendet und sie schlägt.

Die Person, die aufgefordert wird, sich zu ändern, mag sich diese Aufforderung zum Teil selbst zuzuschreiben haben. Vielleicht hat der Betreffende seine Partnerin zunächst ermuntert, ihm zu helfen, vielleicht hat er es darauf angelegt, von ihr zur Veränderung gedrängt, überredet oder dabei unterstützt zu werden – selbst gegen seine Einwände. Aber als sie damit anfängt, merkt er, daß er es im Grunde nicht will. Er sagt, er empfinde sie nicht mehr als hilfreich, sondern als überkritisch und herrschsüchtig. Deshalb setzt er sich zur Wehr. Sobald er das tut, fühlt sich seine Partnerin verraten; und damit hat sie recht. So heillos die ursprüngliche Abmachung auch gewesen sein mochte, sie war beiderseitig; und sie war ein Kernpunkt ihres expansiven Vertrags.

Diese Sequenz wird noch komplizierter, wenn unsere Bemühungen, den anderen zu verändern, tatsächlich Erfolg haben. Und zwar deshalb, weil unsere Bemühungen, unseren Partner zu ändern, oft unsere eigenen Schwierigkeiten mit dem jeweiligen Charakterzug, den wir zu ändern versuchen, verdecken. So drängen wir vielleicht unseren Partner, sich modebewußter zu kleiden, um unsere Unsicherheit in bezug auf unser eigenes Äußeres zu verbergen. Oder wir

»erziehen« den anderen aggressiv dazu, ein guter Sexualpartner zu sein, um unsere eigenen Ängste in bezug auf Sex zu verschleiern, zum Beispiel unsere Schwierigkeiten, uns hinzugeben und auszuliefern, aus Furcht, von ihm beherrscht zu werden.

Solange sich unser Partner unserer Forderung widersetzt, können unsere eigenen Unsicherheiten verborgen bleiben. Aber wenn er sich *tatsächlich* verändert – sich besser kleidet oder offener spricht –, wird unsere Verunsicherung vielleicht noch größer, und statt ihm zu gratulieren, reagieren wir merkwürdigerweise mit Kritik und Abwendung.

Die Machtfrage bildet den Kern vieler solcher Auseinandersetzungen. Mein Gefühl von Kompetenz kann von meiner Fähigkeit abhängen, dich zu reformieren, während das deine auf deiner Fähigkeit beruht, dich auf mich zu konzentrieren. Wenn du dich meinem Rat verweigerst, dann fühle ich mich ohnmächtig, und deine Macht verwandelt sich in Trotz. Pygmalion möchte die Statue nach seiner Pfeife tanzen lassen, aber sie ist ihm nicht immer zu Willen. In der Expansion erscheint Pygmalion unterstützend und hilfreich; aber in der Kontraktion wirkt er schroff und ablehnend, und seine Partnerin fühlt sich ständig kritisiert und abgewertet. Seine Botschaft lautet: »Du bist nicht *akzeptabel*, wie du bist«, und das gefällt ihr nicht mehr.

Irgendwann verübeln die meisten von uns die hartnäckigen Bemühungen eines Partners, uns zu ändern. Wir empfinden sie einfach als lästig und nervend. Je mehr unser Groll wächst, desto entschiedener lehnen wir es ab, uns zu ändern, selbst in Bereichen, wo es uns, wie wir selbst wissen, guttäte. Wenn dieses Muster anhält, dann fühlt sich auch unser Partner abgelehnt und nicht genügend geschätzt. Angesichts dieser gegenseitigen Ablehnung streiten wir oder distanzieren uns, und dabei sehnen wir uns erneut nach einem Partner, der bereit ist, uns so zu lieben, wie wir sind.

In der Entspannungsphase hören die Partner auf, einander ihren Willen aufzuzwingen. Der Umschwung kann einsetzen, wenn derjenige, der wiederholt versucht hat, seinen Partner zu ändern, kein solches Bedürfnis mehr danach verspürt; er läßt los, zuerst vielleicht aus Frustration und später möglicherweise aus Respekt. (Es kann auch damit beginnen, daß das Modell zuerst seine Unabhängigkeit erklärt und der frustrierte Bildhauer schließlich aufgibt.)

In der Entspannungsphase beginnt Pygmalion, seine Partnerin als eigenständige Person wahrzunehmen – sie mag zwar unvollkommen sein, aber sie ist gut genug. Die Partnerin, die zuerst verändert werden wollte, erklärt nun ihre Unabhängigkeit: du wirst mich so lieben müssen, wie ich bin, oder überhaupt nicht. Oder vielleicht findet sie andere, die sie zur Änderung motivieren und sie dabei anleiten – Freundinnen, Selbsthilfegruppen oder eine Therapeutin.

Manchmal wird aus dem Helfer der Empfänger von Hilfe. Solche Rollenumkehrungen können dazu beitragen, die bedrückende Fessel der Kontraktion zu lockern. Wird das Grundmuster jedoch beibehalten, dann rutscht ein solches Paar oft wieder in die Kontraktion zurück.

Der große Vorzug der Entspannungsphase liegt in ihrer Flexibilität. Ich kann dich ermutigen, dich zu ändern; du kannst mich bitten, dir dabei zu helfen. In beiden Fällen läßt du dich von meinem Geschmack bzw. Urteil zwar beeinflussen, aber du bestimmst das Ausmaß meines Einflusses stärker mit; und manchmal verschließt du dich ihm ganz. Dieses Beziehungsmuster zeichnet sich durch Vorhersagbarkeit aus – wir sind uns einig, daß ich dir helfen sollte, dich zu ändern – aber die vielen Varianten von Verhaltensmustern ermöglichen Perspektive und Freiheit.

3. *Sich durch den Partner vervollständigen*
Kein Mensch genügt sich selbst. Wir alle brauchen jemand anderen, der uns tröstet, uns aufmuntert, uns besänftigt. Da wir dies wissen, wählen wir Partner, die uns »vervollständigen«, das heißt, die über die Eigenschaften und Talente verfügen, welche uns fehlen. Die entsprechenden Sequenzen enthalten eine Suche nach Ergänzung.

Hier ist ein vertrautes Beispiel: ein beständiger Mensch, der sich als langweilig empfindet, tut sich mit jemand zusammen, der ausdrucksfähig und spontan ist. In der Expansionsphase gibt mir deine Beständigkeit das Gefühl von Sicherheit, und ich habe die

Möglichkeit, meine Gefühle zu äußern. Auf eine indirekte Weise belebt dich meine Spontaneität und gibt dir das Gefühl, interessanter zu sein. Je solider du bist, desto spontaner kann ich sein; je spontaner ich bin, desto stabiler bist du. In spiralförmigen Sequenzen treten wir in ein Wechselspiel wie zwei Seiten der gleichen Münze.

Nachstehend einige andere Beispiele:

- Ein zurückhaltender Mensch, der gut zuhören kann, tut sich mit einer geselligen Person zusammen, die gern spricht.
- Ein Mensch, der das Bedürfnis hat, sich als attraktiv zu empfinden, sucht sich jemand, der Schönheit, und das bedeutet ihn/ sie, zu schätzen weiß.
- Ein gut organisierter, aber etwas schwerfälliger Typ findet Gefallen an einer unbekümmerten, desorganisierten Person.

Anfangs, in der Expansionsphase, sind wir beglückt, bei unserem Partner das zu finden, was uns nach unserem Eindruck selbst fehlt. Unser Gespons ergänzt unsere Persönlichkeit und kompensiert unsere Beschränktheiten und Mängel. Diese gegenseitige Ergänzung verstärkt unsere Intimität, unsere Verschmelzung, unsere Unfähigkeit, ohne den anderen auszukommen. Wir haben das Gefühl, vollkommen zusammenzupassen. Während wir zuvor unvollständig waren, empfinden wir uns jetzt als ganz und sind selig, unsere fehlende Hälfte gefunden zu haben. Amy Tan beschreibt dieses Gefühl in ihrem Roman *Die Frau des Feuergottes* folgendermaßen:

Während wir uns ständig von eingebildeter Tragik verfolgt wähnten, wurden wir unzertrennlich, zwei Hälften, die sich zum Ganzen fügten: Yin und Yang. Ich war das Opfer, er der Held. Ich war ständig in Gefahr, und er war immer da, um mich zu retten. Wenn ich stürzte, hob er mich auf. Es war beglückend, aber es kostete auch Kraft. Der emotionale Effekt des Rettens und Gerettetwerdens hatte für uns beide etwas Suchterzeugendes. Das war mindestens so wichtig wie alles, was sich im Bett abspielte, war unsere Art von Liebesspiel: miteinander verbunden, wo meine Schwächen des Schutzes bedurften.[41]

41 Amy Tan, *Die Frau des Feuergottes* (München: Goldmann, 1991).

In der Kontraktion treten die negativen Seiten unserer Komplementarität zutage. Meine Stabilität wird schwerfällig; deine Spontaneität schlägt in Unzuverlässigkeit um. Je umständlicher ich mich benehme, desto mehr »treibe« ich dich zu skandalösem Verhalten. Deine Emotionalität erscheint jetzt hysterisch, mein Stoizismus wirkt defensiv und verschlossen. Je emotionaler du wirst, desto reservierter werde ich; je mehr ich meine Gefühle verberge, desto mehr äußerst du deine. Schließlich glauben wir, die Rollen zu *sein*, die wir in diesen negativen, komplementären Positionen ausagieren.

In der Kontraktionsphase engen uns komplementäre Beziehungen ein und lassen unsere Schwächen deutlich zutage treten. Während ich einst froh war, daß du so beredt für uns beide sprachst, habe ich jetzt das Gefühl, du erstickst meine Bemühungen um eigene Entfaltung im Keim. Durch deine Artikulationsfähigkeit, die ich zuvor bewundert hatte, fühle ich mich jetzt gehemmt. Vielleicht bezeichne ich dich als redselig; du nennst mich langweilig, und schon geht der Streit los.

Nehmen wir ein anderes Beispiel: während ich mich zuvor von deinem Enthusiasmus angeregt fühlte, fühle ich mich jetzt davon überrollt. Du gibst mir nicht die Chance, ich selbst zu sein. Ich ziehe mich zurück; du nimmst noch mehr überhand; je mehr du überhandnimmst, desto tiefer verkrieche ich mich in mein Schneckenhaus. Je mehr ich mich zurückziehe, desto mehr fühlst du dich im Stich gelassen, und deshalb tadelst du mich, aber ich ziehe mich nur noch weiter zurück. Zuvor hatte ich mich in deiner Gegenwart sicher gefühlt, aber jetzt fühle ich mich angegriffen. Zuvor hatte ich mich sexuell hingeben können und dabei sicher gefühlt, jetzt fühle ich mich gefährdet.

In komplementären Beziehungen hängen beide Beteiligten ebensostark davon ab, was sie geben, wie, was sie bekommen. Wir können das Bedürfnis haben, uns stark oder schwach zu fühlen, ruhig oder erregt, artikulationsfähig oder geheimnisvoll. Wenn unser Partner versucht, *unsere* Seite der Gleichung zu usurpieren, dann fühlen wir uns bedroht und bestrafen ihn oder sie oft direkt oder indirekt dafür. Wir geben unserem artikulationsschwachen Partner zu verstehen, daß seine Konversation auf der Party zwar lobenswert, aber etwas unklug gewesen sei – vielleicht sogar etwas peinlich, um die Wahrheit zu sagen. Wir reagieren auf den Versuch unserer unsicheren Partnerin, sich durchzusetzen, indem wir ihren Tonfall kritisieren.

Die Kontraktion fixiert uns auf unsere Rollen, und wir identifizieren uns vollständiger mit ihnen. Wenn ich der Starke bin, der »Felsen von Gibraltar«, dann werde ich meine Unsicherheiten nicht zeigen, weil ich annehme, daß du dich dann von mir abwenden würdest. Wenn mich umgekehrt dein Durchsetzungsvermögen abstößt, dann versuchst du es vielleicht zu bremsen, aus Sorge, ich könnte nicht mehr für dich da sein, falls du mich einmal brauchst. Die Rollen, die uns einst so perfekt ergänzten, halten uns jetzt in engen Grenzen gefangen.

In der Entspannungsphase rücken wir von der totalen Identifizierung mit unseren komplementären Rollen ab. Du magst stark sein – aber nicht immer und nicht hundertprozentig. Ich mag abhängig sein – aber manchmal kann ich auch entschlußfreudig sein und mich unabhängig verhalten. Wir entdecken diese Komplexitäten vielleicht erst, wenn unsere Partner nicht zur Verfügung stehen, um die ihnen zugewiesenen Rollen zu spielen. Du bist vielleicht verreist, und ich muß eine Entscheidung ohne dich treffen. Du, zuvor der Starke, hast vielleicht gerade deine Stelle verloren und brauchst meine Unterstützung.

In der Entspannungsphase koexistieren die positiven und negativen Aspekte komplementärer Beziehungen – mit der Betonung auf den positiven. Den Partnern mag zwar das beglückende Gefühl der Vervollständigung fehlen, aber sie kehren zu der Komplementarität zurück, die sie in der Expansionsphase geschaffen hatten. Ich mag meist dein Fels und du mein Feuer sein, aber wir tolerieren jetzt Abweichungen. Wir wissen auch, daß wir beide mehr Dimensionen aufweisen, als dieses Beziehungsmuster erkennen läßt. Wir finden zwar Sicherheit in unseren Rollen, können aber die Erkenntnis zulassen, daß es nur Rollen sind.

4. Das Spiel von Flucht und Verfolgung

Von einer verbreiteten Sequenz kann man sagen, daß sie all die anderen subsumiere: der Tanz des Entfernens und Annäherns.[42] Dieses Beziehungsmuster dürfte mehr als jedes andere, das wir bei heutigen Paaren finden, universelle Geltung haben. Es setzt ein, wenn sich ein Mitglied des Paares, gewöhnlich (aber nicht immer) der Mann, aus der Intimität der Expansionsphase zurückzieht. Das kann in geringerem oder größerem Maß der Fall sein. Die Bedeutung dieses Rückzugs hängt zum einen davon ab, wie er es tut – er könnte es auf ärgerliche, schuldbewußte, zuckersüße oder behutsame Weise tun – zum anderen davon, wie seine Partnerin sein Verhalten interpretiert. Er könnte sich einfach schweigend absentieren, oder er könnte sagen, er »brauche wirklich etwas Luft« – ein Codewort in unserer Kultur, das »laß mich in Ruhe« bedeutet. Vielleicht schottet er sich wütend ab. Vielleicht läßt er sich auf eine andere Beziehung ein. Vielleicht reiht er mehrere kleinere Distanzierungsversuche aneinander, wie zunehmendes Engagement für seine Arbeit, Müdigkeit, wenn er nach Hause kommt, und so weiter.

Die Reaktion seiner Partnerin wird durch ihre spezielle Vergangenheit gefärbt. Falls sie große Angst vor Verlassenheit und Ablehnung hat, dann wird sie seinen Rückzug vielleicht als große Schurkerei darstellen. Wenn sie dagegen die Zeit für sich zu schätzen weiß, die sein Rückzug ihr ermöglicht, dann wird sie vielleicht lange keinen Einwand erheben – oder überhaupt nicht. Falls sie sich zum

---

42 Der archetypische Tanz von Flucht und Verfolgung ist zu einem Gemeinplatz der familientherapeutischen Literatur geworden; die Herkunft dieses Konzeptes ist schwer zu bestimmen. So setzte sich zum Beispiel Phoebe Proskys unveröffentlichter Artikel »Some Thoughts on Family Life from the Field of Family Therapy« mit diesem Gedanken auseinander. David Kantor bezog sich auf dieses Konzept, als er von »Psychopolitik« sprach; siehe *Inside the Family* (San Francisco: Jossey-Bass, 1975). Barry Dym schrieb 1973 einen unveröffentlichten Artikel mit dem Titel »The Struggle for Power: a Paradigm for Contemporary Couples«, der ebenso wie Phoebe Proskys Aufsatz in interessierten Kreisen zirkulierte. David C. Treadways »Learning Their Dance, Changing Same Steps« in *Casebook of Marital Therapy*, Alan Gurman, Hsg., (New York: Guilford, 1985) stellt eine ausgezeichnete und relativ neue Inkarnation des Konzeptes dar, angewandt auf Paare im Umgang mit Alkoholentzug. Außerdem haben psychodynamische und feministische AutorInnen vergleichbare Versionen dieses Konzeptes vorgestellt. Mit anderen Worten, es ist inzwischen Allgemeingut.

Beispiel geschworen hat, nie wieder einem Mann nachzulaufen, dann wird sie sich vermutlich so ruhig verhalten, wie sie kann, obwohl sein zunehmender Rückzug sie verunsichert.

Seine Lebensgeschichte färbt wiederum seine Reaktion auf ihre Reaktion. Wenn er zum Beispiel in seinem Leben schlechte Erfahrungen mit zudringlichen Menschen gemacht hat – etwa seiner Mutter, seinem Vater oder früheren Geliebten –, dann wird er ihre Reaktion in düsteren Farben malen. Und schon geht es mit ihrer Beziehung wieder bergab.

Durch die Medien ist uns dieser Reigen von Verfolgung und Flucht so vertraut, daß er einen wesentlichen Bestandteil der heutigen kulturellen Narration bildet. Die meisten Paare, so gibt man uns zu verstehen, gehen nach den glücklichen Zeiten der ersten Liebe auf größere Distanz. Das Bild von »liebeshungrigen« Frauen, die »sich entziehenden« Männern nachstellen, entspricht der Erfahrung vieler Menschen. Obwohl auch Männer »liebeshungrig« und Frauen »abweisend« sein können, spiegelt das Klischee eine verbreitete Wirklichkeit. Frauen wünschen sich oft mehr Gespräche als ihre männlichen Partner. Männer fühlen sich häufig vereinnahmt oder in die Enge getrieben und ziehen sich zurück.

Eine Frau, die in diese Situation geraten ist, fühlt sich verraten und im Stich gelassen. Da sie nicht begreift, warum sich ihr Partner nicht zu ihr bekennen kann, fragt sie sich, ob mit ihr etwas nicht stimmt. Je mehr Einwände sie erhebt, desto mehr fühlt sich er verraten. Er hat kein Interesse mehr daran, Einblick in sich zu gewähren, sondern kapselt sich ab und wird unnahbar. Die Beziehung verheddert sich in einen Zustand peinigender Ausweglosigkeit.

Ein ähnlicher Tanz mit umgekehrten Vorzeichen spielt sich oft in Zusammenhang mit sexuellen Problemen ab, wobei dieselben »ablehnenden« Männer dieselben »aggressiven« Frauen verfolgen. Bei diesem Tanz fühlen sich die Männer im Stich gelassen und die Frauen bedrängt und beherrscht. De facto werden die Gefühle der Partner stärker durch diesen Tanz und seine Rollen geprägt als durch ihr Geschlecht, daher ist die verbreitete Überzeugung, daß das Spiel von Verfolgung und Flucht geschlechtsabhängig sei, im Grunde falsch.

Wenn in der Expansionsphase ein Partner die Nähe des anderen sucht, dann ist dieser gern bereit, sich ihm zuzuwenden und darauf einzugehen. Die Entfernung zwischen ihnen schaukelt auf und ab wie ein Akkordeon, sie können sich frei fühlen und miteinander glücklich sein; später vergrößert sich die Distanz oft wieder, aber auch das ist in Ordnung. Der emotionale Raum zwischen den Partnern ist elastisch, nicht fixiert. Beide können sowohl das Vergnügen erleben, daß man ihre Nähe sucht, wie auch die Freude, liebevoll empfangen zu werden.

Heutige Paare durchlaufen mehrere Phasen dieses Reigens. Der traditionellen Form entsprechend neigen Männer immer noch dazu, den Kontakt herzustellen. Frauen, die sich der emotionalen Konsequenzen von Beziehungen deutlicher bewußt sind, reagieren mißtrauisch. Doch schon bald ergreifen auch Frauen die Initiative. Das kann mit kleinen Vorstößen beginnen: »Gehen wir mit Carola und John aus«, schlägt sie vor. Oder: »Woran denkst du, wenn wir uns küssen?« oder »Möchtest du am Weihnachtsessen mit meiner Familie teilnehmen?« Jetzt ist es der Mann, der reagiert – gewöhnlich zustimmend – froh, daß sie ihm Aufmerksamkeit schenkt und sich um ihr gemeinsames Leben kümmert, und manchmal ablehnend, weil er sich etwas in Beschlag genommen fühlt. Ihre Initiativen und seine Reaktionen bringen neue Aspekte ihrer Persönlichkeiten in die Beziehung ein.

An diesem Punkt ist der Tanz noch flexibel. Beide Partner können die Initiative ergreifen; beide können reagieren. Beide setzen Grenzen, ohne den anderen zu verletzen. Durch Experimentieren finden die Partner eine sichere, stabile Distanz zwischen ihnen. Von hier aus können sie entweder näher zusammenrücken zu größerer Intimität, oder sich weiter voneinander entfernen in Richtung auf mehr Autonomie. Wenn sie zum Beispiel zum fünften Mal einen bestimmten aggressiven Annäherungsversuch seinerseits abgeblockt hat, wird ihm endgültig klar: um ihr nahezukommen, muß er behutsam vorgehen.

Im Lauf der Zeit wird die Sequenz fixiert, wobei die Frauen in der Regel die meisten verbalen und die Männer die meisten sexuellen Kontakte initiieren. In der Expansionsphase finden Männer diese weibliche Initiative hilfreich, wenn auch manchmal etwas unbehaglich. Den meisten Männern fällt es nicht leicht, ihre Ängste oder sonstigen Gefühle zu äußern. Frauen können es ihnen erleichtern, indem sie »wissen«, was ihr Partner denkt, und es für ihn aussprechen.

Die Sequenzen in der Kontraktion setzen ein, wenn er sich in einer Weise zurückzieht, die sie verstört, oder wenn sie in einer Weise vorgeht, die ihm nicht gefällt. Paare streiten oft endlos darüber, wer einen Konflikt vom Zaum gebrochen hat. »Ich ziehe mich nur deshalb zurück, weil du ständig irgendwelche Aufgaben für mich hast«, behauptet er. »Es tut mir leid, wenn ich dir damit auf die Nerven gehe«, entgegnet sie. »Ich tue es nur, weil du nie etwas machst, ohne daß ich dich erinnere, und weil du mir nie etwas über dich erzählst, ohne daß ich es dir aus der Nase ziehe.«

Sie bräuchten nicht darüber zu streiten, wer die Sequenz beginnt; beide tun es, oft, um dem anderen zuvorzukommen: er sieht es kommen, daß sie am Wochenende mit ihm reden will, und deshalb verschanzt er sich hinter seinen Sportsendungen, um sie abzuwimmeln; sie weiß, daß er sich am Nachmittag von seinem Fußballspiel fesseln lassen wird, deshalb versucht sie schon vormittags nervös, ihn in ein Gespräch zu ziehen.

Auf eine verkürzte Formel gebracht, verläuft die Interaktionssequenz in der Abschwungphase folgendermaßen:

- Er zieht sich etwas zurück.
- Sie ersucht ihn, aufgeschlossen zu bleiben.
- Seine Gefühle sind ambivalent, aber er wahrt seine Distanz.
- Sie ist etwas beunruhigt, und ihre neuerliche Aufforderung fällt etwas schärfer aus.
- Er zieht sich weiter zurück.
- Sobald er das tut, kommen ihre Befürchtungen hinsichtlich Beziehungen hoch, obwohl sie versucht, sie zu unterdrücken. Sie bittet ihn, zurückzukommen. Ihre Bitte klingt fordernd, bedürftig und »emotional«.
- Er wird noch mißtrauischer. Er »weiß«, daß sie zuviel fordert: sie möchte von ihm Besitz ergreifen und ihn beherrschen. Des-

halb zieht er sich weiter zurück, wütend und mit offener Ablehnung.

– Je mehr er sich zurückzieht, desto mehr verfolgt sie ihn. Je mehr sie ihn verfolgt, desto mehr zieht er sich zurück.

Paare spielen diese Sequenz in Zusammenhang mit Themen aller Art durch: der Sorge um die Kinder; dem Wunsch, einen Urlaub zu planen; der Entscheidung, welchen Film man sich ansieht; ihrem Ansinnen, daß er einkaufen, die Küche saubermachen oder ihr seine Gefühle mitteilen soll. Was auch immer sie vorschlägt, er fühlt sich in die Enge getrieben und findet ein Mittel, um ihre Initiative abzublocken.

All die anderen Sequenzen, die wir beschrieben haben, kann man sich als Varianten dieses kulturellen Archetyps von Verfolgung und Flucht vorstellen. »Pygmalion« möchte zum Beispiel eine Veränderung in Gang bringen; seine Partnerin spielt zunächst mit und widersetzt sich ihm dann. Bei komplementären Paaren sucht die unsichere Partnerin vielleicht immer den Beistand des stabileren Partners; in der Kontraktionsphase lehnt er es ab, sie zu unterstützen. Der gesprächige Partner braucht eine Zuhörerin; in der Kontraktion hat sie zuviel zu tun.

Bei dieser Sequenz externalisieren wir unsere Probleme, indem wir unserem Partner die Schuld zuschieben und uns selbst als sein Opfer ansehen. Diese Sequenz fesselt auch beide Partner in einer Doppelbindung. Für die Frau sieht es so aus: wenn sie ihn unter Druck setzt, gewinnt sie nichts, weil er sich nur noch mehr zurückzieht. Wenn sie ihn in Ruhe läßt bzw. ihre Meinung nicht äußert, dann fühlt sie sich alleingelassen, vergessen und außerstande, viele wichtige Probleme zu lösen, etwa, wann sie sich um Nachwuchs bemühen sollen, wie sie mit ihren Angehörigen umgehen soll oder wie sie »in weniger bedrohlicher Weise« miteinander reden könnten. Er nähert sich ihr nicht, sofern sie nicht geradezu verzweifelt scheint, was entwürdigend für sie ist; und auch dann hat sie ihn nur unter Bedingungen für sich, die sie als selbstzerstörerisch und demütigend empfindet.

Für den Mann sieht es so aus: wenn er sich zurückzieht, gewinnt er nichts: er verliert seine Partnerin. Zwar setzt sie ihm weiterhin zu, aber auf immer verstörendere Weise, oft aggressiv oder indem sie ihn mit Vorwürfen überschüttet. Mit anderen Worten, sein Verhalten führt die Reaktion herbei, die er am meisten fürchtet. Aber wenn er in Betracht zieht, ihr entgegenzukommen, wie sie ihn gebeten hat, dann hat er das Gefühl, gezwungen worden zu sein, sich ihren Wünschen zu fügen. Er fühlt sich von ihr beherrscht.

Nachdem er lang genug in dieser Position verharrte, beginnt er, seine eigenen Wünsche aus den Augen zu verlieren; und wenn sie in äußerster Frustration auf seine Distanziertheit mit Äußerungen reagiert wie, »sag, was *willst* du eigentlich?«, dann mag er zwar halsstarrig und unansprechbar wirken, aber oft weiß er es wirklich nicht und kann es nicht sagen. Dies ist wichtig. Der Punkt ist nicht, daß er es nicht sagen *will*; sondern daß er es nicht sagen *kann*. Er hat das dumpfe Gefühl, sie habe ihn seiner Persönlichkeit beraubt; er muß eine Mauer errichten, um sich selbst zu schützen. Aber je mehr er sich schützt, desto weniger von seinem Selbst ist übrig, das ihm schützenswert erscheint.

Das schwierigste Problem, das im Sexualleben von Paaren zu behandeln ist, tritt auf, wenn ein Partner das sexuelle Verlangen verliert. Diese »Dysfunktion« ist oft eine spezifische Form des Tanzes von Flucht und Verfolgung. Je mehr sich der eine – oft ein Mann – nähert, desto mehr zieht sich seine Partnerin zurück und desto weniger ist sie in Kontakt mit ihrem eigenen unabhängigen Verlangen.

In der Kontraktion wird schließlich die Verfolgung-und-Flucht-Sequenz zur zentralen Dynamik. Es spielt keine Rolle mehr, *worüber* sie diskutieren. Vielleicht geht es darum, wohin man essen gehen soll, »wann können wir miteinander reden?«, »warum können wir nicht Urlaubspläne machen?« oder »wir müssen Entscheidungen über die Kinder treffen«. Dieser Interaktionsverlauf färbt jedes Thema; der Inhalt jeder Diskussion verschwindet in diesem Raster. Schließlich kann nur noch über das Leiden unter der Distanz bzw. dem Beherrschtwerden gesprochen werden, und auch dann nur in derselben kreisförmigen, vorwurfsvollen Weise. Es gibt keinen Ausweg.

Die Positionen der Partner werden in dieser Dynamik mit Rollen identifiziert – »das tut er jedesmal« – und die Rollen werden mit dem Charakter identifiziert – »so bist du im Grunde«. Der Mensch, den wir in der Expansionsphase kennenlernten, erscheint uns jetzt als eine täuschende Fassade, ein Trugbild, eine Manipulation, während uns die Person, der wir in *diesem* Stadium begegnen, als wirklich erscheint, als der eigentliche Kern ihres Charakters. Die Partner enthüllen »Präzedenzfälle« für diesen Charakter, und wir vernehmen jetzt Schmähungen über Angehörige wie »deine Mutter/dein Vater ist genauso« und »du kannst wahrscheinlich nicht anders, bei deiner Familie«. In der Expansion erschienen die Individuen wie Blumen, die aus dem Mutterboden ihrer Familie hervorsprießen, oder wie Helden, die über die Schwächen ihrer Familie triumphieren. Jetzt erscheinen sie wie arme Würstchen, dazu verdammt, die schlimmsten Seiten ihrer Familie zu verkörpern.

Nicht überraschenderweise gleicht der zutage tretende »Charakter« oft einem Klischee, insbesondere dem Geschlechtsstereotyp. Rollenklischees – »Frauen, die zu sehr lieben«, verschlossene Männer – enttäuschen und verärgern beide Partner. Wenn Männer in der Kontraktionsphase jedoch »weich« und verständigungsbereit bleiben, dann wird ihnen oft vorgeworfen, Jammerlappen zu sein – keine »Männer« – und der Frau nicht die Kraft und Unterstützung zu bieten, die sie braucht. Wenn Frauen unabhängig und freimütig bleiben, dann stempeln die Männer sie oft als lieblos, aggressiv und dominant ab – kurz, nicht weiblich. Es ist eine Situation, in der beide weder so noch so gewinnen können (»No win«-Situation).

Es wird schwieriger, dem Charakter zu entrinnen, der sich durch den Tanz von Flucht und Verfolgung verfestigt hat. Manche Paare fügen sich darein. Andere versuchen zu beweisen, daß sie immer noch der liebevolle Mensch sein könnten, der sie in der Expansionsphase waren, wenn sie nur den richtigen Partner hätten, und lassen sich jetzt auf andere Beziehungen ein. Zwanghaft wiederholen sie das Expansionsstadium mit neuen Partnern. Obwohl eine Affäre dem Betreffenden helfen kann, mit einem neuen Lover im Expansionsstadium zu bleiben, verurteilt sie das Paar zur Kontraktion, weil sie die Energie und Unzufriedenheit abschöpft, die es aus der Talsohle heraustreiben könnte.

In der Entspannungsphase wird den Paaren die Fruchtlosigkeit von Flucht und Verfolgung klar, und sie suchen nach Alternativen. Sie beschließt, ihm nicht mehr nachzulaufen; er beschließt, nicht zu reagieren. Sie verspricht, geduldiger zu sein – wenn er sie wissen läßt, wann er für sie dasein wird. Er verspricht, standzuhalten, auch wenn die Diskussion heftig wird – sofern sie sich in ihren Reaktionen mäßigt. Im allgemeinen funktionieren diese Alternativen nur kurze Zeit, was viele Paare entmutigt; aber manchmal klappen sie. Schließlich gibt es einem ein gutes Gefühl, geduldig zu sein, gesprächsbereit zu bleiben, aus dem Kerker der Rollen und Sequenzen auszubrechen.

Diese Vorstöße weg von den Sequenzen von Flucht und Verfolgung erhöhen die Komplexität. Jetzt werden die Partner etwas geschmeidiger in ihren Initiativen, Reflexen und Reaktionen. Der Verfolger wird zwar immer noch meistens die Initiative ergreifen, aber vielleicht wird er liebevoll und mit Humor sagen: »Ich weiß, daß das ein ungünstiger Zeitpunkt ist, um das Thema anzuschneiden, aber...« Oder: »Du denkst wahrscheinlich, ich will etwas, und du hast recht: aber ich will ja dich – kann das also völlig verwerflich sein?« Der Verfolgte ist weniger fixiert auf seine Reaktion: manchmal erinnert er sich, wie gut es ihm tat, verfolgt zu werden, er erkennt, wie sehr sie darum ringt, ihm nicht zu nahe zu treten bzw. ihn zu bevormunden, und er reagiert mit echter Herzlichkeit auf sie. Seine Reaktion mag zwar noch ambivalent sein, aber sie ist ausgewogener oder enthält einen Schuß Selbstironie. Er sagt vielleicht: »Heute geht es schlecht, aber morgen abend wäre schön.« Oder: »Ich fürchte, ich kann mich zumindest in den nächsten drei Monaten nicht damit auseinandersetzen, aber ich schreibe es mir in den Kalender und werde dann darauf zurückkommen.« Mit anderen Worten, er stellt sowohl Abstand als auch Verbundenheit her. Die geschaffene Distanz kommt dem nahe, was für beide Partner akzeptabel ist – vielleicht ist sie für den einen ein bißchen zu groß und für den anderen etwas zu klein, aber für beide tolerierbar.

Bisher haben wir gesehen, wie sich der Charakter eines Paares bei dessen erstem Durchgang durch die drei Stadien formt, und wir haben einige der häufigsten Sequenzen der Interaktion untersucht, die in allen drei Stadien vorkommen. Jetzt müssen wir uns einer längerfristigen Frage zuwenden: was im Lauf der Zeit mit den Paaren geschieht. In ihren gemeinsam verbrachten Jahren durchlaufen sie zwar immer wieder dieselben drei Stadien, aber man darf sich das nicht als eine endlose Kreisbewegung vorstellen. Vielmehr bewegen sie sich durch die Zeit vorwärts wie eine Spirale, wie ein Schraubenzieher, das heißt, sie passieren zwar immer wieder dieselben drei Stadien, scheinen aber niemals zweimal am gleichen Ort zu sein. Während ein Paar seinen Lebensweg zurücklegt, nehmen seine Zyklen eine etwas andere Tönung an. Wir beschäftigen uns mit diesem Aspekt der Zweierbeziehung im folgenden Kapitel, das darauf eingeht, wie die späteren Zyklen den Charakter des Paares im Lauf der Zeit formen und modifizieren.

Der Paarcharakter wandelt sich

Im Gegensatz zu Individuen schreiten Paare in zunehmendem Alter nicht von einem Entwicklungsstadium zum nächsten fort. Sie durchlaufen weiterhin spiralförmig dieselben drei Stadien. Diese Zyklen prägen und verstärken ihren Charakter.

Die ersten paar Zyklen eines Paares sind ungeheuer wichtig, weil sie *neue* Informationen in die Beziehung bringen. Die Partner vertrauen sich Gefühle an, über die sie nie zuvor gesprochen haben, sie erzählen sich Geschichten, die sie nie zuvor erzählt haben, sie erfüllen sich Wünsche, von deren Existenz sie nichts wußten. Nach den ersten paar Runden nimmt jedoch die Menge an neuen Informationen, die in jedem weiteren Zyklus verarbeitet werden, in der Regel ab, und die Beziehungsmuster und Sequenzen des Paares haben sich einigermaßen gefestigt. Die meisten Paare durchlaufen dann die Stadien mit ritueller Gleichförmigkeit. Ihre Erfahrungen in jedem Stadium sind weniger dramatisch, sie werden mehr zu einem allgemeinen Zustand.

Sobald sie ihre typischen Sequenzen gefunden haben, richten sich Paare in einem der drei Stadien »häuslich« ein und verbringen dort die meiste Zeit. Sie verlassen ihr »Basislager« zwar durch Vorstöße oder zyklisches Voranschreiten in eines (oder beide) der anderen zwei Stadien, kehren dann aber wieder dorthin zurück.

Jedes Paar geht seinen eigenen, unverwechselbaren Weg durch das Leben. Es gibt kein Modell des »richtigen Weges«, dem es zu folgen gilt. Im Lauf der Zeit entwickelt jedes Paar einen Reichtum und eine Komplexität, die Ausdruck der Entfaltung seines eigenen, spezifischen Charakters sind. Nach vielen Drehungen der Spirale gleicht der Charakter eines Paares einem Gesicht: so sehr er durch die Jahre verändert scheint, haben sich doch auch seine persönlichen Züge tiefer ausgeprägt. Wir hätten vielleicht dieses ironische Augenzwinkern oder jene charakteristischen Falten nicht vorausgesagt, aber wenn wir sein Gesicht erforschen, stimmen alle seine Züge mit unserer Erinnerung an das jugendliche Antlitz überein.

Jonathan und Marie sehen sich gern als reife, psychologisch aufgeklärte Menschen, und sie sehnen sich danach, im Entspannungsstadium zu bleiben. Aber obwohl sie sich so rational verhalten, wie sie nur können, schaffen sie es nicht, alle ihre Probleme in vernünftiger Weise zu lösen, und im Lauf der Jahre hatten sie gewaltig zu kämpfen. In den ersten Jahren ihres Zusammenlebens gelang es ihnen, den größten Teil ihrer Zeit in der Konsolidierung zu verbringen. Später änderte sich jedoch die Situation, und ihre Basis wurde die Kontraktion.

Da sich Jonathan und Marie so stark mit ihrem Selbstbild als vernünftige Menschen identifizieren, neigen sie dazu, Entscheidungen aufzuschieben, die Konflikte mit sich bringen könnten. Deshalb zögerten sie den Entschluß hinaus, zu heiraten, ein Kind zu bekommen, und später, nach Philadelphia zu ziehen, als Marie dort eine Stelle angeboten bekam. Um eine Entscheidung herbeizuführen, löst Marie, deren Frustrationsschwelle niedriger liegt, eine Krise aus. Sie droht, wegzugehen, oder setzt es in die Tat um. So ging sie in ihr Elternhaus zurück, als sie sich nicht zur Heirat entschließen konnten; später erklärte sie Jonathan, sie sei bereit, ihn samt den Kindern zu verlassen und notfalls allein nach Philadelphia zu ziehen. Diese Krisen bringen die schon lange schwelenden Probleme zum Ausbruch, die ihre Beziehung kennzeichnen: Jonathans Furcht vor Gängelung, Maries Furcht, ignoriert zu werden.

Nur durch diesen Schritt kann Marie ihre Würde und ihr Selbstbewußtsein wiederherstellen. Ihre Drohung macht Jonathan Angst; er entschuldigt sich, versichert ihr seine Liebe und drängt sie, zurückzukehren. Dies gestattet Marie, ihren Panzer abzulegen und zu weinen, und Jonathan kann sich dann wieder wichtig fühlen. Sie in seine Arme zu nehmen, gibt ihm seine eigene Würde und sein Machtgefühl zurück, und sie erleben beide eine kurze Periode der Intimität, die sie an ihre erste Zeit erinnert. Sie lachen und scherzen und sehen sich wieder als Tracy und Hepburn. Diese Augenblicke gehen nur zu schnell vorüber. Ein kleiner Streit, der entsteht, weil Jonathan sie ignoriert oder Marie ihn herumkommandiert, holt sie wieder in den Alltag zurück. Mit der Zeit lernen sie verschiedene Strategien, um sich aus den Abgründen der Kontraktion auf die gemäßigteren Ebenen der Entspannung hochzuarbeiten. Aber diese Tricks funktionieren nicht immer, und sie bleiben anfällig für den Sog der Kontraktion. Im Lauf der Zeit scheint es immer schwieriger, daraus zu entrinnen.

Das Basislager

Nach ihren ersten paar Zyklen richten sich Paare, die gemeinsam durchs Leben gehen, gewöhnlich in einem Stadium, ihrem Basislager oder Heimathafen, häuslich ein. Ob sie häufig oder selten ihre Zyklen durchlaufen, dieses Stadium mit seinen vertrauten Gefühlen, Sequenzen und Themen wird zu ihrem Zuhause und beeinflußt maßgeblich den Paarcharakter, denn es strukturiert, wie sich die Partner während der meisten Zeit selbst erleben. Dieses Basislager befindet sich praktisch immer in der Entspannung oder in der Kontraktion, da nur wenige Paare lange in jenem Zustand der Erregung und Verletzbarkeit verharren können, der das Stadium der Expansion kennzeichnet.[43]

Der Heimathafen dient als Ausgangsbasis für Vorstöße, Minizyklen und vollständige Zyklen. Natürlich unterscheiden sich die Zyklen eines Paares qualitativ, je nachdem, von welchem Stadium sie ausgehen bzw. wohin sie zurückkehren. Nehmen wir zum Beispiel an, daß sich ein Paar überwiegend in der Kontraktion aufhält. Seine Zyklen beginnen mit einem Schritt in die Entspannung, gehen dann in die Expansion über und kehren schließlich wieder in die Kontraktion zurück. Diese Paare hoffen vielleicht sehnsüchtig auf eine

43 Manche Paare mögen ständig frohgemut wirken; sie scheinen – zumindest für den außenstehenden Beobachter – immer glücklich und monatelang aufmerksam im Umgang miteinander. Ein solches Verhalten kann tatsächlich bedeuten, daß dieses Paar das Expansionsstadium zu seinem Heimathafen erkoren hat. Dies kommt wohl häufiger in den ersten paar gemeinsamen Jahren eines Paares vor; aber ihr Verhalten dürfte eher davon zeugen, wie glücklich sie sich in ihrer Basis, der Entspannung, fühlen.

Änderung, sie arbeiten daran, diese herbeizuführen, und fühlen sich erleichtert, wenn sie eintritt. Aber da ihre Zyklen gewöhnlich in Enttäuschung enden, sind ihre Erfahrungen gemischt. Sie leben mit einem Gefühl der Niederlage, in ständiger Furcht, daß ihre Lösungen nicht von Dauer sein werden.

Paare, die in der Konsolidierung zu Hause sind, machen andere Erfahrungen. Sie sind vielleicht hin- und hergerissen zwischen einem Mißtrauen gegenüber Änderungen – schließlich ist es gut genug, wo sie sind, und wenn sie ein dorniges Problem anpacken, könnten sie in die Kontraktion geraten – und der Bereitschaft, in der Hoffnung auf noch größere Gewinne Risiken einzugehen. Ihre Zyklen beginnen entweder mit einem Höhenflug und schlittern dann ziemlich rasch in eine schmerzhafte Periode der Kontraktion, oder sie rutschen gleich in die Kontraktion ab. Diese Paare landen schließlich wieder für die nächste lange Zeitspanne in der Konsolidierung. Obwohl sie sich gegen Veränderungen sträuben mögen, fürchten sie sich weniger davor als diejenigen, die gewöhnlich in der Kontraktion festsitzen, weil sie damit rechnen können, danach wieder festen Boden unter den Füßen zu haben.

Das Basislager repräsentiert im allgemeinen auch die soziale Identität des Paares. Nach ein paar Zyklen treten die Freunde und Bekannten zunehmend auf dieser Grundlage mit dem Paar in Beziehung, und auch die Angehörigen stellen sich mit der Zeit darauf ein. Der Charakter, den wir mit unserer Basis ausdrücken, mag faktisch nur einen kleinen Teil unseres individuellen Repertoires umfassen, aber er definiert am prägnantesten, wer wir in der Paarbeziehung sind, jene Person, die unser Partner als unser wesentliches Selbst ansieht. Je mehr unser Partner und andere zu unserer Persona in unserem Basislager in Beziehung tritt, desto mehr fühlen wir uns genötigt, uns entsprechend zu verhalten.

Manchmal erheben wir dagegen Einspruch. Wir fühlen uns eingeengt und wollen davon loskommen, wollen sowohl bei der Arbeit als auch im Zusammensein mit Freunden unser *altes* Selbst, unser *vollständigeres* Selbst sein. Deshalb suchen wir uns Kumpel und Vertrauenspersonen. Wir schätzen unsere Vertrauten in dem Maße, in dem sie unser vollständigeres Selbst kennen. Das ist der Grund, warum Affären, die ja in einer Aufbruchstimmung beginnen, manchmal als erlösend empfunden werden: sie schließen uns für Teile von uns selbst auf, die wir gewöhnlich unter Verschluß halten.

Zwei Arten von Konflikten entstehen häufig in Zusammenhang mit unserem Heimathafen. Erstens finden sich viele Paare in einem Hafen wieder, der ihnen nicht gefällt, und sehnen sich nach einem anderen. Sie können viele Jahre so weitermachen, entweder, bis ihnen eine Änderung gelingt (Paare können tatsächlich ihre Basis verlagern: siehe unten) oder bis sie schließlich die Basis akzeptieren, die sie haben. Sie können natürlich auch auseinandergehen.

Eine zweite Art von Konflikt tritt auf, wenn die Partner *verschiedene* »Domizile« bevorzugen und sich nicht einigen können, wo sie hingehören. Nehmen wir Stephan und Nancy. Nancy würde sich am liebsten die meiste Zeit in einem vernunftbetonten Stadium der Entspannung aufhalten, damit sie ungestört mit ihrer Arbeit vorankommen, ihre Kinder erziehen und ihr Leben gestalten kann. Aber Stephan sehnt sich nach den Wonnen der Expansion und will sie ständig zu Leidenschaft und Vergnügen verleiten. Das führt zu einem Tauziehen zwischen den zweien, da beide versuchen, den anderen auf ihre bevorzugte Spielwiese zu zerren.

Solche Paare sind gewöhnlich zur Kontraktion verdammt, bis es ihnen gelingt, einen Modus vivendi zu finden. Der eine findet sich dann mit der Wahl des anderen ab, obwohl dies die Beziehung mit einer eingebauten Spannung (oder Traurigkeit) belastet. Vielleicht versuchen sie auch, so gut sie können zwischen den zwei bevorzugten Stadien hin- und herzupendeln: nach diesem Szenarium durchläuft ihre Beziehung häufigere Zyklen; kein bestimmtes Domizil fesselt und definiert sie, und ihre Beziehung kann sehr stürmisch verlaufen.

Im Fall von Stephan und Nancy könnte dies bedeuten, daß Stephan bereit ist, sich während eines Großteils des Jahres voll für seinen Beruf und die häuslichen Pflichten zu engagieren. Dafür nimmt sich Nancy für romantische Urlaube Zeit und läßt im Sommer die üblichen Hausarbeiten etwas zurücktreten. Ein solcher Kompromiß könnte funktionieren. Aber Stephan wird vielleicht ungeduldig und fängt an, immer mehr Zeit für Lustbarkeiten zu fordern. So besteht er womöglich darauf, an Wochenenden zu verreisen oder ausgelassene Feten zu veranstalten. Nancy wird dann rebellieren, und der resultierende Streit wird die beiden in die tiefste Kontraktion stürzen.

Wenn solche Paare keinen tragfähigen Modus finden können, dann wird das Gezerre anhalten. Eine solche Situation ist ein starker Ansporn für einen oder beide, sich nach einem anderen Partner umzusehen, mit dem sie harmonischer zusammenleben können. So wird sie sich vielleicht einen ruhigeren, gesetzteren Mann suchen, der die kleinen Freuden des Alltags genießen kann; er läßt sich eventuell auf eine Alfäre ein.

Das Basislager eines Paares kann im Lauf der Jahre seinen Ort wechseln. Anfangs hält sich ein Paar vielleicht die meiste Zeit in der Entspannung auf; später, wenn sich die Situation verschlechtert, in der Kontraktion; oder auch umgekehrt. Eine Verlagerung ihrer Basis wird von Paaren als Verwandlung empfunden. Wenn es sich um ein Abrutschen aus der Entspannung in die Kontraktion handelt, reagieren sie mit Bestürzung und schneiden vielleicht die Frage der Scheidung an. Gelingt ihnen dagegen der Übergang in die Entspannung, dann empfinden sie das als Triumph oder als Wunder.

Trotz einer solchen Basisverschiebung kommen auch andere Stadien vor, so daß nach wie vor vollständige Zyklen möglich sind; dennoch wird der Wechsel des Heimathafens als eine *Identitätskrise* empfunden, und die Partner müssen sich erst an das gewöhnen, was ihnen wie ein neues Selbst erscheint. Sooft sie ihre alte Heimstatt passieren, erwarten sie, darin zu verweilen, wieder in die alte Klemme zu geraten, ihre Beziehung in der früheren Form zu stabilisieren. Erst wenn sie diesen Punkt überwinden und immer wieder in ihrem neuen Zuhause landen, glauben sie schließlich, daß der Wandel Bestand hat. Dies veranlaßt sie, alte Positionen, einschließlich solchen in ihrem sozialen Netz, neu auszuhandeln. Dieses Aufbrechen verkrusteter Strukturen kann seinerseits den Vorrang des neuen Basislagers verstärken.

Wenn wir einen toten Punkt erreichen, wird uns oft bewußt, daß wir steril geworden sind. Wir merken, daß wir an neue Situationen mit alten, stereotypen Lösungen herangehen. In solchen Zeiten benötigen wir eine Infusion neuer Informationen – neue emotionale Erfahrungen oder eine neue Perspektive auf unsere Situation. Je mehr wir uns in unserem Basislager verschanzen und es für unseren wahren Charakter halten, desto größer wird unser Widerstand gegen alles, was uns herausfordert. Um einen Wandel in Gang zu bringen, müssen wir unsere Basis verlassen und uns durch die anderen zwei Stadien Informationen verschaffen. Dies kann auf verschiedene Weise geschehen: (a) durch kleine Vorstöße in ein anderes Stadium und zurück, (b) durch einen kurzen Minizyklus durch alle drei Stadien, oder (c) durch einen vollen anpassungsfördernden Zyklus. In Krisenzeiten sind wir oft genötigt, uns in irgendeine Richtung zu bewegen, statt an Ort und Stelle zu verharren. Durch diese Bewegung können wir neue oder unvertraute Aspekte von uns selbst erleben, Ressourcen, die wir benötigen, um uns zu ändern.

Die dritte Möglichkeit, ein erneuter voller Zyklus durch alle drei Stadien, kann uns auf eine Reise schicken, die Monate, wenn nicht Jahre dauern kann. Aber wenn das uns blockierende Problem entsprechend bedrohlich und destabilisierend ist, benötigen wir diese Zeit auch. Auf diese Weise werden wir im Lauf unseres Lebens durch einen Zyklus nach dem anderen getrieben.

Das offenkundigste Hilfsmittel für Paare, die sich vorwiegend in der Kontraktion aufhalten, ist die Problemlösungsfähigkeit des Entspannungsstadiums. Während ihres ganzen gemeinsamen Lebens ringen die Partner darum, sich dessen gelassene Perspektive und Kompromißbereitschaft zu eigen zu machen, um ihre Schwierigkeiten zu überwinden.

Das Bedürfnis von Paaren, ihre Residenz in der Entspannungszone zu verlassen, mag weniger offenkundig sein. Nehmen wir zum Beispiel ein Gespann, das sich immer vernünftig verhält. Im Lauf der Zeit finden die Beteiligten immer weniger emotionalen Zugang zu den primitiven Elementen der Expansion bzw. Kontraktion.

Trotz ihrer behaglichen Routine beschert ihnen das Leben jedoch unweigerlich Rückschläge, die ihr Beziehungsmuster durcheinanderbringen und sie stolpern lassen. Da sie auf Probleme von tiefer emotionaler Resonanz schlecht vorbereitet sind, geraten sie aus dem Gleichgewicht und werden in einen neuen Zyklus gestürzt.

Nehmen wir an, daß bei einem Partner multiple Sklerose diagnostiziert wurde. Beide sind erfüllt von Trauer und Furcht. Was wird dies für sie bedeuten? Wie werden sie ihr eigenes Leben verändern müssen, um ihren Aufgaben gerecht zu werden? Sie versuchen, vernünftig darüber zu reden und den Veränderungen ins Auge zu sehen, die vor ihnen liegen. Aber eine Zeitlang äußern sie nicht viele Gefühle. Sie versuchen, mit dem Problem auf ihre eigene Weise umzugehen, indem sie die Dinge relativieren und »Haltung bewahren«, aber je länger sich die Diskussion hinzieht, um so einsamer und getrennter fühlen sie sich. Wenn sie so weitermachen, wird ihre »Anpassung« an die Krankheit eine schmerzhafte, entfremdende Distanz zwischen sie legen.

Diese Partner werden vermutlich weinen müssen, allein und miteinander. Sie werden in einer Weise toben müssen, die nicht in die Entspannungsphase paßt. Sie müssen ihre Furcht äußern, ihr Gefühl von Hilflosigkeit und ihre Erleichterung darüber, einander noch zu haben. Ihre Intimität wird nur zurückkehren, wenn sie dies tun; wenn nicht, wird ihre Vernünftigkeit trocken und hohl werden. Und deshalb verlassen sie für eine Weile ihren Heimathafen.

Viele Schwierigkeiten im Leben können nicht gelöst werden ohne Zugang zu gefühlsintensiveren Erlebnissen. Dies ist eine Aufgabe in Krisenzeiten wie Aeneas' Abstieg in die Unterwelt. Die Partner benötigen tieferen Kontakt mit ihrer Vergangenheit, mit den verdrängteren Aspekten ihres Charakters und miteinander. Indem sie den Zyklus in Gang setzen und erneut in die anderen zwei Stadien geraten, können sie alte Vorstellungen wiedererwecken, lang verschüttet gewesene Gefühle erneut durchleben und neue Verhaltensmuster und Leitbilder aktivieren.

Dies gilt speziell für die Erfahrungen, die die Kontraktion für uns bereithält. Manche Menschen müssen offen miteinander streiten – das heißt, erneut durch die Kontraktion hindurchgehen –, bevor sie miteinander verhandeln können. So können die uneingestandenen Verletzungen und die unausgesprochene Wut von Paaren, die zur Intellektualisierung neigen, ihre Fähigkeit blockieren, offen und ehrlich miteinander zu reden. Erst müssen sie ihre Gefühle herauslassen; dann können sie entscheiden, wohin die Reise weiter gehen soll. Das Abrutschen in die Kontraktion als Bestandteil eines neuen Zyklus verschafft uns Zugang zu unserem »Schatten«, unserem weniger rationalen Selbst. In der Kontraktion können wir unserem Schmerz und unserer Wut wiederbegegnen und stoßen wieder auf unsere Erinnerungen an alte Wunden und an unsere Verletzbarkeit. Die Konfrontation mit diesen unbewältigten Gefühlen läßt uns die volle Spannweite dessen erleben, was uns ausmacht, und wir bringen dieses geschärfte Verständnis in unsere Beziehung ein. So betrachtet, ist das Stadium der Kontraktion eine Schatztruhe für Paare in Zeiten des Übergangs.

Die Expansionsphase mit ihren leidenschaftlichen Gefühlen und verwegenen Hoffnungen ist natürlich ebenfalls eine Kraftquelle für Paare, die ihren Schwung verloren und sich verausgabt haben. Ohne das Bewußtsein, wie wir uns in der Aufschwungphase fühlten, würde es uns wahrscheinlich schwerfallen, uns wieder aus den Tiefen der Kontraktion herauszuarbeiten. Herzhafte Kräche können zwar Verhandlungen ermöglichen, aber nicht ohne Spiel und Intimität dazwischen. Der Weg von der Kontraktion in die Entspannung führt oft zurück durch die Expansion: zuerst kommt die Schwierigkeit, dann – mit der Katharsis – die Intimität, und schließlich, wenn genügend guter Wille vorhanden ist, die Möglichkeit einer Lösung.

Die Sehnsucht nach der Euphorie der Expansion reicht manchmal aus, um Paare aus der Kontraktion und der Entspannung herauszuholen, und aktiviert dadurch einen vollständigen Zyklus. Viele Paare stehen zum Beispiel der Entspannungsphase zwiespältig gegenüber: sie bevorzugen zwar deren Sicherheit, sehnen sich aber nach dem Glück und der Nähe der Expansion. Deshalb vernachlässigen sie oft ihre Sicherheit – sagen wir, auf Urlaubsreisen –, obwohl sie aus früherer Erfahrung wissen, daß sie prompt wieder in die Kontraktion abstürzen werden.

Paare in der Kontraktion verschärfen vielleicht sogar noch ihre Schwierigkeiten, um die Konsolidierung zu überspringen und sich neuen Auftrieb zu verschaffen, da sie wissen, daß auf einen großen Streit oft die Versöhnung und ein erneuertes Gefühl gegenseitigen Respekts folgen. Sie sind bereit, diesen Preis zu bezahlen.

Krisen bieten dem Paar somit neue Wachstumschancen, indem sie einen neuen Zyklus in Gang setzen, der die Beteiligten mit ihren eigenen ungenutzten Reserven in Berührung bringt.

Rituelle Minizyklen

Paare machen im Lauf ihres Lebens zwei verschiedene Arten von Zyklen durch. Die ersten sind *rituelle Minizyklen*, die die Funktion haben, ihre üblichen Beziehungsmuster zu verstärken und zu erhalten. Die zweiten sind die längeren, vollständigen, *anpassungsfördernden* Zyklen, die ihnen helfen, sich auf veränderte Umstände einzustellen und dabei den Kern ihrer Identität zu bewahren.

Minizyklen führen das Paar von seinem Basislager weg und in relativ kurzer Zeit wieder dahin zurück. Sie können nur wenige Stunden – manchmal sogar Minuten – dauern, aber sie bekräftigen die üblichen Sequenzen der Partner. Ein Minizyklus kann mit einem Streit am Morgen beginnen, gefolgt von einer mehrstündigen Trennung, die ihnen hilft, die Angelegenheit zu relativieren, so daß es ihnen möglich ist, sich am gleichen Abend zu versöhnen. Die Entspannung kann eine halbe Stunde romantischer Gefühle bewirken, ein Aufflackern von Expansion, bevor sie sich wieder in der Sachlichkeit der Konsolidierungsphase einrichten.

Minizyklen beginnen auch mit Augenblicken einer Hochstimmung oder einer neuen Perspektive. Ein Paar im Entspannungsstadium geht vielleicht zum Abendessen aus, um die Beförderung eines Partners zu feiern. Der andere bringt Blumen mit und bestellt Champagner, und sie fühlen sich vorübergehend einander nahe und dem Alltag entrückt. Aber sie können dieses Gefühl nicht aufrechterhalten. Die Intimität macht sie nervös, und auf dem Nachhauseweg fangen sie ohne speziellen Anlaß an zu streiten. Zwar kommen sie darüber hinweg, ja erkennen sogar die Nichtigkeit ihres Streits, aber der expansive Augenblick ist verflogen und an seine Stelle tritt die Perspektive der Konsolidierung.

Das emotionale Feld für Minizyklen umfaßt ein breites Spektrum. Diese können heftig ausfallen, mit Riesenkrächen und aufwühlender Katharsis; oder milde, mit kleinen, folgenlosen Kabbeleien, höflichen Entschuldigungen und kleinen Triumphen.

Die Minizyklen nehmen schließlich eine *rituelle* Qualität an. Ihr Sinn scheint darin zu bestehen, das Mißbehagen des Paares in eine handhabbare Form zu bringen. Wie die meisten Rituale finden sie regelmäßig und häufig statt. Sie variieren wenig, und es wird auch wenig Neues daraus gelernt. Diese Minizyklen bewirken keine echte Anpassung, kein tieferes Verständnis dafür, warum die Partner streiten, zum Beispiel auch keine Integration der historischen Wurzeln ihrer Streitigkeiten. Aber bei jedem neuen Durchgang passieren die Beteiligten erneut alle Stadien, die zur Formung ihres Charakters beitrugen. Sie rufen ihnen quasi in Erinnerung, wer sie sind, indem sie erneut in die Stadien gelangen, die sie geprägt haben. Die Reartikulierung ihres Charakters durch diese Minizyklen verleiht ihrer Beziehung Kontinuität und Stabilität.

Byron und Carrie passieren zum Beispiel im Lauf ihrer Beziehung viele Minizyklen. Da sie beide viel Bestätigung und Unterstützung benötigen, sind sie leicht verletzt und rutschen schnell aus einer guten Stimmung in Gefühle des Grolls, der Verlassenheit, Kränkung und Niedergeschlagenheit ab. Nahezu jede Änderung treibt sie in einen Minizyklus.

Als Carrie schwanger wurde, waren sie beide überglücklich. Aber bald danach machte sich Byron Sorgen, daß ein Kind das Ende seiner besonderen Beziehung zu Carrie bedeuten würde, und er wurde launenhaft und distanziert. Carrie wertete dies als Zeichen, daß sie ihm nicht genügend bedeutete und daß er über ihre Schwangerschaft nicht wirklich glücklich war. Also wurde sie deprimiert und machte sich ihrerseits Sorgen. Jetzt verhielten sich beide reserviert und distanziert, beide litten, waren angespannt und bedrückt. Da ihm dies bewußt wurde und er sich schuldig fühlte, beschloß

Byron, eine Feier zu veranstalten. Er besorgte Blumen, reservierte einen Tisch in einem Nobelrestaurant und führte Carrie groß aus. Diese neue Aufmerksamkeit bewirkte, daß sich Carrie wieder geschätzt fühlte, und die Herzlichkeit ihrer Reaktion gab Byron erneut das Gefühl, geliebt und etwas Besonderes für sie zu sein. Im Verlauf von eineinhalb Tagen hatten sie einen ihrer charakteristischen Minizyklen durchlaufen. Die Elemente dieses Minizyklus waren nicht neu. Vielmehr handelte es sich um die üblichen Themen dieses Paares, und der Minizyklus diente dazu, die Themen zu verstärken, die ihr Leben bestimmten.

Carrie und Byron durchlaufen ähnliche Minizyklen, sooft einer der beiden über irgend etwas gekränkt ist. Dies geschah, als Carrie verletzt war, weil Byron auf einer Dienstreise einen freien Tag anhängte, als sich Byron verlassen fühlte, weil Carrie den ganzen Samstag mit einer Cousine verbringen wollte, die zu einem kurzen Besuch in der Stadt war, als Carrie das Gefühl hatte, Byron interessiere sich nicht genügend für die erste Geburtstagsparty ihrer Tochter, und so weiter. Minizyklen verstärken die Beziehungsmuster eines Paares.

Adaptive Zyklen

Eine Tatsache in bezug auf Paare gilt in beide Richtungen. Neue Situationen bringen Paare aus dem Tritt. Und um wieder Tritt zu fassen, müssen sich Paare in neue Situationen begeben, durch die sie sich neue Informationen und Kraftquellen erschließen.

Im allgemeinen haben Paare zwei Möglichkeiten, mit neuen Informationen, neuen Erfahrungen umzugehen: entweder, diese in ihre Beziehung zu *integrieren* oder sie abzublocken. Wenn sie keine neuen Hilfsmittel finden beziehungsweise mit neuen Informationen nicht angemessen umgehen können, dann wird es den Paaren nicht gelingen, sich an die neue Lage anzupassen. Außerstande, ihre Stabilität zu wahren, werden sie dann noch tiefer in die Kontraktion abrutschen.

Um mit verstörenden Ereignissen fertigzuwerden, müssen viele Paare ihr Basislager *verlassen* und in ein anderes Stadium eintreten. Solche Übergänge setzen gewöhnlich einen vollen Zyklus in Gang; sobald das Paar alle drei Stadien erneut durchlaufen hat, wird es eine Möglichkeit gefunden haben, seine neue Situation zu bewältigen.

Situative und entwicklungsbedingte Krisen aller Art können diese adaptiven, der Anpassung dienenden Zyklen auslösen – ein Umzug, eine neue Stelle, ein weiteres Kind, der Tod eines Elters, das Einsetzen der Menopause. Dasselbe gilt für eine seelische oder Lebensstadiumskrise eines oder beider Partner. Zugeständnisse, die zu Beginn von Beziehungen gemacht werden, erweisen sich später oft als störend. Man denke an den Übertritt eines Partners zu der Religion des anderen oder an die Reaktion eines Beteiligten auf eine Form von Sexualverhalten, das zunächst akzeptabel erschien, aber jetzt als der Persönlichkeit widersprechend empfunden wird. Oder man nehme die Bereitschaft eines Partners, seinen Kinderwunsch eine Weile aufzuschieben, die in direktem Konflikt mit seiner oder ihrer Identität als künftiger Elter stehen kann.

Eine interne Krise beginnt gewöhnlich als alleinige Angelegenheit eines Partners, greift dann aber auf die Beziehung über. Meine Midlife-Affäre kann zum Beispiel mit Fragen und Zweifeln in bezug auf mich selbst begonnen haben, aber sie kann schnell zu einer Bindungskrise zwischen uns werden. Deine Erinnerung an ein Kindheitstrauma mag dich zunächst innerlich quälen; aber wenn du meine ärgerlichen Äußerungen als »genauso wie« das verletzende Verhalten deines Vaters erlebst, dann rückt unsere Beziehung in den Mittelpunkt. Interne Krisen geben uns Aufschluß darüber, welche Schwächen in einer Beziehung existieren. Dann müssen wir einen Weg finden, um das Problem zu lösen, ein Prozeß, der uns zunächst in eine intensive Erfahrung von Kontraktion und anschließend, dank einer ausgehandelten Regelung, in die Entspannungsphase führen kann.

Interne Krisen entstehen oft durch persönliche Reflexion und das Verlangen, die eigene Situation zu verbessern: durch den Wunsch einer Frau, sich besser zu behaupten und Gleichrangigkeit zu erreichen; den Wunsch eines Mannes nach größerer Authentizität oder

Selbstentfaltung. Oft werden diese inneren Krisen durch andere gefördert oder beschleunigt – durch Freunde, Geschwister, Kollegen, die uns veranlassen, über ihr Beispiel nachzudenken, oder die aktiv für neue Wege werben.

Krisen ziehen uns den Boden unter den Füßen weg und bringen uns aus dem Gleichgewicht. Unsere üblichen Vorstellungen und Verhaltensmuster scheinen nicht mehr zu funktionieren: ein langer Spaziergang erweitert nicht mehr unseren Horizont; der übliche Versuch, die Probleme »durchzusprechen«, scheitert. Paare, die sich auf ihr Vertrauen und ihr Durchhaltevermögen verlassen, um Probleme ertragen oder überdauern zu können, stoßen manchmal auf Schwierigkeiten, die nicht von selbst verschwinden bzw. die ihre Toleranzschwelle übersteigen. Denken wir zum Beispiel an die hartnäckige Affäre eines Partners oder wiederholten Drogenmißbrauch.

Wenn wir unsere Probleme nicht im Rahmen unseres Basislagers lösen können, dann suchen wir anderswo nach neuen Informationen und Lösungen. Ich verbringe dann vielleicht mehr Zeit mit meinen Freunden und Angehörigen, aber dies könnte mich dir weiter entfremden. Du ziehst dich möglicherweise stärker auf dich selbst zurück, in der Hoffnung, unseren Problemen so ausweichen zu können, oder du fängst an, populärwissenschaftliche Artikel über Psychologie zu lesen, oder suchst einen Therapeuten auf. Wenn wir unsere üblichen Sphären des Denkens, Fühlens und Handelns verlassen, geraten wir gewöhnlich noch stärker aus der Balance. Neue Informationen veranlassen uns zum Nachdenken; wir erinnern uns an Einsichten über uns selbst und gelangen zu einem neuen Verständnis unserer Lage. Krisen bringen sowohl Gefahren als auch Chancen mit sich. Wir treten in einen adaptiven Zyklus ein, der uns im Gegensatz zu den rituellen Zyklen zwingt, neue Informationen zu verarbeiten. Die Veränderungen, die wir durchmachen, werden zu einem Element unseres Paarcharakters.

Nehmen wir Gerry und Sharon. Dieses Paar legt bekanntlich Wert darauf, sich gleichberechtigt und rational zu verhalten und das Gefühl von Sicherheit und Kontrolle zu haben. Beiden Partnern ist es wichtig, jeden Machtmißbrauch in ihrer Beziehung zu verhindern. Wir haben ihren ersten Zyklus im achten Kapitel dargestellt. Wie entwickelte sich nun ihre Beziehung im Lauf der Zeit?

Der nächste Zyklus, in den sie eintraten, wurde durch die Erkenntnis ausgelöst, daß ihr unterschiedlicher Arbeitsrhythmus immer größere Differenzen zwischen ihnen hervorrief. Da Gerry sich mit einem kleinen Party-Service selbständig gemacht hatte, mußte er an Feiertagen und Wochenenden viele Überstunden für seine Firma aufwenden. Sharon hatte als mittlere Angestellte in einem Großunternehmen kürzere Arbeitszeiten. Ihre Stelle brachte auch viele weitere Vergünstigungen mit sich. Im Lauf der Zeit verübelte Sharon es Gerry mehr und mehr, daß er soviel zusätzliche Zeit für seine Arbeit opferte; sie begann, dies als eine Zumutung ihr gegenüber zu empfinden. Da er sein eigener Herr sei, meinte sie, könnte er seinen Tagesablauf besser einteilen, um mehr Zeit mit ihr zu verbringen, sich im gleichen Maß (wie sie ursprünglich geplant hatten) am Einkaufen und an der Hausarbeit zu beteiligen, und so weiter. Aber Gerry fand, dies zeige, wie wenig Sharon von den Bedingungen seiner Arbeit begreife. Er war nun einmal auf einem Gebiet tätig, wo seine Kunden das Sagen hatten, nicht er selbst. Er war bestürzt und irritiert über das, was er als ihre Verständnislosigkeit gegenüber seinen Sachzwängen empfand.

Je gereizter Gerry reagierte, desto bedrückter wurde Sharon. Wieder stieg das Bild des gefährlich-aggressiven Mannes in ihr auf. Sie zog sich zurück, um sich selbst zu schützen, und eine Zeitlang verharrten sie wieder in der Kontraktion, auf parallelen Gleisen, wobei sich beide mißverstanden und ungeliebt fühlten.

Sie brauchten Monate in diesem Zyklus, um dieses Dilemma zu lösen. Schließlich leitete Gerry eine vernünftige Periode »ernsthafter Gespräche« ein, und sie begannen, einander wieder ihre Gefühle mitzuteilen. Sobald sie in das Entspannungsstadium eintraten, das ihnen so sympathisch war, entwarfen sie eine neue Tageseinteilung, planten einen Urlaub und verziehen einander. Dies war ein adaptiver Zyklus für sie.

Die Dinge liefen glatt, bis Sharon befördert wurde. Das bedeutete, daß sie mehr Zeit für ihre Arbeit aufwenden mußte – nicht unbedingt in ihrem Büro, sondern für Vorbereitungen und Arbeit, die sie abends zu Hause zu erledigen hatte. Mit ihrer Beförderung war eine beträchtliche Gehaltserhöhung verbunden, aber zu Hause fühlte sie sich wieder zunehmend mangelhaft unterstützt. Es war mehr Hausarbeit vorhanden, als sie zu zweit bewältigen konnten. Sie waren beide zu beschäftigt. Und Sharon ließ auch die Vorstellung von Kindern nicht los. Aber wie konnte sie daran denken, ein Kind zu bekommen, wenn der Verzicht auf ihre Berufstätigkeit sie einen so gewaltigen Teil ihres Einkommens kosten würde?

Als sie diese Probleme gegenüber Gerry ansprach, reagierte er, als kritisiere sie ihn, statt sich auf ihre normale Weise mit ihm zu beraten. Er zog sich in sein Schneckenhaus zurück, und sie konnte ihn nicht daraus hervorlocken. Schließlich gab sie es auf, und sie verfielen wieder in die frostige Formalität, die ihren Aufenthalt in der Kontraktion kennzeichnet. In dieser Periode hatte Gerry auch Schwierigkeiten mit einigen wichtigen Kunden, und er stellte sich auf den Standpunkt, einfach nicht alle zufriedenstellen zu können. Es erinnerte ihn an seine Kindheit, wo er trotz all seiner Versuche seiner Mutter niemals wirklich helfen konnte, oder, wie er es schließlich sah: »Ich konnte einfach nie genug tun.« Schließlich vertraute er Sharon diese Erkenntnis an, und das führte sie in das Entspannungsstadium. In diesem adaptiven Zyklus bescherte ihnen die Konsolidierungsphase neue Informationen und Lösungsmöglichkeiten:

Sie besprachen ihr Problem mit anderen Familienmitgliedern und erhielten Ratschläge, die sie nie zuvor gehört hatten. Sie verbrachten mehrere Wochenenden in ruhigen Gesprächen miteinander über ihre Einstellung zu Geld und die Möglichkeit, Kinder zu bekommen. Sie nahmen einige Änderungen in ihrem Tagesablauf vor: (a) sie einigten sich, daß sie es sich leisten konnten, ihre Wohnung alle zwei Wochen von einer Haushaltshilfe saubermachen zu lassen; (b) sie trafen finanzielle Vorsorge für ihren Ruhestand und die Ausbildungskosten für das Kind, das sie sich wünschten; (c) Gerry erklärte sich bereit, einen oder zwei Partner in seine Firma aufzunehmen, sowohl, um sein Geschäft auszuweiten, als auch, um mehr freie Zeit zu haben.

Adaptive Zyklen helfen dem Paar, neue Situationen zu bewältigen, indem sie dessen charakteristische Sequenzen formen und vertiefen. In dem Maße, wie das Paar neue Informationen verarbeitet und sein Repertoire um neue Handlungsmöglichkeiten erweitert, wird sein Charakter reichhaltiger, differenzierter und komplexer.

Neue Informationen aneignen

Die Übergänge von einem Stadium zum nächsten und von einem Zyklus zum anderen sind dynamische Momente im Leben des Paares. Während adaptive Zyklen durch störende Ereignisse in Gang gesetzt werden, stellen auch die Zyklen als solche einen Störfaktor dar und haben die Tendenz, das Paar aus seiner Routine zu reißen. Sie bringen neue Gefühle und Vorstellungen ans Licht, die die Beteiligten verborgen hielten. Durch das Weiterdrehen der Zyklusspirale wird somit der Fundus des Paares an Informationen ergänzt und reorganisiert. Dies kann an sich schon erfrischend sein und die Möglichkeit eröffnen, alte Probleme zu lösen.

Im ersten vollständigen Zyklus erbrachte jeder Übergang von einem Stadium in das nächste erstaunliche Mengen an neuen Informationen und Erfahrungen. Auch die folgenden Zyklen ergeben neues Material, das von den Betroffenen in ihr gemeinsames Leben eingewoben wird. Die Partner kommen in Kontakt mit den Depressionen und Hochstimmungen des anderen, mit seinen Ängsten und Glücksmomenten. Sie werden gewahr, wie vernünftig und unvernünftig, wie defensiv oder offen der andere sein kann. Mit jedem Zyklus lernen sie mehr über ihren individuellen und kollektiven Stil.

Wenn sich das Paar aneinander angepaßt hat, erscheint sein Charakter festgelegt und vollständig. Das stimmt nicht. Neue Beziehungsmuster werden sich herauskristallisieren in Reaktion auf dramatische Ereignisse des Lebens. Neue Themen werden zum Vorschein kommen, wenn die Beteiligten kühner oder verzweifelter werden, sobald sie mehr von sich enthüllen oder wichtige Erinnerungen aus ihrer Vergangenheit anerkennen.

Beziehungen organisieren nur einen *Teil* unseres individuellen Charakters; große Teile unseres individuellen Repertoires bleiben ungenutzt und warten darauf, von den folgenden adaptiven Zyklen erschlossen zu werden. Spätere Krisen können sie ans Licht bringen. Wenn diese Persönlichkeitsmerkmale – unser Mut, unsere Feigheit, unerwarteter Einfallsreichtum oder aufreizende Passivität – zum Vorschein kommen, können sie zu dauerhaften, sogar zentralen Aspekten der Beziehung werden.

Nehmen wir zum Beispiel an, daß eine Frau mit einer bisher verdrängten Inzesterinnerung in Kontakt kommt. Vielleicht ist sie in ihrer Paarbeziehung bisher die »Verfolgerin« gewesen und hat stets Unternehmungen, Kontakt und Diskussionen initiiert. Nun zieht sie sich in ihrer Depression von ihrem Partner zurück. Die Grundsequenz des Paares wird somit reorganisiert. Jetzt ist *er* es, der schließlich – vergeblich – die Verfolgerrolle spielt, während *sie* ihn immer heftiger zurückweist. Ihre zuvor verdrängt gewesene Wut tritt zutage und konzentriert sich auf ihn. Er wird vielleicht geduldiger mit ihr werden, falls sie ein »komplementäres« Paar sind; vielleicht reagiert er auf ihre wachsende Wut aber seinerseits mit Empörung – dann werden sie in gefährliche Gewässer abdriften, falls sie ein »symmetrisches« Paar sind.

Während sie sich mit dieser neuen Information auseinandersetzen, werden sie wohl überwiegend in der Kontraktion bleiben; aber in kurzen Momenten der Expansion verhalten sie sich möglicherweise liebevoll, vielleicht sogar »kindhaft«, in dem Bestreben, den Schrecken des Inzests zu bändigen. Sie werden somit auch in dieser Zeit der Enthüllung und des tiefgreifenden Wandels neues Material zutage fördern – in diesem Fall ihre kindliche Abhängigkeit – und damit die Möglichkeiten künftiger Expansionsstadien bereichern. Die neuen Informationen werden auch ihr Erleben der Entspannungsphase verwandeln. Der Abstand, mit dem diese einhergeht, wird als willkommene Linderung ihres heftigen Schmerzes empfunden werden. Die Perspektive eines solchen Paares in der Entspannungsphase könnte in der Erkenntnis bestehen, daß sie noch einen weiten Weg vor sich haben und geduldig und verständnisvoll miteinander sein müssen.

Paare können sich auch dadurch an neue Informationen anpassen, indem sie ihr Leben einschränken und disharmonische Erfahrungen beiseite schieben.

So weisen manche Paare der Sexualität einen kleineren Raum in ihrem Leben zu. Die kulturelle Narration unterstützt dies, indem sie behauptet, die sexuelle Erregung nehme mit zunehmender Vertrautheit ab. Häufiger schränken Paare ihre sexuelle Aktivität ein, weil sie einen oder beide Partner bedroht: sei es durch Mangel an Befriedigung, ihre Unfähigkeit, miteinander darüber zu sprechen, oder aufgrund spezieller sexueller Gewohnheiten oder Vorlieben eines Partners.

Nehmen wir an, eine Frau möchte nach der Geburt eines Kindes eine Pause in ihrem Sexualleben, und der Mann, der glaubt, nicht warten zu sollen oder zu können, reagiert aggressiv, weil er sich abgelehnt und vernachlässigt fühlt. Sie beginnen zu streiten; aus einer Quelle wechselseitiger Lust wird ein Spannungsherd. Sex wird »seine Sache«, nicht ihre, und sie haben Mühe, diese Krise zu überwinden.

Ein solcher Streit kann – wie im vorigen Abschnitt beschrieben – einen weiteren adaptiven Zyklus auslösen, dessen Ergebnis ein erneuertes, vielleicht gesteigertes Liebesleben ist. Falls sie diesen Weg einschlügen, würden die Beteiligten zunächst in die Kontraktion katapultiert werden, wo sie sowohl mit ihrer Furcht konfrontiert würden, Dinge zu tun, um anderen eine Freude zu machen, als auch mit seiner Angst vor emotionaler Isolierung. Vielleicht ist es genau das, was sie nachvollziehen müssen, um über ihren Konflikt hinwegzukommen. Sobald sie einander besser verstehen, können sie sich auch weiter entgegenkommen: sie kann »nein« sagen, ohne daß er es als persönliche Zurückweisung empfindet. Sein Verständnis veranlaßt sie zu einer bereitwilligeren Teilnahme an ihrem Sexualleben. Sein Geständnis, daß er sich ohne physischen Kontakt einsam fühle, könnte ihnen helfen, ihr Repertoire über vorwiegend genital orientierten Sex hinaus auf größere Wärme und Zärtlichkeit hin zu erweitern. Auf diese Weise können Informationen, die sich durch den Eintritt in die Kontraktion im Rahmen eines adaptiven Zyklus eröffnen, in die spätere Entspannungsphase eines Paares integriert werden.

Aber die Partner könnten auf einen solchen Streit auch einfach dergestalt reagieren, daß sie sich voneinander zurückziehen und ihre gemeinsamen Aktivitäten einschränken. Sie könnten das damit rationalisieren, daß sie einander – manchmal, aber nicht oft, ausdrücklich – versichern, jetzt in einem neuen Lebensstadium zu sein. Zum Beispiel, daß sie jetzt in erster Linie Eltern und kein schwärmerisches Liebespaar mehr seien.

Paare könnten Machtkonflikte dadurch lösen, daß sie weniger gemeinsam unternehmen. So beschließen sie vielleicht, die Schwierigkeiten mit den Eltern eines Partners zu begrenzen, indem sie den Kontakt mit ihnen einschränken. Auch Probleme mit der Disziplinierung von Kindern können durch Zuweisung dieser Aufgabe an einen der Partner gelöst werden, so daß der andere mehr Abstand gewinnt und weniger verfügbar ist.

Manche Paare verschließen sich rasch voreinander; dieser Zustand kann ewig andauern oder plötzlich aufbrechen, wenn ein Partner plötzlich »aufwacht« und einen unausgelebten Teil von sich wahrnimmt und daraufhin eine Änderung oder seine Freiheit fordert. Manche Paare assimilieren immer mehr Erfahrungen, bis sie an irgendeine »Grenze« stoßen. Danach wirken sie starr und unnachgiebig; sie hören auf, neue Informationen an sich heranzulassen bzw. zu verarbeiten, und bleiben ein Abklatsch ihres früheren Selbst. Andere Paare schrumpfen langsam wie ein alter Luftballon, bis sie – sich selbst und anderen – als bloßer Schatten ihres ehemaligen Potentials erscheinen.

Ein solcher Abkapselungsvorgang ist aber weder wasserdicht, noch hält er ewig. Paare mögen zwar beschließen, nicht über ihre Eltern zu sprechen, aber wenn die Mutter des einen erkrankt, wird das Thema unvermeidlich. Ein Paar mag es schaffen, seine sexuellen Kontakte zu begrenzen, bis ein besonders heißer Film oder ein paar Drinks die Schranken eines oder beider Partner niederreißen und sie in die verbotene Zone geraten. Weder das Innenleben der Beteiligten noch die Außenwelt, in der sie sich anpassungsbereit bewegen, gehorchen ihren Entscheidungen darüber, was in ihrem Zusammenleben passieren oder nicht passieren sollte. Trotz ihrer Fähigkeit, bedrohliche Bereiche vorübergehend auszuklammern, können die Grenzpfähle eines Paares jederzeit fallen, und die Möglichkeit von Entwicklungsschritten und Umbrüchen ist immer gegeben.

Der Einfluß von Außenseitern

Aus dem Gleichgewicht geraten, sehen wir uns nach einer helfenden Hand um[44] und stellen Kontakte her, um neue Ideen und Menschen in unsere Beziehung einzubringen.

Aus den gleichen Motiven lesen wir Selbsthilfebücher und sprechen mit Freunden, Seelsorgern, Fremden und Psychotherapeuten, um eine Lösung für unsere Probleme oder einen Anker im Sturm zu finden. Jeder adaptive Zyklus enthält die Möglichkeit, daß irgendein wichtiger Außenseiter in das Leben des Paares tritt.

Die kulturelle Narration ist ein weiterer »Außenseiter«, der in Krisenzeiten regelmäßig zu Rate gezogen wird. Oft versuchen wir, unser Verhalten nach deren Anweisungen und Normen auszurichten.

Stellen wir uns ein junges Paar vor, das sein sechs Monate altes Kind in eine Kinderkrippe gibt, damit die Frau ins Berufsleben zurückkehren kann. Aber die beiderseitigen Schwiegereltern melden sofort ihre Kritik an. »Warum setzt ihr ein Kind in die Welt«, sagen sie, »wenn ihr euch nicht darum kümmern wollt?« Anfangs macht das Paar gemeinsam Front gegen diese Einmischung. Aber nach einer Weile vernehmen beide innerlich die gleiche kritische Stimme. »Warum haben wir eigentlich ein Kind bekommen, wenn niemand da ist, der sich darum kümmert?« Aber wer sollte zu Hause bleiben?

---

44 Gregory Bateson spricht von Systemen im Ungleichgewicht, bei denen sich der Veränderungsprozeß »aus Zufälligkeiten speist«. Mit anderen Worten, unausgewogene Systeme unterliegen dem Einfluß zufallsbedingter und sonstiger peripherer Kräfte aller Art, da solche Systeme derart labil sind. Siehe *Geist und Natur. Eine notwendige Einheit* (Frankfurt a. M.: Suhrkamp, 1982).

Keiner der beiden will das; aus eben diesem Grund haben sie sich ja ursprünglich für die Kinderkrippe entschieden.

Sie rutschen jetzt in die Kontraktion, wobei sie sich gegenseitig die Schuld dafür zuschieben. »Es war ja von vornherein nicht *meine* Idee, ein Kind zu bekommen«, sagt der eine. »Aber warum könntest *du* nicht weniger arbeiten?«, erwidert der andere. Sie hinterfragen die Geschlechterrollen, untersuchen, inwiefern sie sich vom Vorbild ihrer Eltern unterscheiden.

Schließlich kommen sie nach vielen Diskussionen, auch mit Freunden, zu dem Schluß, daß es für ihr Kind besser ist, wenn sie beide Erfüllung in ihrer Arbeit finden. Diese Entscheidung führt sie wieder in das Entspannungsstadium zurück. Die neue Lösung ist weniger automatisch als ihre ursprüngliche Haltung. Sie schließt die Schuldgefühle ein, die sie empfinden, weil sie die Erwartungen ihrer Eltern enttäuschen, sowie den Triumph darüber, trotzdem zu sich selbst zu stehen. Durch ihre Auseinandersetzung mit der kulturellen Narration, der Narration ihrer Eltern und ihrer eigenen Version davon, was es bedeutet, ihre Beziehung um ein Kind zu erweitern, haben sie sich verändert und ihre eigene Identität weiterentwickelt.

Rhythmus und Form der Zyklen

Das Leben von Paaren differiert stark, und es fällt daher schwer, Verallgemeinerungen über Form und Verlauf ihrer späteren Zyklen zu machen. Wir können zwar voraussagen, daß sich die spiralförmigen Zyklen fortsetzen werden, aber wir können nicht angeben, wann oder wie die nächsten Runden einsetzen bzw. wie lange sie jeweils dauern.

Die späteren Zyklen von Paaren unterscheiden sich in einer Reihe von Merkmalen, und die speziellen Merkmale, die das einzelne Paar entwickelt, werden zu bestimmenden Aspekten seines Charakters. Nehmen wir zum Beispiel Aspekte der Zyklen eines Paares wie Rhythmus, Stil, Spannweite, Dauer, Tiefgang und Reichhaltigkeit. Eines der wesentlichsten Merkmale des Paarcharakters ist der

Rhythmus ihrer Zyklen. Manche Paare gleiten reibungslos und regelmäßig von Stadium zu Stadium. Andere wechseln in abrupten, unvorhersagbaren Sprüngen von einer Phase in die nächste. Auch der Abstand eines Zyklus vom nächsten hat einen Rhythmus. Manche Paare durchlaufen mit der Regelmäßigkeit eines Uhrwerks einen Zyklus nach dem anderen. Andere haben kein derartiges Muster und scheinen sich eher willkürlich vorwärtszubewegen. Die Zyklen mancher Paare werden im Lauf der Zeit länger; andere kürzer.

Jonathan und Marie schlittern zum Beispiel allmählich von der Expansion in die Kontraktion, aber ihr Übergang von der Abschwung- in die Entspannungsphase erfolgt in einem großen, erschütternden Sprung. Von da an üben sie den Aufschwung in die Expansion. Dieser Rhythmus bleibt während ihrer gesamten Beziehung intakt; aber im Lauf der Zeit verbringen sie zunehmend längere Perioden in der Entspannung.

Andere Paare scheinen ständig in einer Krise zu stecken. Sie durchlaufen immer wieder den vollen Zyklus in radikalen, dramatischen Sprüngen. Jeder Sturz in die Kontraktion ist eine Katastrophe und wirft die Frage der Scheidung auf. Jeder Wechsel in die Entspannung ist ein Augenblick spiritueller Erleuchtung. Diese Momente läuten Perioden der Freude und des Feierns ein, als ob das Paar eine zweite Chance im Leben erhalten hätte. Astrid und Henry zählen zu dieser Gruppe.

Paare wie Byron und Carrie sind völlig von ihrem jeweiligen Stadium in Anspruch genommen und wirken immer überrascht, wenn sich das Karussell weiterdreht. Selbst nach zwanzig Jahren ergreift die Kontraktion derart Besitz von ihnen, daß sie sich kaum vorstellen können, einen anderen Ausweg zu finden als die Scheidung. Aber in jeder neuen Aufbruchsphase fühlen sie sich relativ unberührt von den Heimsuchungen der Kontraktion oder der Aussicht auf Konsolidierung. Es ist, als durchlebten sie jedes Stadium in einem anderen Tal, von denen jedes durch hohe Berge vom anderen getrennt ist, so daß fast keine Kommunikation zwischen den Tälern stattfindet.

Der Rhythmus der Zyklen ist primär durch die generelle Abfolge der Stadien bedingt. Ist sie regelmäßig oder unregelmäßig, langsam oder schnell, tiefgreifend oder oberflächlich? Welches Stadium herrscht vor? Bei Carrie und Byron scheinen die Stadien zum Beispiel wenig Bezug zueinander zu haben; jedes ist eine Welt für sich. Dies ist eine *ausschließliche* Sicht der Beziehung zwischen den Stadien.

Die rationale Beziehung von Gerry und Sharon arbeitet in den ersten beiden Stadien ständig auf die Entspannung hin. Immer bemüht, Gutes und Schlechtes auszubalancieren, suchen sie die komplexe Lösung und diskutieren ihre Schwierigkeiten aus. Sie haben kaum Barrieren zwischen den einzelnen Phasen und neigen dazu, alle Stadien zu einem zu *verschmelzen*.

Andere Paare, die den Wechsel der Stadien als *harmonisch* empfinden, räumen ihnen eher gleiche Rechte ein. Sie sind damit zufrieden, von einer Gefühlslage in die andere zu pendeln, und erleben die drei Stadien zusammengenommen als »Reichtum des Lebens«.

Wieder andere Paare empfinden die Stadien als *komplementär*: sie sind *jetzt* himmelhoch jauchzend, weil sie *zuvor* todunglücklich waren. Diese Paare haben oft das Gefühl, daß ihre Fortschritte von ihrer Fähigkeit abhängen, offen und ehrlich mit Konflikten umzugehen, und sie scheinen ihre besten Zeiten immer nach Zerwürfnissen zu haben.

Auch der *Stil*, in dem Paare durch die Zyklen navigieren, enthüllt ihren Charakter. Manche segeln kühn und voller Energie von Stadium zu Stadium, während andere zaghaft und schlapp dahindümpeln. Manche sind zuversichtlich; andere furchtsam. Manche wagen den Sprung ins kalte Wasser, andere gehen vorsichtig vor. Manche Partner bewegen sich gemeinsam vorwärts, zwischen anderen gibt es ein ständiges Gezerre.

Einige weitere Aspekte späterer Zyklen sind erwähnenswert. Nehmen wir ihre *Spannweite*. Die Zyklen mancher Paare umfassen große Mengen an leidenschaftlich aufgeladenem Material. Andere Paare durchmessen zögernd eine sorgfältig manikürte Landschaft (wie in den Zeiten, als Großvater um Großmutter freite). Manche durchlaufen Zyklen großer Intensität, in denen dramatische Höhen und bodenlose Tiefen abwechseln, während andere in den gemäßigten Zonen verharren und sich Informationen und Erfahrungen vom Leib halten, die ihren Seelenfrieden bedrohen.

Bedenken wir auch die *Dauer* von Zyklen. Manche Paare verbringen klar umrissene, sorgfältig strukturierte Zeitspannen in jedem Stadium; bei anderen schwanken die Zeiträume. Manche Paare ziehen rasch weiter; andere verweilen. Manche durchlaufen langgestreckte Zyklen, die sich über Jahre hinziehen; andere treten alle sechs oder sieben Monate in einen neuen Zyklus ein.

Betrachten wir den *Tiefgang* bzw. die *Reichhaltigkeit* von Zyklen. Die Zyklen mancher Paare verlieren im Lauf der Zeit an Intensität, sie ziehen sich allmählich in die Länge und schwächen sich ab. Andere Paare scheinen ihre Fähigkeit zur Intensität beibehalten zu können; diese bricht in Krisenzeiten hervor, gleichgültig, wie lang sie schon zusammen sind. Dies scheint damit zusammenzuhängen, wieviel Material sich die Beteiligten im Lauf ihres Zusammenlebens zu eigen machen können – wieviel sie erinnern, wieviel sie in die Geschichten hineinpacken, die sie erzählen. Manche Paare scheinen selbst ihr jüngstes vorangegangenes Stadium zu vergessen; andere tragen fast ihre ganze Geschichte mit sich herum.

Die Frage des Unterschieds

Viele Zyklen scheinen durch Fragen des Unterschieds in Gang gesetzt zu werden. Verschiedenheiten zwischen den Partnern rufen eine geradezu elektrische Spannung hervor, die ihre ursprüngliche Anziehung bewirken, aber auch spätere Konflikte auslösen kann. Da fast jedes Duo verschiedene Perspektiven hat, sind die Spannungen zwischen den Partnern programmiert. Viele Paare versuchen, sich mit ihren Unterschieden zu arrangieren – sie lösen sie, gehen ihnen aus dem Weg oder versuchen einfach, mit ihnen zu leben. Auch dies wird zu einem Bestandteil ihres Charakters.

Das Arrangement mit den Unterschieden wechselt von Stadium zu Stadium. In der Expansion fördern und bereichern Unterschiede das Paar; in der Kontraktion wirken sie hemmend und einschnürend; in der Entspannung bilden sie die Basis für Verhandlungen und Kompromisse. Wenn Paare in der Expansions- oder der Entspannungsphase auf eine gewichtige Differenz stoßen, die sie *nicht* ausräumen können, dann kann diese Erfahrung sie aus diesen Stadien in die Kontraktion stürzen. Dort werden sie verharren, bis sie eine Lösung finden, sei es durch Kompromisse und Zugeständnisse oder durch ausreichende Abschirmung gegen deren schädliche Wirkungen, so daß ihre Kompatibilität wieder zum Tragen kommen kann.

Nehmen wir einen Unterschied, der anfangs, in der Expansion, als Gewinn angesehen wird, aber sich später als problematisch erweist. Die Partnerin hat einen großen Freundeskreis in die Beziehung eingebracht, dessen Erhaltung ihr wichtig ist. Anfangs erscheinen ihrem Partner die neuen Bekannten wie ein Geschenk, ein wunderbarer »Fund«; er ist entzückt, sie kennenzulernen. Aber im Lauf der Zeit wird er ihrer Freunde überdrüssig. Er registriert, wie oft sie die gemeinsam verbrachte Zeit verkürzt, um sie zu sehen. Sie bringt sie in die gemeinsame Wohnung mit, auch wenn er ungestört sein will; ihre Freunde machen ihm ein intimes Zusammensein mit ihr unmöglich. Er fängt vielleicht an, sich zu fragen, ob sie es darauf anlegt. Sobald sie in die Kontraktion geraten, fühlt er sich von ihr vernachlässigt und vergleicht ihre Unaufmerksamkeit ihm gegenüber mit ihrem Entgegenkommen, ihrer Überschwenglichkeit und Offenheit gegenüber ihren Freunden.

Sie fragt sich ihrerseits, warum er so muffig und in sich gekehrt ist. Mag er denn ihre Freunde nicht? Für sie ist das, als lehne er ... sie ab! Sie hat diese Menschen in ihr gemeinsames Leben eingebracht, und jetzt verhält er sich, als könne er sie nicht ausstehen. Sie verübelt ihm seine Verdrießlichkeit, seinen Mangel an Begeisterung, seine mißbilligenden Blicke und Bemerkungen.

Später, wenn das Paar die Entspannungsphase erreicht, treffen sie vielleicht eine Abmachung: sie wird ihre Freundschaften weiter pflegen; er wird sich bemühen, netter zu ihren Freunden zu sein und auch selbst neue Freundschaften zu schließen; sie erklärt sich bereit, mehr Zeit mit ihm zu verbringen, speziell, wenn er sagt, er brauche sie. Dieser Zyklus wird sich unzählige Male wiederholen.

In der Expansion wird das Paar durch ihre Freunde bereichert und belebt. In der Kontraktion werden sie zu einer Konfliktquelle. Und in der Entspannung machen sich die Diskussionen an ihnen fest.

Idealerweise entwickeln wir im Laufe unseres Lebens ein besseres Verständnis dafür, wer wir sind. Aber der Widerspruch zwischen unserem Selbstverständnis und unserer Rolle in der Partnerschaft kann Probleme hervorrufen. In der Regel unternimmt ein Partner Schritte in Richtung auf größere Unabhängigkeit, auf die der andere, nicht gewillt, »Veränderungen« des Status quo hinzunehmen – unmutig reagiert. Die Balance zwischen Unabhängigkeit und Zusammengehörigkeit muß ständig neu austariert werden.

Nehmen wir das Beispiel von zwei Leuten, die sich als siebzehnjährige Schüler ineinander verliebten. Im Laufe ihres Lebens verändert sich ihr Identitätsgefühl. Sie trennen sich von ihren Eltern, werden selbst Eltern und übernehmen die Erwachsenenrolle in der Gesellschaft, im Beruf und in Freundschaften. Sie passen sich an das Wachstum des jeweils anderen an. Wenn die Frau, nachdem sie drei Kinder großgezogen hat, ihre Ausbildung abschließen und eine eigene Karriere starten will, wird ihr Mann sie anders betrachten müssen.

Sobald wir uns ändern, fordern wir unseren Partner dazu heraus, uns auf neue Weise zu sehen. Weigert er sich, dann stehen wir vor einem Dilemma. Der Partner, der sich verändert, fühlt sich unter Druck gesetzt, »so wie früher« zu sein, und wird immer verstimmter. Der andere fragt sich, warum man die Dinge plötzlich nicht mehr so lassen kann, wie sie sind.

Die Streitigkeiten vieler Paare entstehen dadurch, daß sie zu verschiedenen Zeiten auf verschiedene Weise wachsen. Zum Beispiel wünsche ich mir mehr Intimität; du möchtest mehr Unabhängigkeit, daraus resultiert ein Konflikt. Oder du versuchst, am Beginn unseres gemeinsamen Lebens mich enger an unsere wachsende Familie zu binden, aber ich ziehe es vor, mich tiefer in meine Berufswelt hineinzubegeben; später wende ich mich, abgekämpft und desillusioniert über meine Karriere, stärker der Familie zu, gerade, wenn du, endlich von der Bürde der Kindererziehung befreit, darauf brennst, eine eigene Karriere zu starten. In einem anderen Fall

hat der Mann mit 45 mit dem Großziehen kleiner Kinder völlig abgeschlossen, während seine zweite Frau – ohne eigene Kinder –
von dem Wunsch nach Mutterschaft besessen ist. Divergierende
Entwicklungstendenzen können zu enormen Spannungen führen.

Im Lauf des gemeinsamen Lebenswegs benötigen beide Partner
Raum zur eigenen Entfaltung, selbst wenn dies bedeutet, daß der
andere nicht gebeten wird, mitzumachen, oder dies nicht tut bzw.
wünscht. Beide Partner brauchen die Erlaubnis, anders zu werden,
als sie zuvor waren. Entwicklungen können asynchron verlaufen;
die Partner müssen jedoch den anderen sein Tempo und seine
Richtung selbst bestimmen lassen. Sie können das Wachstum und
die Individuation ihres Partners akzeptieren, ohne sich gezwungen
zu fühlen, sich ihrerseits zu ändern. In den meisten erfolgreichen
Partnerschaften verfügen die Beteiligten über die Fähigkeit, die
Wandlungen des anderen zu tolerieren, ohne sie als persönlichen
Affront aufzufassen.

Da jeder Zyklus aus drei Stadien besteht, kann ich dich auf mindestens drei Weisen erleben: expandiert, kontrahiert und entspannt. Weil sich diese verschiedenen Zustände so drastisch voneinander unterscheiden, kommt es mir oft vor, als seist du aus drei
verschiedenen Personen zusammengesetzt, trügest drei verschiedene Kostüme und folgtest drei verschiedenen Credos – und tatsächlich mag dies der Wahrheit näherkommen, als ich mir eingestehen will.

– Was ich mir von dir wünsche, kann sich ändern. Wenn ich
»Freiraum« brauche, dann möchte ich, daß du dich zurückziehst und ihn mir liebevoll zugestehst. Wenn ich mir Beistand wünsche, dann möchte ich, daß du näherrückst und ihn
mir ohne Grenze oder Gegenleistung gewährst. Ich verspreche dir meinerseits, dasselbe für dich zu tun.

– Hatte ich dich früher um Liebe und Schutz gebeten, so
möchte ich jetzt auf diesen Schutz verzichten, damit ich meinen Weg selbst finden kann.

– Hatte ich dich um Verständnis gebeten, so erwarte ich jetzt
vielleicht Herausforderung und Konfrontation von dir.

– Hatte ich mir früher Kritik und Konflikt gewünscht, so bitte ich dich jetzt vielleicht um Ruhe und einen Freiraum, in dem ich genesen kann.

– Hatte ich dich früher um Rat und Wegweisung gebeten, so wünsche ich mir jetzt vielleicht, daß du einfach »da bist« und mir den Rücken freihältst.

Solche Bitten können die Rhythmen und Beziehungsmuster destabilisieren, die ein Paar über Jahre hinweg aufgebaut hat. Aber wenn sie kein Gehör finden, kann sich die eigentliche Basis, auf der sich das Paar gefunden hat, in bitteren Vorwürfen auflösen.

Deshalb ist jedes Paar einzigartig. Paare mittleren Alters, die schon seit fünfzehn oder mehr Jahren zusammen sind, unterscheiden sich zum Beispiel von Paaren gleichen Alters, die sich erst seit kurzem kennen. Ein Gespann, das aus einem älteren, zweimal verheirateten Mann und einer bisher ledigen Frau besteht, ist anders als ein Paar gleichen Alters, dessen Partner beide eheerprobt sind. Ein Paar in den Zwanzigern wird in weiteren zehn Jahren ganz anders sein. Außerdem müssen individuelle Entwicklung und Paarentwicklung in dialektischer Beziehung gesehen werden. Wenn mein Partner es schafft, mit all meinen Wandlungen »Schritt zu halten«, und mich trotz meiner Änderungen und Kehrtwendungen unterstützt, dann bin ich zutiefst dankbar; wenn nicht, werde ich vielleicht desillusioniert, wütend und verbittert werden. »Warum *kann* er mich nicht ermutigen, bloß dieses eine Mal!«, sagen wir. Oder: »Warum kann sie mir nicht einfach *vertrauen!*« Wenn sich ein Partner über die Toleranzgrenze des anderen hinaus verändert, dann wird die Beziehung wahrscheinlich in die Brüche gehen.

Wir verweben all diese Fragen in bezug auf Unterschiede in unseren Paarcharakter.

Paarentwicklung im Laufe der Zyklen

Wir haben dieses Kapitel mit der Feststellung begonnen, daß sich der Charakter von Paaren, der sich im ersten Zyklus zu formen beginnt, mit jedem folgenden Zyklus vertieft und vervollkommnet.

Wir möchten hier keinen falschen Eindruck erwecken. Paare werden mit jedem verstreichenden Jahr nicht unbedingt klüger und besser, breiter, tiefer und flexibler. Paare finden vielmehr zunehmend ihre eigene Identität.

Wenn es nach unserer kulturellen Narration geht, sollten die Paare ihr Basislager in der Entspannung aufschlagen, was ihnen gestatten würde, mehr Erfahrungen zu verarbeiten, Schwierigkeiten auszudiskutieren, ohne sich ständig herauszufordern, und Unterschiede ohne Furcht und Entfremdung zu akzeptieren. Paare, die in der Entspannung zu Hause sind, halten ihr Repertoire in der Regel offener und lebendiger. Die zusammen durchlebte Zeit bringt Loyalität, Vertrauen und Akzeptanz hervor und schafft die Voraussetzungen für tiefere Freundschaft oder Leidenschaft.

Doch es gibt Paare, die diese unterkühlte Welt gegen heiße Augenblicke in der Sonne der Expansion eintauschen. Sie führen ein unbeständigeres Leben, das ebenso erfüllend für sie ist wie das gesetztere derjenigen, die sich überwiegend in der Entspannung aufhalten.

Selbst Paare, die im großen und ganzen mit ihrem Leben zufrieden sind, kontrahieren mit derselben Regelmäßigkeit und Notwendigkeit, wie sie expandieren. Wir sind ebensowenig daran interessiert, jedermann und jederfrau Entspannung zu verordnen, wie an Genmanipulation zur Verhinderung von Gesichtsfalten. Wir ziehen es vor, uns über die grundlegende Originalität jedes Paares zu freuen, das auf seine eigene Weise expandiert und kontrahiert und mit dem von ihm begründeten und geprägten Charakter seinen Lebensweg geht.

Wie sich Paare verändern

Wenn Paare reibungslos durch die drei Stadien und durch aufeinanderfolgende Zyklen gleiten, dann erscheint uns das Leben in Partnerschaften so einfach wie die Aufeinanderfolge der Jahreszeiten. Die gewöhnlichen Erfahrungen des Lebens scheinen ihre Räder in Gang zu halten. Wir nehmen diese Art von Wandel oft als selbstverständlich hin: Paare wachsen und entwickeln sich als Reaktion auf die verschiedenen Ereignisse, die sie erleben.

Eine Umwälzung anderer Art darf jedoch nicht für selbstverständlich gehalten werden. Dieser Fall tritt ein, wenn Paare das Gefühl haben, in der Kontraktion steckengeblieben zu sein und nicht mehr herauszufinden. An diesem Punkt ist es ihnen gleichgültig, in welchem Stadium sich ihr Basislager befindet und wieviele frühere Krisen sie bereits überwunden haben. Das einzige, was sie wissen, ist, daß die Situation unerfreulich ist und daß sie sie ändern wollen. Alle ihre Bemühungen scheitern jedoch, und die Partner werden immer bestürzter. Was in *solchen* Zeiten zu tun ist, das ist die Hauptfrage, über die sich Paare den Kopf zerbrechen, und sie bildet den Mittelpunkt dieses Kapitels.

Beginnen wir mit der schematischen Darstellung, wie und warum Paare von einem Stadium in das nächste überwechseln. Dieses scheinbar »natürliche« Fortschreiten ist in Wirklichkeit eine Folge des ständig vorhandenen Konflikts zwischen neuen Erfahrungen und dem Wunsch der Partner nach Stabilität.

In der Anfangsphase einer Beziehung bringt uns die Einseitigkeit eines Stadiums aus dem Gleichgewicht und erzeugt die Notwendigkeit für das nächste. So beglückend das Expansionsstadium auch sein mag, es überfordert auf die Dauer unsere Handlungsbereitschaft ebenso wie unsere Fähigkeiten und Gefühle; mit der Zeit fühlen wir uns *zu* aufgeschlossen und *zu* in Anspruch genommen, machen uns Sorgen, daß wir zuviel versprochen haben, und befürchten, die Kontrolle und das Gleichgewicht zu verlieren. Um dem entgegenzuwirken, ziehen wir uns zurück. Dies ist der

Grund, warum wir die Aufschwungphase der Expansion selten lange durchhalten.

Jedes Paar findet eine Methode, um diesen Übergang zu vollziehen. Jonathan und Marie empfinden zum Beispiel Unbehagen, einander so nahe zu sein und ihre Arbeit schleifen zu lassen – deshalb ziehen sie sich in ihre getrennten Welten zurück. Beide fühlen sich erleichtert darüber, wieder in jenem Teil ihres Lebens aufzugehen, der ihnen das größte Gefühl von Sicherheit gibt. Ihre Erleichterung ist so unübersehbar, daß sie es kaum merken, wenn sie ins andere Extrem verfallen.

Die Kontraktion beginnt als ein Versuch, unser Gleichgewicht wiederzugewinnen, zu den Gewohnheiten und Methoden der Selbstvergewisserung zurückzukehren, die unser Leben bestimmten, bevor die Beziehung anfing. Aber wenn wir uns zurückziehen, schießen wir regelmäßig übers Ziel hinaus, igeln uns mehr ein, als es unserem »normalen« Selbst entspricht, und geraten damit in die beklemmende Welt der Kontraktion. Diese Erfahrung ist nicht bloß schmerzhaft; sie zwingt uns genauso zu Verrenkungen wie die Expansion. Wieder ringen wir darum, unser Gleichgewicht wiederzufinden, und wünschen uns eine Rückkehr in die Expansion oder einen bislang noch undefinierten Zustand. Wir sind überzeugt, als Individuen und als Paar *mehr* zu sein, als wir jetzt scheinen, aber anders als das, woran wir uns aus der Expansion erinnern. Während wir uns bemühen, die Dinge wieder ins Lot zu bringen, erhalten wir einen schwachen Schimmer von besseren Lösungsmöglichkeiten, Fragmenten dessen, was schließlich die Entspannungsphase bilden wird. Die Überreaktion der Abschwungphase setzt den späteren Wechsel in die Entspannung in Gang.

Nochmals, jedes Paar entwickelt charakteristische Mittel und Wege, um von der Kontraktion in die Entspannung zu gelangen. Jonathan und Marie driften immer weiter auseinander, bis Marie die Entfernung nicht mehr ertragen kann und eine Krise auslöst, indem sie weggeht oder wegzugehen droht. Dieser Schritt bringt Jonathan gewöhnlich zur Besinnung und veranlaßt die beiden, sich in den gemäßigteren Kadenzen der Entspannungsphase auszusprechen.

Sobald wir die Entspannung erreicht haben, versuchen wir oft, uns dort häuslich niederzulassen. Falls dies unser Heimathafen ist, dann werden wir tatsächlich für eine Weile da festmachen. Manchmal bleiben wir, bis neue Probleme auftreten, und beginnen dann, erneut in die Kontraktion zu trudeln. Manchmal sind wir so erleichtert, die Entspannung erreicht zu haben, daß wir uns in eine neue Expansion hineinsteigern. Was auch der Fall sein mag, jedes folgende Expansionsstadium weicht zwangsläufig wieder der Kontraktion, und jeder Abschwung in die Kontraktion bedingt naturgemäß einen erneuten Aufstieg in die Entspannung... so dreht sich das Rad weiter. Was auch unser Basislager sein mag, neue Erfahrungen, neue und alte Sehnsüchte bringen uns immer wieder aus dem Gleichgewicht. Wir können der Achterbahn der Gefühle – hinauf in die Expansion, hinunter in die Kontraktion, hinein in die Entspannung – nicht entrinnen.

Es ist so gut wie ausgeschlossen, auf Dauer in der Entspannung zu verharren. Ihre Fähigkeit der Konfliktlösung reicht nicht weit genug. Die Herausforderung neuer Erfahrungen bringt uns aus dem Tritt. Gewaltige positive Erlebnisse wie die Geburt eines Kindes oder der Kauf eines Hauses katapultieren uns in die Expansion. Schmerzhafte und bedrohliche Erfahrungen – Krankheit oder ein beruflicher Rückschlag – stürzen uns in die Kontraktion. Mein Wunsch, bestimmte Aspekte meines Lebens zu ändern, verunsichert dich. Ein Erlebnis mit deinen Eltern bringt dich ins Schleudern; und wenn ich versuche, dir Mut zuzusprechen, dann tust du, als wolle ich dich bloß ablenken, und verschmähst meine Hilfe. Verwirrt und gekränkt, ziehe ich mich zurück und lasse dich in deiner Bedrängnis im Stich... und schon werden wir wieder aus dem Entspannungszustand hinausgeworfen.

Stabilität und Anpassung

Paare sind offenkundig Veränderungen unterschiedlicher Art ausgesetzt. Die eine Variante erscheint uns »natürlich« und selbstverständlich wie Wachstum oder die Aufeinanderfolge der Jahreszeiten. Eine andere Art kann beabsichtigt sein, etwa wenn Paare beschließen, sich zu ändern, um ihr Leben zu verbessern. Meistens hat es jedoch den Anschein, daß sich *Paare verändern, weil sie stabil bleiben wollen.* Wie kommt es zu diesem Paradox?

Die Antwort wird uns klar, wenn wir erkennen, daß das Bemühen um Stabilität ständigen Wandel erfordert, und daß uns jeder Wandel zu neuem Bemühen um Stabilität zwingt. Jeder lebende Organismus strebt nach Gleichgewicht und Kontinuität.[45] Wir schwitzen, um die Körpertemperatur auf gleicher Höhe zu halten. Wir ruhen uns aus, wenn wir müde sind, und verschaffen uns Bewegung, wenn wir uns träge fühlen. Wir ändern unser Selbstbild, damit es zu unseren neuen Aktivitäten paßt, und wir ändern die Aktivitäten, damit sie unserem gewandelten Selbstbild entsprechen. Wie ein Seiltänzer[46] nehmen wir ständig Justierungen vor, um unser Gleichgewicht zu erhalten. Jede neue Situation bringt uns aus der Balance und nötigt uns zur Anpassung, bis wir uns wieder stabil fühlen.

Einer Paarbeziehung anzugehören, macht diesen Vorgang noch komplexer. Wenn sich unser Partner verändert – eine bessere Stelle bekommt, selbstsicherer wird – müssen wir uns anpassen. Tun wir es nicht, dann wird die Beziehung aus dem Lot geraten. Deshalb nehmen wir die kleinen (oder auch größeren) Änderungen vor, die nötig sind, um die Beziehung in einem ruhigen Fahrwasser zu halten. Wir versuchen, die Dinge stabil zu halten und nicht über das Ziel hinauszuschießen.

Wenn du zum Beispiel eine Stelle mit längeren Arbeitszeiten annimmst, dann versuche ich, meine Zeiteinteilung so zu ändern, daß ich einen größeren Teil der Hausarbeit übernehmen kann. Wenn ich verreisen muß, um einen erkrankten Angehörigen zu besuchen, dann springst du ein. Ist die eingetretene Änderung langfristig, dann

45 Dies ist ein Leitgedanke der allgemeinen Systemtheorie, erstmals dargelegt von Ludwig von Bertalanffy in *General Systems Theory* (New York: George Braziller, 1968).

46 Bradford P. Keeney verwendet diese Metapher des Seiltänzers in seiner ausgezeichneten Darstellung der kybernetischen Theorie, *Aesthetics of Change* (New York: Guilford Press, 1983).

können viele kleine Anpassungsleistungen nötig werden, die uns schließlich einem gewandelten Selbstbild oder veränderten Gefühlen füreinander zuneigen lassen. Generell kann man sagen, wenn unsere Beziehung stabil bleiben soll, dann mußt du durch dein Verhalten meine Veränderungen ausgleichen und umgekehrt.

Die Spannung zwischen neuen Situationen und unserem Bedürfnis nach Stabilität bringt uns regelmäßig aus dem Gleichgewicht. Im Ungleichgewicht funktionieren unsere alten Denk- und Verhaltensweisen nicht länger, aber wir haben noch keine neuen gefunden, die sich bewähren.[47] Taumelnd ringen wir darum, unsere Balance wiederzugewinnen. Diese Anstrengung verändert uns und befördert uns oft in ein neues Stadium. *Systeme im Ungleichgewicht sind anfällig für Änderungen.* Enttäuschungen zerstören die Stimmung und die Beziehungsmuster der Expansion und bilden schließlich die Basis für neue Muster in der Kontraktion. Die Gelassenheit des Entspannungsstadiums erscheint einem absurd, nachdem man die Affäre eines Partners entdeckt hat; und nach vorübergehender Verwirrung stürzen wir in die Kontraktion zurück. Aber auch die Kontraktion kann abrupt enden, etwa durch einen plötzlichen Glücksfall oder einen beruflichen Erfolg. Sooft dies geschieht, können neue Ideen unsere Abwehr durchbrechen, uns eine optimistischere Sicht unserer Beziehung eröffnen und damit einen Weg aus den Schwierigkeiten zeigen.

Aus dem Gleichgewicht geraten, krallen wir uns verzweifelt an neue Mittel, um uns selbst zu retten, so wie wir uns in rauher See an ein Rettungsboot klammern würden. Manchmal sind diese »Rettungsboote« positiv, etwa wenn uns eine Einsicht in den Charakter unseres Partners ermöglicht, mitfühlender zu werden, weniger scharf zu urteilen und damit unsere Beziehung am Leben zu erhalten. Aber die Rettungsboote können auch negative Folgen haben.

---

47 Die Oszillation zwischen Zuständen des Gleichgewichts und des Ungleichgewichts ist von vielen Wissenschaftlern beschrieben worden. Familientherapeuten stützen sich speziell auf Ilya Prigogine, »Structure, Dissipation and Life«, in *Theoretical Physics and Biology* (Amsterdam: North-Holland Publishing Co., 1969). Der Einfluß der Ungleichgewichtstheoretiker wird besonders eingängig dargestellt bei Lynn Hoffman, a.a.O.

Ein Partner mag Trost in der Erneuerung seines religiösen Glaubens finden, aber dieser Wandel kann die Beziehung als Ganzes gefährden.

Bewegung ist ein dauerhafter Wesenszug von Partnerschaften. Sie entsteht zum einen durch die oben erwähnten kleinen Anpassungen. Zum anderen ist sie eine Folge der Krisen, die die bedeutenden Herausforderungen des Lebens begleiten wie:

- individuelle Meilensteine der Entwicklung wie der Abschluß einer Ausbildung, das Erreichen der Lebensmitte oder des Ruhestands;
- familiäre Entwicklungskrisen wie Heirat, Geburt eines Kindes, dessen Einschulung oder Schulabgang, das leere Nest oder die Übernahme der Verantwortung für einen Elter;
- situative Krisen wie der Verlust eines Arbeitsplatzes oder eine Beförderung in eine viel bessere Position, der Ausbruch einer schweren Krankheit, Schulschwierigkeiten eines Kindes, eine Affäre oder größere sexuelle Probleme;
- bewußte Bemühungen um Veränderung, etwa wenn eine Frau durchsetzungsfähiger wird oder ein Mann beschließt, in seinem Haushalt aktiver zu werden, oder der Entschluß eines Partners, den Beruf zu wechseln oder systematisch an sich zu arbeiten;
- die Tendenz, neue Situationen überzukompensieren, etwa wenn Paare als Reaktion auf die Krankheit eines Partners ihre Rollen vollständig tauschen.

Krisen schaukeln sich gegenseitig auf. Zu einer Midlife-Krise kann eine außereheliche Affäre hinzukommen. Die Enttäuschung über die Unverfügbarkeit eines Partners kann zu Drogenmißbrauch führen. Wenn mehrere Krisen zusammenkommen, dann wird das Leben eines Paares höchst anfällig für Umbrüche.

Wenn ich zum Beispiel zu dem Schluß gekommen bin, daß wir aufhören sollten, uns in jeder Hinsicht voneinander abhängig zu machen, dann könnte ein Akt der Illoyalität deinerseits genau der Schlag sein, der mich veranlaßt, meinen separaten Claim abzustecken. Später werde ich, selbst wenn ich dir verzeihe, vielleicht darauf bestehen, daß wir unsere Unabhängigkeit wahren und mehr mit unseren Freunden unternehmen. Der Schmerz, den ich empfinde, bestärkt mich in meinem Entschluß, und du akzeptierst schließlich meine größere Unabhängigkeit, wodurch die Umstrukturierung unserer Beziehung komplett wird.

Die Spannung zwischen Individuum und Beziehung

Spannung zwischen einzelnen Partnern und dem Paar ist eine der wichtigsten Ursachen von Ungleichgewicht. Wir justieren nicht nur unser eigenes Verhalten und unsere Einstellungen, um unsere Beziehungen zu erhalten, sondern wir versuchen auch, unsere Beziehungen zu manövrieren, um unsere innere Stabilität zu wahren, das heißt, um unsere Gefühle innerhalb einer sicheren Bandbreite zu halten und um ein erkennbares und akzeptables Selbstbild zu wahren. Unsere innere Stabilität hängt davon ab, daß wir uns selbst lieben und verteidigen, unser Verhalten rationalisieren und uns selbst trösten. Dies ist nicht so leicht, wenn wir uns in nächster Nähe zu unserem Partner befinden, der uns ständig Rückmeldungen über unseren Charakter liefert und unsere emotionale Stabilität ins Wanken bringt. Deshalb registrieren wir sorgfältig Verhalten und Feedback unseres Partners und versuchen, es zu manipulieren, um die richtigen Resultate zu erhalten.

Wenn wir uns zum Beispiel egoistisch vorkommen, dann spannen wir ihn vielleicht dazu ein, das vertuschen zu helfen, indem er unsere Großzügigkeit lobt, auch wenn wir bei ehrlicher Betrachtung kaum von unserem egoistischen Kurs abweichen. Nehmen wir zum Beispiel den Mann, der seine ganze Kraft der Arbeit widmet und dies auch schon tat, bevor Kinder da waren. Wenn ihn seine Frau unter Druck setzt, mehr Zeit mit den Kindern zu verbringen, dann entgegnet er ungehalten, er nehme *ihretwegen* schon genügend Belastungen in Kauf. Er erwartet, daß sie ihm zustimmt und seine Vorstellung von Selbstaufopferung bestätigt. Wenn sich ein Partner weigert, unser bevorzugtes Selbstbild zu unterstützen, und wir uns von Selbstzweifeln befreien wollen, dann lassen wir uns nicht selten zu den verschiedensten Reaktionen hinreißen, von Pöbeleien – »du hast Nerven, nach allem, was ich dir gegeben habe« – bis zum Rückzug aus der Situation, damit er unsere Mängel nicht so überdeutlich wahrnimmt.

Häufig gehen wir deshalb auf Distanz zu unserem Partner, um unser gutes Selbstbild zu schützen und bedrohliche Äußerungen, Bitten und Forderungen von uns fernzuhalten: »Sag mir, was du fühlst!« oder »Warum kannst du nicht mehr Geld verdienen?« oder »Warum willst du nicht mit mir schlafen?« Dieser Abstand kann sich stabilisieren, aber die abgelehnte Partnerin könnte ihn auch als bedrohlich empfinden, wenn sie sich dadurch zurückgewiesen, nicht beschützt fühlt. Sie könnte auf stärkeres Engagement drängen, was wiederum den sich distanzierenden Partner bedroht, der befürchtet, von ihr vereinnahmt zu werden. Andererseits hält er es aber für berechtigt, nach seinen Gefühlen gefragt zu werden, und würde es als demütigend empfinden, zuzugeben, daß er sich von ihr vereinnahmt fühlt. Er distanziert sich weiter, wobei er sich einredet, dies sei großzügig von ihm; auf diese Weise erhält er sich seine Würde und bewahrt sich davor, ihren Charakter anzugreifen. Durch die vergrößerte Distanz fühlt sie sich noch mehr bedroht, in ihr steigen kindliche Verlassenheitsgefühle hoch, die sie überwunden geglaubt hatte. Um mit dieser Niederlage fertigzuwerden, hört sie auf, ihm nachzustellen, und attackiert seinen Charakter: er sei gefühllos und habe Angst vor Intimität. Er schlägt zurück: sie fühle sich allein leer und brauche ihn zu sehr.

Auf diese Weise führt eine Serie von Anpassungen, von denen jede darauf angelegt ist, das Innenleben eines Partners zu stabilisieren, zu Handlungen, die den anderen bedrohen. Eine Abwärtsspirale entsteht in der Beziehung, die in ein bedenkliches Ungleichgewicht gerät – durch die Bestrebungen beider Partner, ihr Gleichgewicht zu wahren! In einem solchen Stadium ist das Paar anfällig für Änderungen.

Wie kommt es eigentlich dazu, daß Paare von einem Stadium zum nächsten übergehen? Aus dem vorigen Kapitel wissen wir, daß sich Partner, die sich in einem Stadium häuslich eingerichtet haben, auf verschiedene Weise daraus entfernen können. Sie können kurze Minizyklen durchlaufen, die sie rasch wieder in ihr Basislager zurückführen und damit ihre gewohnten Beziehungsmuster verstärken. Oder sie können zu einem längeren adaptiven Zyklus aufbrechen. Manchmal nehmen die Dinge eine plötzliche dramatische Wende, etwa wenn die beiden nach einem traumatischen Ereignis von der Expansion in die Kontraktion stürzen.

Häufiger kommen Paare jedoch voran, indem sie sich Schrittchen für Schrittchen in ein anderes Stadium vorwagen, bis eine Schwelle überschritten ist und sie sich ganz in diesem befinden. Wir bezeichnen solche kleinen Schritte als »Vorstöße«.

Ein Vorstoß ist eine versuchsweise Erprobung eines Stadiums, während sich das Paar noch überwiegend in einem anderen aufhält. Zum Beispiel können Paare in Perioden der Expansion in Streit geraten, und die Partner können Zweifel in bezug auf die Partnerschaft empfinden. Sie mögen eine Vorahnung bevorstehender schwerer Zeiten haben, aber ihre Beziehung wird nicht von Zweifeln oder Streit beherrscht. Diese Kräche sind Vorstöße in die Kontraktion. Das Paar wird sich danach versöhnen, seine Liebe und Zusammengehörigkeit bekräftigen und seinen Optimismus beibehalten.

In der Kontraktion gelingt es den Partnern vielleicht, gelegentlich aus ihrer Entfremdung und ihren Konflikten auszubrechen, etwa, wenn ein Urlaub sie an frühere gute Zeiten erinnert. Das Abitur eines Kindes mag eine vorübergehende Annäherung bewirken. Ein besonders heftiger Streit könnte sie so erschrecken, daß sie vor dem Rand des Abgrunds zurückscheuen. In diesen Augenblicken ahnt das Paar vielleicht das Licht am Ende des Tunnels. Dies sind Vorstöße in die Entspannung.

Das Stadium der Entspannung wird oft von Scharmützeln unterbrochen, die an die Kontraktion erinnern, aber auch durch expansive Momente, in denen sich die bevorstehenden aufregenden Zeiten ankündigen. Aber diese abweichenden Stimmungen setzen sich nicht durch. Solange die nüchternere Grundstimmung der Partnerschaft, des Aushandelns und der Mäßigung vorherrscht, sind sowohl die guten als auch die schlechten Augenblicke als Vorstöße anzusehen.

Erst, wenn sich die Vorstöße häufen, treten wir schließlich in ein anderes Stadium ein. Anfangs geschieht dies tastend, aber allmählich fangen wir an, mehr und mehr Zeit in dem *neuen* Stadium zuzubringen. Sobald das der Fall ist, entwickeln wir entweder neue Beziehungsmuster als Basis für das neue Stadium, oder wir greifen Muster auf, die unsere früheren Aufenthalte in diesem neuen Stadium kennzeichneten.

An irgendeinem Punkt überschreiten wir eine Schwelle. Die kumulative Wirkung unserer Vorstöße schwillt an wie eine Flutwelle. Einen Augenblick zuvor sind wir noch in dem einen Stadium; im nächsten gehen wir in ein anderes über. Man hat das Gefühl, es sei alles ganz plötzlich gekommen. Obwohl sich die Vorstöße seit einiger Zeit gemehrt haben, gibt es den Augenblick des qualitativen Sprungs.

Astrid und Henry blieben zum Beispiel etwa zwei Jahre in ihrem ersten Expansionsstadium, von ihrer ersten Begegnung bis nach ihrer Heirat. Während dieser Zeit hatten sie viele Zerwürfnisse, darunter einige ernste; bei mehreren Anlässen fragten sie sich, ob sie wirklich zueinander gehörten. Diese Streitigkeiten, Bedenken und Selbstzweifel ereigneten sich jedoch alle *innerhalb* eines Kontexts überwiegend optimistischer Gefühle hinsichtlich ihrer Beziehung. Diese Zerwürfnisse waren ihre Vorstöße in die Kontraktion. Da es ihnen immer wieder gelang, sie beizulegen, blieben Astrid und Henry in der Expansion. Aber nach ihrer Eheschließung, als sich ihre Probleme häuften, kippte das Gleichgewicht. Ihre Vorstöße in die Kontraktion waren jetzt durch bittere Gefühle gegenüber dem anderen, ernste Bedenken und verletzten Stolz gekennzeichnet. Differenzen in bezug auf Simons Verhalten, Sex und Geld führten zu harscher gegenseitiger Kritik, die nicht ohne weiteres durch die üblichen Entschuldigungen aus der Welt zu schaffen waren. Diese

Vorstöße bildeten die Brücken, über die das Gespann in sein erstes Kontraktionsstadium gelangte.

Vorstöße als Enthüllungen

Wir erleben Vorstöße oft als Überraschungen und Entdeckungen; manchmal kommen sie so unerwartet, daß wir sie als Schock empfinden. Im Augenblick zuvor scheint alles trostlos; dann verwandelt ein simpler Umschwung der Stimmung, der Gedanken oder des Kontexts die fürchterliche Situation in etwas, womit wir umgehen können. Oder wenn wir stillvergnügt dahinsegeln und glauben, alles laufe prächtig, scheinen plötzlich auf allen Seiten Zweifel aufzutauchen, und wir sind gezwungen, um unser eigenes Überleben zu kämpfen.

Manchmal betreffen die Enthüllungen unseren Partner: wir entdecken eine Empfindlichkeit, wo wir ihm Bosheit unterstellten; begegnen Stärke, wo wir Schwäche vermuteten; spüren eine Weichheit, wo Bitterkeit geherrscht hatte.

Manchmal betreffen diese Offenbarungen uns selbst:
- Ich breche angesichts deiner Wut nicht zusammen, und das verringert deine und meine Angst.
- Meine Einsamkeit ist so groß, daß ich mich gegen meinen Willen nach dir sehne, so sehr ich auch glaube, dir fernbleiben zu wollen.
- Ich hätte nie geglaubt, daß ich solang Abstand halten kann, und ich bin nicht sicher, wann ich – falls überhaupt jemals – dir wieder nahe sein möchte.

Manchmal betreffen die Erkenntnisse unsere Beziehung:
- Ich staune, daß unsere Beziehung alle unsere Kräche überleben kann. Ich war sicher, daß du dich von mir scheiden lassen würdest oder daß ich mich in einen Kokon einspinnen und nie wieder herauskommen würde. Ich fühle mich sogar besser, weil wir diese Streitigkeiten durchgestanden haben. Das ist das eigentlich Überraschende. Wahrscheinlich haben

wir meine Erwartungen übertroffen, und ich bin stolz auf uns.
– Ich habe mich für stärker gehalten, dachte, ich würde deine
Kritik einfach an mir abperlen lassen. Ich habe so hart daran
gearbeitet, weniger empfindlich zu sein. Aber ich schaffe es
nicht; ich kann keine guten Gefühle für dich empfinden.

Vorstöße nehmen viele Formen an. Wir können Kompromisse in
bezug auf Verwandte, Schwiegereltern oder die Schlafenszeit der
Kinder schließen. Nach einem Streit fühlen wir uns vielleicht so niedergeschlagen, daß uns jede Auseinandersetzung töricht erscheint
und wir einander vorübergehend akzeptieren. Ein besonderes Ereignis wie die Abschlußprüfung eines Kindes oder die Beförderung
eines Partners kann Paare vorübergehend aussöhnen. In einem bö-
sen Streit sagen wir vielleicht zuviel und müssen dann für eine Weile
Abstand halten. Alle diese Formen unterbrechen die eingeschliffenen Sequenzen, die im jeweiligen Stadium unser Handeln bestimmen, und eröffnen damit die Möglichkeit des Übergangs in ein anderes Stadium.

Nachstehend ein Vorstoß im Leben von Jonathan und Marie. Sehen wir uns zunächst eine ihrer typischen Sequenzen in der Kontraktion an.

Marie erinnert Jonathan, Lisa am Abend aus der Kindertages-
stätte abzuholen; Jonathan reagiert wie schon so oft: »Ich weiß das.
Du brauchst mich nicht jedesmal zu *erinnern*.« »Ich erinnere dich
nicht jedesmal, reg dich also bloß nicht auf«, entgegnet sie. »Ich
würde mich nicht aufregen, wenn du mich nicht wie einen Trottel
behandeln würdest. Es ist ein Wunder, daß ich überhaupt mit meinem Leben zurechtkomme, wenn du nicht da bist…«

Ab diesem Punkt gibt es kein Halten mehr. Schließlich beruhigen
sich die Gemüter wieder, und sie können lockerer miteinander umgehen, aber ohne echte Lösung oder weitere Diskussion darüber,
was der eigentliche Grund dieses Streits gewesen sein könnte.
Wortwechsel wie dieser sind peinigend, und die häufige Wiederholung fast identischer Sequenzen ist entmutigend.

Nun der Vorstoß: eines Tages setzt Marie, die sich abgespannt
und ausgelaugt fühlt, zu einer ähnlichen Ermahnung an. Aus irgendeinem Grund bemerkt Jonathan, wie müde sie aussieht, und

reagiert weniger defensiv. Vielleicht klingt ihre Stimme tatsächlich mehr wie eine Bitte als ein Befehl. Jedenfalls antwortet er einfach: »Klar.«

Marie überhört seine Antwort fast und will schon anfangen zu streiten, bremst sich aber im letzten Moment, weil ihr seine Äußerung zu Bewußtsein kommt, und setzt sich. Tränen steigen ihr in die Augen, so groß ist ihre Erleichterung. Jonathan, der sie beobachtet, empfindet eine Woge von Mitgefühl, und sie lächeln einander zu. Obwohl kein Wort gesprochen wird, wissen sie, daß sich mit diesem Augenblick von Zärtlichkeit etwas verändert hat, und sie sind dankbar dafür. Dies mag der erste ungeschützte Moment sein, den sie seit Wochen miteinander erleben. Seine Wirkung hält vielleicht nur eine Stunde, vielleicht einen oder zwei Tage an, aber er erinnert sie an die vielen guten Gefühle, die sie füreinander haben.

Wenn dies ein isolierter Vorfall wäre, dann hätte er wahrscheinlich keinen großen Einfluß auf sie. Aber da er eines von vielen solchen Ereignissen ist, werden sich die Vorstöße häufen, eine *Schwelle* überschreiten und ihnen helfen, schließlich aus der Kontraktion herauszufinden und in die Entspannung zu gelangen.

Der Schritt von der Kontraktion in die Entspannung

Der Umschwung, der unsere Aufmerksamkeit mehr als jeder andere beschäftigt, ist der Übergang von der Kontraktion in die Entspannung. Dies ist die Problemzone, auf die sich die Psychotherapie und die meisten Selbsthilfebücher konzentrieren. Nach unserer Auffassung ist dieser Wechsel niemals von Dauer, sondern immer Bestandteil fortgesetzter Zyklen; in lange bestehenden Beziehungen erleben wir ihn viele Male.

Wie entrinnen Paare der Kontraktion? Wie kommt es, daß sich Vorstöße mehren und die Schwelle überschreiten, die die Partner in die Entspannungsphase bringt?

In den ersten ein oder zwei Zyklen kann die Kontraktion so verstörend sein, so chaotisch und instabil, daß sie die Voraussetzungen für ihren eigenen Zusammenbruch schafft. In diesem Stadium gelingt es »jungen« Paaren mit relativer Leichtigkeit, in die Entspannung überzuwechseln. Sie mögen zwar verärgert und erschrocken sein, aber sie sind einander immer noch nahe. Oft haben sie kathartische Zerwürfnisse, gefolgt von Erleichterung, Reue und dem Vorsatz, für alle Zeiten liebenswürdiger und freundlicher zueinander zu sein. Ihre Entspannungsphase ist unglaublich kurz, und das Paar geht rasch wieder in die Expansion über.

Im Lauf der Zeit entwickeln Paare jedoch eine zweite, stabilere Form der Kontraktion. Diese beruht auf den Abwehrmustern, die sie ausbilden, um ihrer Wut und Enttäuschung die Spitze abzubrechen. Sie versuchen zwar, dem Tief zu entrinnen, aber ihre Probleme erscheinen ihnen chronisch und unüberwindbar. Täglich fassen sie neue Vorsätze: sei ruhiger und verständnisvoller; tritt für dich ein, ohne den anderen zu attackieren; sei hilfsbereiter und weniger kritisch. Sie haben »wichtige« Aussprachen mit ihren Partnern, bieten die Hilfe von Freunden auf, konsultieren Psychotherapeuten. Aber all dies führt selten zum Erfolg; und falls doch, dann bleiben ihnen die Ursachen ihres Erfolgs unerklärlich.

Warum scheitern wir, und warum haben wir Erfolg, wenn wir versuchen, unsere gestörten Beziehungen zu ändern? Das Schlüsselelement ist das entstandene Ungleichgewicht. Genau der Zustand, den wir zu vermeiden suchen, erleichtert die Veränderung. Wenn unsere Verhaltensmuster in der Kontraktion starr und stabil sind, dann werden unsere Bemühungen um Änderung fast immer fehlschlagen. Sind unsere Muster aufgelockerter, ja destabilisiert, dann bieten unsere Anstrengungen eher Aussicht auf Erfolg. Krisen lockern die Interaktionssequenzen auf, die unser Leben strukturieren, und eröffnen uns dadurch den Zugang zu anderen Gefühlen, anderen Stimmungen, anderen Erinnerungen – etwa zu den Gefühlen, die wir während der Aufschwungphase füreinander empfanden.

Gleichgewichtsstörungen und Probleme öffnen die Tür zu neuer Informationen. Diese können in Dingen bestehen, die wir beim anderen wahrnehmen, die wir von Außenseitern erfahren oder die wir in uns selbst spüren. In einer Krise lockern sich unsere inneren und äußeren Strukturen; Erinnerungen, Gefühle und Gedanken steigen hoch und lassen unsere Situation in neuem Licht erscheinen. Wir sind eher bereit, uns Hilfe zu holen, sind aufgeschlossener für Ideen oder Menschen, die uns Sicherheit bieten können. Das kann alles mögliche einschließen, von der Intervention eines Therapeuten bis zu einem Satz in einem Psycho-Ratgeber oder einem Gefühl spiritueller Erneuerung.

Gleichgewichtsstörungen treiben Paare vorwärts. Ohne sie würden Paare stagnieren und starr werden. Da wir uns vor Veränderung und Verwirrung fürchten, suchen wir diesen Katalysator unserer eigenen Entwicklung zu vermeiden. Das ist ein Fehler. Wenn ein Seiltänzer in eine Schieflage gerät, aber sich weigert, sie zur Kenntnis zu nehmen und auszugleichen, dann wird er abstürzen. Viele Paare sind in einer ähnlichen Situation: sie sind in eine Schieflage geraten und drohen zu stürzen – etwa, wenn sie sich verzweifelt an die überholten Verheißungen einer früheren Expansion klammern oder ausschließlich die Verzerrungen der Kontraktion gelten lassen. Die Fähigkeit, Zeiten gestörter Balance als Gelegenheiten zum Lernen anzusehen, selbst wenn dies bedeutet, sich mit schmerzhaften Gefühlen herumschlagen zu müssen, kennzeichnet hingegen aussichtsreichere Paare.

Vielleicht wäre es besser, Gleichgewichtsstörungen als eine *Voraussetzung* des Wandels zu bezeichnen, die unsere eigenen Anstrengungen, die Situation zu bessern, begünstigt.

Nehmen wir ein Beispiel. Stellen wir uns vor, du hast dich bemüht zu erreichen, daß ich mich in unserer Beziehung öffne. Ich sträube mich dagegen, weil ich mich unter Druck gesetzt fühle – es kommt mir vor, als öffnete ich mich dir zuliebe, nicht mir zuliebe; dennoch möchte ich dir sagen, was in mir vorgeht, denn auf meine eigene Weise bin ich ebenso einsam wie du. Wir haben also dasselbe Ziel, offener miteinander zu sprechen, aber unsere verfestigte Verfolgung-und-Flucht-Sequenz hindert uns daran.

Dann wird eines Tages bei meinem Vater Krebs diagnostiziert. Er steht mir sehr nahe, und ich bin über diese Nachricht zutiefst bestürzt. Ich kann kaum an etwas anderes denken und bin ständig den Tränen nahe. Du reagierst verständnisvoll und mitfühlend, und jetzt beginne ich zu sprechen – zuerst über meinen Vater und dann über alles, was ich für mich behalten habe. Ja, ich kann gar nicht aufhören zu reden. Während ich rede, wird mir bewußt, wie sehr ich dich liebe, und meine Liebe zu dir vermischt sich mit der Liebe, die ich für meinen Vater empfinde, so daß ich dich noch mehr liebe. Bald werde ich neugierig in bezug auf dich, als ob etwas über dich zu erfahren ein Mittel sei, mehr über mich selbst herauszufinden. Ich frage dich nach deiner Reaktion auf meinen Schmerz, und du antwortest. Du stellst mir Fragen, und ich antworte. Uns verbindet eine große Traurigkeit, und wir sind uns in einer Weise nahe, die uns früher entgangen ist.

Was ist geschehen? Die Krankheit meines Vaters war eine »Krise«, die mich emotional geöffnet hat und mich aus den Beziehungsmustern der Kontraktion ausbrechen ließ. Dies hat uns geholfen, als Paar etwas zu tun, was wir zuvor nicht fertigbrachten.

Ein weiteres Beispiel. In der Kontraktion bist du überzeugt, daß ich dich ändern möchte. Du nimmst dies als ein Zeichen, daß ich dich nicht liebe. Ich liebe dich wohl, und wir schwören uns beide, die Verhaltensmuster aufzugeben, die wir als so destruktiv empfinden; trotzdem reagiere ich immer wieder mit Kritik an dir, sooft du etwas tust, was mich ärgert – statt dir zu sagen, wie aufgebracht ich bin. Deine Versuche, dich zur Wehr zu setzen, scheitern, da dein Selbstvertrauen nicht sehr groß ist und du mir innerlich zum Teil recht gibst. Du weinst – das entwaffnet mich, und ich tröste dich. Vorübergehend habe ich das Gefühl, dir etwas zu bedeuten; und da ich wieder die Oberhand gewonnen habe, fühle ich mich getröstet. Trotzdem bleiben wir in einer ungleichen Machtbeziehung und verharren in der Kontraktion.

Irgendwann beginnst du, außer Haus einer Arbeit nachzugehen. Dies verschafft dir sowohl ein unabhängiges Einkommen als auch einen Kollegenkreis, der dich stärkt. Mit der Zeit geraten wir durch dieses neue Arrangement aus dem Gleichgewicht. Mein Selbstvertrauen ist bedroht, weil ich das Gefühl habe, weniger Kontrolle über dich zu haben. Du scheinst mich nicht mehr so zu brauchen. Jetzt laufe ich dir nach, da ich mich schwach fühle. Du fragst dich, ob du mich haben willst. Du bist jetzt zwar frei von meinem kritischen Einfluß, aber du weißt nicht recht, wie du auf meine neue Verletzbarkeit reagieren sollst. Alles scheint in der Luft zu hängen. Wir wissen nicht, wie wir miteinander umgehen sollen: wer kocht und wer saubermacht; wie wir einander betrachten sollen; ob wir schmusen oder miteinander schlafen sollen. Wir sind wie Fremde.

Während dieser Zeit kommt es zu vielen kleinen Versöhnungen. Manchmal fühle ich mich besser und kann dein neues Selbstvertrauen bestätigen; manchmal hast du Verständnis für meine Ängste. Dann fühlen wir uns wie Erwachsene miteinander; wir reden, hören unsere Lieblingsplatten, handeln die Aufteilung der Haushaltspflichten neu aus, die vernachlässigt wurden, als du zu arbeiten begannst. Dies ist ein Vorstoß, er hält nicht an. Vielleicht fühle ich mich an einem Tag niedergeschlagen und reagiere kritisch auf deine unabhängige Haltung; du stellst rasch wieder deine Distanz her, und wir landen wieder in der Krise.

Mit jedem Vorstoß bereiten wir jedoch den Boden für die Rückkehr in die Entspannung. Wir machen einige Schritte vorwärts und erleiden einen Rückschlag, gewinnen und verlieren Boden. Vielleicht begreife ich, daß du, obwohl du jetzt unabhängiger bist, mich nicht verlassen wirst. Ich beginne, mich weniger distanziert zu verhalten, weniger kritisch, und das merkst du schließlich. Du sprichst vorsichtig darauf an, und ich reagiere ebenso. Bald verbringen wir mehr und mehr Zeit als Partner miteinander. Mir kommt es zwar ein bißchen geschäftsmäßig vor, dennoch ist es mir lieber als unsere verbissenen Machtkämpfe. Allmählich überschreiten wir die Schwelle und gelangen von der Kontraktion in die Entspannung.

Fassen wir zusammen. Paare in Schwierigkeiten versuchen, sich zu ändern. Darum mögen wir uns endlos bemühen, aber unsere Vorstöße von der Kontraktion in die Entspannung gewinnen erst dann an Schwung, wenn sie in einer Zeit des gestörten Gleichgewichts erfolgen. Wenn wir aus dem Tritt geraten sind, müssen wir uns außerhalb unserer üblichen Sequenzen und stereotypen Verhaltensmuster miteinander befassen. Dann fühlen und denken wir anders über uns selbst und unsere Beziehung, und das ermöglicht uns, anders zu handeln. Dank neuer Informationen erfolgt die Interaktion weniger automatisch. Wir können uns auf ungewohnte Weise begegnen und müssen anders miteinander umgehen. Jede neue Regelung ist ein Vorstoß, und sobald sich die Vorstöße häufen, überschreiten wir die Schwelle zur Entspannung.

Distanz und Differenzierung

Der Schritt von der Kontraktion in die Entspannung hat Ähnlichkeit mit den Ablösungs- und Individuationskrisen, wie sie in der Literatur über individuelle Entwicklung beschrieben werden.[48] Die Partner bewegen sich von der Abhängigkeit voneinander hin zu größerer Autonomie. Dies kann als eine Bewegung des Paares in Richtung auf größere Differenzierung gesehen werden. Eine solche Bewegung erfolgt ruckweise: heute setzen sich die Partner in ruhiger, reifer, rationaler Weise auseinander; morgen geraten sie in einen wütenden Konflikt.

Die Expansionsphase ist intensiv, intim und allumfassend. Sie gibt uns Gelegenheit, unsere Bedürfnisse nach Abhängigkeit, Zuwendung und Verschmelzung zu äußern. Der erste Pendelschlag in die Kontraktion ist eine ausgleichende Reaktion, ein natürlicher Versuch, unsere individuellen Grenzen zu bestimmen und wiederherzustellen. Aber dieses Bestreben bedroht unseren Partner, der sich jetzt gegen uns wendet. Als Folge davon kann diese Phase der Kontraktion von heftigen, erbitterten Kämpfen erfüllt sein, in denen wir ebenso aufeinander fixiert sind wie in der Intimität der Aufschwungphase.

48 Der Familientheoretiker, der Differenzierungskonzepte ins Spiel brachte und propagierte, war Murray Bowen, a.a.O., aber diese Sichtweise ist unter psychodynamischen Autoren inzwischen etabliert. Die kindliche Entwicklung wird von diesen als Abfolge von Ablösungs- und Individuationskrisen gesehen, in deren Verlauf das Kind allmählich eine von der Mutter/dem Vater getrennte autonome Persönlichkeit herausbildet. Eine gute Einführung in diese Literatur bietet Margaret S. Mahler, Fred Pine und Anni Bergman, *Die psychische Geburt des Menschen* (Frankfurt a.M.: Fischer, 1996). Eine populärwissenschaftlichere Version findet sich bei Louise J. Kaplans *Die zweite Geburt* (München: Piper, 1995).

Schließlich errichten wir in der Kontraktion emotionale Mauern, um unsere empfindlichen Stellen zu schützen. Wir hören auf, einander unsere zärtlichen Gedanken mitzuteilen, verbergen unsere Gefühle und suchen Trost bei Kindern, Freunden und in der Arbeit. Wir schreiben unsere Hoffnungen auf unseren Partner ab. Statt Autonomie schaffen wir Distanz; tatsächlich führt der Weg zu Autonomie in Beziehungen oft über zornige Distanz.

Um diesen Abstand herzustellen, heben wir hervor, wie *anders* wir sind als unser Partner. Die zweite, gemäßigtere Phase der Kontraktion ist erfüllt von differenzierenden Äußerungen wie:

»Warum kannst du die Dinge nicht einmal mit meinen Augen sehen?«

»Du verstehst mich nicht mehr; ich frage mich, ob du mich je verstanden hast.«

»Ich bin *nicht* wie du.«

»Laß mich doch endlich einmal in Ruhe!«

Die Distanz verschafft uns schließlich Sicherheit und mehr Überblick, und wir vermögen unseren Partner weniger defensiv zu sehen. Dadurch können aggressive, differenzierende Äußerungen neutralere Bedeutungen annehmen. Dein frustrierter Ausruf, »Ich kann dich beim besten Willen nicht verstehen!«, klingt jetzt vielleicht echt ratlos: »Ich verstehe dich *wirklich* nicht. Du bist tatsächlich anders als ich. Deine Handlungen müssen noch etwas anderes bedeuten, als ich glaubte.«

Neutralere Aussagen beginnen, sich zu mehren. Wenn das geschieht, empfinden wir unsere Getrenntheit: unser Partner ist weder der, für den wir ihn hielten, noch so, wie wir ihn uns wünschen. Wir können ihn nicht mehr allein aufgrund seiner Merkmale in der Expansion definieren – so, wie er uns gefällt und beglückt – noch durch seine Fähigkeit, uns in der Kontraktion zu berauben und zu verletzen. Beide Klischeebilder sind unvollständig. Und wir sind anders als er.

Dieser Vorgang bringt uns aus dem Gleichgewicht. Die gewonnene Autonomie empfinden wir abwechselnd als sicher und erschreckend. Wir sind zwar befreit von den antagonistischen Sichtweisen der Kontraktion, aber wir sind allein. Wir wollen mit jemandem zusammensein; wir wollen gefordert, getröstet und beschützt werden. Vielleicht stürzen wir uns sogar in eine enge Beziehung zu unserem Partner zurück, was wir für einen Augenblick als wunderbar empfinden.

Aber unsere neu gefundene Autonomie ist zerbrechlich. Wir sind mißtrauisch. Wir achten auf Anzeichen eines Rückfalls in die Kontraktion, unsere Wachsamkeit gleicht als solche einer sich selbst erfüllenden Prophezeiung. Wir erleiden einen Rückfall, stellen rasch unsere Distanz wieder her, schwanken zwischen dem sicheren Abstand der späten Kontraktion und dem kontrollierten Engagement der frühen Entspannung. Jeder Schritt nach vorn ist ein Vorstoß, jeder Rückschlag wirft uns in die Kontraktion zurück.

Manchmal gewinnen die Vorstöße Schubkraft und bestimmen schließlich die Beziehung. Dann richtet sich das Paar in der Entspannung ein. Manchmal fehlt den Vorstößen der nötige Schwung, und das Paar rutscht für eine längere Zeitspanne in die Kontraktion zurück.

Wenn die Vorstöße schwach sind oder die Kontraktion uns besonders eisern im Griff hält, dann kann nur eine längere Periode des gestörten Gleichgewichts die Chance eröffnen, daß die Vorstöße an Kraft gewinnen. Dies geschieht, wenn sich die üblichen Interaktionssequenzen des Paares durch größere Distanz und Differenzierung erschöpfen. Die gnadenlos verfolgende Partnerin fühlt sich zum Beispiel zuletzt durch ihre Rolle zu gedemütigt und erklärt, sie werde sich anderswo Sinn und Trost suchen. Ihr Partner kann darüber bestürzt sein, die Beziehung gerät aus dem Lot.

Ein Mann, der es sich zum Ziel gesetzt hat, seine Partnerin zu bessern, bekommt ihren Trotz vielleicht satt und wendet sich ab, so daß die Beziehung ihres Modus vivendi beraubt ist, während seine Partnerin, jetzt, wo niemand da ist, dem sie trotzen kann, in der Luft hängt und keine Ahnung hat, was sie mit ihrer Unabhängigkeit anfangen soll. Die Partner verhalten sich distanziert, die Schräglage verstärkt sich. In einem solchen Zustand kann es zu heftigen Schwankungen kommen. An einem Tag fühlen sie sich vielleicht einander äußerst nahe und denken gleichzeitig an Scheidung. Wochenlang sind sie womöglich überzeugt, ihre Beziehung tauge einfach nichts, und dann haben sie wochenlang das Gefühl, es endlich zusammen geschafft zu haben.

Wie gelingt es manchen Paaren wie diesem, scheinbar mit einem Sprung in das Entspannungsstadium zu gelangen? Manchmal ist ein Pendelschlag, ein Vorstoß in die Entspannung so mächtig, daß er sie vollends auf deren Terrain befördert. Sie schwingen weit genug, um Zeit zu haben, miteinander zu sprechen, Zeit, um beim anderen Glaubwürdigkeit zu erwerben. Wenn das Pendel dann anfängt, in die Kontraktion zurückzuschwingen, haben sie das Selbstvertrauen, dem Schwung Einhalt zu gebieten und ihre Differenzen beizulegen.

Häufiger fällt dieser große Sprung ein bißchen prosaischer aus. Wir fühlen uns gezwungen, eine Wahl zu treffen. Wir sagen uns, daß die Zeit gekommen ist, »uns der Realität unserer Situation zu stellen« bzw. »die Konsequenzen zu tragen«. In der Krise klettern wir aus unseren Abwehrstellungen heraus und stellen uns einander wie abgekämpfte Krieger, nur noch darauf bedacht, die bestmögliche Übereinkunft auszuhandeln. So schlicht wie möglich sagen wir: »So bin ich nun einmal. Du wirst damit leben müssen.«

Was funktioniert? Ein kleiner Leitfaden

In schwierigen Zeiten werden die Partner erst einmal auf die Verhaltensmuster zurückgreifen, die ihnen gewöhnlich helfen, andere heikle Situationen zu bewältigen. Wenn diese nicht funktionieren, dann müssen sie wohl etwas, irgendwas, unternehmen, um sich ein bißchen Abstand, eine gewisse Perspektive zu verschaffen. Der Hitze des Gefechts entronnen, können sie aus dieser größeren Distanz vermutlich besser abschätzen, was an ihrer Beziehung neu und anders ist. Dann erkennen sie möglicherweise, in welcher Hinsicht sie und ihr Partner sich bereits verändert haben.

An diesem Punkt könnte ein Partner etwas Unerwartetes ausprobieren: eine bedingungslose freundliche Geste; ein Akt, der von den üblichen Mustern abweicht und damit den anderen von der vorhersagbaren Reaktion befreit. Dies könnte eine freundliche Handlung, eine Entschuldigung, eine Einladung zu einer Aussprache sein. Der Versuch unterscheidet sich von den üblichen, an Bedingungen geknüpften Aussagen: »Ich werde mich ändern, wenn du dich änderst.« Die bedingungsfreie Geste besagt: »Hier stehe ich. Ich werde diese Reise machen (diese neue Stelle annehmen, diese Haltung vertreten), aber ich liebe dich, und ich stehe zu dir, was auch geschieht.« Ein solcher Schritt durchbricht das prekäre Gleichgewicht ausgehandelter Bedingungen. Wenn sich ein Partner ganz allein ändert, ist der andere einfach gezwungen, sich anzupassen. Die neue Perspektive, die sich eröffnet, kann als ein Vorstoß in die Entspannung dienen.

Komplexität und Neugier

Wir können unseren Übergang in die Entspannung niemals irreversibel machen. Aber wir können unsere Aufenthalte in diesem Stadium verlängern und unsere Fähigkeit, der Kontraktion zu entrinnen, steigern. Dies geschieht, wenn wir anfangen, Verständnis für Komplexität zu entwickeln.

Deine Distanzierung ist mir zum Beispiel früher als feindselig erschienen; jetzt erkenne ich, daß du dich manchmal zurückziehst, wenn du Angst bekommst, und ich entdecke eine Note stillschweigender Akzeptanz in deiner Einsamkeit. Diese andere Erklärung deiner Distanzierung ist viel tröstlicher für mich als das Gefühl von Ablehnung, das ich während unserer dunkleren Tage hatte. Du hast deinerseits vielleicht erkannt, daß du von meinen Nachstellungen abhängig geworden bist. Vielleicht merkst du das, wenn ich mich gelegentlich nicht um dich bemühe, oder wenn ich fort bin und du mich vermißt. Selbst während du auf Distanz gehst, möchtest du immer noch von mir begehrt werden. Du nimmst meine »Verfolgung« jetzt differenzierter wahr: du erkennst Elemente von Liebe und Vitalität neben meiner Bedürftigkeit und dem Wunsch, dich zu beherrschen – die das einzige waren, was du zuvor gesehen hattest.

Es spielt keine Rolle, wo die Komplexität einsetzt. Jede Aufweichung des Beziehungsmusters führt zu Variationen, die neue Qualitäten hervortreten lassen. Qualitäten der Expansion kommen wieder ans Licht. Vielleicht hat es dir früher gefallen, daß meine Lebhaftigkeit deine einsame Schale durchbrochen hat; jetzt, mehr auf der Hut, gefällt es dir, wenn sie dich leicht antippt, ein bißchen stupst, aber ohne einzudringen. Du bist mir vielleicht als unerschütterlicher Anker im Sturm meines Lebens erschienen; jetzt finde ich dich möglicherweise etwas phlegmatisch, aber du gibst mir immer noch Sicherheit.

Die Fähigkeit, Komplexität zu erkennen, gleichzeitig scheinbar widersprüchliche Vorstellungen zu hegen, ist wesentlich für die Entspannung. Je mehr wir wachsen, um so besser lernen wir, Zwiespältigkeit zu ertragen.

Wir schreiben unsere Narrationen so um, daß sie die Komplexität hervorheben und klarmachen, daß die Zeit unsere Wahrnehmungen verändert hat: »Anfangs konnte ich nur ihre Vorzüge sehen«, sagt vielleicht ein Partner. »Dann nur ihre Fehler. Aber jetzt sehe ich beides, und ich kann es akzeptieren. Wir kennen einander jetzt; wir wissen, was wir zu erwarten haben.« Individuelle Narration und Paarnarration festigen sich nunmehr und bestätigen die Entwicklung von der Verschmelzung zur Autonomie. Das Bedürfnis, einander umzumodeln, weicht der Anerkennung von Grenzen.

Manchmal funktioniert es nicht

Manche Paare entwickeln jedoch kein wachsendes Verständnis für Komplexität; sie gelangen auch nicht mehr in die Entspannung. Sobald diese Paare mehrere Zyklen durchlaufen haben, bedeutet die Kontraktion lange Perioden unaufhebbarer Entfremdung für sie. Keine Anstrengung, den Tiefpunkt zu überwinden, scheint zu funktionieren. Zynisch und abgekämpft, haben sie bereits aufgehört, den anderen umkrempeln zu wollen. Statt dessen verschanzen sie sich noch tiefer in ihren Verteidigungsstellungen: »Ich bleibe nur bei dir, weil ich nicht an Scheidung glaube... den Kindern nicht wehtun möchte... mich vor dem Alleinsein fürchte.« Die Starrheit dieser Standpunkte kann sich so verfestigen, daß nur eine große Krise sie zu erschüttern vermag. Nur eine verwandelnde Erfahrung wird sie erlösen. Dies ist die Geschichte des folgenden Kapitels, »Wandlungserlebnisse«.

In eine derart verzweifelte Situation gerieten Jonathan und Marie während ihres Lebens in Philadelphia in den achtziger Jahren.

Wie erinnerlich, war Marie eine Stelle angeboten worden, die sie unbedingt haben wollte. Jonathan sträubte sich. Marie wurde ärgerlich und erklärte schließlich, sie werde notfalls gegen seinen Willen und ohne ihn umziehen. Angesichts ihres Zorns gab Jonathan nach. Aber ihr Aufenthalt in der neuen Stadt wurde mehr und mehr zu einem Desaster.

Die Beilegung ihrer Konflikte erwies sich als oberflächlich, und sie blieben sich entfremdet. Vor unterdrückter Wut schäumend, zog sich Jonathan auf eine Haltung des »Abwartens« zurück. Aber während er »abwartete«, wurden die beiden von einem Problem nach dem anderen heimgesucht.

Sie hatten Schwierigkeiten, eine Bleibe zu finden; unter Zeitdruck entschieden sie sich für ein Domizil, das ihnen beiden nicht wirklich zusagte. Dann verlor Jonathan wenige Monate nach ihrer Ankunft seine Stelle. Von seinem Kurs abgebracht, an seinen Fähigkeiten zweifelnd (»Ich glaube, ich habe meinen Höhepunkt überschritten; von jetzt an wird es nur noch bergab gehen«), verlor er den Halt und wurde zunehmend griesgrämig. Er unterzog sich einer Reihe von Anstellungsgesprächen und fand schließlich eine andere Position, aber bei einer Firma, die ihm nicht sympathisch war. Die Versuchung war groß, seine Unsicherheit zu kompensieren, indem er sich auf eine weitere Affäre einließ, aber er widerstand ihr.

Marie, die es Jonathan noch verübelte, daß er wegen des Umzugs ein solches Theater gemacht hatte, schien von ihrer eigenen Stelle voll in Anspruch genommen. Schließlich war sie damit sehr zufrieden. Sie war wütend, daß Jonathan die seine verloren hatte. »Gerade, wenn die Dinge endlich gut laufen«, sagte sie, »mußt du natürlich weitere Probleme schaffen.« Sie hielt mißtrauisch Abstand und wollte sich nicht versöhnen. Jonathan, der sich in der neuen Stadt auch isoliert fühlte, reagierte, indem er sich weiter zurückzog und weder zu Entschuldigungen noch – abgesehen von Erörterungen alltäglicher Entscheidungen über das Haus und die Kinder – zu Gesprächen bereit war.

Ihr Beziehungsmuster hatte sich umgekehrt. Jetzt war es Jonathan, nicht Marie, der sich im Stich gelassen fühlte. Die Folge war, daß ihre üblichen Methoden zur Lösung von Schwierigkeiten nicht mehr griffen. Marie drohte nicht, wegzugehen. Jonathan entschuldigte sich nicht. Als er es schließlich tat, schien Marie desinteressiert. Da sein Selbstbewußtsein so gesunken war, empfand er seine Bemühungen, sie näher an sich heranzuholen, als demütigend und konnte sie deshalb nicht fortsetzen. Er konnte nicht einmal auf eine gelegentliche mitfühlende Reaktion von ihr eingehen. Sobald sie sich ihm näherte, zog er sich verächtlich zurück. Beide fühlten sich persönlich zu kompromittiert, um miteinander Kompromisse zu schließen.

Sie hofften, »daß etwas geschehen werde«, was die Situation auf wundersame Weise besserte. Aber das trat nicht ein. Statt dessen verschlimmerte sich die Lage. Das mittlere ihrer drei Kinder, Andrew, wurde schlapp und bleich, Folge einer Nierenerkrankung, die monatelange Behandlung erforderte. Jonathans Vater schien an der Alzheimerschen Krankheit zu leiden. Statt sie einander nahezubringen, trieben diese Schicksalsschläge sie in ihren eigenen, getrennten Schmerz; keiner von beiden konnte den anderen trösten.

Die Kluft der Kontraktion vertiefte sich. Es schien, als hielten sie nur noch um der Kinder willen und weil sie sich vor der Scheidung fürchteten, aneinander fest.

Kurz danach traten in schneller Folge mehrere Ereignisse ein: Marie entdeckte einen Knoten in ihrer Brust und befürchtete Krebs. Obwohl sich der Knoten als gutartig erwies, war sie arg mitgenommen und wütend über Jonathans scheinbaren Mangel an Unterstützung. Jonathan war durch den Schlaganfall seines Vaters in Anspruch genommen und besuchte ihn zwei Wochen lang in New York. Nach seiner Rückkehr war er noch depressiver und unzugänglicher.

Marie zog in ein getrenntes Schlafzimmer um. Sie wußte nicht, was sie tun sollte. Ihre Ehe hatte sich in der Vergangenheit immer wieder erholt, aber diesmal war sie mit ihrem Latein am Ende. Sie war in ihrer Arbeit noch erfolgreicher, fühlte sich aber emotional von allen isoliert. In ihrer Verstörung ließ sie sich auf eine Affäre mit einem älteren europäischen Arzt ein, der drei Monate in ihrer Abteilung hospitierte. Aber sie brach die Beziehung wieder ab, da sie spürte, daß es nicht die richtige Lösung für sie war. Jonathan reagierte, indem er sich noch stärker von ihr zurückzog. Er war wütend, von Selbstmitleid erfüllt und deprimiert.

Die beiden rangen immer wieder darum, ihr Gleichgewicht wiederzufinden, aber nichts, was sie versuchten, konnte ihre Beziehung wieder kitten. Sie fanden einfach nicht mehr in ein ruhigeres Fahrwasser zurück. Vielmehr trieben sie Groll, Vorwürfe, Schuldgefühle und Verzweiflung immer weiter auseinander. Immer hoffnungsloser in entgegengesetzte Richtungen driftend, entfremdeten sie sich heillos voneinander. Obwohl sie noch zusammenlebten, redeten sie kaum ein Wort. Beide gingen nur noch getrennte Wege.

Ihre üblichen Beziehungsmuster waren zusammengebrochen, und Jonathan und Marie schienen außerstande, etwas daran zu ändern. Sie waren sowohl unfähig, die Beziehung zu beenden als auch, sie mit neuem Leben zu erfüllen.

Wandlungserlebnisse

Mindestens einmal in ihrem Leben geraten viele, wenn nicht die meisten Paare, in eine sehr schwierige Situation. So sehr sie sich auch um eine Änderung bemühen, so verständnisvoll sie auch sein wollen, sie finden keinen Ausweg aus einem unüberwindbar scheinenden Zustand der Kontraktion. Alle ihre üblichen Methoden zur Lösung von Problemen versagen, und sie verheddern sich an einem toten Punkt knapp vor der Trennung. Die vertrauten Zonen der Kontraktion liegen weit hinter ihnen, sie haben sich in eine trostlose Wildnis verirrt, aus der kein Weg herauszuführen scheint.

In solchen Zeiten scheinen nur zwei Optionen möglich: Man resigniert und rückt auseinander oder man läßt sich scheiden.

Tatsächlich ist dies ein Punkt, an dem viele Paare auseinandergehen. Andere finden sich, vor diese Wahl gestellt, mit unbefriedigenden Beziehungen ab. Sie ziehen es vor, irgendwie durchzuhalten, ihre bittere Enttäuschung hinunterzuschlucken und ihren Schmerz zu betäuben. Das tun sie vielleicht »für die Kinder« oder aus religiösen Prinzipien, vielleicht auch, weil sie das Unbekannte mehr fürchten als ihr vertrautes Leiden, oder aus Trägheit. Oft versuchen sie, anderswo Erfüllung zu finden – durch Kinder, Freunde, Arbeit und Hobbys. Manche wenden sich Alkohol oder Drogen zu; andere fangen ein Verhältnis an. Früher oder später finden manche dieser distanzierten Paare einen Weg, um ihre Beziehung mit neuem Leben zu erfüllen; aber gewöhnlich scheinen selbst sie bereit zu sein, bei der geringsten Provokation in ihre Festungen zurückzukehren.

Dennoch besteht für Paare eine andere Alternative. Es ist die Erfahrung der Transformation. Das ist keine bewußte Wahl, und sie ereignet sich im Leben nur weniger Paare; aber kein Erlebnis, das Paare durchmachen, ist dramatischer als dies. Es ist ein Augenblick, in dem es den Partnern, die im Sumpf einer heillosen und unabsehbaren Kontraktion steckengeblieben waren, tatsächlich gelingt, sich aus den Tiefen der Verzweiflung zu befreien und ihre Beziehung zu transformieren.[49]

Ein Wandlungserlebnis

Ein solches Wandlungserlebnis verändert uns in einer grundlegenden Weise. Es wird zu einer tiefen Zäsur und tritt als ein Moment großer Klarheit und Einsicht auf, von dem aus uns alles, was früher geschah, entweder als mangelhaft oder als Teil einer Vorbereitung auf unsere neue Intimität erscheint.[50] Ein solcher Moment verändert die Weise, wie wir uns selbst und unsere Situation sehen. In diesem Augenblick weichen die Verirrung und der Schmerz unseres Lebens, und wir erblicken eine tiefe Wahrheit, die uns von allem befreit, was uns zuvor bedrückte.

Wandlungserlebnisse sind durch eine anfängliche Periode des Chaos, der Verwirrung und Verzweiflung gekennzeichnet. Das Erlebnis selbst widerfährt uns plötzlich und unerwartet in Form einer blitzartigen Erkenntnis. Danach fühlen wir uns erlöst. Wir können uns selbst und andere wiederfinden – auch die Anteile, die wir zuvor abgelehnt hatten –, denn wir sehen die Dinge in neuem Licht und aus neuer Perspektive. Gefühle der Freude und Begeisterung und eine Empfindung innerer Ruhe und Weisheit folgen, und ungeheure Erleichterung stellt sich ein. Danach scheinen unsere Prioritäten neu geordnet zu sein, wir konzentrieren uns auf

49 1990 fragte Barry Dym eine Gruppe von ProfessorInnen am Family Institute von Cambridge: »Warum gelingt es manchen Paaren, nach langen Perioden der Entfremdung, Trennung und Scheidungsnähe wieder zueinander zu finden?« Die folgende Diskussion war aufschlußreich und bekräftigte die in diesem Kapitel vertretenen Thesen. Zu den Teilnehmern dieser Konferenz zählten Carol Becker, Laura Chasin, Richard Chasin, Donna Healey, Jeffrey Kerr, Lee Manoogian, Caroline Marvin, Thomasine McFarlin, Terry Real, Sallyann Roth, Carter Umbarger, Charles Verge und Kathy Weingarten.

50 Siehe Joseph Campbell, *Der Heros in tausend Gestalten* (Frankfurt a. M.: Suhrkamp, 1978). Campbell beschreibt die verbindenden Elemente heroischer Abenteuerfahrten und spiritueller Sinnsuche in vielen traditionellen Kulturen der Welt. In diesem Abschnitt lassen wir uns von den von ihm dargestellten Stadien leiten.

das Wesentliche und werfen alles über Bord, was jetzt unwichtig erscheint.

Paradoxerweise kann die Krise, die entsteht, wenn ein Paar an Trennung bzw. Scheidung denkt, den Weg zu einem Wandlungserlebnis öffnen, das den Partnern eine Tiefe der Intimität beschert, die sie bis dahin nicht gekannt hatten. Eine solche Transformation ist etwas anderes als die adaptiven Schritte, die ein Paar gewöhnlich von der Kontraktion in die Entspannung führen. Die durch sie bewirkte Metamorphose empfinden wir als total, als Zauberei, als sei das Paar aus einem dunklen Verlies unversehens ans Tageslicht gehoben worden.

In irgendeiner Form kennt jeder von uns Wandlungserlebnisse. Wir haben alle schon Stunden erlebt, in denen wir uns schrecklich fühlten, und plötzlich fühlen wir uns aus irgendeinem unbekannten Grund wunderbar. Manchmal stecken wir in einem Dilemma, sind frustriert und meinen, am Ende zu sein. Eines Morgens wachen wir unerklärlicherweise in bester Laune und im Vollbesitz dessen auf, was uns jetzt als die offenkundige Lösung des Dilemmas erscheint.

Die Transformation von Paaren funktioniert in derselben Weise. Niemand kann sich bis ins Letzte auf diese Metamorphose vorbereiten. Wir arbeiten zwar jahrelang daran, uns selbst zu verstehen, unabhängiger zu werden, besseren Zugang zu unseren Gefühlen zu haben, Mitgefühl für andere zu entwickeln – kurz, uns selbst in eine Lage zu versetzen, wo wir uns ändern können. Und dennoch werden wir mit Bemühungen allein das Wunder nicht vollbringen.

Die Verwandlung vollzieht sich, wenn wir sie am wenigsten erwarten, wenn wir nicht versuchen, sie herbeizuführen. Sie erfolgt, wenn wir in einer Krise sind, aus dem Gleichgewicht, außer Kontrolle und nicht ganz rational. Erst dann, wenn wir drauf und dran sind, aufzugeben, und wenn wir es am wenigsten vermuten, fügt sich alles, wofür wir gearbeitet haben, plötzlich zusammen – mit einem Mal und ohne irgendeine bewußte Anstrengung.

Ein solches Erlebnis ist nicht Bestandteil unserer kulturellen Narration. Die kulturelle Narration langfristiger Beziehungen impliziert, daß Paare früher oder später ihre Schwierigkeiten bereinigen werden; sie werden gesetzt und solide werden, ihren Kindern und Freunden vielleicht ein bißchen komisch und schrullig erscheinen und einander ans Herz wachsen. Die kulturelle Narration hat auch einen Platz für Paare, die sich zu ständig murrenden und klagenden »Intimfeinden« entwickeln. Was sie nicht vorgesehen hat, sind Paare, die es schaffen, die Verhältnisse so kraftvoll umzustülpen, daß ihre Beziehung neu geboren wird.

Diese Metamorphose führt durch beträchtliche Schmerzen und die konkrete Möglichkeit der Scheidung oder Trennung, und noch während wir uns ihr nähern, neigen wir zum Rückzug in die Resignation oder zum Sprung nach vorn in die Trennung. Diese beiden Optionen erscheinen uns leichter als die sich endlos hinschleppende Ungewißheit, die Wandlungen vorausgeht. Die Folge ist, daß diese jenen Paaren vorbehalten scheinen, die genügend Ausdauer, Mut, Vertrauen – und Glück haben.

Ein Wandlungserlebnis ist wie eine Reise in die Wildnis und zurück. Diese Reise bringt den Tod des Alten und eine Wiedergeburt in etwas Neues mit sich. Die Beziehung wird neu geboren, sobald wir uns ändern, sobald wir unseren Partner in einem neuen Licht sehen und unsere Umgangsweisen miteinander sich wandeln. Dieses Kapitel handelt von jenen vom Glück begünstigten Paaren, deren Reise, wie wir hoffen, den Weg aller Paare erhellen wird, welchen speziellen Pfad sie auch einschlagen mögen.

Eine Reise an den Rand der Verzweiflung

Anfangs sieht die Reise, die letztendlich zu einem Wandlungserlebnis führt, nicht anders aus als jede andere Fahrt, die hilflos auf die Scheidung zuzutreiben scheint. Aber diejenigen, denen eine Metamorphose bevorsteht, haben eine Menge von sich in ihre Beziehung investiert und nehmen die Möglichkeit einer Trennung nicht leicht.

Es gibt einen Punkt auf dieser Reise, an dem all unsere Strategien und Schuldzuweisungen, all die Angst und Wut verstummen und versagen. Die Partner fühlen sich bitter enttäuscht; diese Enttäuschung wird zum vorherrschenden, unentrinnbaren Thema ihrer

Beziehung. Sie gestehen sich selbst ein, daß ihre Hoffnungen und Erwartungen nicht erfüllt wurden und sich aller Wahrscheinlichkeit nach auch künftig nicht erfüllen werden. Sie gestehen sich das Ausmaß ihrer Enttäuschung ein.

So gebe ich etwa mir selbst gegenüber zu, daß ich mich immer von dir beurteilt fühlen werde, daß du dich mir gegenüber nie wie ein begeisterter Elter verhalten oder mich bei meiner Religionsausübung begleiten oder meine Freunde mögen wirst und daß unser Sexualleben schlicht ein Fiasko ist.

Wir teilen unsere Enttäuschung vielleicht unserem Partner mit, aber nicht, um ihn zu einer Reaktion zu veranlassen; wir sagen es aus Schmerz, um die innere Verkrampfung zu lösen. Wir beginnen, in bezug auf den anderen aufzugeben und uns von unserer idealisierten Vorstellung von Beziehungen zu verabschieden. Wir sind traurig und haben uns mit unserem Schicksal abgefunden. Deshalb stellen wir die Manipulationen ein, mit denen wir gehofft hatten, unseren Partner zu verändern: wir hören auf, so verzweifelt zu versuchen, ihn uns näherzubringen, ihn umzumodeln, ihn für seine Missetaten zu bestrafen.

An diesem Punkt sind die Beteiligten nicht bereit, vollkommen loszulassen. Die Partner halten aneinander fest, über Groll und Furcht vor Scheidung hinweg, Furcht vor dem Unbekannten, Angst, allein und schutzlos zu sein. Diese Ängste haben mit den Wunden früherer Verluste zu tun.

Scheidung bedeutet Trennung von dem Menschen, in den wir mehr von uns selbst investiert haben als in jeden anderen seit unseren Eltern. Wir können uns nicht vorstellen, uns von ihm loszureißen, ohne daß zerrissene Fasern von uns in ihm zurückbleiben.

Aber die Drift in Richtung auf Scheidung kann uns unaufhaltsam erscheinen. Wenn man mit Menschen spricht, die sich scheiden lassen, vernimmt man die Metaphorik des Todes in ihrer Sprache: »Etwas ist in mir abgestorben«, sagen sie, oder: »Ich habe das Gefühl, ich werde sterben, wenn er mich verläßt.« Diese Aussagen sind aufrichtig, und in ihnen verbirgt sich eine tiefe Wahrheit. Unsere Weise, miteinander und zeitweilig auch mit uns selbst umzugehen, *muß* sterben, bevor wir uns dem anderen auf neue Art öffnen können. In unserem Zeitalter, wo wir so viel in unseren Beziehungen suchen, dient die Auslöschung einer Beziehung oft als ein Gefäß für ihren Tod und ihre Wiedergeburt.

Loslassen und aufgeben

Die Desillusionierung eines Paares geht vermutlich noch tiefer, wenn sie nach großen Hoffnungen und Verheißungen eintritt. Erinnern wir uns, daß manche Paare den Höhenflug der Expansion mit weitaus größerer Intensität erleben als andere; für sie ist die Enttäuschung über die wiederholten Abstürze in die Kontraktion um so größer. Bereits angeschlagen, gereizt und bitter, sind diese Paare reif für einen noch tieferen Sturz. Der erste Sturm kann sie umwerfen. Das könnte ein Mißerfolg bei der Arbeit, der Tod eines Elters, der Ausbruch einer Krankheit oder das schlechte Zeugnis eines Kindes sein. Selbst gute Erfahrungen in anderen Bereichen des Lebens können sie strucheln lassen, weil sie den Fehlschlag der Beziehung in den Vordergrund rücken. Bei diesen Paaren verdichtet sich das Gefühl von Enttäuschung immer mehr und treibt sie in die Desillusionierung. Verzweiflung und Hoffnungslosigkeit folgen. Wir haben alles versucht, und nichts hat geholfen; wir sind unserer Bemühungen überdrüssig. Diese Bemühungen waren frustrierend, demütigend und zermürbend.

An diesem Punkt fühlen wir uns wie Opfer eines grausamen Schicksals, machtlos, uns selbst oder die Beziehung zu retten. Alles, was wir probieren, mißglückt, und unsere Anstrengungen schlagen auf uns zurück wie ein kalter Wind. Wir verlieren die Hoffnung und werden gleichgültig.

Die Desillusionierung hat zur Folge, daß wir aufgeben, und das Aufgeben bewirkt, daß wir loslassen, uns abseits halten. Das führt zu einem Ausklinken, einer Abkoppelung – ähnlich dem, was mit den Gängen eines Autos geschieht, wenn man mit dem Fuß auf die Kupplung steigt. Aber es zwingt uns auch, die Verantwortung für unser eigenes Leben zu übernehmen. Schließlich müssen wir uns eingestehen, daß unser Partner nicht die Kastanien für uns aus dem Feuer holen wird oder kann; wir müssen selbst für uns eintreten.

Sobald wir aufgegeben haben, wird das Grundraster der Interaktionssequenzen des Paares aufgebrochen. Wir verlieren zum Beispiel die Motivation, unserem Partner nachzulaufen, und er reagiert seinerseits kaum auf unsere Initiativen. Die Streitereien werden kurz und leblos. Da sich ein so großer Teil des Lebens streitender Paare um ihre Bemühungen dreht, einander zu ändern, bewirkt die Einstellung dieser Versuche, daß sie nur noch wenig miteinander anzufangen wissen. Durch ihr Aufgeben ist ein Vakuum entstanden. Wir werden passiv im Umgang miteinander. Das versetzt uns in einen merkwürdigen Zustand der Unschuld und macht uns empfänglich für neue Informationen.

Manche neuen Erkenntnisse kommen aus unserem Inneren: sobald wir unsere gewohnten Verhaltenszwänge abwerfen, steigen alte Bilder und alte Gefühle hoch; wir erinnern uns an Alpträume, an die Angst, uns verirrt zu haben, an die Sehnsucht nach einem guten Elter, an unser Verlangen, geliebt zu werden. Wir verteidigen uns nicht mehr. Ohne das Bedürfnis, unsere Behauptungen zu beweisen oder uns gegen unseren Partner zu verteidigen, merken wir, daß er anders ist als das klischeehafte Bild, das wir uns von ihm gemacht haben.

Wenn wir in dieser Periode miteinander in Kontakt kommen, dann haben wir gewissermaßen das Gefühl, mit jemand Neuem zusammenzusein – der uns zwar immer noch befremdet, aber echte Neugier weckt. Neben seinen Mängeln merken wir die Vorzüge, die wir ursprünglich an ihm wahrgenommen hatten. Wir können die Anziehungskraft und das Potential erkennen, die uns zuvor so fasziniert hatten. Dies ist nicht bloß Nostalgie; es resultiert daraus, daß wir uns nicht länger verteidigen und unsere gekränkten und wütenden Gefühle rechtfertigen müssen.

Manche neuen Gesichtspunkte stammen von Dritten: Freunde und Verwandte halten mit ihrer Meinung über unsere Beziehung nicht hinter dem Berg: »Er war ein solcher Griesgram.« »Sie hat sich wirklich bemüht, aber du konntest es nicht erkennen.«

Obwohl wir uns im Lauf der Zeit wahrscheinlich verändert haben, halten wir in unserem Konflikt an einem starren Bild vom anderen fest, das hinter der gegenwärtigen Wirklichkeit zurückhinkt. Unser Wandel hat sich möglicherweise *außerhalb* unserer Beziehung vollzogen. (Nach der Scheidung stellen die Betroffenen häufig fest, daß sich ihr Partner plötzlich dramatisch verändert zu haben scheint, oft in der Weise, wie sie es angestrebt hatten. Ihre Kommentare klingen dann wehmütig: »Ich bin ihm so damit in den Ohren gelegen, und ich wußte nie, daß es eine Wirkung hat. Jetzt wird eine andere den Nutzen davon einheimsen!«)

Nach dem Auseinanderrücken enthalten unsere Begegnunger mit dem anderen mithin sowohl eine Anerkenntnis von Altem als auch die Erfahrung von etwas Neuem. Damit entsteht das Potential für eine neue Beziehung. Wir können unseren Partner als jemanden sehen, der sich von unseren Vorstellungen unterscheidet. Wenn dies geschieht, dann kann das eine schockierende, erschütternde Entdeckung sein: wir erkennen, wie wahrhaft allein wir sind, wie fremd unser Partner ist, wie gering unsere vermuteten Ähnlichkeiten sind. Wir begreifen, daß das uns verknüpfende Band sehr schwach ist, und wir sind nahe daran, auseinanderzugehen.

Das Auseinanderrücken hat uns auch die Freiheit geschenkt. Wir sind vielleicht nicht besonders glücklich mit dieser neu gewonnenen Freiheit, aber es ist eine große Erlösung, seine verzweifelten Bemühungen einzustellen, und es kann faszinierend sein, sich mit neuen Augen umzusehen.

In die Wildnis und zurück

Manche auf Abstand gegangenen Paare lassen sich nicht scheiden. Möglicherweise schieben sie den Entschluß auf oder beschließen, sich zu einem späteren Zeitpunkt zu trennen – sobald ein Kind ein bestimmtes Alter erreicht, oder wenn ein Partner sein Studium abschließt und sich finanziell selbst erhalten kann. Jedenfalls bleiben sie in einem losen Verbund zusammen. Dies ist eine Zeit großer

Verwirrung. Sofern die Partner noch zusammenleben, teilen sie sich gewöhnlich auch weiterhin die Hausarbeit und Unternehmungen, die mit den Kindern zu tun haben, treffen finanzielle Entscheidungen gemeinsam und setzen vielleicht sogar ihre sozialen Kontakte mit FreundInnen und Verwandten fort. Bei alldem erscheint ihnen das Leben unwirklich, als träten sie in einem Theaterstück auf.

Alle unseren gewöhnlichen Annahmen und Impulse sind in Frage gestellt. In diesem Stadium der Ungewißheit schwanken wir bezüglich der Entscheidung, ob wir auseinandergehen sollen oder nicht. In einem Augenblick empfinden wir Gewißheit und sehen das Ziel klar vor Augen:

»Ich muß mich aus dieser Beziehung lösen, wenn ich überleben will.«

»Ich bin entschlossen, mir ein besseres Leben aufzubauen als dieses.«

In der nächsten Minute kommen wir uns völlig verrückt vor und fragen uns, was uns da eigentlich eingefallen ist. Eine Weile scheint es klar, daß wir uns befreien müssen, um Frieden zu finden oder um ein besseres Selbstbild zu entwickeln, als es uns in dieser Beziehung möglich war. Aber an irgendeinem Punkt hören wir vielleicht auf, an unsere Ziele zu glauben und fühlen uns einfach ratlos. An diesem Punkt haben wir uns in eine emotionale Wildnis verirrt.

So wie es den mythologischen Helden früherer Tage erging, wird die Reise in diese Wildnis unsere Kraft, unseren Mut, unseren Einfallsreichtum und unsere Opferbereitschaft auf die Probe stellen. Wir machen uns Sorgen, daß wir die Einsamkeit nicht ertragen können, und fragen uns, warum wir uns so weit von unserem Liebsten entfernen mußten. Wir erkennen, wie abhängig wir geworden waren, und erleben den bloßen Verlust der Anwesenheit unseres Partners wie eine Amputation – selbst wenn es nur darum geht, zusammen in einem Raum zu sein und sich zu streiten. Was tun wir morgens und abends, wenn wir allein sind? Wie bereiten wir uns auf die Arbeit vor, lesen die Zeitung, entschließen uns zu einer Urlaubsreise? Da ist niemand, der es miterlebt.

Oft befindet sich unser Partner in solcher räumlicher Nähe, nur ein Zimmer oder einen Griff zum Telefon entfernt, daß die Versuchung, Kompromisse zu schließen und vorzeitig aus der Wildnis zurückzukehren, riesengroß wird. Solche vorzeitigen Kompromisse bedeuten, wieder in eine Beziehung zurückzufallen, von der man weiß, daß sich nichts Grundlegendes geändert hat und daß die Unzufriedenheit, die an diesen Punkt führte, bald zurückkehren wird. Sobald wir in Versuchung geraten, dem nachzugeben, was uns wie Sicherheit erscheint, wissen wir, daß wir uns keinesfalls sicher fühlen werden. Es kommt uns vor, als würden wir uns selbst unter Wert verkaufen.

Manche weigern sich, Kompromisse zu schließen, weil die Zeit in der Wildnis als solche große Bedeutung haben kann. Viele von uns brauchen das Gefühl, notfalls allein leben zu können, ohne eine Beziehung, ohne die Abmachung, die wir in unserem ursprünglichen expansiven Vertrag getroffen haben. Wir müssen uns vergewissern, daß wir unsere eigenen sozialen Kontakte herstellen, uns selbst Geborgenheit geben, uns selbst lieben und wertschätzen, für uns oder unsere Kinder allein sorgen können.

Vielleicht entdecken wir, daß wir uns stark genug fühlen möchten, um uns nie wieder einem Partner gegenüber in eine demütigende Position zu begeben. Also lernen wir, die Einsamkeit durchzustehen und die kleineren und größeren Dinge selbst zu tun, für die wir uns auf unseren Partner verlassen hatten. Andere müssen lang genug allein sein, um zu spüren, wie sehr sie ihren Partner brauchen, obwohl sie ihr Leben lang alle derartigen Bedürfnisse geleugnet haben. Und sie gestehen sich ein, wie sehr sie ihn vermissen. Vielleicht müssen wir uns von der Vorstellung verabschieden, daß sich unser Partner ändern muß – daß er sich eine bessere Stelle suchen, abnehmen oder kommunikativer werden muß –, bevor es uns gutgehen kann. Manche müssen lernen, durchsetzungsfähiger, andere, passiver zu werden.

Diese Zeit in der Wildnis ist nützlich, gerade weil wir allein sind. Wir haben Zeit nachzudenken, und wir müssen die volle Verantwortung für unsere Gefühle und Handlungen übernehmen. Während wir zuvor unserem Partner die Schuld an unseren Problemen gaben, ringen wir uns jetzt zu der Erkenntnis durch, daß es nicht in erster Linie ihm zuzuschreiben ist, wenn wir leiden. Wir müssen selbst die Verantwortung dafür übernehmen. Wir müssen mit uns selbst ins reine kommen. Das ist der Sinn der Verbannung in die Wildnis.

Der Augenblick der Klarheit

Eine Ewigkeit lang, wie uns scheint, schwanken wir zwischen Scheidung und Durchhalten, zwischen Entschlossenheit und dem Gefühl, in die Opferrolle gedrängt zu werden, zwischen der Suche nach der Wahrheit und der Tendenz, uns der Verzweiflung zu überlassen. Dann, wenn die Versuchung aufzugeben am größten scheint, erleben wir einen Augenblick der Klarheit. Sobald wir uns davon lösen können, unseren Partner in den Rahmen des verzerrten, entstellten Bildes zu zwängen, das wir uns von ihm gemacht hatten, *erblicken* wir ihn plötzlich so, wie er ist.

Wir erkennen die ganze Person. Wir sehen den Menschen, in den wir uns verliebt hatten, seine Schönheit und Liebenswürdigkeit, das Spielerische an ihm und seine Traurigkeit. Wir sehen den Partner, den wir zu fürchten gelernt hatten, kaltschnäuzig und abweisend, aggressiv und bedürftig, despotisch und wütend. Wir sehen den ruhigen, vernünftigen Menschen, auf den wir uns zunehmend verlassen haben und mit dem wir unsere Probleme diskutierten. Einen Moment lang überblicken wir den kompletten Zyklus unserer Beziehung in voller Klarheit.

Diese Augenblicke der Erkenntnis empfinden wir manchmal als Frucht unserer fortgesetzten Bemühungen. Manchmal erscheinen sie uns wie eine blitzartige Einsicht oder ein spirituelles Erwachen. Oft folgt einem solchen Erwachen ein Gefühl von Erlösung. Paare finden sich selbst und ihre Beziehung wieder, sie haben eine Chance, das Unrecht wiedergutzumachen, das sie einander zugefügt haben, und, indem sie einander verzeihen, die Verbindung zu ihrem Partner wiederherzustellen und ihre Selbstachtung wiederzugewinnen.

Verwandlungserlebnisse führen uns aus der Verwirrung hinaus in einen Zustand der Unschuld. Indem wir aufgeben, liefern wir uns einem unbekannten Schicksal aus; wir werden passiv, neugierig, offen, vorurteilsfrei. Wir haben aufgehört zu kämpfen und fühlen uns ruhig, wie in der Windstille nach einem Sturm. Wir kehren zu der Unschuld zurück, in der wir uns in den ersten Tagen des expansiven Stadiums befanden. Indem wir dies mit den Einsichten verknüpfen, die wir in den Zyklen von Expansion, Kontraktion und Entspannung gewonnen haben, fühlen wir uns wieder ganz.

In diesem Stadium der Unschuld sind wir leicht gerührt. Unser Herz öffnet sich unserem Partner, und wir fühlen uns wieder mit ihm verbunden. Wir können jetzt Unterschiede als Unterschiede erkennen statt als Zeichen von Bosheit. Unsere Unvollständigkeit, unsere Unzulänglichkeit und die unseres Partners treten zutage, weil wir Menschen sind. Wir begreifen, daß unser Partner uns nicht vervollständigen oder jedes unserer Bedürfnisse erfüllen kann: das ist eine Lebenswahrheit. Wir akzeptieren zur gleichen Zeit unsere Verschiedenheit und unsere Verbundenheit, unsere Grenzen und unser Potential. Auf diese Weise erretten wir uns selbst ebenso wie unsere Beziehung.

Sowohl eine individuelle als auch eine Paarerfahrung

Die Verirrung in der Wildnis ist sowohl eine individuelle als auch eine Paarerfahrung. Natürlich durchleben wir jeder für sich die Verwirrung, die Ängste, die Entdeckungen – die Gedanken und Gefühle. Häufig verliert ein Partner stärker den Halt als der andere, und die Wandlung kann als eine persönliche Offenbarung beginnen, die ursprünglich kein »Paarerlebnis« ist. Dennoch kann sich die Beziehung wandeln, selbst wenn einer der Partner diesen Weg allein geht. Wenn einer der beiden die üblichen Sequenzen, Vorstellungen und Beziehungsmuster hinter sich läßt, dann werden sich beide ändern müssen. Die alten Spielregeln gelten nicht mehr, und sie werden sich auf neue und unerwartete Weise miteinander konfrontieren müssen.

Freilich erreichen die Partner diesen Zustand von Klarheit selten gleichzeitig. Doch wenn der eine einen solchen Durchbruch erzielt, dann wird ihm der andere häufig folgen. Wenn ihr Timing wirklich schlecht ist, wenn sie hoffnungslos *out of sync* sind, dann kann es freilich sein, daß sie niemals zusammenkommen. Dies könnte der Fall sein, wenn der eine sehr aufgeschlossen für eine Erneuerung der Beziehung, der andere aber noch von seinem eigenen, persönlichen Weg in Anspruch genommen ist. Und selbst wenn beide eine Art von individueller Erleuchtung erreichen, gibt es keine Garantie, daß sie einander wählen werden.

Gleichzeitigkeit des Gefühls ist keine wesentliche Voraussetzung, damit sich eine Beziehung verwandeln kann. Das wichtigste Erfordernis ist, daß beide Partner verletzbar und offen für Veränderung sind. Beide haben Verlust, Furcht und Verwirrung erlebt. Wenn einer oder beide in eine Zone der Ruhe und Verbundenheit eintreten, kann eine Kette neuer Erfahrungen beginnen.

Wir übermitteln unsere Gefühle dem Partner, der seine Rüstung abgelegt hat, auf direkte, eindrucksvolle Weise. Wir sagen ihm, wie angstvoll und verletzt wir waren, wie abhängig vom anderen, und wie sehr wir uns im Stich gelassen fühlten; und unsere Worte haben eine spürbare Wirkung. Wir sprechen endlich offen miteinander. Niemand braucht sich gegen Anspielungen zu verteidigen.

Dies ist keine schmerzlose Periode. Wir sagen beide Dinge, die weh tun, aber der Schmerz wird als schlicht und heilsam empfunden. Wenn ich sage, daß ich deinen Erwartungen an mich einfach nicht gerecht werden konnte, dann wissen wir beide, daß das stimmt. Wir wissen beide, wie schwer mein Versagen hinzunehmen ist, und wie schwer es fällt, es zuzugeben. Wenn du sagst, du hast dich so verlassen gefühlt, wie sich ein Kind von seinem Vater verlassen fühlt, dann weinen wir zusammen, sowohl über deine Einsamkeit als auch darüber, daß ich uns beide verraten habe. Wir schildern unsere Erfahrungen und bitten um nichts anderes, als daß der andere Anteil nimmt.

Unsere Erlebnisse in der Wildnis haben uns verwandelt. In unserem ungeschützten Zustand sehen und anerkennen wir die Veränderungen unseres Partners. Die hart erkämpften Fortschritte des anderen zur Kenntnis zu nehmen, ist eine bestätigende Erfahrung, die unserer ersten Zeit in der Expansion gleicht. Aber dieser Augenblick ist weniger schwindelerregend als jene erste Zeit. Erschöpft und leise würdigen wir die Schönheit jenes anderen Menschen, mit dem wir eine so qualvolle Zeit durchlitten haben. Wir sind beide Überlebende.

Wir bezeugen, was wir immer schon geschätzt haben. Anteilnahme ist es, worauf wir von Anfang an Wert gelegt haben. Wir verbringen noch mehr Zeit zusammen, in der wir offen miteinander reden, als sei es zum ersten Mal. Wir erfahren wieder, wer dieser Mensch, unser Partner, ist; wir hören seiner oder ihrer Geschichte mitfühlend zu, und sie wird ohne Vorwurf erzählt.

Nun ist es leichter, frühere Grausamkeiten zu verzeihen. Und wenn wir unserem Partner verzeihen, verzeihen wir uns auch selbst. Wenn wir einander verzeihen und die unabhängigen und doch eng verwobenen Geschichten unseres Lebens zur Kenntnis nehmen, empfinden wir eine tiefe Verbundenheit. Dieses Gefühl miteinander zu teilen, ist wie ein Ritual, eine Vermählung; nur, daß wir diesmal den Sinn der Vermählung begreifen und uns erneut dafür entscheiden.

In unseren Zeiten ist die Eheschließung eine freie und bewußte Entscheidung. Zwei Menschen begegnen sich, empfinden Sympathie und Liebe füreinander und beschließen, zusammenzubleiben. Das bedeutet, daß sie einander auch verlassen können, und viele tun das. Es ist nicht so, daß sich die Leute im allgemeinen leichtfertig zur Scheidung entschließen; das kommt selten vor. Aber sie gehen davon aus, daß sie die Wahl haben, ob sie zusammenbleiben oder, wenn das gemeinsame Leben unerträglich wird, auseinandergehen; und an dieser Option festzuhalten, bleibt ein Trost sowie eine letzte Verteidigungslinie.

Nach Wandlungserlebnissen ändert sich all dies. Die Wahl, die wir treffen, erscheint uns nicht länger als Wahl. Wir fühlen uns so fest aneinander gebunden, daß wir eher das Gefühl haben, die Realität unserer Bindung anzuerkennen denn jemand oder etwas zu wählen. Wir fühlen uns zusammengehörig, wie sich Mitglieder der gleichen Familie zusammengehörig fühlen – jenseits einer Wahl, absolut, nicht länger abhängig von der Qualität der Beziehung.

Joseph Campbell hat es so formuliert: »Die Ehe ist eine Beziehung. Wenn man in der Ehe ein Opfer bringt, dann gilt es nicht dem anderen, sondern der Einheit in der Beziehung.« Man ist »nicht länger dieser Einzelne; unsere Identität wurzelt in einer Beziehung. Die Ehe ist keine simple Liebesgeschichte, sie ist eine schwere Prüfung, und diese Prüfung besteht in der Opferung des Ichs zugunsten einer Beziehung, in der zwei eins geworden sind.«[51]

Der Zyklus ist ungebrochen

Wandlungen markieren neue Anfänge und eine starke Verbundenheit, aber sie befördern uns nicht in das Paradies. Wir ruhen jetzt wahrscheinlich sicherer in uns selbst und in unserer Beziehung, aber irgendwann werden wir wieder bei Uneinigkeit und Mißtrauen landen. Wir werden vielleicht immer noch Angst kriegen, wenn wir einander zu lang zu nahe kommen oder uns zu weit voneinander entfernen. Wir werden Freuden miteinander teilen, aber auch weitere Enttäuschungen. Wir werden auch weiterhin die drei Stadien durchlaufen. Vielleicht haben wir jetzt einen neuen Heimathafen gefunden – die Entspannung. Aber der Heimathafen ist keine Endstation – die Beziehung bleibt dynamisch.

Es ist jedoch wahrscheinlich, daß wir die Auseinandersetzungen, die Enttäuschungen und die Freuden – die gesamte Skala unserer Gefühle – auf unserem Weg von Stadium zu Stadium anders erleben werden. Wir gehen jetzt von der Beständigkeit der Beziehung aus und fragen uns in erster Linie, welche Form sie annehmen wird.

51 Joseph Campbell, *Schöpferische Mythologie* (München: Sphinx, 1992).

Jonathan und Marie

Jonathan und Marie hatten ein solches Wandlungserlebnis, das sie schließlich aus den Tiefen der Verzweiflung herausführte, in die sie während ihrer Jahre in Philadelphia gestürzt waren und aus denen es kein Entrinnen zu geben schien.

Wie aus dem letzten Kapitel erinnerlich, waren Jonathan, Marie und ihre Kinder seit ihrer Ankunft in Philadelphia von einer Reihe belastender Geschehnisse heimgesucht worden. Ihre Ankunft bildete den Schlußpunkt eines Riesenkrachs über die Notwendigkeit des Umzugs. Einige Monate nach ihrer Ankunft verlor Jonathan seine Stelle, geriet ins Schwimmen und wurde depressiv. Obwohl er in Versuchung war, seinen Schmerz zu betäuben, indem er sich auf eine weitere Affäre einließ, widerstand er. Aber er blieb deprimiert. Marie schien völlig von ihrer neuen Arbeit in Anspruch genommen, und Jonathan deutete ihre Distanziertheit als Beweis ihrer Verachtung und Geringschätzung ihm gegenüber.

Dann wurde die Familie rasch hintereinander von einer Reihe größerer Krisen befallen. Ihr mittleres Kind Andrew erkrankte an einem ernsten Nierenleiden. Marie fand einen Knoten in einer Brust, und obwohl sich dieser als gutartig herausstellte, brachte sie dieser Vorfall und das Gefühl, von Jonathan mangelhaft unterstützt zu werden, aus der Fassung. Jonathans Vater erkrankte, und Jonathan mußte für ein paar Wochen nach New York fahren. Nach seiner Rückkehr igelte er sich noch mehr ein. Marie, obwohl bei der Arbeit immer erfolgreicher, fühlte sich isoliert. In ihrer Verzweiflung begann sie eine Affäre mit einem Freund, die sie aber nach einer Weile, als sie spürte, daß das nicht die Lösung war, wieder abbrach. Jonathans Reaktion bestand darin, sich noch stärker von ihr zurückzuziehen.

Während dieser Zeit rangen die beiden immer wieder darum, ihr Gleichgewicht wiederzufinden, aber alle ihre Versuche, ihre Beziehung zu erneuern, schlugen fehl. Sie fanden einfach keine gemeinsame Basis mehr. Statt dessen trieben Groll und Vorwürfe, Schuldgefühle und Verzweiflung sie immer weiter auseinander. Immer hoffnungsloser in entgegengesetzte Richtungen driftend, wurden sie einander tief entfremdet. Sie lebten zwar noch zusammen, redeten aber kaum miteinander. Beide gingen ihre getrennten Wege.

Beide gestanden sich ein, daß ihre Ehe so gut wie am Ende war. Jeder für sich begann, darüber nachzudenken, was sie tun würden, falls es zur Scheidung kam. Sie erörterten diese Möglichkeit sogar mit Freunden und sprachen einmal auch miteinander darüber. »Schau, was wir unseren Kindern angetan haben«, sagten sie gepeinigt. Zuletzt sahen sie dem Unfaßbaren ins Auge: daß ihre Ehe, die all diese Jahre überdauert hatte, wahrscheinlich in die Brüche gehen und mit Scheidung enden würde.

Schauen wir uns an, wie die beiden damit umgingen.

Jonathan war tief deprimiert und empfand sich als Versager. Seine Karriere hatte ihren Tiefpunkt erreicht, und er war erfüllt von Gefühlen des Scheiterns und der Selbstverachtung. Er hatte auch das Gefühl, sich selbst als Mensch nicht weiterentwickelt zu haben, sowohl als Vater wie auch als Lebenspartner. Obwohl er durch Maries Affäre tief verletzt war, räumte er ein, daß sie »Fair Play« sei; gewissermaßen habe sie »das gute Recht«, ihrerseits einen Seitensprung zu machen. Schließlich hatte er vor Jahren dasselbe getan, als *sie* verletzbar war. Er fand, daß er die kalte Behandlung verdient habe, die ihm zuteil wurde, aber sie schmerzte ihn zutiefst, und er spürte, daß er nicht viel länger damit leben konnte. Er dachte daran, seine Familie zu verlassen, die Scheidung einzureichen und nach Boston oder New York zurückzugehen. Sein Vater war an Alzheimer erkrankt. Seine Mutter war verzweifelt. Er spürte, daß er auch seinen Eltern gegenüber Verpflichtungen hatte: zumindest dort könnte er von Nutzen sein. Aber der Gedanke, seine Kinder zu verlassen, hielt ihn davon ab, einem dieser Impulse zu folgen.

Die Kinder waren Jonathan im Lauf der letzten Jahre sehr ans Herz gewachsen. Um mit seiner Depression fertigzuwerden, hatte sich Jonathan mehr und mehr ihnen zugewandt – besonders Andrew. Die neue Anstellung, die er fand, war weniger anspruchsvoll, weniger glanzvoll als seine früheren, und er hatte viel mehr Zeit, zu Hause zu sein. Tatsächlich war er mehr zu Hause denn je: sogar mehr als Marie. Er hatte angefangen, den Kindern das Essen zu machen, mit ihnen zu spielen und fernzusehen, sie auf Spaziergänge oder Einkaufsfahrten mitzunehmen.

Marie war in einem Dilemma. Sie fühlte sich sowohl ihrer Familie als auch sich selbst entfremdet. Sie war furchtbar eingespannt, und dabei wußte sie nicht länger, was sie wollte. Ihr Plan, Ärztin zu werden, war geglückt, und zwar fabelhaft – aber nicht in der Weise, wie sie es sich vorgestellt hatte. Mit Arbeit stärker überhäuft, als sie sich je gewünscht hatte, fühlte sie sich sowohl an der Universität, wo sie lehrte, als auch im Krankenhaus isoliert; sie besaß wenige enge Freunde und hatte das Gefühl, sich selbst abhanden gekommen zu sein.

Es überkamen sie diffuse Wogen von Emotionen – Wut, Scham, Angst – sowie körperliche Symptome, die sie für erste Anzeichen des Klimakteriums hielt. Der Schrecken über den Knoten in ihrer Brust saß ihr noch in den Gliedern; sie begann, sich über ihre eigene Sterblichkeit Sorgen zu machen. Wenn sie sich umsah, empfand sie Schuldgefühle, weil sie weniger Zeit für ihre Kinder hatte, als sie wollte; und nach der Erkrankung von Andrew war sie zunehmend besorgt über deren Gesundheit und Wohlbefinden. Wenn sie sah, wie melancholisch Jonathan wirkte und wie wenig sie ihm helfen konnte, ja wollte, empfand sie sich als Versagerin in ihrer Ehe. Sie wußte zwar, daß Jonathan für viele seiner Probleme selbst verantwortlich war, aber sie hatte auch das Gefühl, ihn enttäuscht zu haben.

Zum ersten Mal in ihrem Leben begann sich Marie ernsthaft nach ihrer eigenen inneren Befindlichkeit zu befragen. Sie erkannte, daß sie so schnell vorwärtsgekommen war, daß sie den Kontakt mit sich selbst verloren hatte. Es wurde ihr klar, daß sie den Verlust des Vaters, den sie so liebte, niemals vollständig betrauert hatte. Und sie empfand Schuldgefühle wegen der vierhundert Meilen, die sie von ihrer Mutter trennten, zu einer Zeit, da diese älter und hilfloser wurde. Trotz ihres Erfolgs in der Berufswelt empfand sich Marie als gescheitert, als emotionaler Krüppel.

Sie wurde von zutiefst widersprüchlichen Gefühlen heimgesucht, Selbstanklagen, in denen sie sich abwechselnd ihre Selbstsucht und ihren Ehrgeiz, die Affäre mit Paul und die Vernachlässigung ihrer

Mutter vorwarf... und hoffnungsvoll der Frage nachhing, wie es wäre, sich von Jonathan scheiden zu lassen und wieder allein zu leben.

Sie hatten sich in ihre eigene, spezielle Wildnis verirrt; hilflos, isoliert und unglücklich, erwogen beide die Scheidung. Sie betrachteten ihre Beziehung als gescheitert und empfanden sich als Versager.

Je mehr Zeit Jonathan mit den Kindern verbrachte, desto weniger bedeutete ihm seine eigene Arbeit, und etwas Neues ging mit ihm vor. Das Zusammensein mit den Kindern machte ihm mehr und mehr Spaß. Seine Einstellung zu Marie, den Kindern und sich selbst wurde weniger kritisch; und allmählich begann er, sich weniger egoistisch zu verhalten. Statt sich wie der Kronprinz aufzuführen, um den sich alles drehen mußte, schätzte er sich glücklich, seine Kinder, einen Job und ein Zuhause zu haben. Und er fing an, sich von seinem zwanghaften Ehrgeiz zu verabschieden. Er liebte seine Kinder ungeheuer, und er fühlte sich auf einfache, bedingungslose Weise von ihnen akzeptiert. Das schien ihn zu öffnen. Als sich seine Verkrampfung löste, akzeptierte er sich selbst mehr, und er wurde auch gegenüber Marie trotz all ihrer Schwächen toleranter. Die Krankheit seines Vaters machte ihm bewußt, wie kurz das Leben im Grunde ist, und er fragte sich, worüber es sich eigentlich lohne, zu streiten. Voll Bedauern gestand er sich ein, daß er seine Ehe durch seinen übertriebenen Ehrgeiz, seinen Mangel an Kompromißbereitschaft, seine Arroganz und Selbstsucht ruiniert habe. Allmählich fing Jonathan an, zu Hause kleine Gesten der Hilfsbereitschaft und Rücksichtnahme zu machen. Er bediente sich nicht mehr als erster bei Tisch. Wenn Marie müde schien, fragte er, ob er sich nützlich machen könne. Still und so allmählich, daß weder ihm noch Marie bewußt wurde, was vor sich ging, begann er, sich in subtiler Weise zu verändern.

Während sich dieser Wandel vollzog, dachte Marie an Scheidung; vielleicht würde sie jemand anderen heiraten, vielleicht nicht; jedenfalls würde sie sich für den Rest ihres Lebens einsam fühlen. War der nächste Schritt, sich einen Anwalt zu nehmen? In dieser Verfassung registrierte Marie unterschwellig die kleinen Liebenswürdigkeiten, die ihr Jonathan erwies. Sie reagierte, ohne auch nur darüber nachzudenken. Aber Jonathan empfand ihre Reaktionen als anders, und er fragte sich, was vor sich gehe.

Ein paar Wochen lang beobachtete Marie Jonathans Umgang mit den Kindern, sie merkte, wie sehr er sie liebte und diese ihn. Sie spürte seine Traurigkeit: er war gealtert und strahlte in seiner Melancholie eine gewisse Würde aus. Nicht mehr mürrisch und arrogant, erschien er ihr gereift; und in dieser Reife wurde er attraktiv für sie. Aber er schien so weit weg, so unerreichbar. Sie spürte Jonathans Bemühen, einem Klienten bei seiner Arbeit zu helfen, spürte die Sorge um seinen Vater, und sie erkannte – in einem Augenblick der Klarheit –, daß er nicht mehr derselbe Mensch war wie zuvor. Er war nicht mehr kritisch und fordernd. Er hatte sich zurückgezogen und ihr ihre Freiheit gelassen. Und jetzt empfand sie von sich aus den Wunsch, ihm wieder nahe zu sein.

In diesem Augenblick spürte Marie, daß sie ihre eigene Härte und ihren Groll fahren ließ. Jonathan hatte Fehler gemacht, na und? Sie hatte auch welche gemacht, gestand sie sich offen ein. Er hatte ihr wehgetan, na und? (Marie konnte kaum glauben, daß sie dies dachte.) Sie hatte ihn auch verletzt. Jetzt fühlte sie eine fraglose, bedingungslose Liebe in sich aufsteigen. Erfolg im Beruf war zwar wichtig, aber er brachte sie nicht in Kontakt mit ihrem inneren Selbst. Er machte sie nicht glücklich. Langsam kam sie aus ihrer Deckung hervor. Sie entspannte sich, und nichts Schlimmes passierte. Niemand schien es auch nur zu bemerken. Sie begann, sich freundlich zu verhalten, und Jonathan reagierte mit Freundlichkeit auf sie.

Eines Abends waren sie zusammen zu Hause, ausgepumpt. Beide empfanden eine neu gewonnene Ruhe: die Selbstsucht war von ihnen abgefallen, sie stellten keine Forderungen mehr und machten einander keine Vorwürfe. Sie mixten sich einen Drink und setzten sich nebeneinander auf die Couch.

»Liebst du mich noch?«, fragte Marie.

»Ja. Tatsächlich«, antwortete Jonathan.

»Ich liebe dich auch«, sagte sie.

Nichts Dramatischeres als dies passierte, und trotzdem war dies der dramatischste Dialog, der je zwischen ihnen ablief. Sie sahen einander an und fühlten sich verwandelt, erlöst, freigesprochen, wiedergeboren.

Im Lauf der nächsten paar Wochen erweiterte und vertiefte sich ihre Erfahrung des Loslassens. Sie spürten, daß ihre neue Perspektive sich festigte. Es war, als sei ihre Beziehung auf der Asche ihrer eigenen, bevorstehenden Auslöschung wiedererstanden.

Diese Verwandlung führte Marie und Jonathan in eine ziemlich lange Periode der Entspannung zurück, an die sich eine neue Phase der Expansion anschloß. Seit damals hat ihre Erfahrung sie als eine lebendige Präsenz begleitet. Freilich streiten sie sich noch immer. Sie sacken noch immer in Perioden der Kontraktion ab. Aber wenn dies geschieht, stürzen sie nicht mehr in die Abgründe von Bitterkeit wie so oft zuvor. Nicht seit ihrem Augenblick der Klarheit. Sie haben jetzt etwas Stärkeres, worauf sie zurückfallen können und was sie wieder aus dem Sumpf herauszieht, wenn sie es brauchen. Sie haben sich dieses Bewußtsein tiefer Liebe und Zusammengehörigkeit bewahrt, das ihnen durch die harten Zeiten hindurchhilft, die ihnen immer wieder bevorstehen.

Jonathan und Marie haben eine neue Bleibe gefunden, einen neuen Heimathafen. Ihre Zyklen nehmen jetzt von der Entspannung ihren Ausgang, sie sind nicht länger überwiegend in der Kontraktion zu Hause. Dies verdanken sie der Kraft ihres Wandlungserlebnisses.

Anwendungen

Wenn dieses Buch seinen Zweck erfüllt hat, dann sollten Sie jetzt über die vorhersagbaren Zyklen intimer Beziehungen besser im Bilde sein. Sie wissen, daß jede Beziehung ihre Höhen und Tiefen hat und daß Paare ohne Perspektive oft ungeduldig werden und sich Sorgen machen, daß die schlimmen Zeiten ewig dauern werden. Wenn wir ein Problem lösen und uns besser fühlen, dann klammern wir uns an unsere Lösungen und guten Gefühle. Aber mit Ausnahme der Scheidung ist keine dieser Perioden endgültig. Und auch schwierige Beziehungen durchlaufen Perioden der Expansion und Entspannung. Die Wiederholung von Zyklen ist eine Realität, mit der wir lernen müssen, zu rechnen und zu leben.

Die zyklische Perspektive widerspricht der herrschenden linearen Sicht, die uns suggeriert, daß wir durch harte Arbeit und die Entwicklung zwischenmenschlicher Kompetenz unser Leben ständig verbessern können. Aber das Leben ist mehr als eine erlernbare Fertigkeit. Es enthält zu viele natürliche Krisen und Hindernisse, als daß eine stetige Verbesserung Bestand haben könnte. Kinder kommen und gehen; Partner treten Stellen an und verlassen sie. Viele Ereignisse entziehen sich unserer Kontrolle. Wir haben persönliche Probleme – Depressionen und Ängste; wir neigen zu Eß- und Trunksucht; wir machen uns Sorgen. Jede dieser Schwierigkeiten kann unsere Beziehung in ein Stadium der Kontraktion stürzen, was bedeutet, daß wir immer wieder darum ringen müssen, Entspannung und Augenblicke der Expansion herbeizuführen.

Menschen akzeptieren den Wechsel der Jahreszeiten, von Tag und Nacht, doch sie wehren sich gegen die Vorstellung, daß auch Beziehungen Zyklen durchlaufen. Wie anders würden wir uns gegenüber Beziehungen fühlen, wenn wir einfach die Tatsache akzeptierten, daß schlechte Zeiten unvermeidlich sind!

Wir hoffen, daß Sie sich in unseren Ausführungen wiedererkennen, daß sie darin in Umrissen Ihre eigene Erfahrung wiederfinden und gleichzeitig Raum für Ihre eigenen Idiosynkrasien haben. Um Ihr Verständnis für diese neue Perspektive zu schärfen, schlagen wir Ihnen vor, ein Selbstporträt von sich als – früherer oder gegenwärtiger – Partner anhand folgender Fragen zu entwerfen:

(1) Wenn Sie sich an das Erlebnis der Aufbruchstimmung und das Gefühl von Verheißung erinnern, von denen die Anfangszeit Ihrer Beziehung erfüllt war, in welcher Hinsicht haben Sie und Ihr Partner sich damals anders als sonst, offen und fähig gefühlt? Wie euphorisch haben Sie sich gefühlt, wie frei von den negativen Verhaltensmustern früherer Beziehungen? Haben Sie sich als Frau sowohl selbstsicher als auch weiblich gefühlt? Als Mann sowohl maskulin als auch empfänglich?

(2) Wie sah die ursprüngliche »Abmachung« aus, die Sie und Ihr Partner trafen – Ihr expansiver Vertrag? Zum Beispiel:
- der eine würde für Stabilität sorgen, die andere für Abenteuer;
- sie würden die besten Freunde in einer feindseligen Welt sein und einander beistehen, selbst wenn andere an Ihnen zweifelten.

(3) Schildern Sie, wie Sie beziehungsweise Ihr Partner anfingen, sich dem anderen zu entziehen. Wer hat es als erster getan? Wer am stärksten? Wer hat sich am meisten verlassen gefühlt? Wer hat um Rückzugsmöglichkeiten gebeten?

(4) Was haben Sie sich selbst gesagt, um sich diesen schmerzhaften Wandel in Ihrer Beziehung zu erklären? Ist er durch diese Erklärung mehr oder weniger schmerzhaft geworden? Zum Beispiel: »Das habe ich verdient« oder »Wahrscheinlich müssen wir eine solche Periode durchmachen«.

(5) Welche Konflikt- und Entfremdungsmuster haben sich während dieser Kontraktionsphase herausgeschält? Zum Beispiel:
- Sie haben sich genähert, und er hat sich entfernt; Sie haben sich entwertet oder verlassen gefühlt, und er fühlte sich ge-

gängelt oder bedrängt; Sie wirkten wütend und fordernd, und
er schien gefühllos und verschlossen.
– Er war so kritisch, daß Sie das Gefühl hatten, er wünsche sich
  jemand anderen, deshalb wurden Sie depressiv und vernachläs-
  sigten den Haushalt. Je kritischer er wurde, desto trauriger
  wurden Sie; oder, je trauriger Sie wurden, desto kritischer
  wurde er.

(6) Was haben Sie getan und sich selbst gesagt, um dieses Muster
erträglicher zu machen? Haben Sie sich eingeredet, daß sich die Situation schon irgendwie bessern werde? Haben Sie nach anderen
gesucht, die Sie zu schätzen wußten? Haben Sie daran gearbeitet,
die Lage zu bessern? Haben Sie
– sich angesichts der Ablehnung Ihres Partners von ihm distanziert?
– angesichts seiner Kritik immer wieder versucht, es ihm recht zu
  machen?
– durchgehalten, aber abgeschaltet?

(7) Wie haben Sie die Konflikte gelöst, und wie sind Sie mit Ihrer
Enttäuschung über das Scheitern des expansiven Vertrags umgegan-
gen? Haben Sie
– gelernt, die negativen Konsequenzen des Reigens von Flucht
  und Verfolgung auf ein Minimum zu reduzieren, oder haben
  Sie gelernt, sich die Kontaktaufnahme mit dem anderen zu teilen und aufgeschlossener zu reagieren, wenn der andere die Initiative ergriff?
– darauf bestanden, so zu bleiben, wie Sie waren, bis Ihr Partner
  von seiner Kritik abließ?
– gelernt, einzuspringen, und gelernt, Kompromisse auszuhandeln?
– gelernt, Grenzen der Beziehung zu akzeptieren: Grenzen dessen, was Ihr Partner zu geben hatte; was Sie tun oder fühlen
  würden; was zwischen Ihnen geschehen kann?

(8) Haben die erzielten Lösungen im allgemeinen
– den Frieden durch stärkere Begrenzungen erkauft: indem bestimmte Themen oder Aktivitäten gemieden wurden?
– Konflikte durch Kompromisse gelöst: »Du kannst die Stelle

annehmen, die du willst, wenn wir in der Nähe meiner Eltern wohnen«?

– eine größere Vollständigkeit bewirkt, so daß Sie eine andere Einstellung zueinander gewannen?

(9) Welches Gefühl hatten Sie sich selbst gegenüber nach dem Eintritt in die Entspannungsphase? Ist die Entspannung mit Erleichterung und einem Gefühl von Freiheit, freudiger Erregung und erneuerter Intimität einhergegangen? Hat sie die Begrenztheit hervorgehoben oder das Gefühl, einen Kompromiß erzielt zu haben? Haben Sie sie einfach als stabil und sicher empfunden? Enthielt sie Elemente all des Genannten? Was ist die zutreffendste Bedeutung von Entspannung für Sie?

(10) Welches ist Ihr bevorzugtes Stadium? Welches das Ihres Partners? Wie gehen Sie, falls die Antworten abweichen, mit dieser Differenz um?

(11) Wo haben Sie Ihr Basislager? Wie lange halten Sie sich dort jeweils auf? Hat es sich im Lauf Ihrer Beziehung in ein anderes Stadium verlagert? Haben Sie mehrere Jahre oder gar Jahrzehnte zuerst in einem Stadium und dann in einem anderen zugebracht?

(12) Können Sie einen Minizyklus identifizieren, bei dem Sie Ihre Basis verlassen und innerhalb einer Stunde, eines Tages oder auch einer Woche dorthin zurückkehren? Sie beginnen zum Beispiel in der Kontraktion, erleben einen Augenblick des ruhigen, klaren Gesprächs, was eine solche Erleichterung darstellt, daß Sie vorübergehend aufatmen, aber fast sofort danach weiterstreiten und erneut in die Kontraktion abrutschen – ohne daß Sie etwas Bestimmtes gelernt oder gewonnen bzw. verloren hätten.

(13) Welchen Mustern und Sequenzen folgen Sie und Ihr Partner Ihres Erachtens im Verlauf Ihres Drei-Stadien-Zyklus? Wie haben sich diese mit den Jahren verändert?

(14) Können Sie zwei oder mehr volle Zyklen identifizieren? Der erste würde mit Expansion beginnen und dann Kontraktion und Entspannung durchlaufen. Im Lauf der Zeit beginnen Ihre Zyklen in Ihrem Heimathafen – gewöhnlich Entspannung oder Kontraktion – und enden nach dem vollen Zyklus wieder dort,

aber in ihrem Verlauf werden neue Erfahrungen in die Beziehung integriert. Worin könnten diese für Sie bestehen?

(15) Was treibt Sie von Stadium zu Stadium, von einem Zyklus zum nächsten? Ist es etwas, das Sie aus dem Gleichgewicht bringt, etwas, das einen Unterschied repräsentiert, oder etwas *außerhalb* von Ihnen beiden als Partner?

(16) Weisen Ihre Zyklen einen Rhythmus auf? Bewegen Sie sich in großen, dramatischen Sprüngen, das heißt, sind Sie entweder begeistert voneinander oder total wütend und »fertig« mit dem anderen, oder vollziehen sich Ihre Übergänge glatt und fast unmerklich?

(17) Folgen Ihre Zyklen rasch aufeinander, oder bleiben Sie überwiegend in Ihrem Basislager, aus dem Sie sich nur selten herauswagen?

Wenn Sie diese Fragen beantworten, dann werden Sie ein ziemlich vollständiges und komplexes Bild Ihrer Beziehung erhalten. Sein Zweck ist nicht mehr und nicht weniger, als sich besser zu begreifen. Falls Ihr Partner ebenfalls den Fragebogen ausgefüllt hat, könnte es interessant sein, die Antworten zu vergleichen und dann, wenn Sie es wünschen, zu versuchen, die Unterschiede miteinander in Einklang zu bringen. In den Antworten, die sich nicht decken, werden sich Ihre Konfliktfelder abzeichnen. Korrespondenzen können auf Bereiche hinweisen, wo Sie einander näher sind, als Ihnen bewußt war. Versuchen Sie, neugierig zu sein und Fragen zu stellen, bevor Sie streiten. Dieser Prozeß mag schwierig sein, aber er wird sich als unerhört lohnend erweisen.

Enttäuschungen bewältigen: vier Vorschläge

Enttäuschung und Verrat scheinen in der Natur von Beziehungen zu liegen, denn unsere Partner können uns niemals all die Zuwendung, Liebe, Sexualität und Ermutigung bieten, die wir uns erträumen.

Wir wenden Unmengen an Zeit und Energie in dem Bestreben auf, uns Enttäuschungen zu ersparen. Diese Anstrengung deformiert unser Leben, so wie der Versuch einer Anpassung an eine physische Verletzung unseren Körper deformieren kann. Um Schmerzen in einem Fuß zu vermeiden, verlagern wir das Gewicht so weit auf den anderen, daß wir zu hinken beginnen; durch das Hinken wird der Rücken in Mitleidenschaft gezogen und ruft Schmerzen hervor, die unseren Schlaf beeinträchtigen, und so weiter. Genauso ist es auch mit Enttäuschungen. Um sie zu vermeiden, leugnen wir Tatsachen in bezug auf uns selbst und unseren Partner. Wir verharren in einer emotionalen Starre. Wir rücken bestimmte Aspekte von uns selbst in den Vordergrund und verdrängen andere; wir meiden riskante Themen und Aktivitäten. Dies führt zu einem »interaktiven Hinken« – zum Beispiel, kein Sex, weil das ein potentiell konfliktträchtiger Bereich ist, keine Meinungsverschiedenheiten, weil sie die Distanz vergrößern könnten.

Eine bessere Frage lautet nicht, wie man Enttäuschungen vermeidet, sondern wie man damit umgeht. Um mit Enttäuschungen fertigzuwerden, müssen wir einen klaren Blick behalten und all die emotionalen und geistigen Kraftquellen nutzen, die uns zur Verfügung stehen. Wir müssen daran glauben, daß wir unsere Probleme bewältigen können – nicht bloß einmal, sondern immer wieder.

Jeder Zyklus ist ein Weg, auf dem wir Dimensionen von uns selbst und unserer Beziehung begegnen, die während unseres Aufenthalts in unserer Basis relativ unbewußt blieben. Wir entdecken Sehnsüchte und Leidenschaften, die wir verdrängt hatten, Wut, die unter Kontrolle gehalten wurde, Erinnerungen, die verschüttet waren. Aber so unvermeidlich und so bereichernd diese Reisen auch sind, sie machen uns doch Angst. Die Störung des Gleichgewichts macht uns unsicher, und wir fürchten uns vor dem Unbekannten. Welches ist also die produktivste Haltung, die wir in so verstörenden Zeiten einnehmen können? Wir stellen hier vier einfache Anregungen vor, die der Leser hilfreich finden könnte.

(1) *Entspannen Sie sich.* In gewissem Maß wird der Zyklus einfach von selbst seinen Lauf nehmen, speziell, wenn sich dessen Rhythmen über die Jahre ziemlich eingespielt haben. Wenn Sie darüber nachdenken, wird Ihnen ein Großteil des Geländes bekannt vorkommen. Statt hektisch in Aktion zu treten, um die Situation zu

bereinigen oder vor ihr davonzulaufen, wenn die Probleme einsetzen, beruhigen Sie sich lang genug, um eine gute Beobachterin zu werden. Registrieren Sie, was Ihr Partner tut, wenn Sie mit ihm Kontakt aufnehmen oder nicht. Beobachten Sie, was geschieht, wenn Sie aufhören, ihn zu kritisieren – wenn auch noch so berechtigterweise. Verfolgen Sie, was passiert, wenn Sie sich beide von Ihrer schlechtesten Seite zeigen – ist das konstant oder sind häufige kleine Oasen und wiederholte Bemühungen festzustellen, die Situation zu bessern, die einfach nicht zur Kenntnis genommen, aufgegriffen und verstärkt werden?

(2) *Seien Sie neugierig, statt zu verurteilen oder Angst zu haben.* Fragen Sie sich bei der Beobachtung jener Aspekte Ihres Partners, die Ihnen die größten Schwierigkeiten machen, ob sie unbedingt schlecht sind, besonders wenn Sie nicht darauf reagieren. Ist der Wunsch eines Menschen, allein zu sein, wirklich eine Ablehnung des anderen? Das Verlangen eines Menschen zu reden, wirklich zudringlich, fordernd, gängelnd? Sind die Berührungen eines Partners immer unsensibel? Was geschieht, wenn Sie bei einem Streit nicht kontern? Sich nicht rechtfertigen? Was geschieht, wenn Sie auf einen Vorwurf einfach antworten: »Du hast recht«?

Neugierig zu sein, heißt, sich aus den eingeschliffenen Sequenzen auszuklinken, die das Leben von Paaren im Stadium der Kontraktion überwiegend strukturieren. Wenn Sie sich aus der Sequenz ausklinken, dann befreien Sie sich davon. Wenn Sie sich lang genug ausklinken, trotz der Bemühungen Ihres Partners, Sie wieder hereinzuholen, dann wird die Beziehung mit Sicherheit in das nächste Stadium, die Entspannung, übergehen. Versuchen Sie es. Es mag konterintuitiv sein, aber der Verzicht auf den Selbstschutz wirkt entwaffnend auf den Partner.

(3) *Freunden Sie sich mit der Kontraktion an.* Dies ist möglich, wenn Sie die Kontraktion wie eine herausfordernde alte Freundin – oder Verwandte – behandeln, die Ihnen zwar große Schwierigkeiten gemacht hat, aber voll nützlicher Informationen über Ihr Leben ist. Stellen Sie sich ein Gespräch mit einem Elter vor, der Sie sehr verletzt hat, als Sie ein Kind waren. Jahrelang halten Sie Abstand zu ihm, aber schließlich wollen Sie mehr über die Geschichte Ihres Le-

bens wissen; und die einzige Möglichkeit, es herauszufinden, ist, sich erneut mit diesem gefürchteten oder gehaßten Elter bekanntzumachen. Nach einer Reihe von Gesprächen und Zeit zum Nachdenken darüber vergöttern Sie ihn/sie nicht gerade, aber eine gewisse Zuneigung, ein Gefühl, eine gemeinsame Geschichte zu haben, stellt sich ein und wird wichtig. Sie freuen sich sogar auf Begegnungen, obwohl er oder sie Ihre Gefühle auch weiterhin in gewissem Maß verletzen wird.

Eine andere Möglichkeit, die Kontraktion zu betrachten, ist als einen verstörenden Traum. Träume sind interessant, weil sie Fenster in unser Unbewußtes sind; sie sagen uns etwas über die tieferen Schichten von Gefühlen und Vorstellungen, die unser tägliches Leben prägen. Träume zu verarbeiten, bereichert unser Leben und liefert uns oft Schlüssel zu Problemen, die sich unseren rationalen Bemühungen entziehen. Wie im Falle von Träumen können wir, wenn die Kontraktion dräut, sagen: »Oh, gut, ich wollte dich immer schon näher in Augenschein nehmen. Ich bin mir meiner Sache nicht so sicher – obwohl ich mich gut gefühlt habe – ohne mir deine Stimme anzuhören.«

Wenn Sie die Kontraktion willkommen heißen, dann werden Sie sie gar nicht lange festhalten können. Sie wird Sie erschüttern und faszinieren, aber sie wird vorüberziehen wie ein schnell dahinfließender Strom.

(4) *Bekennen Sie sich zur Komplexität.* Wir haben Charakter auf differenzierte Weise definiert: als regelmäßiges Durchlaufen von drei Stadien. Dies bedeutet, daß alle drei Stadien gleichwertige Partner sind, und es wäre falsch, eines dem anderen unterzuordnen oder eines unecht und das andere echt, eines dauerhaft und das andere flüchtig zu nennen.

Komplexität wird dem Leben besser gerecht. Unsere Sichtweise mindert unser Bestreben, »es richtig zu machen«, und läßt uns statt dessen den Reichtum jedes Zyklus, jedes Durchgangs durch die Stadien würdigen. Wir sind weniger fixiert auf das Streben nach Glück (Expansion) oder Reife (Entspannung), sondern es geht uns in erster Linie um ein aufrichtiges Engagement (zwischen den Partnern und für uns selbst) während des ganzen Zyklus. Wir sind nicht an

Schuldzuweisungen interessiert. Bei solcher Betrachtungsweise ist mehr Raum vorhanden, wir selbst zu sein – das heißt, unsere vielen Persönlichkeitsanteile zu leben. Es ist Raum vorhanden, zu wachsen und zu regredieren, wandelbar und idiosynkratisch zu sein.

Implikationen für die Psychotherapie: eine neue Therapie der Zyklen und der Komplexität

Psychotherapie kann man als die Wiederherstellung von Komplexität ansehen. Diese Wiederherstellung wird immens unterstützt durch eine zyklische Sichtweise der Paarentwicklung und der Charakterbildung. Wenn Paare in Therapie kommen, haben sie sich meist in so enge Käfige gesperrt, daß sie wie Karikaturen ihrer selbst aussehen. Ein mürrischer und verschlossener Mann erscheint mit einer wütenden, fordernden Frau – wenig sonst wird über die angenommenen Rollen hinaus sichtbar. Eine bedürftige und depressive Frau kommt mit einem vitalen und besorgten Mann – »Es gibt kein Problem, das man nicht durch ein bißchen Gymnastik und Sex aus der Welt schaffen kann«, sagt er – darin erschöpft sich ihre anfängliche Präsentation.

Aufgabe des Therapeuten ist es, das Paar aus dem Gefängnis ihrer Karikaturen zu befreien. Dies erreicht man durch Aufbrechen der Sequenzen, die das Leben des Paares strukturieren. Wenn die Sequenzen gesprengt werden, gerät das Paar vorübergehend aus dem Gleichgewicht, und neue Eigenschaften oder Charakteristiken können zutage treten.

Eine Therapeutin könnte zum Beispiel von dem sich distanzierenden Partner fordern, daß er entscheidet, was er sich in einer bestimmten Situation wünscht, und daß er sich mit seiner Partnerin darum bemüht. Sie könnte die Versuche eines pygmalion-ähnlichen Mannes, seine Partnerin zu ändern, abblocken. »Angenommen, deine Frau würde so bleiben, wie sie ist, für alle Zeiten unveränderlich. Wie würdest du dann mit ihr umgehen? Und wie würdest du [zu der Frau gesagt] auf ihn reagieren, wenn er einfach aufhörte – für alle Zeiten – dich zu kritisieren?«

Durch das Ausheben von Sequenzen fordern Therapeutinnen und Therapeuten die Paare heraus, neue Existenzformen zu finden. Dies ruft zunächst Verwirrung hervor. Dann beginnt der adaptive Prozeß: das Paar begibt sich auf seine zyklische Reise. Es löst die von der Therapeutin dingfest gemachten Dilemmas, manchmal oberflächlich, manchmal an der Wurzel, und gelangt so in die Entspannung. Da die Partner gewöhnlich seit langer Zeit in der Kontraktion festgefahren waren, ist dies ein Grund zum Feiern, und sie erleben bald eine kurze Periode des Aufschwungs.

Aber sie können auf der neuen Ebene nicht recht Fuß fassen; sie rutschen wieder in die Kontraktion zurück. Jetzt hilft ihnen die Therapeutin erneut, die Sequenz zu durchbrechen, vielleicht, indem sie diesmal Eigenschaften hervorhebt, die durch die Rollenkarikaturen der Partner verkümmert waren. Das Paar gelangt erneut in die Entspannung und dann in die Expansion: nicht mehr auf ein einengendes Klischee festgelegt zu werden, wird als befreiend, ja beglückend, empfunden.

Doch auch diesmal können sie die Stimmung der Entspannung bzw. Expansion nicht festhalten und fallen wieder in die Kontraktion zurück. Wieder hilft die Therapeutin, die Sequenzen aufzubrechen, vielleicht, indem sie ihnen Gelegenheit gibt, offen über einen wichtigen Unterschied zu streiten, vielleicht, indem sie ihnen ermöglicht, einander näher zu kommen, als sie es gewohnt sind.

Vielleicht gelingt es den beiden nach der dritten oder vierten Intervention, sich auf längere Dauer in der Entspannung einzurichten. Sowohl die Therapeutin als auch das Paar werden dann in Versuchung sein, sich voneinander zu verabschieden – sie haben ihre Ziele erreicht. Aber irgendwann werden die zwei wieder in der Kontraktion versacken; sie werden sich dann fragen, ob irgendwas von dem Gelernten wirklich geholfen hat, ob irgendeine der Veränderungen Bestand hatte. Dies ist ein entscheidender Augenblick in der Therapie. Wenn die Fortschritte des Paares zunichte werden, kann sich auch die Therapeutin entmutigt fühlen.

Die Therapeutin mit der zyklischen Perspektive weiß es besser.

Ihre Aufgabe ist es, dem Paar zu helfen, die Zyklen zu durchlaufen. Sie hilft den Betroffenen, zu erkennen, daß die Kontraktion weder wahrer ist noch tiefer schürft als die Entspannung oder die Expansion, sondern daß sie ein wichtiger Aspekt ihres Charakters ist. Wir können der Kontraktion nur entgehen, indem wir starr und unadaptiv werden. Die Therapeutin hilft den Betroffenen, länger in der Expansion zu bleiben, weil sie erkennen, daß auch die Expansion viele Elemente ihrer Persönlichkeit spiegelt und daß sie weder eine Selbsttäuschung ist noch sie notwendigerweise der Gefahr eines tiefen Sturzes aussetzt. Und natürlich hilft die Therapeutin dem Paar, die Sicherheit und die Perspektive der Entspannung zu genießen, aber ohne dort solche Wurzeln zu schlagen, daß es die anderen zwei Stadien ausschließt.

Bei den meisten Paaren ist ein Stadium weniger entwickelt als die anderen. Zum Beispiel taumeln manche Paare ständig zwischen romantischen Augenblicken und heftigen Krächen hin und her, wissen aber wenig über Kompromisse, Verhandlung oder die Diskussion von Unterschieden. Andere pendeln zwischen den ruhigen Gesprächen der Entspannung und der schweigsamen Entfremdung der Kontraktion, wissen jedoch wenig über das Glücksgefühl und die Intimität der Expansion. Die Entwicklung eines Stadiums kann auch eine vollständigere Entwicklung der anderen nötig machen. Eine Aufgabe der Therapie besteht somit darin, dem Paar zu helfen, das Erfahrungsspektrum ihres unterentwickelten Stadiums zu erweitern.

Die Paare werden auch weiterhin Zyklen durchlaufen. Ihre Fähigkeit, sich in allen Phasen der Zyklen zu akzeptieren, ist ein weitaus besserer Maßstab seelischer Gesundheit als das starre Festhalten am Kodex der Entspannung, der den Leitbildern menschlicher Reife in unserer »therapeutischen Kultur« zu entsprechen scheint.

Jede Theorie gleicht einem Scheinwerfer. Wenn sie etwas taugt, dann wirft sie ein klärendes Licht auf die Bereiche, auf die sie abzielt. Wir möchten die Brauchbarkeit unserer Theorie der Paarentwicklung anhand von klärenden Fragen illustrieren, die von Teilnehmern an Seminaren und Workshops gestellt wurden, wo wir dieses Material präsentiert haben.

F: Warum sprechen Sie in diesem Buch nicht mehr über Kinder?

A: Wir haben uns über diese Frage lange den Kopf zerbrochen. Durch keinen Faktor unterscheiden sich die Erfahrungen von Paaren stärker als durch den Umstand, ob sie Kinder haben oder nicht. Und nichts prägt das Leben von Paaren mit Kindern mehr als ihre Kinder. Paare mit kleinen Kindern schlafen gewöhnlich weniger und sind stärker gestreßt als andere, speziell, wenn beide arbeiten. Sie haben weniger Zeit für sich, weniger intime Momente, weniger Zeit, ihre Konflikte durchzuspielen – deshalb werden diese oft verdrängt.

Die Meilensteine der kindlichen Entwicklung hinterlassen bleibende Spuren im Leben ihrer Eltern: wenn das erste Kind eingeschult wird; wenn eines oder mehrere Kinder in die Pubertät kommen; wenn das erste und das letzte Kind das Haus verlassen. All diese Meilensteine beeinflussen Paare sowohl direkt als auch indirekt: wenn die Kinder aus dem Haus gehen, durchleben wir erneut unseren eigenen Abschied von zu Hause und unsere Gefühle von Verlust; oder wir versuchen, es besser zu machen als unsere Eltern und uns selbst zu heilen, indem wir unsere eigene Kindheit durch unseren Umgang mit den Kindern »überarbeiten«.

Dies ist bloß die Spitze des Eisbergs: wir könnten ein ganzes Buch darüber schreiben, wie Kinder ihre Eltern beeinflussen beziehungsweise über die Wechselbeziehung zwischen Eltern und Kindern. Aber dies ist schon oft geschehen. Man spricht von systemischer Familientherapie.

Die Unterscheidung zwischen Paaren mit und ohne Kinder ist nicht leicht zu treffen. Viele kinderlose Paare verbringen viel Zeit mit Überlegungen, ob sie Kinder wollen oder nicht. Und Paare, die

Kinder wollen, aber sie nicht leicht bekommen können – dies schließt gleichgeschlechtliche Paare sowie Paare mit einem Unfruchtbarkeitsproblem ein –, unternehmen oft langwierige, kostspielige und emotional zermürbende Versuche, sie in ihr Leben hereinzuholen. Diese Versuche – Unfruchtbarkeitsbehandlungen, künstliche Besamung, In-vitro-Schwangerschaften, Bemühungen um Adoption – sind manchmal erfolgreich und manchmal nicht. Wieder andere Paare treffen die – gelegentlich nicht von beiden gleichermaßen mitgetragene – Entscheidung gegen Kinder.

Als wir dieses Buch schrieben, wollten wir eine Theorie entwickeln, die die breitestmögliche Anwendbarkeit haben sollte. Wir wollten eine normative Theorie von Stadien vermeiden – etwa, daß es *normal* für Paare sei, Kinder zu bekommen. Wir wollten, daß sowohl Paare mit Kindern als auch ohne ihre Erfahrungen in dem Buch wiederfinden. Deshalb beschlossen wir, uns auf das Erleben zwischen den Partnern zu konzentrieren und den Einfluß der Kinder herunterzuspielen – so, wie wir ja auch die spezifischen Einflüsse der Arbeit, der Religion und des sozialen Umfelds vernachlässigt haben.

F: Kann es geschehen, daß sich *ein* Partner in dem einen Stadium, und der *andere* in einem anderen befindet? Ich denke an ein Paar, bei dem die Frau mit ihrem Leben sehr zufrieden zu sein scheint, während sich ihr Mann ständig beklagt.

A: Die Einzelnen unterscheiden sich zwar voneinander, aber Paare sind eine kollektive Größe und befinden sich entweder in dem einen oder dem anderen Stadium. Es gibt allerdings viele Paare, von denen ein Mitglied gewöhnlich in einer viel besseren Situation ist als das andere. Dies sind »komplementäre« Paare. Aber auch eine komplementäre Beziehung durchläuft die drei Stadien.

Am Beginn einer komplementären Beziehung gewinnt zum Beispiel die unglückliche Person einen Betreuer, der Betreuer bekommt jemanden, um den er sich kümmern kann; so fühlen sich beide bereichert, denn beide haben nun ein Ventil für ihre Sehnsüchte. Später fühlt sich der Betreuer vielleicht auf seine Rolle festgenagelt und teilt mit jeder Hilfeleistung empfindliche Strafen aus; der unglückliche Partner glaubt womöglich am Ende, er sei nur wegen der Glückssträhne seines Partners oder dessen »aufgesetzter« guter Stimmung deprimiert, und bestraft seinen Partner, indem er es ihm immer schwerer macht, ihm zu helfen. In der Entspannungsphase könnten sie eine Abmachung treffen, wonach die Hilfe in moderaten Dosen verabreicht wird, zum Teil sogar in umgekehrter Richtung an den Helfer, und die Bestrafung sich auf ein Minimum reduziert. Das kann als eine solche Erleichterung empfunden werden, daß der »glückliche« Partner beim nächsten Hilfeersuchen des »unglücklichen« diesen mit Fürsorge überhäuft, so daß sich dieser ideal ergänzt und vollständiger fühlt – und damit beginnt der Zyklus aufs neue.

Die Stadien sind abhängig von der Stimmung und Struktur der Beziehung, nicht vom inneren Zustand der Partner. Ein relativ unglücklicher Mensch kann somit paradoxerweise an einem Stadium der Expansion und Verheißung teilnehmen, und ein relativ frohes Individuum kann an einem Stadium der Kontraktion und des Verrats beteiligt sein.

F: Ihre Theorie scheint zu funktionieren, wenn sich die Partner ähnlich sind, wenn sie dazu neigen, zur selben Zeit an derselben Stelle zu sein. Aber was geschieht, wenn sie sehr verschieden sind? Was haben Sie zum Beispiel über »Mischehen« zu sagen?

A: In gewissem Sinn ist jede Ehe eine »Mischehe«. Der eine Partner ist älter, der andere jünger. Der eine entstammt dieser ethnischen oder kulturellen Gruppe, jener einer anderen. Die Partner jedes Paares bringen eine ungeheure Mannigfaltigkeit in ihre Beziehung ein.

Bei manchen Gespannen unterschiedlicher religiöser oder kultureller Herkunft scheinen jedoch ständig Konflikte aufzubrechen. Die Verwandten neigen manchmal dazu, diese anzufachen. Dennoch kann der Konflikt nicht den Verwandten in die Schuhe geschoben werden, denn die Partner selbst haben vielleicht sehr unterschiedliche Einstellungen und Erwartungen, und die Frage der *Loyalität* gegenüber den eigenen Traditionen und der Faktor der eigenen *kulturellen Identität* beider Partner kann entscheidend sein.

Die Partner einer »Mischehe« wenden vielleicht eine Menge Zeit für die Bestimmung ihres Paarcharakters im Umgang mit ihren Unterschieden auf. Werden sie im Dezember zwei religiöse Feste feiern oder eines – welches? – oder gar keines? Werden sie versuchen, seine schwarzen Verwandten mit ihrer weißen Familie zusammenzubringen, oder werden sie beide Familien getrennt besuchen? Oder ziehen sie sich von beiden zurück? Paare, die durch einen gravierenden Unterschied als »gemischt« gekennzeichnet sind, stellen oft fest, daß sie, bedingt durch veränderte Reaktionen auf diesen Unterschied, in ein neues Stadium oder einen neuen Zyklus eintreten. Der Tod eines Elters, eine Periode relativen finanziellen Wohlstands, die Geburt eines Kindes, und so weiter, all dies kann tiefgreifende familiäre und persönliche Konflikte auslösen, die in diesem gravierenden Unterschied wurzeln.

In solchen Fällen scheint ein gesunder gegenseitiger Respekt vor den Traditionen des anderen die beste Richtschnur zu sein. Partner, deren Beziehung ethnische oder kulturelle Welten überbrückt, werden sich ehrlich mit ihren Unterschieden auseinandersetzen müssen. Ihre Fähigkeit, die Unterschiede in der Expansion zu genießen und in der Entspannung durch Verhandlungen und Kompromisse zu neutralisieren, wird die Lebensdauer ihrer Beziehung bestimmen.

F: Erleben manche Paare nur zwei Stadien, zumindest nach den ersten paar Zyklen?

A: Diese Frage wird oft gestellt. Manche Menschen haben den Eindruck, zwischen Entspannung und Kontraktion zu pendeln, sie glauben, nicht mehr zu Höhenflügen wie in der Anfangszeit imstande zu sein. Andere berichten, daß sie zwischen Expansion und Kontraktion wechseln, daß es bei ihnen »rauf und runter geht wie bei einem Jo-Jo« oder »wie auf der Achterbahn«, aber daß sie es nie schaffen, in der vernünftigen Weise der Entspannung miteinander zu sprechen.

Wir sind etwas unsicher in diesem Punkt. Zumindest scheint in der ersten Gruppe die Expansion und in der zweiten die Entspannung sehr kurz und unterentwickelt zu sein. Bei näherer Betrachtung meinen wir dennoch, daß bei jedem Paar alle drei Stadien vorhanden sind, daß zumindest das Potential – und die schlummernde Struktur – der unterentwickelten Phase immer da ist und zur Manifestation bereitliegt. Wir haben es erlebt, daß durch jahrelange Kontraktion abgestumpfte Paare, denen nur kurze Vorstöße in die Entspannung vergönnt gewesen waren, plötzlich in eine expansive Phase gerieten. Dies kann nach einem aufrüttelnden Gespräch über Scheidung oder nach einem unerwarteten Glücksfall (wie die Geburt eines Kindes bei einem lange unfruchtbar gebliebenen Paar) geschehen. Und wir haben erlebt, daß Paare, deren Fähigkeit zur Entspannung völlig unterentwickelt war, anfingen, vernünftige Gespräche zu führen – manchmal mit Hilfe einer Therapie, in anderen Fällen, wenn beide ein Zwölf-Stufen-Programm der Anonymen Alkoholiker begannen oder sich einer religiösen Gemeinschaft anschlossen.

F: Bedeutet dies, daß wir unterentwickelte Stadien entwickeln können?

A: Ja. Tatsächlich könnte man die Therapie unter anderem als Entwicklung des unterentwickelten Stadiums ansehen. Die Furcht mancher Paare vor offenem Streit hält zum Beispiel ihre Beziehung sehr gedämpft, und dabei bedauern sie das Fehlen von leidenschaftlichem Sex. Wenn man ihnen hilft, den Mut zum Streiten aufzubringen – das heißt, länger als einen Augenblick in der Kontraktion zu verharren –, dann steigert sich häufig ihre Fähigkeit zu echtem sexuellem Engagement.

Andere Paare müssen lernen, miteinander zu sprechen: einander zuzuhören, die Verantwortung für den eigenen Anteil an einem Konflikt zu übernehmen und Kompromisse zu schließen. Wenn sie lernen, miteinander zu reden und sich auf Kompromisse einzulassen, dann verschaffen sie sich dadurch die Stabilität, die es ihnen ermöglicht, Risiken miteinander einzugehen, was sowohl dem Stadium der Entspannung wie auch dem der Kontraktion förderlich ist.

Manche Paare sind in der Kontraktion und der Entspannung zu Hause, aber betrachten die Expansion als ein fremdes Land. Dennoch sehnen sie sich danach, an seinen fernen Küsten entlangzusegeln. In der »wachstumsorientierten« Therapie ermutigen wir die Partner manchmal, sich aus ihrer konservativen Schale herauszuwagen – zusammen, zur gleichen Zeit – und allmählich einen synergistischen Prozeß in Gang zu setzen. Er spricht dann vielleicht über einen traurigen Vorfall in seiner Kindheit, den er jahrelang für sich behielt; sie reagiert mit einer Berührung, einer Umarmung, wo sie zuvor nur zugehört hatte; vielleicht weint er, und sie tröstet ihn. Später können sie die Rollen tauschen. Danach werden sie sich für eine Weile vielleicht sehr zärtlich und einander nahe fühlen, jung und alt gleichzeitig – vereint und bereichert um so viele neue Facetten ihrer Persönlichkeit.

Mit der Entwicklung des unterentwickelten Stadiums verändert sich der ganze Zyklus. In welcher Weise? Wir überlassen es Ihrer Phantasie, sich auszumalen, was mit Ihrer ganzen Beziehung geschehen würde, wenn sich das verkümmerte Stadium besser entwickelte. Aber dies führt zu einer weiteren allgemeinen Frage.

F: Kann sich das Muster der Zyklen eines Paares im Lauf der Zeit verändern? Oder behaupten Sie, daß deren Verlauf quasi festgelegt ist, sobald sich ein Muster herausgeschält hat?

A: Das grundlegendste Faktum in bezug auf Paarbeziehungen ist deren Fähigkeit zum Wandel. Gleichzeitig neigen Paare dazu, sich an die Gepflogenheiten und Beziehungsmuster zu halten, die sie gemeinsam entwickelt haben. Nachdem man das festgestellt hat, ist die obige Frage jedoch mit Ja zu beantworten. Das Verlaufsmuster der Zyklen eines Paares kann sich jederzeit verändern und tut dies auch.

Zum Beispiel kann ein Paar, das regelmäßig Drei-Stadien-Zyklen durchlaufen hat, plötzlich eine Periode unerwarteter und wiederholter Rückschläge erleben. Sie wanken unter den Schlägen, rutschen in die Kontraktion und arbeiten sich dann – mit großer Mühe – zu einer Periode der Entspannung hoch, nur um von einer weiteren Krise getroffen zu werden. Nach mehreren Krisen dieser Art fühlen sie sich vielleicht außerstande, wieder aus der Kontraktion herauszufinden. Mißerfolge und Fehlschläge scheinen sie zu fesseln, und sie können sich nicht befreien. Nehmen wir ein Paar, dessen glückliche Ehe an ihrer Unfruchtbarkeit zu scheitern droht. Schließlich wird sie schwanger... und erleidet dann eine Fehlgeburt. Die Partner versuchen, einander beizustehen, geben sich aber trotzdem gegenseitig die Schuld. Nehmen wir an, daß er dann zu trinken beginnt und seine Stelle verliert. Sie beantragen eine Adoption, aber – kurz bevor sie ihr Kind bekommen sollen – überlegt es sich die leibliche Mutter anders, und sie stehen mit ihrem fabelhaft eingerichteten, aber leeren Kinderzimmer da. Eine Kette von Ereignissen wie diese kann die Zyklen eines Paares stoppen und die Betroffenen in dem einen oder anderen Stadium verharren lassen. Sie sitzen darin fest.

F: Werden die Stadien im Lauf des Lebens eines Paares tendenziell länger?

A: Das kann geschehen, muß aber nicht. Die meisten Paare verbringen mit zunehmendem Alter immer längere Perioden in ihrem Basislager, und die Wahrscheinlichkeit ist groß, daß dieses nach einer langen Ehe und mit zunehmendem Alter der Beteiligten die Entspannung bzw. Konsolidierung sein wird. Aber Paare sind prinzipiell immer dazu fähig, in ein neues Stadium überzugehen und ihren Rhythmus außer Kraft zu setzen. Je nach den Themen, die in ihrem eigenen Leben eine Rolle spielen, und nach den Ereignissen, die ihnen zustoßen, können sie die drei Stadien langsamer oder schneller passieren. Dies läßt sich kaum mit Sicherheit vorhersagen.

F: Was hat Ihre Theorie über Paare zu sagen, die sich mit einer schlechten Ehe abfinden?

A: Das Abfinden mit einer unerfüllten Ehe kann für einen oder beide Partner eine ständige bittere und emotional belastende Erfahrung sein, oder sie können es als leichter empfinden, als akzeptabler ansehen und sich schließlich damit einrichten. Wenn sie Bitterkeit empfinden, dann ist es wie ein kalter Krieg, in dem regelmäßig Konflikte ausbrechen und man sich mit dem Abbruch der Beziehung droht. Bei jedem Streit bricht der ursprüngliche Schmerz wieder auf: die Trennung macht ihnen einerseits Angst, erscheint aber andererseits auch als wünschenswerte Lösung, als Ausweg. Der Gedanke an Scheidung ist ein ständiger Begleiter problembeladener Partnerschaften.

Die resignierten Paare, die sich mit ihrer Lage abfinden, schaffen es irgendwie, ihre Schwierigkeiten durchzustehen. Aus ihrer Resignation wird schließlich eine zunehmende Distanzierung. Sie rücken voneinander und von den Verheißungen ab, die ihre Ehe einst enthielt. Manche können endlos in dieser Position verharren. Andere finden vielleicht getrennte Wege, um ihre Wunden zu heilen und das Selbstvertrauen wiederherzustellen, das durch ihre Auseinandersetzungen gelitten hat. Irgendwann finden manche dieser auf Abstand gegangenen Paare einen Weg zur Erneuerung ihrer Beziehung, obwohl sie immer bereit sind, bei der geringsten Provokation in ihre weit voneinander entfernten Festungen zurückzukehren.

F: Was geschieht mit einem Paar nach einer Scheidung? Haben die Partner nicht noch *irgendeine* Art von Beziehung zueinander? Was besagt Ihre Theorie darüber?

A: Paare können auch nach der Scheidung noch Zyklen durchlaufen. Speziell, wenn Kinder vorhanden sind, können die Partner in eine neue Periode der Expansion eintreten, in eine weitere Phase eisiger Kontraktion stolpern und schließlich in einen Zeitraum der Entspannung gelangen.

Nehmen wir zum Beispiel Eltern, deren Scheidung bitter und unerquicklich war. Langsam treten sie aus der Kontraktion in ein neues Stadium der Entspannung ein – bedingt durch die Scheidungsvereinbarung, deren Regeln jetzt ihr Verhalten bestimmen. Nach einer gewissen Zeit finden sie, daß die Scheidung »das Beste für alle Beteiligten« war, und beide Partner beginnen, in ihrem getrennten Leben gut voranzukommen. Obwohl noch Bitterkeit vorhanden ist, schaffen sie es bald, die Kinder ohne haßerfüllte Szenen abzuholen, und sie können sich mit neuem Vergnügen über die täglichen oder wöchentlichen Einzelheiten im Leben ihrer Kinder austauschen. Sie können miteinander reden, ohne gekränkt zu sein. Eine bescheidene expansive Phase setzt ein.

Früher oder später läßt jedoch vielleicht ein Streit die Seifenblase platzen. Wenn zum Beispiel ein Partner die Kinder kurz vor einer langen Ferienreise oder am Vorabend eines hohen Feiertags verspätet abliefert, kann das den anderen wütend machen und einen fürchterlichen Krach heraufbeschwören. Jetzt steigen die schlimmsten Szenen ihres Zusammenlebens wieder vor den Betroffenen auf. Wieder kommen sie zu der Überzeugung, daß sich »nichts verändert hat«. Sie beglückwünschen sich zu ihrer Scheidung und schwören sich, daß sie von nun an »nichts mehr miteinander zu tun haben wollen«. Diese Periode der Kontraktion dauert an, bis ihnen eine Änderung der Bedürfnisse, Ereignisse oder Beziehungen darüber hinweghilft – sagen wir, der Schulabschluß eines Kindes, eine Geburtstagsfeier oder ein Unfall führt beide Eltern in ähnlicher Sorge oder Rührung erneut zusammen.

Die Scheidung ist eine *Station* in der Beziehung eines Paares. Sie kann ein entscheidender Schlußpunkt sein. Sie kann ein Wendepunkt sein, der eine neue Art von Beziehung einleitet, wenn diese auch viele der Grundlinien ihrer lebenslangen Verhaltensmuster enthält. Wenn geschiedene Partner ihre Beziehung jahrelang fortsetzen, dann wird sie den in den vorangegangenen Kapiteln beschriebenen Zyklen folgen.

F: Was ist mit zusammengewürfelten Familien? Welche speziellen Probleme werden sie haben, und wie weit trifft Ihre Theorie der Zyklen auf sie zu?

A: Angesichts der hohen Scheidungs- und Wiederverheiratungsraten sind solche Mischfamilien ein sehr wichtiges zeitgenössisches Phänomen. Ein Paar geht auseinander, und statt zwei Partnern können bald vier oder noch mehr vorhanden sein: Billy und Susi trennen sich. Billy lernt Gaby kennen, die mit Steven beisammen war. Susi lernt Andrew kennen, der mit Nathalie zusammen war. Im nächsten Jahr müssen Billy, Susi, Gaby, Steven, Andrew und Nathalie alle miteinander (und mit ihren Eltern und ihren anderen Kindern) in Kontakt treten, um ein Thanksgiving Dinner im schlichten »Familienkreis« zu planen. Dies ist die Spitze des Eisbergs der gemischten Familien.

Die Zugehörigkeit zu einer Mischfamilie *zwingt* zu einer komplexen Perspektive. Das soziale Umfeld, in dem man lebt, ist unglaublich verwoben. Hineingewirkt in dieses Gewebe sind die Bedürfnisse, Wünsche und Pläne vieler Menschen, ihre Abmachungen, gebrochenen Versprechen, früheren Kränkungen, Familienloyalitäten und wiederholten Enttäuschungen. Jede einfache Entscheidung erscheint so schwierig wie die Verabschiedung einer UNO-Resolution.

Der komplexeste Aspekt zusammengewürfelter Familien ist, daß viele verschiedene Zyklen gleichzeitig ablaufen, die sich überschneiden und im Alltag unvorstellbare Schwierigkeiten bereiten. Die Zyklen des ersten Ehepaares überschneiden sich mit denen des zweiten Paares. Wenn das eine Gespann von Expartnern eine schlimme Zeit der Kontraktion durchmacht, dann wird sich das auf alle anderen auswirken, die Ansprüche an deren Zeit oder Zuwendung stellen. Wenn die eine gegenwärtig existierende Partnerschaft eine expansive Periode durchläuft, dann erscheinen die beiden Beteiligten ihren früheren Ehegesponsen als fast unerträglich glücklich, was diese nicht selten zu zahlreichen Störmanövern veranlaßt. Wir empfehlen den Partnern in einer Mischfamilie, ihre eigenen Stadien und Zyklen zu identifizieren und vielleicht auch die der anderen zu beobachten, mit denen ihr Leben verwoben ist.

F: Macht man in einer zweiten, dritten oder weiteren Beziehung dieselbe Art von Zyklen durch wie in der ersten?

A: Nein. Die Zyklen, die wir als Paare durchlaufen, werden durch das Zusammenspiel beider Partner geprägt. Zum einen wandeln wir uns im Lauf der Zeit, so daß wir in späteren Beziehungen niemals dieselbe/derselbe sind. Zum anderen wird sich unsere gegenwärtige Partnerschaft niemals wiederholen, da sich der künftige Partner ja von dem jetzigen unterscheidet. Dies erklärt das wohlbekannte Phänomen, daß jemand in der einen Beziehung glücklich und unbeschwert sein kann, in einer anderen ein »Felsen von Stabilität«, in der dritten jedoch ein ernsthafter Partner.

F: Wenn ich Sie richtig verstehe, erscheint Ihr Kapitel »Wandlungserlebnisse« wie ein Argument *für* das Zusammenbleiben eines Paares und *gegen* das Auseinandergehen. Ist dies nicht eine etwas moralistische Haltung?

A: Wir behaupten nicht, daß alle Paare oder eine bestimmte Art von Paaren zusammenbleiben sollten. Paare trennen sich aus gutem Grund. Die Erhaltung einer Beziehung ist wie die Navigation auf einem sich verzweigenden Fluß: manche manövrieren erfolgreich über eine Reihe von Gabelungen hinweg; andere scheitern. In dem Kapitel über »Wandlungen« werden die Erfahrungen jener relativ wenigen Paare geschildert, die es schaffen, den

Verlauf der Entwicklung umzukehren und dem Rachen der Niederlage den Sieg zu entreißen. Das ist kein Rezept, dem andere folgen sollten. Aber es stimmt, daß wir diese Paare bewundern.

F: Ich denke an ein Paar, das seit langer Zeit beisammen ist und viele verschiedene Erfahrungen miteinander gemacht hat. Wie schaffen es die beiden, die Veränderungen auszubalancieren, die beide Partner für sich durchmachen und die manchmal die Stabilität des Paares zu gefährden scheinen?

A: Das ist eine wunderbare Frage. Die an einer Partnerschaft beteiligten Individuen ändern sich ständig, und auch ihre Beziehung ist immerfort im Wandel begriffen. Die Kunst, ihre Erfahrungen miteinander so auszutarieren, daß keiner von beiden die Kosten des individuellen »Wachstums« seines Partners tragen muß, ist das Geheimnis, das eine Partnerschaft lebendig erhält. Wir haben uns mit einigen dieser Themen, um die es in dieser Frage geht, in unseren Kapiteln über Entspannung und Wandlungserlebnisse auseinandergesetzt.

Wenn die Partner einander aufrichtig lieben und respektieren, dann werden beide versuchen, den echten Bedürfnissen des anderen Zugeständnisse zu machen. Gleichzeitig werden sie es vermeiden, Dinge zu tun, die ihren Partner verletzen. Gewöhnlich empfindet ein Partner die Notwendigkeit, sich zu verändern, und dieser Druck, unter dem er steht, ruft eine neue Krise hervor. Wenn sie die Krise mit ihren üblichen Methoden, Kompromisse zu schließen, Probleme auszudiskutieren und einen Ausgleich zu schaffen, lösen können, dann ist es gut. Aber wenn die Krise zu neuartig ist – sagen wir, die Frau hat beschlossen, einen höheren Studienabschluß nachzuholen und eine eigene Karriere zu starten, und ihr Mann meint, sie könnten sich das nicht leisten –, dann werden sie neues Gelände erkunden müssen. Sie werden sich mit neuen Fragen des Anrechts, der Verpflichtung und der wechselseitigen Opferbereitschaft auseinandersetzen müssen. Vielleicht einigen sie sich darauf, daß sich zuerst der eine Partner mehrere Jahre lang seiner oder ihrer Karriere widmet und dann der andere seine Chance erhält. Vielleicht rücken sie für eine Zeitlang etwas auseinander und erproben beide für sich, was es bedeuten könnte, etwas *weniger* nahe beisammenzuleben, und kommen dann wieder zusammen, um einen gemeinsamen Plan auszuhandeln.

Wenn das Vorhaben eine ungeheure Belastung für die Partnerschaft darstellt – sagen wir, wenn ein Partner beschließt, sich auf eine Affäre einzulassen – dann werden die Beteiligten auf ihren ursprünglichen Vertrag zurückgreifen müssen. Vielleicht werden sie diesen Vertrag entweder offen oder stillschweigend neu aushandeln wollen. Oder vielleicht merken sie, daß sie ihn einfach nicht zur Disposition stellen können; dann werden sie sich eingestehen müssen, daß sie einen Wendepunkt von großer Bedeutung erreicht haben. Sie werden dann irgendwelche Abstriche machen müssen.

F: Wie sehen Sie die Problematik, wenn die Entwicklung eines Partners in Widerspruch zu seiner oder ihrer Beteiligung an der Partnerschaft zu stehen scheint?

A: Sowohl die Partnerschaft als auch die beteiligten Individuen sind ständig im Wachstum und in der Entwicklung begriffen. Jedes Paar muß sich damit auseinandersetzen, wie sich diese zwei verschiedenen Entwicklungen aufeinander auswirken. Zur Herstellung einer Balance zwischen dem Wachstum der Partner und dem Wachstum der Partnerschaft ist zu berücksichtigen (1) das Stadium der individuellen Entwicklung beider Partner und die Herausforderungen, mit denen er oder sie im Leben konfrontiert ist; (2) das Entwicklungsstadium, das die Partnerschaft im Lauf der Zeit erreicht hat, und die speziellen Herausforderungen, mit denen sich die Partner zusammen konfrontiert sehen; (3) die Beziehung zwischen diesen beiden Größen; (4) die Beziehungen zwischen den Herausforderungen, vor die ein Paar gestellt ist, und der Position des Paares in seinem Drei-Stadien-Zyklus einschließlich seines Basislagers.

Dies führt uns zu der Frage von Unterschieden in einer Partnerschaft zurück. Paare müssen sowohl ein Gefühl der Verbundenheit entwickeln als auch die Überzeugung, daß beide Partner durch die Beziehung wachsen können. Paare mit Stehvermögen sind eher bereit, Unterschiede in den Wünschen und Bedürfnissen des anderen zu akzeptieren und zu tolerieren.

Partner erreichen manchmal einen Abschnitt in ihrem Leben, in dem sie mehr Zeit allein oder mit anderen verbringen wollen beziehungsweise mehr Zeit für ihre Arbeit oder sonstigen Projekte benötigen. Sie sind nicht darauf aus, die Partnerschaft zu sabotieren oder zu unterminieren, sie wollen einfach für den Augenblick ihre Position darin neu bestimmen. Es ist wichtig zu versuchen, das zu verstehen und sich an die Veränderungen, die sich beim Partner vollziehen, anzupassen und anzugleichen.

Philosophisches Schlußwort

Allgemein gesprochen, kann das Faktum, daß Partnerschaften periodisch Drei-Stadien-Zyklen durchlaufen, aus zwei Perspektiven gesehen werden: die erste betont Konflikt, Bewegung und Wandel; die zweite Harmonie, Stabilität und Integration.

Aus der ersten Perspektive gesehen, unterscheiden sich Paare in jedem ihrer drei Stadien drastisch voneinander. Die Partner fühlen sich in jedem Stadium anders, sie verhalten sich anders, und sie folgen anderen Vorstellungen und Rhythmen. Darüber hinaus wirkt das Paar anders, sooft es den Übergang in ein Stadium vollzieht, in dem es bereits einmal gewesen ist. Es kehrt nicht einfach in dieses Stadium zurück: es schreitet zu einem neuen Aufenthalt darin voran. Jeder solche Übergang ist ein Eintauchen in eine neue Zeit und einen neuen Ort, einen neuen Kontext, eine neue Phase der Beziehung, eine neue Realität. Aus dieser Sicht sind Paare ständig unterwegs, sie erschließen sich unentwegt neues Gelände, entdecken dauernd neue Aspekte von sich, sowohl als Einzelne wie auch gemeinsam.

Der Unterschied zwischen den zwei Partnern ist demnach eine Kraft, die sie ständig vorantreibt. Spannung wächst und schwindet zwischen den Partnern (den »Einzelnen«) und dem Paar (den »Zwei«). Unterschiede zwischen den Partnern, Veränderungen in ihrem sozialen Umfeld oder in ihrem Entwicklungsverlauf, all dies wirkt ständig destabilisierend auf das Paar. Ihre Bemühungen, Widersprüche zu lösen und das Gleichgewicht wiederherzustellen, führt sie, ständig auf der Suche nach neuen Lösungen, von Stadium zu Stadium. Seinen Unterschieden verdankt das Paar somit Leben, Gefühle, Schmerz, Errungenschaften und schließlich seine Geschichte.

Aus dieser Perspektive kommen sich die »Einzelnen« und die »zwei« im Laufe ihres gemeinsamen Lebenswegs ständig in die Quere.

Aus der zweiten Perspektive bezieht das Paar seine Identität aus seinen zentralen Leitbildern, Konflikten und Beziehungsmustern. Alle drei Stadien sind Ausdruck seines Grundcharakters und seiner unverwechselbaren Identität. Im Lauf der Zeit verringern sich die Unterschiede: sie fügen sich in das gemeinsame Leben des Paares ein. Der Vorgang hat Ähnlichkeit mit der Zubereitung eines Eintopfs: die verschiedenen Zutaten vermengen sich allmählich miteinander zu etwas Neuem, das weder von einer bestimmten Beigabe dominiert wird noch ohne weiteres seine Bestandteile verrät.

Die zweite Perspektive hebt also die Einheit hervor, die Harmonie in den Dingen, in Beziehungen, in uns selbst. In gewissem Sinn sind alle drei Stadien ich, alle drei Stadien sind du, alle drei Stadien sind wir. Obwohl sich alles ständig wandelt, bleiben sich die Grundthemen und Leitbilder durch all die wechselnden Oszillationen und Rhythmen hindurch gleich. Die Komplexität unserer Beziehung ist nicht länger verwirrend, sondern sie wird als deren ureigenste Natur betrachtet: es ist die spezielle Komplexität unseres gemeinsamen Lebens. Unser Einverständnis mit den Spannungen – zwischen den Stadien, zwischen deinem bevorzugten Stadium und meinem, zwischen dir und mir – stabilisiert uns und prägt unseren Charakter.

Oft können diese beiden Perspektiven miteinander verbunden werden – denn manchmal betonen wir den *Unterschied* in unserer Beziehung, und zu anderen Zeiten heben wir die Stabilität hervor. Zyklen sind nicht zeitlos, und die Stadien verändern sich ja im Lauf der Zeit. Wir tauchen zwar immer wieder in den gleichen Fluß – aber niemals an derselben Stelle.

Der endlose Wechsel zwischen dem Selbst und dem Anderen, zwischen Trennung und Verbundenheit, Verzweiflung und Erfüllung, spielt sich in verschiedenen Kontexten ab; in unserer Zeit stellt die Paarbeziehung einen der zentralsten Kontexte dar. Teil eines Paares zu sein, gestattet es jedem Einzelnen von uns, an den mythischen Kämpfen des Lebens teilzunehmen. Das Ringen ist gewaltig, die Hindernisse furchteinflößend, dennoch gelingt es manchen Paaren durchzukommen. Manche stehen ein paar Monate durch, andere einige Jahre; wieder andere schaffen es, mehrere Jahrzehnte, ja ein Leben lang über alle Krümmungen und Windungen des Weges hinweg aneinander festzuhalten. Diese Paare, denen es gelingt, die Jahre der Wirrnis und Ungewißheit durchzustehen, erscheinen uns wahrhaft heroisch.

Danksagungen

Jedes Buch, jede Idee hat viele Wurzeln. Wir möchten einige in Dankbarkeit anerkennen.

Ich, Barry, möchte an erster Stelle meiner Frau, Fran Jacobs, danken. Sie hat mir die beständige und faktisch bedingungslose Unterstützung gewährt, die meine Teilnahme an diesem Projekt ermöglichte. Sie hat mich aufgerichtet, wenn ich mich selbst in Frage stellte, und sich mit mir über die erzielten Fortschritte gefreut. Sie hat jede Seite jedes Entwurfs gelesen und unschätzbare Kritik beigesteuert. Und als meine Partnerin hat sie zu dem Leitbild dessen beigetragen, was für mich den Wert von Lebensgemeinschaften ausmacht.

Meine Kinder, Jessica und Gabriel, haben nicht nur die Zurückgezogenheit toleriert, welche die Arbeit an dem Buch erforderte, sondern haben auch Teile des Manuskripts gelesen und mich durch ihre Zuwendung und Einsichten unterstützt. Und sie haben mich mit ihren Neckereien zum Lachen gebracht und zu Tränen gerührt.

Meine Mutter, Rhoda Kirsch, hat mich seit fünfzig Jahren bei so vielen meiner Projekte unterstützt. Meine Wertschätzung für Beziehungen und was auch immer ich an Gespür dafür entwickelt habe, verdanke ich ganz unmittelbar ihr.

Mein Vater, Norman Dym, hatte immer den Wunsch, Bücher zu schreiben. Armut und Unsicherheit hielten ihn davon ab, aber er gab den Wunsch an mich weiter. Ich habe 24 Jahre seit seinem Tod 1968 gebraucht, um seinen Wunsch schließlich zu verwirklichen. Daß mir das gelungen ist, erfüllt mich mit tiefer Befriedigung. Im tiefsten Sinn ist dies somit ein Buch, an dessen Entstehung er mitgewirkt hat.

Mein Bruder, Kenneth Dym, hat das Manuskript gelesen und mir mehr konstruktive Kritik angedeihen lassen, als von einst rivalisierenden Geschwistern zu erwarten wäre.

Meine Schwester, Jackie Ertischek, und ich bilden einen wechselseitigen und sehr hilfreichen Fan-Club, da wir beide in unseren mittleren Jahren begonnen haben, unseren eigenen schöpferischen Musen zu folgen.

Carter Umbarger, Freund, Vertrauter und Wandergefährte, hat mir mit Anteilnahme zugehört, während wir durch die Straßen von Cambridge schlenderten und über die Trekkingpfade von Westtexas stapften.

Schließlich möchte ich meinen Studenten im Paartherapie-Ausbildungsprogramm am Familieninstitut von Cambridge danken, die wunderbare, kritische Gesprächspartner gewesen sind und viele eigene Ideen zu diesem Projekt beigesteuert haben; und Deborah Haynor, deren begeisterte Unterstützung und Anwendung der in diesem Buch enthaltenen Gedanken mich immer wieder auf neue Ideen gebracht und meinem Enthusiasmus Auftrieb gegeben haben, wenn er zu schwinden drohte.

Ich, Michael, möchte meiner Frau Susan Jhirad für ihre Geduld und ihr Verständnis während der Entstehung dieses Buches danken. Ich bin auch für das Interesse, die Neugier und den freundlichen Beistand dankbar, die meine Kinder Jason, Ezra und Cathy und mein Stiefsohn Raj diesem Projekt entgegengebracht haben.

Schließlich möchten wir beide noch einigen anderen Personen danken. Unsere literarische Agentin, Sallie Gouverneur, hat uns den Weg geebnet. Die Kompetenz unserer Lektorin hat uns auf der richtigen Spur gehalten, und von ihrem editorischen Know-how haben wir viel über die Gliederung eines Buches gelernt. David Kantor war in den Anfangsjahren unserer Arbeit mit Paaren und Familien wichtig für uns beide. Allyssa McCabe stand uns anfangs bei, als wir einen Verlag suchten. Amy Stromsten und Michael Aronson haben uns unsere Agentin vermittelt. Schließlich möchten wir unseren Freunden danken, deren Beziehungen eine unerschöpfliche Quelle des Staunens und der Inspiration für uns bildeten, sowie unseren Klientinnen und Klienten, auf deren Erfahrungen dieses Werk basiert.

Sach- und Personenverzeichnis